논문작성을 위한

실전 통계

SPSS PROCESS SmartPLS Amos

홍관수

머리말

사회과학논문은 논리적 추론을 토대로 가설을 설정하고 그 가설을 경험적으로 검정하여 해당 분야의 현상에 대한 새로운 사실을 밝혀내는 것에 그 목표를 두고 있다. 본서는 그것을 목표로 사회과학 분야에서 논문을 작성하는 연구자들을 위한 지침서이다. 논문을 읽고 쓰기 위해 통계를 배우는 것이므로 통계만 가르치는 통계 책은 큰 의미가 없다. 이에 실용적으로 논문에 적용할 수 있도록 다음과 같은 사항을 염두에 두면서 집필하였다.

첫째, 실증연구방법의 이론과 실제 모두를 만족할 수 있게 기본적이고 중요한 개념을 소개한 후 이와 관련된 사례분석을 소개하였다. 이론을 먼저 이해하고 통계 패키지로 자료를 분석해보는 것이 통계를 이해하는 가장 좋은 방법이다. 기존 통계 책은 이론 아니면 실제 한쪽으로 치중하였다. 그러나 본서는 이론과 실제의 조화를 통해 독자들이 논문작성법을 이해하고 활용할 수 있도록 하였다. 둘째, 실증을 위해 수집한 자료로부터 유의미한 통계정보를 얻기 위해서는 통계 패키지를 잘 다루어야 한다. SPSS, PROCESS, SmartPLS 그리고 Amos에 초점을 맞추어 통계 패키지를 소개하였다. 연구자가 논문을 읽고 쓰기 위해서는 다양한 통계 패키지의 특징을 잘 알고 있어야 연구의 목적에 맞는 통계 패키지를 사용할 수 있다. 따라서 SPSS, PROCESS, SmartPLS 또는 Amos를 활용하여 논문을 작성하고자 하는 독자들에게 패키지의 이론과 실제를 제공하기 위해 필요한 내용을 체계적으로 정리하고자 하였다. 셋째, 직접효과뿐만 아니라 조절효과 및 매개효과에 관해 이론적인 내용뿐 아니라 실제 자료를 이용하여 분석하는 것에 초점을 맞추어 기술하였다.

본서는 논문에서 사용되는 여러 가지 이론적 개념을 설명한 1장, 자료의 신뢰성과 타당성을 제고하는 방법을 다루는 2장, SPSS로 다중회귀분석을 하는 방법을 설명한 3장, SmartPLS의 사용법을 다루는 4장, Amos의 사용법을 설명한 5장, SPSS로 매개효과를 분석하는 방법을 다루는 6장, PROCESS로 매개효과를 분석하는 데 필요한 방법을 설명한 7장, SmartPLS로 매개효과를 분석하는 방법을 다루는 8장, Amos로 매개효과를 분석하는 방법을 제공한 9장, SPSS로 조절효과를 분석하는 방법을 설명한 10장, PROCESS로 조절효과를 분석하는 방법을 다루는 11장, SmartPLS로 조절효과를 분석하는 방법을 설명한 12장, 마지막으로 Amos로 조절효과를 분석하는 데 필요한 방법을 제공한 13장으로 구성하였다.

논문작성법과 관련된 과목을 강의하고 연구하면서 생각했던 바를 집필하기 위해 노력하였으나 충분하지 못한 점은 앞으로 독자들의 조언과 꾸준한 연구를 바탕으로 보완할 예정이다. 이 책을 통해 독자들이 논문작성법의 개념을 정확하게 이해하고 활용하는 데 도움을 얻을 수 있기를 기원한다. 마지막으로 본서의 출간을 위해 물심양면으로 도움을 주신 모든 분과 경문사 관계자 여러분께 감사를 드린다.

2021년 6월

저 자

차 례

차 례

차 례

차 례

제 1 장

이론적 개념

제1절 이론의 구성요소

제2절 변수의 유형

제3절 측정과 척도

제 1 절 이론의 구성요소

1 개념

개념은 어떤 사물이나 현상에 대한 일반적인 생각이나 지식과 거의 같은 뜻으로 쓰인다. 자동차를 타본 적이 있는 사람, 자동차를 본 적이 있는 사람, 자동차에 관한 설명을 읽은 적이 있는 사람은 저마다 자동차에 관한 개념을 가지고 있다고 할 수 있다. '아이가 어려서 아직 예절에 대한 개념이 없다.', '환경의 급속한 변화는 가족의 개념을 변하게 한다.', '공상과학소설을 많이 읽다 보면 미래 사회에 대한 개념이 생긴다.' 등의 예처럼 일상적으로 어떤 사물이나 현상에 관하여 그것의 뜻이나 내용이 어떤 것인지를 짐작하는 경우에는 개념을 가지고 있다고 본다.

또한, 개념은 여러 관념 속에서 공통된 요소를 종합하여 얻은 하나의 보편적인 관념으로 쓰인다. '문화의 개념으로 사회를 규정하다.', '아름다움의 개념을 정의하다.' 등의 예처럼 어떤 사물이나 현상이 가지고 있는 공통적인 속성, 즉 사람들 사이에 동의된 견해나 생각을 개념이라 할 수 있다. 이러한 개념은 시간에 걸쳐 발전되고 구체화되어 언어로 다른 사람들과 공동으로 사용한다. 따라서 우리가 다른 사람들과 대화를 이어갈 수 있는 것은 말하는 사람의 언어와 듣는 사람의 언어가 어느 정도는 암묵적으로 같기 때문이다.

이러한 의미에서 개념은 구체적 개념과 추상적 개념으로 구분되는데, 구체적 개념은 물리적 속성에 따라 구별되는 개념이고 추상적 개념은 관찰될 수 없는 공통적인 속성을 정의함으로써 구별하는 개념이다. 따라서 개념은 구체적일 수도 있고 때로는 추상적일 수도 있다. 의자, 비행기 등의 개념보다 건강, 미인, 사랑 등의 개념이 추상의 정도가 더 높다. 이처럼 사회현상에 관한 많은 개념은 직접 관찰하거나 측정하기에는 너무 추상화되어 있어 무엇을 뜻하고 있는지 쉽게 알 수가 없는 경우가 많다. 따라서 개념에 대한 명확한 정의가 필요하다.

2 개념적 정의

사회과학에서 사용하는 개념은 일반적으로 추상의 정도가 높아 관찰이나 측정이 곤란한 경우가 대부분이다. 예를 들어 만족, 몰입, 충성도, 사랑, 행복, 자긍심, 풍토, 효능감의 개념은 추상적이어서 모호하고 측정이 곤란하다. 만족이란 연구자에 따라 물질적 욕구충족을 의미할 수도 정신적 욕구충족을 강조할 수도 있다. 상황에 따라 양쪽 모두의 욕구충족을 의미할 수도 있다. 이처럼 만족이라는 개념은 연구자에 따라 다양한 뜻으로 사용될 수 있으므로 연구에 사용되는 개념이 무엇인지를 정확히 정의하여야 연구자 간의 오해의 소지를 줄일 수 있다.

모호하고 측정이 곤란한 개념은 연구자 간에 혼돈을 겪는다. 이러한 혼돈을 최소화하기 위해서는 개념화에 의한 개념적 정의가 필요하다. 개념화(con- ceptualization)란 연구에 사용될 개념을 보다 간결하고 명확한 용어로 정의하는 과정이다. 개념화의 과정에서 가장 중요한 것이 개념을 명확하고 정확하게 정의를 내리는 것이다. 개념적 정의(conceptual definition)는 개념을 상호 관련된 다른 개념을 사용하여 의미를 구체적으로 규정하는 것을 말한다. 가령 지능에 대한 개념적 정의는 문제해결능력 또는 사고능력이나 학습능력 등으로 다양하게 정의할 수 있다. 다시 말해 개념에 관한 연구자 간의 불일치를 최소화하기 위하여 개념의 구체적인 범위와 한계를 기술하는 것이 개념적 정의이다.

그런데 개념적 정의를 경험적으로 측정할 수 없다면 개념을 검정할 수 없다는 문세가 발생한다. 이러한 문제를 해결해주는 것이 조작적 정의이다. 따라서 개념적 정의는 조작적 정의의 전 단계이다. 또한 실증적 연구에서 개념적 정의는 반드시 측정되어야 하므로 조작화에 의한 조작적 정의가 필요하다.

3 조작적 정의

개념을 정의하기 위해 사회과학연구에서 사전적 정의 대신 조작적 정의를 사용하는 이유는 개념을 검정하기 위해서는 실제로 어떻게 측정하는지를 알아야

하기 때문이다. 예를 들면 지능, 교육수준, 온도라는 추상적 개념은 우리가 직접 측정할 수가 없다. 따라서 측정 가능한 용어로의 조작화를 통해 정의함으로써 이들을 측정할 수 있어야 한다. 따라서 조작화(operationalization)란 어떤 추상적 개념을 경험적으로 측정할 수 있도록, 즉 측정할 수 없는 개념을 측정할 수 있도록 정의하는 과정을 의미한다. 따라서 조작적 정의(operational definition)는 개념을 측정할 수 있도록 객관적이고 경험적으로 기술하는 것이다.

지능의 개념적 정의가 '지적 활동의 능력'이라면 조작적 정의는 '지능검사의 점수'가 될 수 있다. 교육수준의 개념적 정의가 '교육의 내용이나 정도'라면 조작적 정의는 '최종학력'이 될 수 있다. 온도의 개념적 정의는 '따뜻함과 차가움의 정도'이지만 조작적 정의는 '수은주에 나타난 눈금'이 된다. 지능, 교육수준, 온도는 육안으로 볼 수 없으나 조작적 정의에 의해 측정하고 확인할 수 있다. 지능검사점수로 지능을, 최종학력으로 교육수준을, 온도계로 온도를 측정하고 분석하는 것이다.

또 다른 예로 '폭력물을 많이 보는 청소년일수록 공격성은 더 높을 것이다'라는 가설을 실증적으로 검정하기 위해서는 '폭력물을 많이 보는 것'과 '공격성이 높다'는 것이 구체적으로 무엇인지를 측정을 할 수 있도록 정의해야 한다. '폭력물을 많이 보는 것'이라는 개념은 지난 일주일 동안 폭력 행위가 나오는 영상물을 시청한 시간 또는 횟수로 조작화할 수 있다. 한편 '공격성이 높다'는 개념은 관찰을 통해 일정 기간 청소년이 공격적인 행동을 하는 횟수, 공격 성향 검사에서 나오는 점수, 또는 개방형 설문의 응답 내용을 분석하는 방법 등으로 청소년의 공격성을 조작화할 수 있다.

4 구성개념

구성개념(construct)이란 서비스품질, 직무만족, 조직풍토, 재미있는 프로그램과 같이 특정 연구를 위해 선택하거나 조작적으로 창조된 개념이다. 구성개념은 구체적인 실물이 없어 직접 측정할 수는 없으나 측정할 수 있는 현상을 만들어 낸다고 가정한다. 예로 사랑이란 개념은 그 자체는 볼 수도 측정할 수도 없지만 사랑하는 정도에 따라 행동이 달라질 수 있다는 심리적 속성에 근거하여 사랑할 때 나타나는 행동을 관찰하여 사랑을 측정할 수 있다.

구성개념은 일차원(unidimensional) 혹은 다차원(multidimensional)으로 구체화한다. 일차원 구성개념은 보통 하나의 관점을 가지고 있어 하나의 관점에서 단일지표 또는 다수지표로 측정한다. 일차원 구성개념의 예로는 월급, 온도, 무게, 자신감, 교육수준, 전공능력 등이 있다. 반면 다차원 구성개념은 두 가지 이상의 하위 구성개념을 가진다. 예로 서비스의 성질을 나타내는 서비스품질이라는 구성개념은 신뢰성, 확신성, 공감성, 대응성, 유형성 등의 다섯 가지 하위 구성개념으로 구성된다고 할 수 있다. 여기서 신뢰성, 확신성, 공감성, 대응성, 유형성은 <표 1-1>과 같이 반드시 개념적으로 분리되고 서로 다른 방법으로 측정되어야 한다.

〈표 1-1〉 서비스품질의 구성개념과 측정변수

구성요인	정의	측정변수
신뢰성	약속한 서비스를 믿을 수 있게 수행하는 정도	• ABC는 정해진 기일에 하기로 한 일은 그대로 한다. • ABC는 고객이 문제를 제기할 때 심정적으로 동조한다. • ABC는 신뢰할 수 있다. • ABC는 하기로 약속한 시간에 서비스를 제공한다. • ABC는 기록을 정확하게 유지한다.
확신성	서비스제공자의 지식, 정중, 믿음이 서비스를 제공하는데 적합한 정도	• ABC는 서비스가 언제 제공되는지 정확히 알려준다. • ABC 직원으로부터 신속한 서비스를 제공받는다. • ABC 직원은 항상 고객을 도와줄 자세가 되어 있다. • ABC 직원은 고객의 요청에 신속하게 대응한다.
공감성	고객에게 개인적인 배려와 관심을 보이는 정도	• ABC 직원은 신뢰할 수 있다 • ABC 직원과의 거래에서 안도감을 느낀다. • ABC 직원은 정중하다. • ABC로부터 직원은 직무수행을 위해 적절한 지원을 받는다.
대응성	고객을 기꺼이 돕고 신속한 서비스를 제공하는 정도	• ABC는 고객에게 개별적인 관심을 기울인다. • ABC 직원은 고객에게 개별적인 관심을 기울인다. • ABC 직원은 고객의 요구가 무엇인지를 잘 알고 있다. • ABC는 고객의 요구가 무엇인지를 진심으로 알고자 노력한다. • ABC는 고객에게 편리한 운영시간을 제공한다.
유형성	물리적 요소가 서비스를 제공하는데 적합한 정도	• ABC는 최신 시설을 갖추고 있다. • ABC의 물적 시설은 시각적으로 마음에 든다. • ABC의 직원의 복장은 단정하다. • ABC의 물적 시설의 외관은 제공된 서비스 형태와 일치한다.

서비스품질과 같은 복잡한 구성개념도 일차원으로 측정할 수는 있으나 충분히 설명하기 어려우므로 다차원 구성개념이 필요하다. 이처럼 여러 개의 상호 독립적인 요인(개념)을 통합적으로 고려할 때 다차원 구성개념을 사용한다.

구성개념이 일차원 수준으로 구성된 모형을 일차요인모형(first-order factor model)이라 하고 다수의 구성개념이 또 다른 구성개념을 형성하는 다차원 수준으로 구성된 모형을 고차요인모형(high-order factor)이라 한다. 일반적으로 일차요인모형이 널리 활용되지만 고차요인모형을 적용하기 위해서는 이론적으로나 경험적으로 타당한 근거나 논리가 필요하다.

[그림 1-1]은 자율성과 개방성이 직무성과에 미치는 영향을 살펴보는 모형이다. 여기에는 3개의 구성개념이 있고 각 구성개념은 4개의 측정문항(변수)을 가지고 있다. 반면 [그림 1-2]는 조직풍토가 직무성과에 미치는 영향을 살펴보는 모형이다. 조직풍토라는 이차 구성개념은 자율성과 개방성이라는 일차 구성개념으로 형성되어있고 이들 일차 구성개념은 각 4개의 측정변수(문항)를 가지고 있다.

Amos나 SmartPLS와 같은 구조방정식모형이 아닌 회귀분석에서 다차원 구성개념의 측정값을 계산하기 위해서는 각 하위개념의 측정값을 평균하여 계산한다. 예를 들어, 서비스품질의 측정값은 5개의 하위요인 즉, 22개 측정문항의 평균값을 측정값으로 사용한다. 자율성은 4개의 측정변수의 평균값을 조직풍토는 8개의 측정변수의 평균값을 사용한다.

[그림 1-1] 일차요인모형

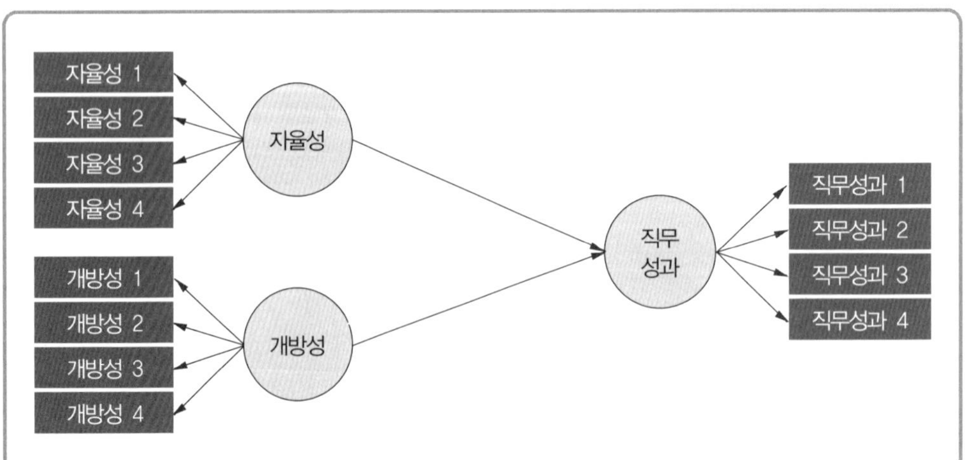

[그림 1-2] 이차요인모형

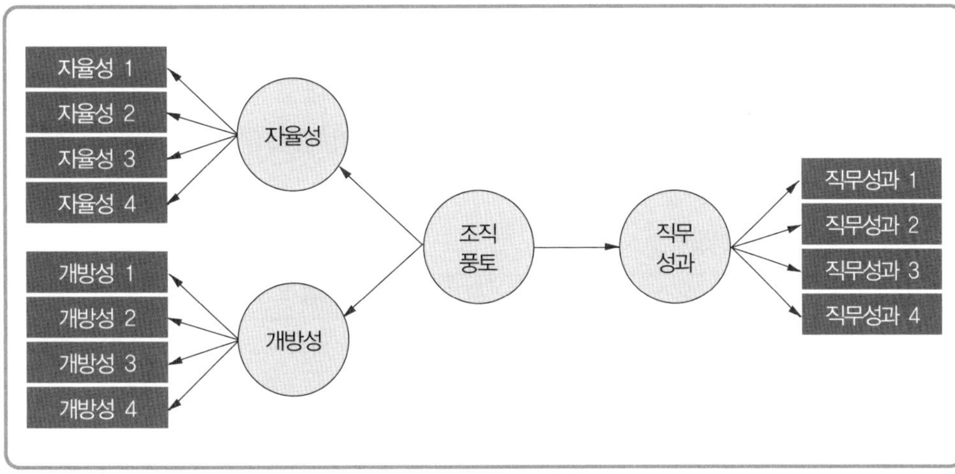

5 변 수

[그림 1-3]에서 보듯이 구성개념은 이론적 단계를 거쳐 개념화되고 실증적 단계에서 조작화 과정을 거쳐 변수(variable)가 된다. 주어진 현상을 설명하기 위해 구성개념이 조작적 정의를 통해 측정할 수 있는 상태로 변환된 것을 변수라 한다. 예를 들어, 온도라는 구성개념은 조작적 정의를 통해 수은주의 눈금이라는 변수로 변환되어 측정할 수 있고, 교육수준이라는 구성개념은 조작적 정의를 통해 최종학력이라는 변수로 변환되어 측정할 수 있다. 이처럼 구성개념은 직접 측정할 수 없어 다른 변수를 통해 간접적으로만 측정된다.

한편 인간의 심성이나 의도는 하나의 측정변수로 측정이 어려운 복합적인 개

[그림 1-3] 개념화와 조작화의 관계

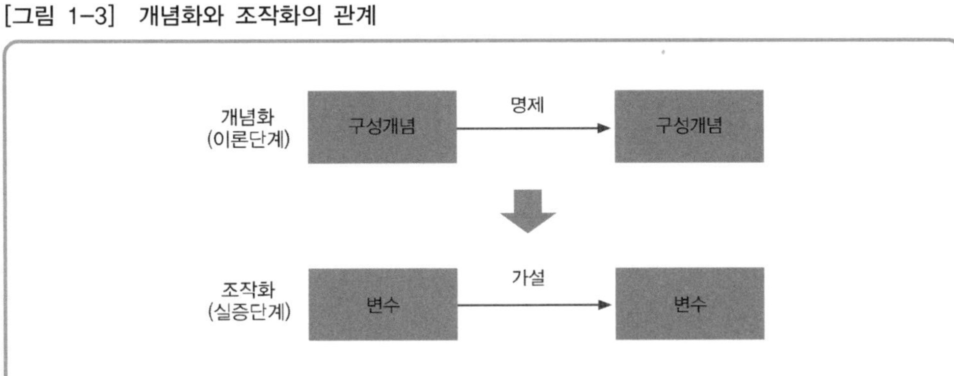

념이므로 여러 개의 측정변수를 사용하여 측정해야만 한다. 예를 들어, 조직의 자율성은 개념적 정의가 다양하므로 구성개념을 명확히 하고 측정할 수 있도록 '지시가 아닌 자발적으로 행동하는 정도'로 정의를 내릴 수 있다. 이러한 정의에 맞게 조작화하여 자율성의 정도를 <표 1-2>와 같이 측정할 수 있다.

〈표 1-2〉 자율성의 측정변수

구성개념	정의	측정변수
자율성	지시가 아닌 자발적으로 행동하는 정도	• 누구의 간섭도 없이 자신의 방식대로 업무를 처리하는 정도 • 자신의 아이디어를 업무에 적용하는 정도 • 업무처리방식을 스스로 결정하는 정도 • 생각과 의견을 자유롭게 표현하는 정도 • 새로운 방식의 업무처리를 선호하는 정도

여기서 자율성을 측정하기 위해 조작화로 여러 가지 측정변수(측정문항)를 사용하였다면 자율성이 잠재변수(구성개념)가 되고 그 측정문항들이 측정변수가 되는 것이다. 이를 도식화하면 [그림 1-4]와 같다.

이처럼 자율성이라는 구성개념은 조작화를 통해도 직접 측정이 불가능한 잠재변수(latent variable)이다. 잠재변수는 직접 관찰하거나 측정을 할 수 없지만 변하는 값을 가지는 구성개념을 의미한다. 즉 잠재변수는 직접 관찰하거나 측정할 수 없기에 측정변수를 통해서 간접적으로만 측정이 가능한 변수이다. 이

[그림 1-4] 잠재변수와 측정변수

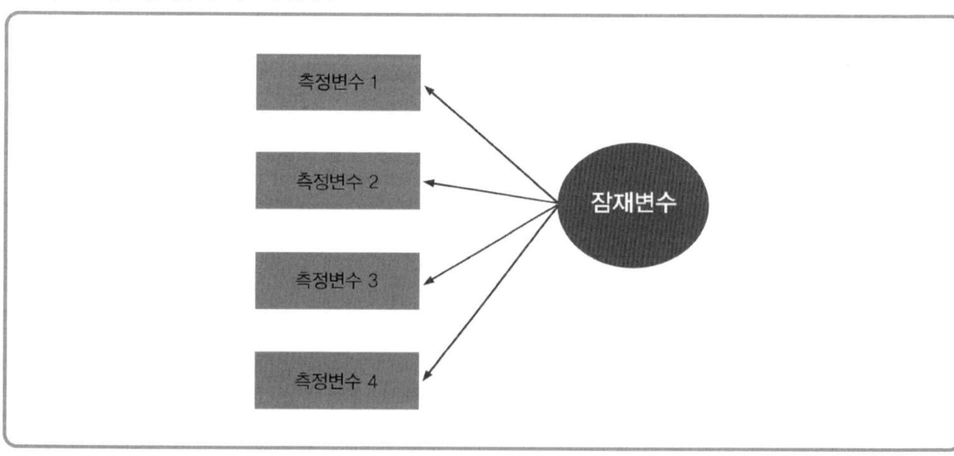

러한 측면에서 잠재변수는 요인, 구성개념, 불측정 변수, 이론변수 등으로 일컫는다. 반면 측정변수(observed variable)는 조작화에 의해 관찰이나 측정할 수 있는 변수를 의미한다. 예로 <표 1-2>의 자율성이라는 잠재변수는 4개의 측정변수를 사용하여 간접적으로 측정한다. 개념과 구성개념 그리고 잠재변수와 측정변수 간의 관계를 도식화하면 [그림 1-5]와 같다.

이처럼 조작화를 통해 추상적인 구성개념을 구체적인 숫자로 변환할 수 있다. 실증주의 연구자들은 조작화를 통해 인간의 어떠한 행위도 경험적으로 검정이 가능하다고 한다. 하지만 조작화를 어떻게 하는가에 따라 다른 결과를 얻을 수 있다. 그러므로 조작화를 잘못하면 엉뚱한 현상을 측정하는 오류를 범할 수도 있다.

대학생의 전공능력을 측정하기 위해 전공과목의 평점이 사용되었다면, 전공능력이 구성개념이 되고 조작화에 의해 평점이 측정변수가 된다. 평점은 전공능력을 측정하는 여러 가지 방법의 하나일 뿐 유일한 방법은 아니다. 평점 이외에 전공 관련 자격증 등과 같은 복수의 측정도구를 사용하면 단일 측정변수를 사용하는 경우보다 측정의 오류를 줄일 수 있어 측정의 타당성과 신뢰성을 높일 수 있다.

따라서 구성개념에 맞는 다양한 측정변수가 존재하므로 연구목적과 구성개념에 적합한 측정변수를 사용하여야 한다. 중요한 것은 모두가 동의할 수 있는 절대적이고 보편적인 측정변수는 없다는 것이다. 연구자는 좋은 측정변수의 개

[그림 1-5] 개념, 구성개념/잠재변수와 측정변수 간의 관계

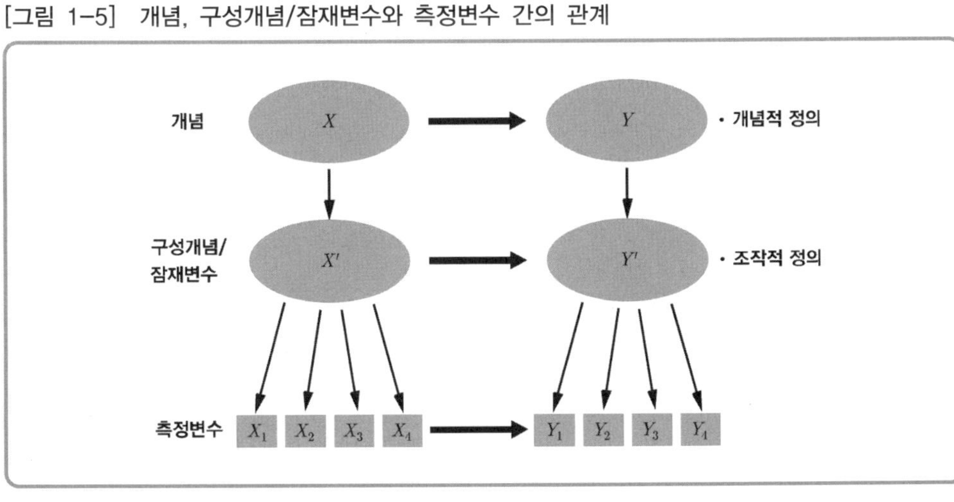

발을 위해 노력하여야 올바른 연구를 수행할 수 있게 된다.

제 2 절 변수의 유형

1 독립변수와 종속변수

한 변수가 다른 변수에 영향을 줄 때 두 변수는 인과관계가 있다고 한다. 이 때 영향을 주는 변수를 독립변수(independent variable)라 하고 영향을 받는 변수를 종속변수(dependent variable)라 한다. 회귀분석에서는 독립변수를 X로 표시하고 종속변수를 Y로 표시한다. 인과관계는 다음과 같이 시간의 흐름상 독립변수의 사건이 먼저 발생하고 다음에 종속변수의 사건이 발생한다.

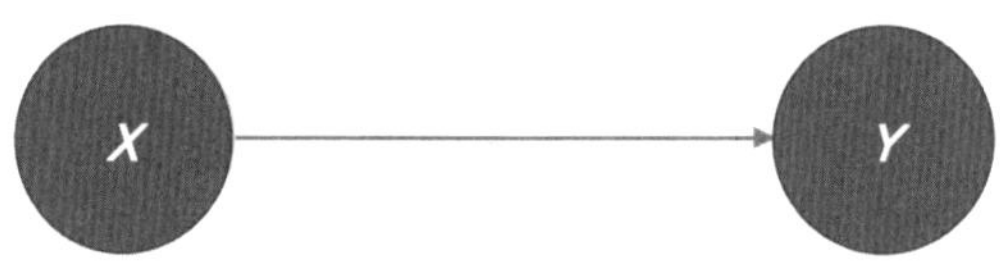

예를 들어, 직무만족과 직무성과 간의 관계에서 직무만족이 좋으면 직무성과가 높아질 것으로 예상할 수 있다. 여기서 직무만족은 직무성과에 영향을 주고 직무성과는 직무만족에 영향을 받는 관계이므로 직무만족은 독립변수이고 직무성과는 종속변수이다. 이 경우 직무만족이 먼저 발생하고 그 결과로 직무성과가 일어난다. 이러한 시간 흐름의 특성 때문에 독립변수를 원인변수 또는 선행변수(antecedent variable)라 하고 종속변수를 결과변수(consequence variable) 또는 후행변수라 부르기도 한다. 또한 직무만족은 직무성과를 설명하거나 예측하기 위해 사용되는 변수이고 직무성과는 직무만족에 반응한다. 이러한 의미에서 독립변수를 설명변수(explanatory variable) 또는 예측변수(predictor variable)라 부르고 종속변수를 반응변수(response variable) 또는 피예측변수라 한다.

2 매개변수

매개변수(mediator variable)는 독립변수와 종속변수 간의 인과관계를 설명해 주기 위해 투입되는 변수로 독립변수에 영향을 받아서 이를 다시 종속변수에 전달하는 역할을 한다. 두 변수 사이를 연결해주고 전달해주는 매개효과는 완전매개효과와 부분매개효과로 구분한다. 독립변수를 X, 매개변수를 M, 종속변수를 Y라 하고 완전매개효과의 관계를 도식화하면 다음과 같다.

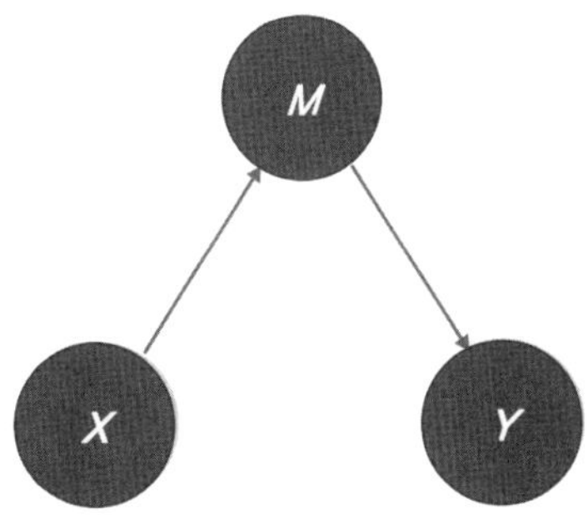

두 변수는 서로 직접적인 관계가 없는데 제3의 변수가 두 변수를 중간에서 연결한다. 이로 인해 두 변수가 간접적으로 관계를 가지도록 둘 사이에 놓인 제3의 변수를 매개변수라 한다. 즉 X의 변화는 M에 영향을 미치고 이어서 M이 Y에 미치는 효과가 발생할 때 M은 X와 Y 사이의 매개변수라 한다. 따라서 매개변수는 독립변수의 결과이면서 동시에 종속변수의 원인이 되는 변수이다. 예를 들어, 온도(독립변수)가 갈증(매개변수)에 영향을 미치고 다시 갈증(매개변수)이 음수량(종속변수)에 영향을 미치는 것으로 가정할 수 있다면 이 경우 갈증은 온도와 음수량 간의 인과관계를 연결하는 매개변수이다. 이처럼 매개변수는 독립변수가 종속변수에 이르는 시간적 선후관계와 논리적 과정을 명확히 함으로써 인과관계를 보다 정확히 이해하도록 해주는 변수이다. 독립변수의 효과가 온전히 매개경로를 통해서만 종속변수에 전달되는 모형을 완전매개모형이라 부르고 이러한 매개효과를 완전매개효과라 한다.

한편 다음 그림과 같이 매개경로 뿐만 아니라 독립변수에서 종속변수로 직접 효과가 전달되는 모형을 부분매개모형이라 한다.

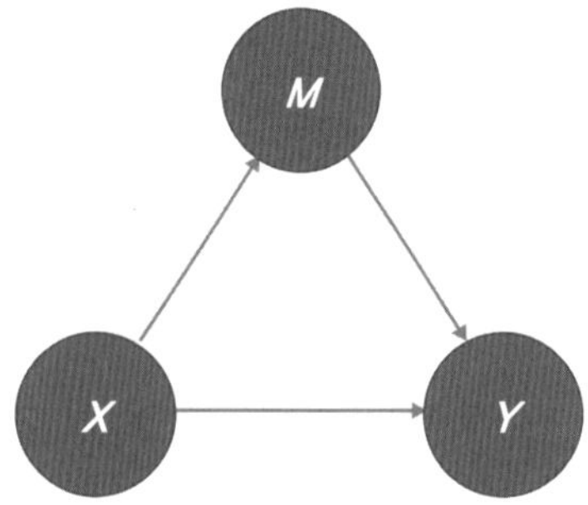

X의 변화는 Y뿐만 아니라 M에도 영향을 미치고 M이 다시 Y에 미치는 효과가 발생할 때의 매개효과를 부분매개효과라 한다.

3 조절변수

두 변수 간의 인과관계에 제3의 변수를 추가하면 원래의 인과관계에 변화가 일어날 때 이러한 제3의 변수를 조절변수(moderate variable)라 한다. 즉 조절변수란 독립변수가 종속변수에 미치는 영향력을 조절하는 변수를 말한다. 독립변수를 X, 조절변수를 W, 종속변수를 Y라 하고 이들 관계를 도식화하면 다음과 같다.

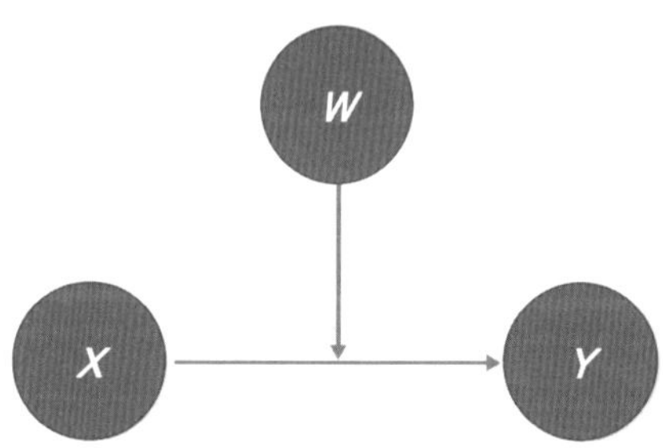

예를 들어, 남녀를 구분하지 않고 몸무게가 멀리던지기에 미치는 회귀계수를 추정한 결과 몸무게가 많이 나갈수록 멀리던지기를 잘하는 결과를 얻었다고 하자. 이러한 관계를 남녀로 구분하여 회귀계수를 추정하여 남자는 몸무게가 많이 나갈수록 멀리 던지고 반대로 여자는 몸무게가 많이 나갈수록 멀리 던지지

못한다는 결과를 얻었다고 하자. 이러한 남녀 간의 차이가 통계적으로 유의하다면 몸무게와 멀리 던지기 간의 관계는 성별에 따라 조절효과가 있다고 본다. 또 다른 예로 직무만족이 직무성과에 미치는 영향을 보면 보통 직무만족이 증가하면 직무성과도 증가할 것이다. 그러나 각 구성원이 가지고 있는 혁신성에 따라 아마도 직무만족이 직무성과에 미치는 영향력은 다를 것으로 예상할 수 있다면 구성원의 혁신성은 조절변수가 될 것이다.

4 허위변수

독립변수와 종속변수 간에 실제로는 아무런 관계가 없는데도 있는 것처럼 보이게 하는 변수를 허위변수(spurious variable)라 한다. 허위변수는 독립변수와 종속변수 모두에 영향을 미치는 숨어 있는 변수로, 두 변수의 올바른 인과적 추론을 방해하는 변수이다.

허위변수(Z)는 X와 Y 두 변수 모두에 영향을 미쳐 이들 간의 공동변화를 모두 설명하는 변수를 의미한다. 즉 X와 Y 사이에 실제로는 인과관계가 없으나 있는 것처럼 보이게 하는 변수를 말한다. 다음의 단계 1의 식에서 회귀계수 b_1이 유의하면서 값이 크다고 가정하자.

$$\text{단계 1: } Y = b_0 + b_1 X$$

이때 단계 2의 식에서처럼 어떤 변수 Z를 투입하였다고 가정하자.

$$\text{단계 2: } Y = b_0 + b_1 X + b_2 Z$$

단계 1의 b_1과는 달리 단계 2의 b_1이 유의하지 않게 나온다면 Z는 허위변수로 볼 수 있고 X와 Y의 관계는 허위적 관계일 가능성이 높다. 예로는 지역의 돼지 수와 의사 수를 생각해볼 수 있다. 아마도 돼지의 수가 적은 지역일수록 의사의 수는 많을 것이다. 이 관계가 옳다고 생각하여 의사의 수를 늘리기 위해 돼지의 수를 줄이는 행동을 하여서는 안 된다. 이는 도시와 농촌의 경제구조의 차이에 있다고 볼 수 있다. 또 다른 예로 초등학생의 키와 학업능력과의 관계를 보면 키가 클수록 학업능력이 증가하는 관계를 맺을 것이다. 보통 초등학생들은 키가 클수록 고학년이고 나이가 많다. 따라서 키가 커서 학업능력이 좋은 것이 아니라 나이에 따른 고학년이기 때문에 학업능력이 좋은 것으로 생각할 수 있다.

허위 상관관계가 무엇인지 이해하는 것이 중요한 이유는 A와 B 사이에 상관관계가 있다고 A가 B의 원인이라고 단정할 수 없기 때문이다. 따라서 연구자가 인과관계를 올바르게 판단하기 위해서는 관찰한 관계에서 의사적인 관계(spurious relationship)로 설명할 수 있는 제3의 변수가 있는지를 확인하여야 한다.

5 통제변수

독립변수와 종속변수 사이의 인과관계를 보다 정확하게 밝히기 위해서는 허위변수나 억압변수와 같은 제3의 변수들을 통제해야 한다. 허위변수는 실제로는 두 변수가 관계가 없는데도 있는 것처럼 보이게 하는 변수이고 억압변수는 실제로는 두 변수가 관계가 있는데도 없는 것처럼 보이게 하는 변수이다. 이러한 허위변수와 억압변수는 연구에 포함되어야 할 의미 있는 통제변수이다.

예를 들어, 몸무게가 많이 나갈수록 원반던지기를 잘한다는 가설이 있다고 하자. 이 가설을 검정할 때 고려해볼 수 있는 제3의 변수는 성별이다. 남자가 대체로 여자보다 몸무게가 많고 원반던지기도 잘하는 경향이 있어 제3의 변수로 작용할 가능성이 있다. 남녀 구분 없이 조사를 해보니 몸무게가 많은 사람이 원반던지기를 잘하는 결과가 나왔다면 남자의 몸무게가 많으므로 원반던지기를 잘하는 것은 몸무게가 아니라 남자이기 때문이라고 주장할 수도 있다. 그러나 남자와 여자를 따로 조사를 해보니 두 집단 모두 몸무게가 많은 사람이 원반던지기를 잘한다는 결과가 나왔다면 남자라서 원반던지기를 잘한다는 주장은 할 수 없다.

이처럼 제3의 변수가 없어 독립변수와 종속변수 간에 인과관계가 있는 것처럼 보인다는 의문을 제기하지 않도록 제3의 변수를 도입하는 것을 통제한다고 표현한다. 통제변수(control variable)는 직접 관심을 가지는 변수는 아니지만 연구모형에 직·간접적인 영향을 미칠 가능성이 있어 연구모형에 포함하여 더욱 타당한 연구결과를 얻기 위해 도입한 변수를 의미한다.

제3절 측정과 척도

1 측정

자료(data)의 속성(attribute)을 변수라 하고 변수(variable)의 값을 자료라 한다. 예를 들어, 홍길동의 키는 179cm, 몸무게는 72kg, 나이는 23세, 그리고 심길동의 키는 160cm, 몸무게는 47kg, 나이는 13세라고 한다면 여기서 몸무게, 키, 나이처럼 관측할 때마다 다른 값을 가지는 자료의 속성을 변수라 하고 변수를 관찰하여 기록한 값을 자료라 한다.

한편 측정(measurement)이란 측정도구(measurement instrument)를 가지고 측정대상이 가지고 있는 속성에 값(숫자나 기호)을 부여하는 과정이다. 예를 들어, 시간을 측정한다는 것은 시간의 속성에 시계라는 측정도구를 사용하여 시간의 수치를 부여하는 과정이다. 온도를 측정하기 위해서는 온도라는 속성에 온도계라는 측정도구를 사용하여 온도의 수치를 부여한다.

만약 개념이나 변수를 측정하지 못한다면 숫자로 표현되는 자료를 수집할 수 없어 양적연구를 수행할 수 없게 된다. 실증연구에서 측정의 목적이 양적자료의 수집이므로 측정은 이론적 세계와 경험적 세계를 연결해 주는 수단이다.

2 척도

지능을 측정하기 위해서는 지능검사지라는 측정도구를 사용하여야 하고 무게를 측정하기 위해서는 저울이라는 측정도구를 사용하여야 한다. 하지만 행복이나 만족과 같은 인간의 내면적인 속성을 나타내는 구성개념을 측정하기 위해서는 연구자가 설문문항이라는 측정도구를 만들어 사용하여야 한다. 이 경우 설문문항이라는 측정도구가 척도(scale)가 된다. 따라서 구성개념을 측정하기 위한 측정도구를 척도라 한다. 예를 들어, 행복을 측정하기 위해 등간척도라는 측정도구를 사용하여 매우 만족이면 5점, 만족이면 4점, 보통이면 3점, 불만족이면 2점, 매우 불만족이면 1점을 부여한다. 또한 성별을 측정하기 위해 남자면 1을 여자면 2를 부여하는 명목척도를 사용한다. 이처럼 척도는 구성개념을 측정하기 위해 규칙에 따라 수치를 부여하는 측정도구이다.

척도가 구성개념을 측정하는 측정도구라면 측정은 측정도구를 사용하여 수치를 할당하는 과정이라고 할 수 있다. 이러한 척도와 측정은 유사 개념으로 사용된다. 척도수준에 따라 척도는 [그림 1-6]과 같이 명목척도(nominal scale), 서열척도(ordinal scale), 등간척도(interval scale) 그리고 비율척도(ratio scale)로 분류할 수 있다.

1) 명목척도

명목척도는 가장 약한 척도수준으로 가장 쉽게 인지된다. 성별, 종교, 직업, 거주지, 전공, 대중매체 등과 같이 속성에 부여된 숫자가 어떤 범주(category)에 속하는지 알려주는 정보만을 가진 측정도구를 명목척도라 한다. 다음과 같은 설문을 수행할 때 명목척도의 자료를 얻게 된다.

【예】 귀하의 결혼 여부는?

① 미혼 ( )　　② 기혼 ( )

【예】 귀하의 현재 거주 지역은?

① 경기도 ( )　　② 강원도 ( )　　③ 충청도 ( )

④ 경상도 ( )　　⑤ 전라도 ( )　　⑥ 기타 ( )

[그림 1-6] 척도의 특징

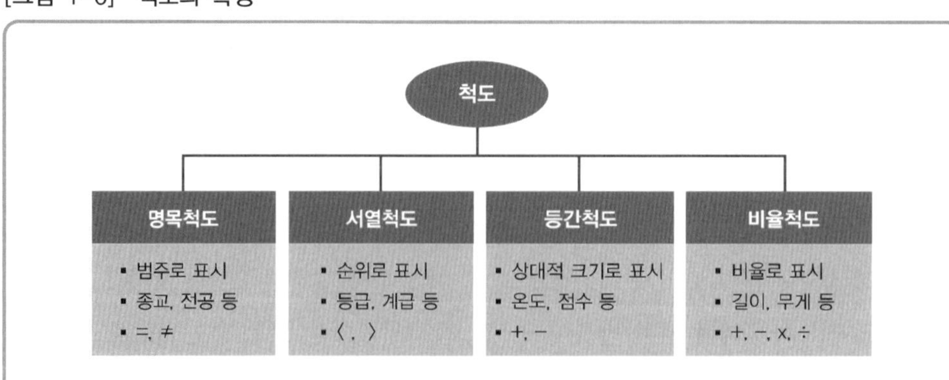

명목척도는 문항 간 중복되지 않아야 하는 상호배타성(exclusiveness)과 모든 집단을 포함하는 완전포괄성(exhaustiveness)의 기준을 동시에 만족시켜야 한다. 예를 들어, 성별은 남자와 여자로 구성되어 전체가 되는 완전포괄성과 남자는 여자 집단에 속할 수 없고 여자는 남자 집단에 속할 수 없다는 상호배타성을 동시에 지니고 있다. 숫자는 의미가 없으며 단지 특정 범주만을 가리킨다. 명목척도는 같은 범주와 다른 범주를 나타내는 기호(=, ≠)의 사용은 가능하지만 사칙연산(+, −, ×, ÷)의 적용은 불가능하다.

2) 서열척도

서열척도는 명목척도의 특성을 가지면서 크기 순서대로 서열화가 가능하다. 다음과 같은 설문을 수행할 때 서열척도의 자료를 얻게 된다.

【예】 귀사의 규모는?

① 대기업 ( ) ② 중기업 ( ) ③ 소기업 ( )

【예】 귀하는 지난 일주일 동안 얼마나 술을 마셨습니까?

① 자주 ( ) ② 가끔 ( ) ③ 하지 않음 ( )

서열척도는 측정대상을 분류할 뿐만 아니라 측정대상의 속성이 크고 작음 또는 많고 적음에 따라 순위를 매긴 척도이다. 하지만 서열 간의 차이가 같지 않아 구체적인 차이는 알 수 없고 단지 순서만을 나타낸다. 교육 정도, 성적 순위, 계급, 인기가요 순위 등이 서열척도에 해당하는 예이다. 성적 순위는 1등, 2등, 3등,…, 10등이라는 서열 관계는 성립하지만 그들 사이의 차이는 알 수 없다. 즉 1등과 2등의 차이와 8등과 9등의 차이는 같지 않다. 수식으로 표시하면 1등 > 2등 > 3등 > … > 10등이라는 순위 관계는 성립되지만 5등 = 2등 + 3등과 같은 사칙연산은 불가능하다. 따라서 명목척도와 마찬가지로 서열척도는 범주형 자료이기 때문에 각 숫자 간 차이가 같지 않아 사칙연산은 사용할 수 없지만 순위를 판단하는 부호(<, >)는 사용할 수 있다.

3) 등간척도

등간척도는 서열척도가 갖고 있는 모든 특성을 가지면서 값 간의 차이가 의미가 있어 덧셈 및 뺄셈이 가능하다. 다음과 같은 설문을 수행할 때 등간척도의 자료를 얻게 된다.

【예】 구입한 자동차가 마음에 드십니까?

매우 불만족이다		보통 이다		매우 만족이다
①	②	③	④	⑤

【예】 현 정부의 부동산정책에 대해 찬성하십니까?

전혀 그렇지 않다	그렇지 않다	그렇지 않은 편이다	보통 이다	그런 편이다	그렇다	매우 그렇다
①	②	③	④	⑤	⑥	⑦

등간척도는 절대 영점(absolute zero)이 없어 곱셈과 나눗셈이 불가능하여 값 간의 비율은 무의미하다. 예를 들어, A학생의 성적이 30점이고 B학생의 성적이 60점이라면 B학생은 A학생보다 성적이 30점 높다고 할 수 있다. 명목척도나 서열척도와는 달리 분류와 순위의 성질뿐만 아니라 등간성을 갖기 때문에 10점 + 20점 = 30점 또는 15점 − 5점 = 10점과 같이 가감을 할 수 있다. 하지만 B학생이 A학생보다 2배 더 공부를 잘한다거나 2배 더 영리하다고 말할 수는 없다. 마찬가지로 온도 10도가 5도보다 두 배 더 따뜻하다고 말할 수 없다. 시험 성적, 온도, 지능지수, 물가지수, 적성검사지수 등이 등간척도의 예이다.

4) 비율척도

비율척도는 가장 강한 수준의 척도로 앞의 세 가지 척도의 특성뿐만 아니라 의미 있는 0을 추가로 가진다. 다음과 같은 설문을 수행할 때 비율척도의 자료를 얻게 된다.

【예】 귀하의 월 평균 수입은? (　　　　)

【예】 귀사의 작년 매출액은? (　　　　)

크기의 비교가 가능하여 값 간의 차이도 알 수 있다. 예를 들어, 200kg은 50kg보다 4배 더 무겁고, 30cm는 10cm보다 3배 더 길고, 200원은 100원보다 2배 더 많다고 할 수 있다. 이처럼 절대 영점(0cm, 0kg 등)을 가지며 숫자의 차이는 비율을 나타낸다. 길이, 무게, 거리, 나이, 매출액, 인구수는 비율척도로 사칙연산의 적용이 가능하다.

3 척도화

척도란 구성개념을 측정하기 위한 측정도구를 말한다. 온도를 측정하기 위해서는 온도계를 사용하여야 하고 길이를 측정하기 위해서는 줄자를 사용하는데, 이처럼 측정대상의 속성을 측정하는 온도계나 줄자와 같은 측정도구를 만들어 내는 방법을 척도화(scaling)라 한다. 즉 척도화란 특정 현상을 측정하기 위해 필요한 개별 척도를 만드는 방법이다.

척도화의 목적은 측정대상에 맞는 척도를 만들어 내는 것이고 척도화의 결과물이 척도이다. 시계를 가지고 길이를 측정할 수 없듯이 올바른 척도화를 통해 측정대상을 올바르게 측정할 수 있는 척도를 만들어야 한다. 척도수준에 따라 명목척도, 서열척도, 등간척도, 비율척도로 구분하였듯이 척도화 방법에 따른 명목척도화, 서열척도화, 등간척도화, 비율척도화에 대해 살펴보기로 한다.

1) 명목척도화

성별이나 거주지는 동일 범주에 속하는지의 여부에 대한 정보만을 가진 명목척도이다. 명목척도의 경우 응답자가 응답을 할 때 특별한 어려움을 겪지 않기 때문에 명목척도를 위한 척도화 방법은 따로 고안되지 않았다. 따라서 다음과 같이 개방형 질문 혹은 폐쇄형 질문으로 응답을 구할 수 있다.

【예】 귀하의 성별을 기입하여 주십시오. (　　)

【예】 귀하의 성별은?
　　① 남　　　② 여

2) 서열척도화

(1) 서열순위척도

서열순위척도(rank-order scale)는 서열척도의 한 종류로서 응답자의 태도나 의견에 대해 여러 보기의 상대적 순위를 정하는 것이다. 비교대상의 순위를 1등, 2등, 3등으로 구분하는 것이기 때문에 쉽게 이해하고 응답할 수 있다. 다음은 서열순위척도의 예이다.

【예】 귀하가 거주하고 싶은 지역을 선호하는 순서에 따라 번호를 매겨 주시기 바랍니다.

① 동구 ( ) ② 서구 ( ) ③ 남구 ( ) ④ 북구 ( )

하지만 비교대상이 5개 이상이 되면 비교대상 간의 순위를 결정하는 것이 매우 어렵게 된다. 또한 응답자의 입장에서는 손쉽고 단순한 질문이지만 연구자의 입장에서는 자료분석에 사용할 통계적 기법들이 제한된다는 단점이 있다. 보통 가장 많이 나타나는 1위의 값만 의미가 있고 나머지는 큰 의미가 없다. 이 경우 응답자가 특정 값을 1위로 표시했더라도 이것을 가장 선호한다가 아니라 그나마 이것을 가장 덜 싫어한다는 의미일 수도 있어 해석에 주의가 필요하다.

(2) 쌍대비교척도

쌍대비교척도(pairwise comparison scale)는 서열순위척도를 확장한 것으로 어떤 개념에 대한 다양한 보기를 제시한 후 응답자에게 그 보기들을 둘씩 짝지어서 더 선호하는 것을 고르게 하는 방법이다. 다음은 쌍대비교척도의 예이다.

【예】 다음의 신발 상표를 둘씩 비교하여 둘 중에서 더 선호하는 신발 상표를 기입하여 주세요.

① AA & BB ( ) ② AA & CC ( ) ③ AA & DD ( )
④ BB & CC ( ) ⑤ BB & DD ( ) ⑥ CC & DD ( )

만약 n개의 비교 대상이 있다면 $n(n-1)/2$만큼의 비교를 수행하여야 한다. 예를 들어, 네 가지 종류의 신발 상표가 있다면 $4(4-1)/2$개의 쌍이 가능하므로 응답자에게 6개의 쌍을 하나씩 제시한 다음 둘을 비교하여 어느 것이 더 호의적인지를 판단하도록 한다. 다음으로 상표별로 더 호의적으로 평가된 횟수를 계산하여 각 상표에 대한 점수로 삼는다. 점수가 높을수록 상표에 대해 더 호의적인 태도로 해석한다.

응답자에게 여러 대상을 한꺼번에 제시하고 순위를 정하는 서열순위척도보다 둘 중 하나를 고르게 하는 과정을 반복하는 쌍대비교척도가 응답자에게는 편한 방법이다. 하지만 이 방법은 비교하는 대상의 수가 많아지면 비교해야 할 쌍이 너무 많아져 비효율적이다.

3) 등간척도화

(1) 평정척도

평정척도(rating scale)란 측정하고자 하는 속성이 연속성을 갖고 있다고 전제하여 일정한 등급 방법에 따라 평가하는 척도이다. 예를 들어, 수강생을 A, B, C, D, F나 수, 우, 미, 양, 가로 분류하는 것이 평정척도의 예라고 할 수 있다. 이러한 평정척도는 응답자의 태도나 의견의 강도를 묻기 위한 것으로 강도가 서로 다른 보기를 나열하여 응답자가 선택하도록 하는 문항이다. 이는 리커트 척도의 일종으로 리커트 척도를 작성할 때 많이 사용한다. 평정척도에는 다양한 방식이 있지만 여기서는 안면척도와 도표척도에 대해 살펴보기로 한다.

가) 안면척도

다음과 같이 글자로 된 값을 보여주는 것이 아니라 사람의 얼굴 표정을 본뜬 이미지로 대체하는 척도이다.

【예】 보내드린 설명서가 필요한 정보를 찾는 데 도움이 되었습니까?

일반적으로 웃는 얼굴은 긍정적 응답을 나타내고 찡그린 얼굴은 부정적 응답

을 의미한다. 말로 설명할 방법이 없는 미묘한 값의 차이를 나타낼 수 있다는 장점이 있지만 긍정이나 부정 이외의 답변이 나올 가능성이 있는 문항에는 사용할 수 없다.

나) 도표척도

다음과 같이 가로선을 긋고 균등한 거리마다 세로선을 그어서 각각의 값을 보여주는 척도이다.

【예】 우리 기업의 복지수준은 어느 정도인지 평가해 주십시오.

매우 낮다	낮다	보통이다	높다	매우 높다

(2) 리커트 척도

사회과학이나 여론조사에서 가장 많이 사용하는 리커트 척도(Likert scale)는 다음과 같은 두 가지 특징을 지닌 척도이다. 첫째, 평정척도의 변형으로 측정하는 속성이 연속성을 가지고 있다고 전제하여 일정한 등급방법에 따라 평가하는 척도이다. 리커트 척도는 어떤 태도나 의견에 대해 부정(불만족)/긍정(만족)의 정도를 측정하는 척도이다. 일반적으로 리커트 5점 척도(1: 매우 불만족, 2: 불만족, 3: 보통, 4: 만족, 5: 매우 만족) 또는 리커트 7점 척도(1: 전혀 그렇지 않다, 2: 그렇지 않다, 3: 그렇지 않은 편이다, 4: 보통이다, 5: 그런 편이다, 6: 그렇다, 7: 매우 그렇다)를 사용한다. 다음은 5점과 7점 리커트 척도의 예이다.

【예】 버스 이용이 편리하다고 생각하시나요?

전혀 그렇지 않다	그렇지 않다	보통이다	그렇다	매우 그렇다
①	②	③	④	⑤

【예】 버스 이용이 편리하다고 생각하시나요?

전혀 그렇지 않다	그렇지 않다	그렇지 않은 편이다	보통이다	그런 편이다	그렇다	매우 그렇다
①	②	③	④	⑤	⑥	⑦

둘째, 리커트 척도는 여러 개의 문항으로 응답자의 태도나 의견을 측정한 다음 모든 문항의 응답 점수를 합산하여 응답자의 태도나 의견의 점수를 구하는 척도이다. 하나의 측정문항으로 응답자의 응답을 측정하는 경우를 단일척도라 하고 여러 개의 측정문항의 합으로 응답을 측정하는 경우를 복합척도라 한다. 단일척도로는 측정이 어려운 복합적인 개념을 측정해야 할 때 복합척도를 사용하면 단일척도를 사용하는 경우보다 측정의 타당성과 신뢰성을 높일 수 있다. 복합척도를 구성하는 단일척도의 점수 합을 복합척도의 점수로 사용한다.

리커트 척도에서 가장 중요한 것은 동일한 개념을 다루는 서로 다른 문항들 사이에는 매우 높은 연관성이 있어야 한다는 것이다. 즉 문항 간 내적 일관성(internal consistency)이 높아야 한다. 내적일관성을 높이기 위해서는 응답자의 태도나 의견을 차별화시키는 문항을 선택하고 일관성이 낮은 문항을 삭제한다. 다음은 개방성을 측정하는 리커트 7점 척도의 예이다.

설 문 내 용	전혀 그렇지 않다	그렇지 않다	그렇지 않은 편이다	보통 이다	그런 편이다	그렇다	매우 그렇다
1. 새로운 방식의 업무처리를 선호한다.	□	□	□	□	□	□	□
2. 과거에 성공적이던 업무방식도 과감하게 바꿀 수 있다.	□	□	□	□	□	□	□
3. 지금까지 해 왔던 방식대로 일할 것을 고집하지 않는다.	□	□	□	□	□	□	□
4. 새로운 모험을 시도하는 것을 좋아한다.	□	□	□	□	□	□	□

위의 표처럼 관련 있는 문항들을 하나로 모아서 제시한다고 행렬문항(matrix question)이라 부르기도 한다. 행렬문항은 지면을 경제적으로 활용할 수 있고, 쉽고 빠르게 응답할 수 있고, 다른 문항에 대해 응답 비교가 편리하다. 이처럼 같은 보기를 가지고 있는 문항을 한 행으로 모두 묻고 싶다면 행렬문항을 사용하는 것이 바람직하다.

그러나 총점을 계산하는 과정에서 각 문항 간 편차의 의미는 사라지고 총점만이 의미를 가진다. 또한 자기보고(self-report)식이기 때문에 응답자의 주관이 개입된다는 문제점도 있고, 응답자마다 긍정/부정 및 찬성/반대의 각 점수가 의미하는 정도가 다를 수 있고, 반복효과가 발생할 수 있다는 단점이 있다.

(3) 스타펠척도

스타펠척도(Stapel scale)는 어떤 개념에 대한 응답자의 태도나 의견의 방향과 강도를 측정하기 위해 양수 값과 음수 값을 사용한다. 긍정적인 태도나 의견은 양수로 부정적인 태도나 의견은 음수로 답할 수 있도록 만드는 척도이다. 다음은 노트북의 이미지를 측정하는 스타펠척도의 예이다.

【예】 사용하고 계신 노트북의 이미지를 표기해 주십시오. 긍정적인 응답은 양수로 부정적인 응답은 음수로 표기하시면 됩니다.

−5 −4 −3 −2 −1	아름다운 외관	+1 +2 +3 +4 +5
−5 −4 −3 −2 −1	다양한 기능	+1 +2 +3 +4 +5
−5 −4 −3 −2 −1	합리적인 가격	+1 +2 +3 +4 +5
−5 −4 −3 −2 −1	뛰어난 내구성	+1 +2 +3 +4 +5
−5 −4 −3 −2 −1	편리한 서비스	+1 +2 +3 +4 +5

스타펠척도는 설문문항을 간결하게 만들기 쉽고 적당한 반의어를 찾기 힘든 경우에 유용하게 사용할 수 있지만 다소 직관적인 느낌이 부족하여 자칫 혼란을 불러일으킬 수도 있다.

(4) 의미분별척도

의미분별척도 또는 어의차이척도(semantic differential scale)는 어떤 개념에 대한 응답자의 태도나 의견을 여러 차원에서 평가하는데 편리한 척도이다. 다음의 예처럼 일직선 도표의 양극단에 상반되는 형용사를 배열하여 양극단 사이에 해당 개념에 대한 평가를 5점 내지 7점으로 응답하게 하는 척도이다.

【예】 ○○카페에 대한 느낌을 다음 진술 사이에 표기해 주시기 바랍니다.

불편하다	____ ____ ____ ____ ____ ____ ____	편리하다
비싸다	____ ____ ____ ____ ____ ____ ____	싸다
어둡다	____ ____ ____ ____ ____ ____ ____	밝다
불결하다	____ ____ ____ ____ ____ ____ ____	청결하다
위험하다	____ ____ ____ ____ ____ ____ ____	안전하다
느리다	____ ____ ____ ____ ____ ____ ____	빠르다
시끄럽다	____ ____ ____ ____ ____ ____ ____	조용하다

이 척도의 장점은 문항을 쉽게 작성할 수 있고, 극단적인 형용사를 제시하므로 응답자가 느낌의 강도를 쉽게 이해하여 신속하게 응답할 수 있고, 분석이 쉬워 결과에 대한 신속한 피드백이 가능하다는 것이다. 반면 단점으로는 의미가 상반된 형용사를 찾는 것이 어려울 때도 있다는 것이다.

4) 비율척도화

비율척도는 일반적으로 직접 관찰이 가능한 키, 몸무게, 인구, 나이, 매출, 이익과 같이 절대 영점의 특성을 가진 자료이다. 비율척도는 명목척도와 같이 응답자가 응답할 때 특별한 어려움을 겪지 않기 때문에 비율척도를 위한 척도화 방법은 특별히 고안되지 않았다. 따라서 다음과 같이 개방형 질문으로 응답을 구할 수 있다.

【예】 귀하의 반려견 수를 기입하여 주십시오. (   )명

【예】 귀사의 예상 연봉을 기입하여 주십시오. (   )원

제**2**장

타당성과 신뢰성

제 1 절 타당성과 신뢰성의 개념

과학적 연구를 엄격하게 하여도 대부분은 측정하는 과정에서 오차가 발생한다. 그러므로 오차를 줄어 타당성과 신뢰성을 높이는 방법은 항상 연구의 관심 대상이다. 타당성은 측정값이 측정대상을 잘 설명하도록 올바른 측정도구와 측정방법을 사용했느냐의 문제이며 반면 신뢰성은 반복해도 동일한 값이 측정되도록 올바른 측정도구와 측정방법을 사용했느냐의 문제이다.

1 타당성

타당성(validity)이란 측정도구가 측정하고자 하는 개념을 얼마나 정확하게 측정할 수 있는가를 나타내는 지표이다. 시간을 측정할 때 시계를 사용하여 객관적으로 시간을 측정하고 있다면 타당성이 있다고 말하고, 키를 저울로 측정하고 몸무게를 자로 재고 있을 때는 타당성이 없다고 한다. 즉 타당성은 측정도구(척도)가 측정하려는 개념을 정확하게 측정하고 있을 때 측정척도(도구)의 타당성이 있다고 한다. 하나의 개념은 대부분 다양한 방법으로 측정해볼 수 있다. 이 중에서 잘못된 측정도구나 측정방법을 사용한 경우는 찾아내어 제거하여야 한다. 이 부분을 검정하는 것이 바로 타당성 검정이다.

타당성에는 크게 내적 타당성과 외적 타당성이 있다. 내적 타당성(internal validity)은 종속변수의 변화가 외생변수들에 의해서가 아니라 독립변수에 의해 발생한 것인가에 관한 것이다. 실험연구의 연구설계는 외생변수가 통제된 상태에서 독립변수의 조작을 통해 독립변수가 종속변수에 미치는 영향을 관찰하므로 내적 타당성은 다른 연구에 비해 높다. 그러나 실증연구와 같은 연구설계에서는 독립변수에 영향을 주는 외생변수의 통제가 어려워 내적 타당성이 낮다.

반면 외적 타당성(external validity)은 연구결과의 일반화에 관한 문제이다. 특정 상황에서 얻은 연구결과를 다른 상황에 일반화할 수 있는 범위에 관한 것이 외적 타당성이다. 다시 말하면 표본을 모집단으로 일반화하거나 혹은 시점이나 대상을 확장하는 것이다. 예를 들어, 특정 중소기업들을 대상으로 얻은 연구결과를 중소기업 전체에 더 나아가 중소기업을 포함한 모든 기업에 적용할 수 있는지의 문제이다. 폭넓은 조사대상을 설문조사하여 자료를 수집하는 비실험연구가 실험연구에 비해 현실 세계의 현상을 일반화하기가 쉽고 보편성을 상대적으로 높게 한다.

내적 타당성을 높이기 위해서 실험조건을 엄격히 통제한다면 실험 상황이 현실 상황과 멀어질 수 있으므로 실험결과의 일반화 가능성이 적어 외적 타당성이 낮아진다. 이처럼 외적 타당성이 높을수록 내적 타당성이 낮거나 그 반대의 경우도 있지만 현장실험, 종단연구, 다중사례연구 등은 내적 타당성과 외적 타당성이 모두 높게 나타나는 연구들의 예이다. 따라서 사회과학연구에서는 내적 타당성과 외적 타당성이 균형을 유지하는 연구설계가 요구된다.

2 신뢰성

신뢰성(reliability)은 동일한 질문을 반복한 다음 응답의 동일성을 측정하는 지표이다. 하나의 개념을 측정하는 측정문항들을 가지고 응답자들을 대상으로 다시 그 개념을 측정하였을 경우 시간이나 상황에 따라 영향을 받지 않고 유사한 결과를 얻는다면 그 결과는 믿을 수 있고 일관성이 있어 측정문항들에 신뢰성이 있다고 할 수 있다. 어학능력검사, 지능검사, 적성검사, 성격검사를 반복 조사할 때 검사의 값이 안정된 값을 나타내어야 한다. 여기서 안정된 값이란 검사할 때마다 같거나 비슷한 값을 얻는 것을 밀한다.

예를 들어, 한 사람이 어학능력검사를 위해 두 종류의 검사지를 사용하여 6회 검사한 결과, 검사지1의 값은 70, 90, 40, 55, 60, 90이고 검사지2의 값은 87, 86, 88, 89, 88, 87이라 가정하자. 첫 번째 어학능력검사지는 40 ~ 90 사이에서 변동이 심하여 측정의 일관성이 없는 어학능력검사지라 할 수 있고 반면 두 번째 어학능력검사지는 86 ~ 89 사이에서 변동이 거의 없어 측정의 일관성이 있는 어학능력검사지라 할 수 있다. 따라서 첫 번째 어학능력검사지는 신뢰성이 낮고 두 번째 어학능력검사지는 신뢰성이 높은 측정도구라 한다. 이처럼 신뢰성은 측정도구의 일관성을 의미한다. 같은 의미로 척도가 동일한 대상자에 대해 반복 측정한 값이 같거나 비슷하여야 그 척도는 신뢰성이 있어 측정도구로서 신뢰가 있다고 할 수 있다.

신뢰성 분석은 설문문항이 측정도구일 때 설문문항에 대해 응답자가 일관성 있게 답을 하는지를 확인하는 분석이다. 신뢰성 분석은 같은 대상에 대해 측정을 2회 반복하여 얻은 두 측정결과 간의 상관관계를 말하는 신뢰성계수(coefficient of reliability)에 의해 표시된다.

측정의 신뢰성을 높이기 위해서는 기존연구에서 신뢰성이 있다고 검정된 측정문항을 이용하거나, 측정문항이 모호하면 제거하거나, 측정문항의 수를 늘리거나, 조사대상자가 잘 모르거나 관심 없는 내용은 측정하지 않거나, 성의가 없거나 일관성 없게 응답한 설문지는 제거한다.

3 타당성과 신뢰성의 관계

사회과학에서 사회현상의 측정이 어려운 것은 자연현상의 측정처럼 객관적이고 통일된 측정기준이 없다는 것이다. 우리는 몸무게를 측정할 때 체중계를 측정도구로 하여 무게를 측정하고 나아가 정밀한 결과를 요구하면 반복 측정하여 정확성을 추구한다. 그러나 사회과학연구에서는 객관적인 측정도구를 지니지 못해 같은 대상을 반복하여 측정하기도 어렵지만 설사 반복하여 측정하더라도 유사한 결과를 얻는다는 보장도 없어 측정에 따른 여러 가지 문제가 발생할 수 있다.

예를 들어, 어학능력검사를 반복하여 측정했을 때 검사의 값이 비슷하지 않으면 그 검사는 신뢰성이 없다고 말한다. 또한 어학능력검사의 문제 중 일부가 수학능력검사의 문제라면 그 검사는 타당하지 않다고 말한다. 전자는 신뢰성의 문제이고 후자는 타당성의 문제이다. 다시 말하면 타당성은 측정도구가 구성개념을 얼마나 정확하게 측정하는가의 지표이고 신뢰성은 측정도구가 구성개념을 얼마나 일관성 있게 측정하는가의 지표이다. 따라서 사회과학연구에서는 사용하려는 측정도구의 타당성과 신뢰성을 확인할 필요가 있다.

[그림 2-1]에서 신뢰성이 높다는 것은 표적을 정확하게 쏘는 것과는 별개로 일관성 있게 같은 방향으로 계속해서 쏘는 것과 관련되고 타당성이 높다는 것은 가운데 표적을 향해서 정확히 쏘느냐와 관련된다.

신뢰성을 높인다고 타당성이 높아지는 것은 아니지만 타당성을 높이면 신뢰

[그림 2-1] 타당성과 신뢰성

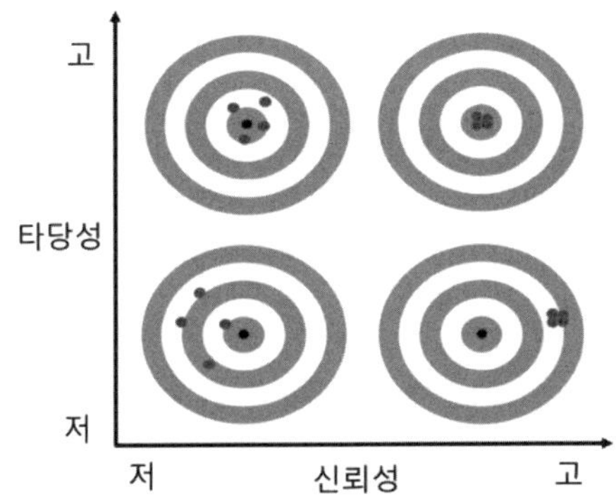

성이 높아진다. 실제 몸무게가 60kg인 사람의 몸무게를 체중계가 일관성 있게 80kg을 표시한다면 그 체중계는 신뢰성은 있으나 타당성은 없는 측정도구이다. 반면 실제 몸무게가 60kg인 사람의 몸무게를 체중계가 일관성 있게 60kg을 표시한다면 그 체중계는 타당성과 신뢰성이 있는 측정도구가 된다.

올바른 가설검정을 수행하기 위해서는 타당성이 낮거나 신뢰성이 낮은 측정문항은 미리 찾아 제거해주어야 한다. 본 장에서는 먼저 타당성이 낮은 측정문항을 찾는 요인분석에 대해 살펴보기로 하고 다음으로 신뢰성이 낮은 문항을 찾는 신뢰성분석에 대해 살펴보기로 한다. 일반적으로 측정문항의 타당성을 검정하는 탐색적 요인분석을 마친 후에 측정문항의 일관성을 검정하는 신뢰성분석을 실시한다. 타당성이 보장되면 신뢰성이 보장되지만 신뢰성이 보장된다고 타당성이 보장되는 것은 아니기 때문이다.

제2절 타당성 유형

타당성은 내용타당성(content validity), 기준타당성(criterion-related validity), 구성타당성(construct validity)의 세 종류로 구분한다.

1 내용타당성

내용타당성은 측정도구가 측정하고자 하는 구성개념의 모든 측면을 골고루 측정하고 있는지에 대한 주관적인 판단으로 논리타당성(logical validity), 정의타당성(definition validity), 안면타당성(face validity)이라고도 한다. 예로 영어능력을 측정하기 위해서는 말하기, 듣기, 쓰기, 읽기 등 다양한 측면을 측정해야 내용타당성이 있지만 읽기 시험만 보면 내용타당성은 부족하게 된다. 내용타당성은 측정도구가 주어진 준거에 어느 정도 일치하는지를 나타낸다. 영어능력검사의 준거는 영어활용능력이 된다. 이때 준거는 반드시 분석적이고 포괄적이어야 한다. 하지만 내용타당성의 평가는 구성개념의 내용을 정확하게 파악하기 어려워 주관적인 판단이나 전문가 판단에 의존할 수밖에 없다.

2 기준타당성

기준타당성(criterion validity)은 측정도구를 이용하여 측정한 결과를 이미 타당성이 입증된 기존 측정도구의 결과와 비교하는 경우를 의미하는데 준거타당성이라고도 한다. 기준타당성은 예언타당성과 공인타당성으로 세분화할 수 있다.

1) 예언타당성

예언타당성은 현재의 측정이 미래의 변화를 어느 정도로 정확하게 예언하느냐에 따라 결정된다. 예를 들어, 입학성적과 평점 간에 나타나는 상관은 예언타당성이 된다. 입학성적과 평점을 비교해 양자의 상관관계가 높으면 평점을 잘 예언하는 것이 입학성적이므로 입학성적이 평점에 대하여 예언타당성이 높은 측정도구라 할 수 있다.

2) 공인타당성

공인타당성 또는 동시타당성이란 행동의 준거를 현재에 둔 일종의 예언타당성이라 할 수 있다. 공인타당성은 구성개념 A를 측정할 때 연구자가 개발한 측정도구와 이미 타당성을 인정받은 측정도구 간의 상관관계를 비교하여 타당성을 평가하는 방법이다. 예를 들어, 새롭게 개발한 직무만족에 관한 측정문항의 결과와 이미 널리 사용되고 있는 측정문항의 결과 간의 상관관계를 비교하여 타당성을 판정하는 것이다. 따라서 예언타당성은 준거가 예언에 관련된 미래에 두고 있지만 공인타당성은 동일한 시기에 시행된 두 측정결과 간의 상관관계로 공인타당성을 파악한다.

3 구성타당성

구성타당성(construct validity)이란 연구자가 측정하고자 하는 이론적인 개념이 측정도구에 의해서 제대로 측정되었는가에 대한 문제로 구조타당성 또는 개념타당성이라고도 한다. 해당 측정도구를 구성하는 개념이 이론적인 개념들에 부합하는가에 대한 확인은 크게 다중속성측정기법(multitrait-multimethod matrix technique)과 요인분석(factor analysis)이 있다.

1) 다중속성측정기법

다중속성측정기법은 이론적으로 서로 다른 개념 즉, 다중속성을 측정하는 척도를 동일 응답자에게 측정을 실시하여 측정치 간의 관계를 검정함으로써 연구자의 척도가 타당한 것인가를 확인하는 방법이다. 다중속성측정기법에는 집중타당성(convergent validity)과 판별타당성(discriminant validity)의 두 가지 방법이 포함된다.

(1) 집중타당성

동일한 개념을 측정하는 서로 다른 여러 개의 측정도구를 개발하고 이 도구들에 의해 측정된 각 개념 간의 상관관계가 높은가 낮은가에 따라 타당성을 판별하는 방법이다. 즉 하나의 구성개념을 측정하기 위해 여러 가지 측정문항을 사용한 경우 그 측정값들의 상관관계는 높아야 한다. 예를 들어, 소비자의 충성도를 측정하는 두 가지 문항 '재방문을 하려는 정도'와 '긍정적 구전을 하려는 정도'의 측정값 간에는 상관관계가 높아야 한다는 의미이다.

(2) 판별타당성

서로 다른 개념을 측정하는 두 가지 측정도구가 있다면 이 두 측정도구의 상관관계가 낮아야 판별타당성이 높다고 결정하는 방법으로 변별타당성이라고도 한다. 즉 서로 다른 개념을 측정하는 문항들끼리는 상관관계가 낮게 나타나야 한다는 의미이다. 예를 들어 개념 A(예: 만족도)를 측정하는 문항들과 개념 B(예: 충성도)를 측정하는 문항들, 즉 서로 상이한 구성개념의 측정문항들 간에는 상관관계가 낮아야 판별타당성이 있다고 한다.

2) 요인분석

구성타당성을 측정하는 방법은 탐색적 요인분석과 확인적 요인분석의 두 가지가 있다. 탐색적 요인분석은 여러 설문문항과 잠재 요인 간의 상관관계를 산출해서 상관관계가 높은 측정문항들을 상호 독립적(orthogonal)이 되도록 요인별로 묶는 방법이다. 반면 확인적 요인분석은 이미 충분한 선행연구를 통해 해당 개념에 대해 어느 정도 합의가 된 후에 이들 개념이 정말 타당한가를 확인하고자 할 때 사용한다.

제 3 절 요인분석

1 요인분석의 개념

1) 탐색적 요인분석과 확인적 요인분석

요인분석은 목적에 따라 [그림 2-2]와 같이 탐색적 요인분석과 확인적 요인분석으로 나눌 수 있다. 과거에는 일반적으로 요인분석이라 하면 탐색적 요인분석(exploratory factor analysis)을 의미하였지만 지금은 탐색적 요인분석과 대별되는 확인적 요인분석(confirmatory factor analysis)이 개발됨에 따라 서로 구분하여 사용하여야 한다. 탐색적 요인분석은 측정변수와 잠재변수의 관계에 대한 이론이 없는 상태에서 그 관계를 탐색적으로 연구하는 방법이고 반면 확인적 요인분석은 측정변수와 잠재변수의 관계에 대한 이론이 존재하는 상태에서 그 관계를 확인하고자 하는 방법이다.

탐색적 요인분석은 측정변수(측정문항)와 잠재변수(요인, 구성개념)의 관계에 대한 이론이 불충분하여 잠재변수로부터 측정변수로의 연결이 모두 설정되어 있다. 따라서 다수의 측정변수를 토대로 소수의 새로운 요인을 추출하고자 할 때는 SPSS 등의 프로그램에서 수행되는 탐색적 요인분석을 한다. 반면 확인적

[그림 2-2] 탐색적 요인분석과 확인적 요인분석

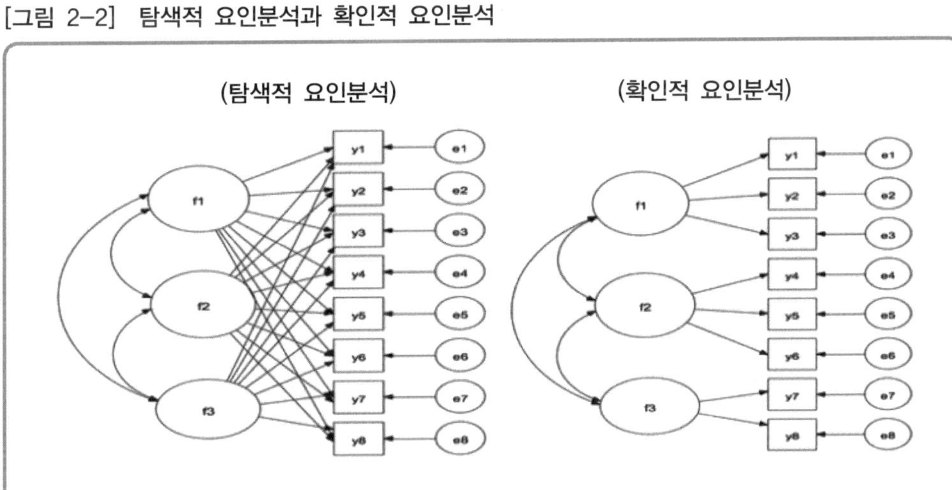

요인분석은 요인으로부터 측정문항(측정변수)으로의 연결이 이론에 따라 설정되어 있다. 그러므로 확인적 요인분석은 잠재변수를 구성하는 측정변수를 사전에 알고 지정해 놓은 요인구조를 자료에 적용하여 그 요인구조의 타당성을 확인할 때 사용한다. 확인적 요인분석은 Amos나 SmartPLS 등의 프로그램에서 수행되는 기법으로 각각의 잠재변수가 특정 측정변수만 연관되어있다고 가정한다.

본 절에서는 탐색적 요인분석에 대해 설명하고 제5장에서는 확인적 요인분석에 대해 살펴보기로 한다.

2) 탐색적 요인분석의 목적

SPSS 등의 프로그램에서 수행되는 탐색적 요인분석의 목적은 다음과 같다.

① 자료요약

여러 개의 측정문항을 몇 개의 공통된 요인으로 묶음으로써 자료를 요약하여 복잡성을 줄이는 데 이용한다. 탐색적 요인분석은 설문지에 사용된 측정문항들 간의 알 수 없는 특성(요인)을 찾기 위해 측정문항들 간의 상관관계를 분석하여 상관계수가 높은 측정문항들끼리 묶는다. 묶인 측정문항들이 하나의 요인이 되고 그 요인에 의미를 부여하는 통계적 방법이 탐색적 요인분석이다.

예를 들어, [그림 2-3]처럼 카페에 관한 12개의 측정문항이 요인분석을 통해 분위기, 맛, 서비스 등 3개의 요인으로 묶을 수 있다. 이처럼 여러 개의 측정문항을 몇 개의 요인으로 묶어줌으로써 측정문항들 내에 존재하는 상호 독립적인 특성을 발견하는 데 탐색적 요인분석을 이용한다.

[그림 2-3] 요인분석에 의한 자료요약

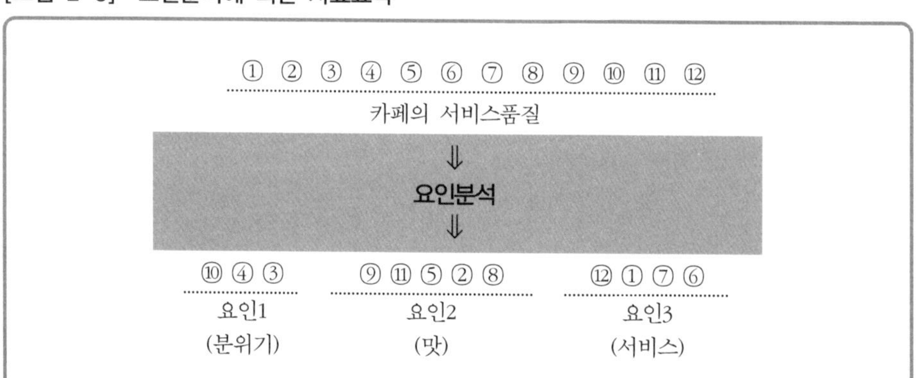

② 타당성검정

하나의 개념을 측정한 측정문항들이 원래의 의도대로 하나의 요인에 묶이는지를 확인함으로써 측정도구의 타당성을 검정할 수 있다. 이때 요인별로 묶은 결과가 연구자가 의도한 묶음과 다른 결과를 보여준다면 그러한 측정문항은 다른 개념을 측정한다고 본다. 따라서 하나로 묶어지지 않은 측정문항을 제거하여 원하는 결과가 도출될 때까지 요인분석을 반복한다. 예를 들어, [그림 2-4]처럼 신뢰성, 공감성, 유형성에 관한 12개의 측정문항이 있을 때 12개의 측정문항이 3개의 개념을 올바르게 측정했는지를 탐색적 요인분석으로 규명한다. 이 과정에서 6번, 10번, 2번 측정문항이 원래의 의도와는 달리 다른 요인에 묶인다면 이를 제거한 후 다시 요인분석을 하여 원하는 결과를 얻는다.

[그림 2-4] 요인분석에 의한 타당성 검사

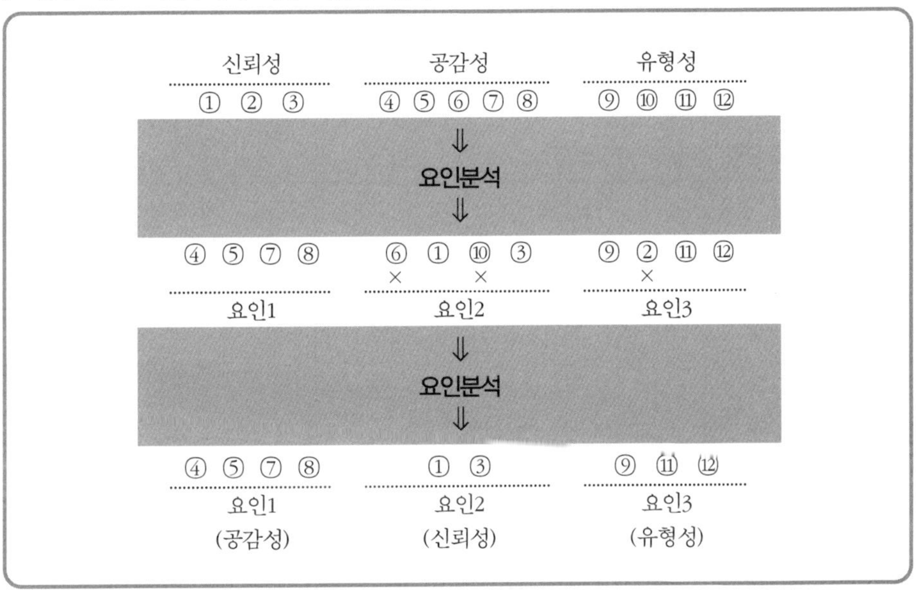

③ 문항제거

요인에 포함되지 않거나 포함되더라도 중요도가 낮은 측정문항을 제거함으로써 측정문항들의 타당성을 높인다. 요인분석의 목적은 측정문항들의 구조를 파악하여 이들 측정문항을 요인으로 축약시키는 것이다. 이 과정에서 축약에 방해를 주는 측정문항을 제거함으로써 측정문항의 타당성 및 신뢰성을 확보할 수 있다. 측정변수를 정제하는 과정은 탐색적 요인분석에서 가장 번거롭고 어려운 과정이다. 탐색적 요인분석을 통해 정제된 측정변수를 대상으로 신뢰성분석을 실시한다. 신뢰성분석에서 신뢰성을 저해하는 변수는 다시 정제한다. 이러한 과정을 거쳐 새로운 구성개념이 생성되며 이들 구성개념을 가지고 가설을 검정하게 된다.

④ 추후분석

요인분석 후 생성된 요인점수는 회귀분석이나 판별분석 등의 추후분석에 사용된다.

2 입력자료

<표 2-1>은 기존 연구를 토대로 작성된 조직풍토와 조직지원이 직무만족 및 직무성과에 미치는 영향을 연구하는 데 필요한 측정문항들이다.

〈표 2-1〉 직무성과 예측의 측정문항

조직풍토	자율성	• 자율성1: 누구 간섭도 없이 스스로의 방식대로 업무를 처리하는 정도 • 자율성2: 스스로의 아이디어를 업무에 적용하는 정도 • 자율성3: 업무처리방식을 스스로 결정하는 정도 • 자율성4: 생각과 의견을 자유롭게 표현하는 정도
	개방성	• 개방성1: 새로운 방식의 업무처리를 선호하는 정도 • 개방성2: 과거에 성공적이던 업무방식도 과감하게 바꿀 수 있는 정도 • 개방성3: 지금까지 해 왔던 방식대로 일할 것을 강요하지 않는 정도 • 개방성4: 새로운 모험을 시도하는 정도
조직지원	학습지원	• 학습1: 교육훈련의 기회를 적극적으로 지원하는 정도 • 학습2: 교육훈련의 수준이 적정한 정도 • 학습3: 교육훈련의 기회가 적정한 정도 • 학습4: 교육훈련에 대해 만족하는 정도
	참여지원	• 참여1: 경영활동에 적극적으로 참여하도록 지원하는 정도 • 참여2: 목표 달성을 위해 동료 간 협력을 잘하도록 지원하는 정도 • 참여3: 참여를 장려하는 정도 • 참여4: 제안한 의견이 반영되는 정도

직무 만족	• 만족1: 직무가 취미와 같은 정도 • 만족2: 직무에 충분한 흥미가 있는 정도 • 만족3: 직무에 열성적인 정도 • 만족4: 직무에 전반적으로 만족하는 정도
직무 성과	• 성과1: 업무수행 시 더욱 주도적이 되었다고 생각하는 정도 • 성과2: 업무와 관련해서 의사소통이 원활히 된다고 생각하는 정도 • 성과3: 업무와 관련된 지식이 향상되었다고 생각하는 정도 • 성과4: 업무수행에 대한 신뢰성이 향상되었다고 생각하는 정도

조직풍토는 조직구성원의 창의성 발현에 영향을 미치는 조직환경에 대한 구성원의 전반적인 인식의 정도로 정의하고, 조직지원은 목표달성을 위해 구성원이 경영활동에 참여하도록 조직이 지원하는 환경에 대한 구성원의 전반적인 인식의 정도로 정의한다. 그리고 직무만족은 구성원이 자신의 업무에 만족하는 정도로 정의하고, 직무성과는 구성원이 자신의 업무를 정확하고 효율적으로 수행하는 정도로 정의한다. <표 2-2>는 278명의 직무성과를 예측하기 위해 측정한 자료의 일부분이다.

〈표 2-2〉 직무성과의 자료

응답자	조직풍토								조직지원								직무만족				직무성과			
	자율성				개방성				학습지원				참여지원											
1	1	2	3	4	1	2	3	4	1	2	3	4	1	2	3	4	1	2	3	4	1	2	3	4
2	4	5	5	5	4	5	5	4	3	4	5	3	4	3	4	4	5	5	5	5	2	2	2	2
3	3	3	3	3	5	5	5	5	5	4	3	4	5	5	4	5	4	5	4	5	4	4	3	4
4	4	4	4	4	4	6	6	6	6	6	6	6	6	6	6	6	4	4	4	4	7	7	7	7
5	4	4	4	4	2	2	2	2	6	5	5	5	2	2	2	2	4	4	4	4	3	3	4	4
6	5	5	5	5	7	7	7	7	6	5	4	5	5	4	4	4	7	7	7	7	5	5	4	4
7	5	5	6	6	6	6	6	6	6	5	4	5	6	5	5	5	7	7	7	7	5	5	5	5
8	4	4	4	4	4	4	1	3	7	7	3	2	4	4	7	4	5	5	5	5	3	3	3	3
9	5	4	4	3	4	4	5	5	5	5	5	5	5	5	5	5	5	5	5	6	5	5	6	6
10	5	5	5	5	4	5	4	4	4	4	5	5	5	5	5	5	5	5	4	5	5	5	6	6
11	6	7	7	7	7	7	7	7	6	6	6	6	7	7	7	7	6	6	6	7	7	6	5	6
12	5	6	4	4	6	4	6	4	3	3	3	3	4	3	4	3	4	4	5	4	5	5	6	6
13	2	2	2	2	3	5	5	3	4	4	4	4	5	4	5	4	4	4	4	4	4	4	5	5

14	6	6	6	6	5	5	7	7	5	5	5	5	7	7	7	7	6	6	6	6	5	6	7	6
:	:	:	:	:	:	:	:	:	:	:	:	:	:	:	:	:	:	:	:	:	:	:	:	:
:	:	:	:	:	:	:	:	:	:	:	:	:	:	:	:	:	:	:	:	:	:	:	:	:
270	5	6	5	5	6	6	6	5	7	6	6	6	5	4	5	4	7	7	6	7	5	5	5	3
271	5	5	6	6	6	7	6	3	5	5	4	5	4	4	4	4	6	6	6	6	5	6	6	7
272	7	7	7	7	5	5	5	5	6	6	5	6	5	5	5	5	5	5	4	4	5	5	4	5
273	6	6	6	7	4	4	5	5	5	5	6	6	5	5	6	5	4	4	5	5	5	5	4	5
274	5	6	6	6	4	4	5	5	6	7	7	7	5	5	5	5	4	4	5	5	4	4	5	5
275	6	6	5	6	5	5	6	5	7	7	7	7	5	5	6	6	6	6	7	7	6	6	6	5
276	7	7	7	6	5	5	5	5	7	7	7	7	6	6	5	5	6	6	6	5	5	5	6	6
277	6	6	6	6	6	6	6	6	7	7	7	7	6	6	6	6	6	6	6	6	5	5	5	5
278	6	6	6	6	4	4	5	5	7	7	6	6	5	5	6	7	4	4	5	5	4	4	5	5

요인분석은 다문항 측정변수에 적용된다. 다문항 측정변수란 하나의 개념을 측정하기 위해 여러 개의 측정문항을 사용한 것을 말한다. 예를 들어 자율성, 개방성, 학습지원, 참여지원, 직무만족, 직무성과를 측정하기 위해 각각 4개씩의 측정문항을 사용하였다. 그러므로 단일문항의 측정변수는 탐색적 요인분석을 할 때 다문항 측정변수들과 함께 투입하지 않는다.

탐색적 요인분석을 수행하기 위해서는 자료가 등간척도 또는 비율척도로 구성되어야 한다. 또한 표본의 크기는 100개 이상이 바람직하며 적어도 50개 이상이어야 하고 측정문항 수의 4 ~ 5배 이상이 되어야 요인이 안정적이다. 또한 상관관계가 높은 변수들끼리 묶는 기법이므로 측정변수들 간 상관계수의 절대값이 0.3 이하의 자료는 요인분석에 부적합하다고 볼 수 있다.

3 분석절차

선행연구를 바탕으로 얻은 측정문항들의 타당성을 확인하기 위하여 다음과 같이 요인분석을 진행한다.

1) 변수입력

직무성과의 자료를 입력한다. [분석]→[차원 감소]→[요인분석]을 선택하면

[요인분석] 창이 나타난다. [요인분석] 창에서 요인분석을 하고자 하는 측정변수(측정문항)들을 우측 창에 있는 [변수]로 이동시켜 준다. 자율성1에서 직무성과4까지 24개 측정변수 모두를 투입한다.

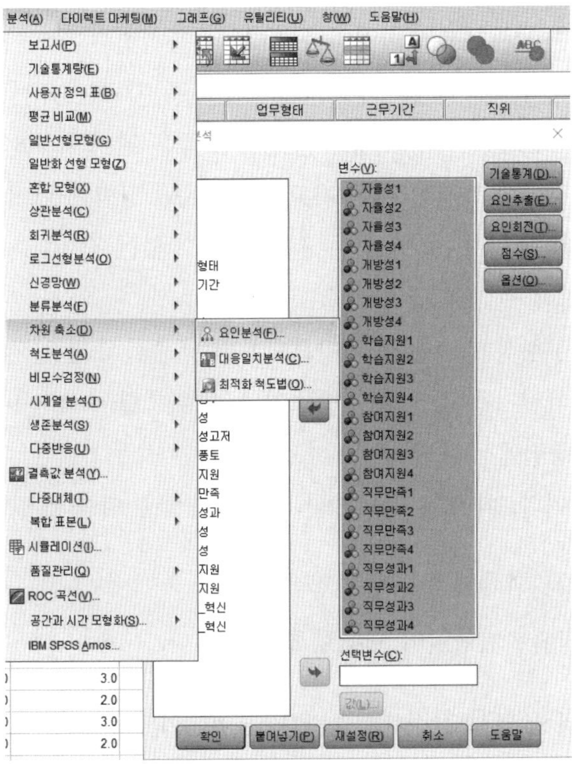

[요인분석] 창의 우측에 있는 메뉴인 기술통계, 요인추출, 요인회전, 점수, 옵션에 대해 살펴보기로 한다.

2) 기술통계

탐색적 요인분석에서는 각 요인이 모든 측정변수와 연관이 있다고 즉, 모든 측정변수가 모든 요인으로부터 영향을 받는다고 가정한다. 이를 바탕으로 특정 요인과는 상관관계가 높고 다른 요인들과는 상관관계가 낮은 측정변수들을 하나의 요인으로 추출하여 변수를 축약하는 과정을 거치게 된다. 그래서 탐색적 요인분석은 이론적 배경이나 선행연구에 근거하기보다는 자료가 가지고 있는 특성을 그대로 받아들이게 되므로 이론생성과정 또는 자료 지향적인 성격을 지닌다고 할 수 있다.

탐색적 요인분석을 수행하기 위해서는 관련 변수 간에는 어느 정도의 상관관계가 있어야 한다. 이를 알아보기 위해 요인분석 전에 변수들 간의 상관관계를 파악하여 자료가 요인분석에 적합한지를 살펴보는 KMO(Kaiser-Meyer-Olkin)와 Bartlett의 구형성 검정을 실시한다. KMO는 측정변수 간의 상관계수와 편상관계수를 이용하여 계산한 값으로 이 값이 클수록 자료는 요인분석에 적합하다. 일반적으로 KMO 값이 0.9 이상이면 상당히 좋은 편이고, 0.8 이상이면 좋은 편이고, 0.7 이상이면 적당한 편이고, 0.6 이상이면 평범한 편이고, 0.5 이상은 바람직하지 못한 편이고 0.5 미만은 받아들일 수 없는 값이다. 그러므로 KMO 값은 0.5보다 커야 한다.

Bartlett 구형성 검정은 모집단으로부터 추출한 표본의 상관계수행렬이 단위행렬인지 아닌지를 검정하는 방법이다. 단위행렬(identity matrix)이란 측정변수 간의 상관행렬에서 대각선이 1이고 나머지는 모두 0을 나타내므로 상관관계가 없다는 뜻이다. 따라서 귀무가설과 대립가설은 다음과 같다.

H_0: 상관관계행렬이 단위행렬이다.

H_1: 상관관계행렬이 단위행렬은 아니다.

Bartlett의 구형성 검정에서 유의확률 p값이 0.05보다 작아야 귀무가설을 기각하고 대립가설을 채택한다. 이를 확인하기 위해 [요인분석] 창에서 [기술통계]를 클릭하면 [요인분석: 기술통계] 창이 나타난다. 여기에서 [KMO와 Bartlett의 구형성 검정]을 지정하고 [계속]을 클릭하여 [요인분석] 창으로 돌아간다. 이상의 과정을 마친 입력화면은 다음과 같다.

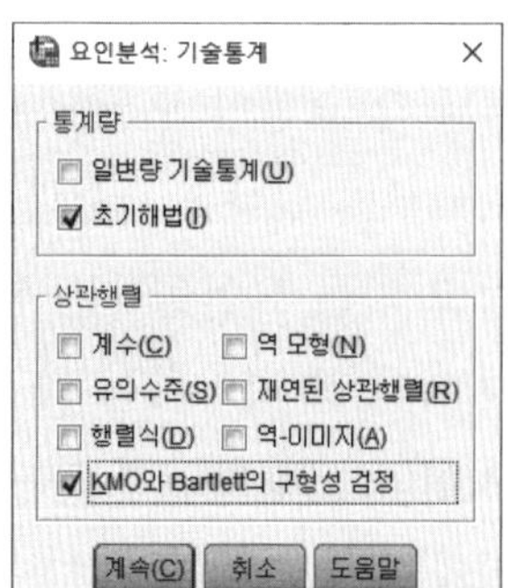

3) 요인추출

추출할 요인의 수를 결정하는 첫 번째 방법은 고유치(eigenvalue)를 기준으로 요인을 추출하는 것이다. 고유치란 요인에 의해 설명할 수 있는 측정문항들의 분산을 모두 합한 값으로 측정문항들에 대한 해당 요인의 중요도 또는 설명력을 나타낸다. 따라서 고유치가 크다는 것은 그 요인이 측정문항들을 잘 설명하므로 중요하다는 것을 뜻한다. 먼저 추출된 요인의 고유치는 항상 다음에 추출되는 요인의 고유치보다 크다.

일반적으로 고유치를 기준으로 요인을 추출할 때는 고유치가 1 이상이 되는 요인들만 추출한다. SPSS에서도 요인추출을 결정하는 고유치의 기본값은 1이다. SPSS에서 [요인분석: 요인추출] 창에서는 다음과 같이 [방법(M)]에는 주성분, [분석]에는 상관행렬(R), [표시]에는 회전하지 않은 요인해법(F), [추출]에는 고유값이 1로 지정되어 있다.

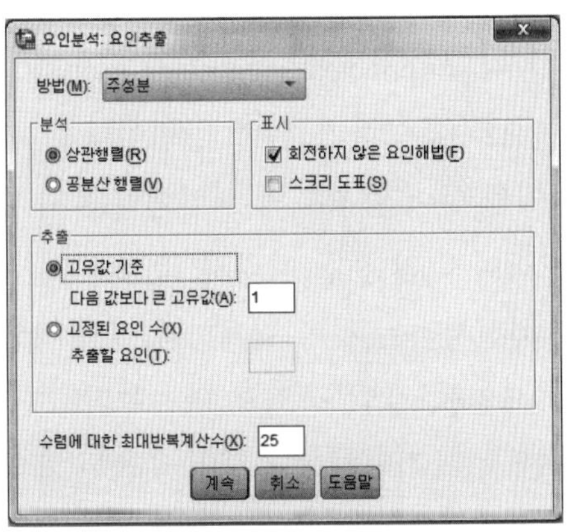

두 번째 방법은 연구자가 선행연구를 통해 사전에 몇 개의 요인이 적절하다는 것을 알고 지정하거나 특정 연구를 위해 필요한 요인 수를 지정하여 요인을 추출하는 것이다. 연구자가 원하는 요인 수만큼 요인을 추출하기를 원한다면 [요인분석: 요인추출] 창에서 [고정된 요인 수(X)]를 선택하고 [추출할 요인(T)]에 원하는 요인 수를 입력하면 된다.

여기서는 두 가지 방법 중에서 기본값인 고유치가 1 이상이 되는 요인들만 추출하도록 한다. 따라서 [추출]에서 고유값이 1로 지정된 기본값을 그대로 사용한다.

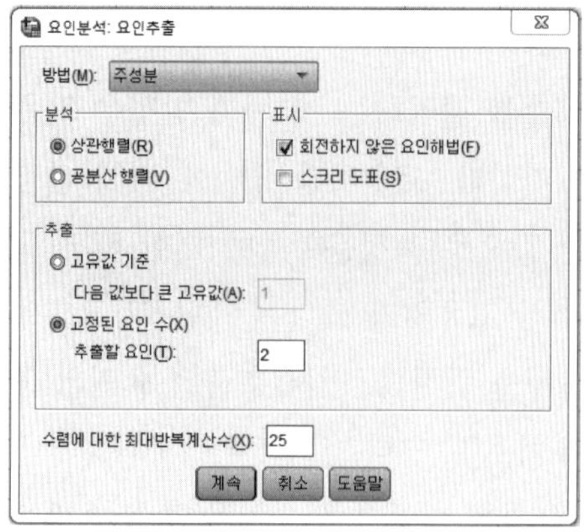

4) 요인회전

요인추출(factor extraction)은 서로 연관성이 높은 측정문항들끼리 묶어 새로운 요인들을 만들어 가는 과정을 말한다. 요인을 추출하는 방법에는 크게 주성분분석과 공통요인분석 두 가지로 나눌 수 있는데 일반적으로 주성분분석이 주로 사용된다. 주성분분석(principal component analysis, PCA)은 다수의 측정문항들을 소수의 요인으로 축약하기 위한 방법이다.

주성분분석에 의해 얻어진 최초의 요인행렬은 측정문항들과 요인들 간의 관계가 명확하게 드러나지 않는다. 따라서 측정문항들과 요인들 간의 관계가 명확하도록 요인을 회전시키는 것이 필요하다. 일반적으로 요인을 회전한다는 것은 측정문항들과 요인들 간의 구조가 단순화되도록 만드는 것을 말한다.

요인회전은 요인 축을 적당히 회전시켜 추출된 요인들과 측정문항들 간의 상관관계를 보다 명확하게 설명하기 위함으로 직각회전과 사각회전 방법이 있으나 일반적으로 직각회전 중 베리맥스(varimax) 방법이 가장 널리 활용되고 있다. 베리멕스 방식은 요인의 분산을 극대화하여 측정문항들과 요인들 간의 관계가 명확해져 해석이 쉽도록 회전한다. 따라서 요인의 수가 많아 단순한 요인구조를 산출할 때 베리멕스 방식을 사용한다.

SPSS의 [요인분석] 창에서 [요인회전]을 클릭하면 [요인분석: 요인회전] 창이 나타난다. 여기에 SPSS에서 제공하는 6가지 요인회전방법이 제공된다. 앞에서도 언급하였지만 직각회전방법인 베리멕스(V) 방법을 주로 사용하므로 여기에서 [베리멕스]를 지정하고 [계속]을 클릭하여 [요인분석] 창으로 돌아간다. 이상의 과정을 마친 입력화면은 다음과 같다.

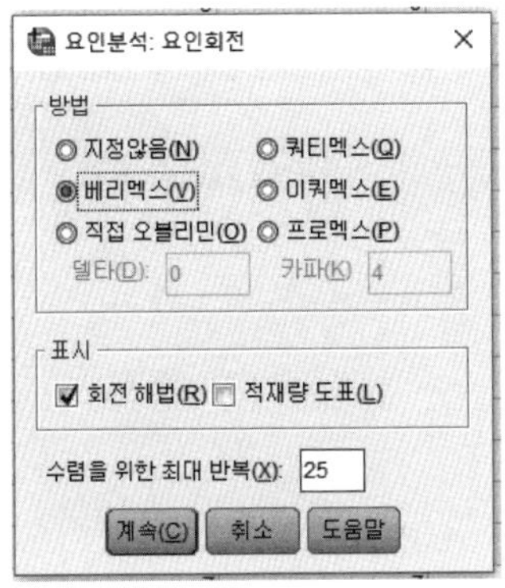

5) 요인점수

요인점수 메뉴는 회귀분석이나 판별분석에 사용할 수 있도록 응답자별로 추출된 요인들의 점수를 만들어주는 기능을 제공한다. 다음과 같이 [요인분석: 요인점수] 창에서 [변수로 저장(S)]을 체크하고 [계속]을 클릭하여 [요인분석] 창으로 돌아간다.

6) 옵션

[요인분석] 창에서 [옵션]을 클릭하면 다음의 [요인분석: 옵션] 창이 나타난다. 분석 결과표를 쉽게 판독하기 위해 예를 들어, [계수출력형식]에서 [크기순 정렬(S)]과 [작은 계수 표시 안 함(U)]을 지정하고 [절대값 (아래)(A)]에 0.4를 지정한다. 이는 요인부하량이 큰 순서대로 표시하고 절대값이 0.4 이하이면 나타나지 않게 하여 타당성이 떨어지는 측정문항을 보다 쉽게 찾아 볼 수 있게 해준다. 여기서는 분석 결과표를 쉽게 판독하기 위해 [계수출력형식]에서 [크기순 정렬

(S)]만을 지정하도록 한다.

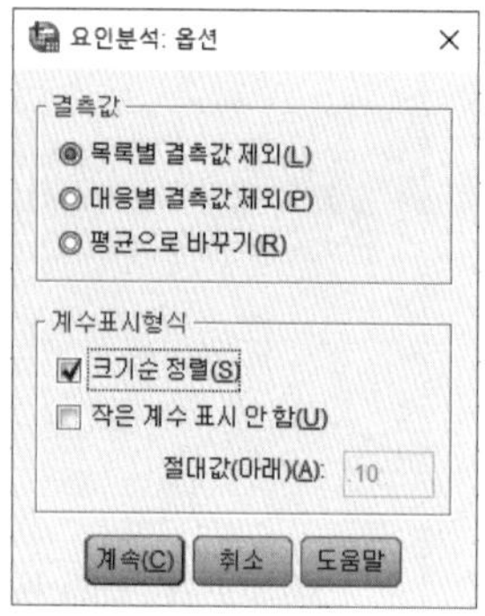

4 결과 해석

SPSS에서 요인분석을 수행한 결과물과 그에 대한 해석은 다음과 같다.

1) KMO와 Bartlett의 구형성 검정

KMO와 Bartlett의 구형성 검정을 수행한 결과물은 <표 2-3>과 같다.

〈표 2-3〉 KMO와 Bartlett의 검정

표본 적절성의 Kaiser-Meyer-Olkin 측도.		.933
Bartlett의 구형성 검정	근사 카이제곱	7348.539
	자유도	276
	유의확률	.000

KMO값은 표본의 적합도를 나타내는 값으로 0.5 이상이면 표본자료는 요인분석을 수행하는데 무리가 없는 것으로 판단한다. 그리고 Bartlett 검정의 유의확률이 0.05보다 작다면 변수 간 단위행렬이라는 귀무가설이 기각되어 요인분석에 적합한 자료라고 판단할 수 있다. 여기에서는 KMO값이 0.933이고 Bartlett 검정의 유의확률이 0.000으로 나타나 수집된 자료는 요인분석에 적합하다고 판단한다.

2) 공통성과 고유치

<표 2-4>의 공통성(communality)은 0과 1 사이의 값을 갖는 요인에 대한 측정 문항의 중요도 또는 설명력을 의미한다. 따라서 공통성의 값이 0.5 이하이면 그 측정문항을 제거하고 다시 요인분석을 실시하는 것이 바람직하다.

〈표 2-4〉 공통성

	초기	추출
자율성1	1.000	.838
자율성2	1.000	.871
자율성3	1.000	.911
자율성4	1.000	.895
개방성1	1.000	.891
개방성2	1.000	.906
개방성3	1.000	.889
개방성4	1.000	.882
학습지원1	1.000	.768
학습지원2	1.000	.871
학습지원3	1.000	.882
학습지원4	1.000	.853
참여지원1	1.000	.873
참여지원2	1.000	.898
참여지원3	1.000	.883
참여지원4	1.000	.797
직무만족1	1.000	.882
직무만족2	1.000	.878
직무만족3	1.000	.844
직무만족4	1.000	.861
직무성과1	1.000	.834
직무성과2	1.000	.840
직무성과3	1.000	.862
직무성과4	1.000	.848

추출 방법: 주성분 분석.

공통성은 <표 2-7>에 있는 회전하기 전의 요인부하량을 나타내는 성분행렬에서 각 성분(요인)에 적재된 측정문항의 요인부하량을 제곱하여 합한 값이다. 각 측정항목의 공통성은 <표 2-5>와 같이 계산된다.

〈표 2-5〉 공통성과 고유치

	성분						합계 (공통성)
	1	2	3	4	5	6	
개방성4	0.564	0.121	0.067	0.000	0.033	0.097	0.882
직무만족4	0.563	0.002	0.189	0.099	0.006	0.003	0.861
직무성과2	0.557	0.003	0.116	0.150	0.010	0.005	0.840
개방성1	0.554	0.132	0.048	0.002	0.079	0.075	0.890
개방성2	0.542	0.138	0.061	0.000	0.067	0.099	0.906
개방성3	0.529	0.172	0.053	0.000	0.057	0.079	0.889
자율성2	0.510	0.215	0.065	0.003	0.036	0.041	0.870
직무성과4	0.500	0.009	0.132	0.202	0.004	0.001	0.847
참여지원4	0.498	0.169	0.016	0.005	0.071	0.039	0.798
참여지원2	0.491	0.211	0.018	0.017	0.104	0.057	0.898
자율성3	0.489	0.200	0.081	0.004	0.038	0.099	0.911
참여지원3	0.484	0.251	0.004	0.018	0.077	0.047	0.883
직무만족2	0.482	0.001	0.244	0.120	0.029	0.003	0.878
직무성과1	0.479	0.009	0.191	0.151	0.004	0.000	0.834
직무만족1	0.473	0.004	0.213	0.159	0.018	0.015	0.882
직무성과3	0.472	0.006	0.172	0.203	0.008	0.002	0.863
직무만족3	0.468	0.001	0.253	0.106	0.010	0.007	0.844
자율성4	0.466	0.215	0.086	0.006	0.042	0.079	0.895
참여지원1	0.464	0.217	0.016	0.010	0.106	0.061	0.873
학습지원4	0.457	0.206	0.081	0.020	0.049	0.039	0.852
자율성1	0.444	0.146	0.063	0.005	0.089	0.090	0.837
학습지원2	0.424	0.234	0.078	0.014	0.073	0.048	0.871
학습지원3	0.421	0.266	0.065	0.015	0.067	0.049	0.883
학습지원1	0.298	0.305	0.046	0.007	0.052	0.061	0.769
합계(고유치)	11.628	3.234	2.357	1.316	1.127	1.094	

예를 들어, 자율성1과 개방성4의 공통성을 계산하면 다음과 같다.

자율성1:

$$(0.666)^2+(-0.382)^2+(0.250)^2+(-0.072)^2+(-0.299)^2+(0.300)^2=0.837$$

$$0.444+0.146+0.063+0.005+0.089+0.090=0.837$$

개방성4:

$$(0.751)^2+(-0.348)^2+(0.258)^2+(0.008)^2+(0.183)^2+(-0.311)^2=0.882$$

$$0.564+0.121+0.067+0.000+0.033+0.097=0.882$$

3) 고유치

측정문항들에 대한 요인의 중요도 또는 설명력을 나타내는 고유치는 <표 2-6>에 있는 [설명된 총분산]→[초기 고유값]→[전체]에 제시되어 있다. 각 요인의 고유치는 <표 2-7>에 있는 회전하기 전의 요인부하량을 나타내는 성분행렬에서 요인별로 측정문항의 요인부하량을 제곱하여 모두 합하여 구할 수 있다. 예를 들어, 요인1의 고유치를 계산하면 다음과 같고 각 요인의 고유치는 <표 2-5>와 같이 계산된다.

$$(0.751)^2+(0.750)^2+(0.746)^2+(0.744)^2+(0.736)^2+(0.727)^2+(0.714)^2+$$
$$(0.707)^2+(0.706)^2+(0.701)^2+(0.699)^2+(0.696)^2+(0.694)^2+(0.692)^2+$$
$$(0.688)^2+(0.687)^2+(0.684)^2+(0.683)^2+(0.681)^2+(0.676)^2+(0.666)^2+$$
$$(0.651)^2+(0.649)^2+(0.546)^2=11.628$$

모든 요인의 고유치 합계는 요인분석에 사용된 측정문항의 수와 같다. 여기에서는 24개의 측정변수(문항)가 사용되어 고유치의 합은 다음과 같이 24가 된다.

$$11.628+3.234+2.357+1.316+1.127+1.094+0.377+0.297+$$
$$0.265+0.253+0.235+0.209+0.180+0.173+0.170+0.158+$$
$$0.152+0.150+0.126+0.115+0.103+0.100+0.097+0.087=24$$

4) 설명된 총분산

<표 2-6>에 있는 [설명된 총분산]→[초기 고유값]→[% 분산]은 각 요인의 설명력으로 총분산에서 각 요인이 설명하는 분산의 비율을 의미한다. 각 요인의 설명력은 각 요인의 고유치를 측정변수(문항)의 수로 나누어 주면 된다. 요인별 설명력을 계산하면 다음과 같다.

요인1의 설명력: $11.628 \div 24 = 0.485$
요인2의 설명력: $3.234 \div 24 = 0.135$
요인3의 설명력: $2.357 \div 24 = 0.098$
요인4의 설명력: $1.316 \div 24 = 0.055$
요인5의 설명력: $1.127 \div 24 = 0.047$
요인6의 설명력: $1.094 \div 24 = 0.046$

일반적으로 고유치가 1 이상인 요인들의 누적 설명된 분산이 총분산의 60% 이상을 설명할 수 있어야 한다. <표 2-6>을 살펴보면 누적 설명된 분산이 86.482%로 나타났다. 고유치가 1 이상인 6개의 요인이 총분산의 86.482%를 설명해 줄 수 있음을 의미한다.

〈표 2-6〉 설명된 총분산

성분	초기 고유값			추출 제곱합 적재량			회전 제곱합 적재량		
	전체	% 분산	누적 %	전체	% 분산	누적 %	전체	% 분산	누적 %
1	11.628	48.449	48.449	11.628	48.449	48.449	3.571	14.878	14.878
2	3.234	13.477	61.925	3.234	13.477	61.925	3.504	14.598	29.476
3	2.357	9.820	71.745	2.357	9.820	71.745	3.502	14.590	44.066
4	1.316	5.483	77.228	1.316	5.483	77.228	3.461	14.421	58.487
5	1.127	4.694	81.922	1.127	4.694	81.922	3.376	14.068	72.556
6	1.094	4.560	86.482	1.094	4.560	86.482	3.342	13.926	86.482
7	0.377	1.572	88.054						
8	0.297	1.239	89.293						
9	0.265	1.103	90.396						
10	0.253	1.053	91.450						
11	0.235	0.978	92.427						

12	0.209	0.870	93.298						
13	0.180	0.748	94.046						
14	0.173	0.720	94.766						
15	0.167	0.697	95.463						
16	0.158	0.660	96.123						
17	0.152	0.632	96.754						
18	0.150	0.625	97.380						
19	0.126	0.526	97.906						
20	0.115	0.479	98.385						
21	0.103	0.431	98.816						
22	0.100	0.417	99.233						
23	0.097	0.406	99.639						
24	0.087	0.361	100.000						

추출 방법: 주성분 분석.

5) 요인해석

<표 2-7>의 성분행렬은 회전하기 전의 요인들과 측정문항들 간의 요인부하량을 보여준다. 6가지 성분(요인)에 대해 24개의 문항이 비슷한 요인부하량을 가져 어느 문항이 어느 요인에 속해야 하는지를 판정하기 어렵다. 따라서 요인들과 측정문항들 간의 관계를 명확히 하기 위해 베리멕스 방법으로 요인을 회전시킨다.

〈표 2-7〉 회전하기 전의 요인부하량(성분행렬)

	성분					
	1	2	3	4	5	6
개방성4	.751	−.348	.258	.008	.183	−.311
직무만족4	.750	−.041	−.435	−.314	.075	.057
직무성과2	.746	−.059	−.340	.387	−.098	−.070
개방성1	.744	−.364	.220	−.039	.281	−.274
개방성2	.736	−.371	.246	.000	.259	−.314
개방성3	.727	−.415	.230	.012	.238	−.281

자율성2	.714	−.464	.255	−.058	−.189	.202
직무성과4	.707	−.097	−.363	.449	−.063	−.027
참여지원4	.706	.411	.125	−.069	−.266	−.198
참여지원2	.701	.459	.134	−.132	−.322	−.239
자율성3	.699	−.447	.285	−.065	−.194	.315
참여지원3	.696	.501	.067	−.136	−.278	−.217
직무만족2	.694	.034	−.494	−.346	.169	.055
직무성과1	.692	−.094	−.437	.388	−.064	.015
직무만족1	.688	.062	−.461	−.399	.135	.123
직무성과3	.687	−.077	−.415	.451	−.090	.039
직무만족3	.684	−.026	−.503	−.326	.098	.084
자율성4	.683	−.464	.293	−.079	−.205	.281
참여지원1	.681	.466	.128	−.099	−.325	−.246
학습지원4	.676	.454	.285	.140	.222	.198
자율성1	.666	−.382	.250	−.072	−.299	.300
학습지원2	.651	.484	.279	.117	.271	.218
학습지원3	.649	.516	.255	.121	.258	.221
학습지원1	.546	.552	.214	.086	.228	.246

추출 방법: 주성분 분석.

<표 2-8>은 베리멕스 방법으로 회전 후의 요인부하량을 나타내는 회전된 성분행렬을 보여준다. 자율성1, 자율성2, 자율성3, 자율성4가 성분(요인)1에, 개방성1, 개방성2, 개방성3, 개방성4가 성분 2에, 학습지원1, 학습지원2, 학습지원3, 학습지원4가 성분 3에, 직무만족1, 직무만족2, 직무만족3, 직무만족4가 성분 4에, 직무성과1, 직무성과2, 직무성과3, 직무성과4가 성분 5에, 참여지원1, 참여지원2, 참여지원3, 참여지원4가 성분6에 높게 나타난 것을 알 수 있다. 따라서 24개의 문항을 서로 연관성이 높은 6개의 요인으로 쉽게 묶을 수 있게 된다.

다음으로 각 요인에 명칭을 부여한다. 같은 요인에 높게 적재된 측정문항들은 상호 간에 높은 상관관계를 가진다. 따라서 요인부하량이 높은 측정문항들이 공통적으로 갖는 의미를 찾아 요인별로 명칭을 부여한다. 요인1에는 자율성을, 요인2에는 개방성을, 요인3에는 학습지원을, 요인4는 직무만족을, 요인5는 직무성과를, 그리고 요인6은 참여지원으로 이름을 부여할 수 있다.

요인부하량(factor loading)이 측정문항과 요인 간의 상관계수라는 점에서 요인부하량이 크면 그만큼 그 요인을 잘 설명하는 측정문항이라고 할 수 있다. <표 2-8>은 성분(요인)들과 측정문항들 간의 요인부하량을 보여준다. 요인부하량의 자승은 결정계수 R^2을 의미하기 때문에 요인부하량이 높은 측정문항일수록 해당 요인을 그만큼 잘 설명하는 측정문항이라고 할 수 있다. 이러한 측면에서 측정문항은 요인부하량이 가장 높은 요인에 속하게 된다.

〈표 2-8〉 회전 후의 요인부하량(회전된 성분행렬)

	성분					
	1	2	3	4	5	6
자율성3	**.863**	.302	.139	.151	.163	.080
자율성4	**.856**	.319	.105	.140	.145	.091
자율성1	**.842**	.210	.097	.138	.172	.164
자율성2	**.805**	.373	.083	.156	.193	.120
개방성2	.303	**.846**	.142	.160	.186	.136
개방성3	.340	**.826**	.115	.159	.205	.103
개방성1	.310	**.826**	.159	.214	.169	.115
개방성4	.334	**.809**	.133	.138	.201	.196
학습지원3	.096	.131	**.861**	.133	.136	.280
학습지원2	.115	.160	**.856**	.123	.123	.263
학습지원4	.150	.173	**.824**	.102	.158	.292
학습지원1	.051	.031	**.818**	.134	.088	.264
직무만족1	.143	.116	.177	**.862**	.197	.183
직무만족2	.092	.174	.150	**.851**	.255	.168
직무만족3	.156	.144	.093	**.828**	.285	.156
직무만족4	.210	.204	.113	**.796**	.293	.208
직무성과3	.177	.129	.143	.250	**.846**	.123
직무성과4	.168	.213	.142	.224	**.827**	.143
직무성과1	.164	.158	.117	.308	**.812**	.121
직무성과2	.173	.230	.141	.250	**.788**	.233
참여지원2	.135	.138	.306	.183	.136	**.846**
참여지원1	.115	.127	.303	.156	.155	**.839**
참여지원3	.082	.106	.333	.238	.154	**.821**
참여지원4	.149	.160	.332	.170	.184	**.759**

추출 방법: 주성분 분석.
회전 방법: 카이저 정규화가 있는 베리멕스.

집중타당성과 판별타당성을 저해하는 다음과 같은 측정문항을 제거하면 타당성은 증가하게 된다. 첫째, 요인부하량은 측정문항과 요인 간의 중요도를 나타내므로 요인부하량이 낮을수록 해당 요인에서 그 측정문항의 중요도가 낮다는 의미이다. 따라서 모든 요인에 대해 요인부하량의 절대값이 0.4 이하일 때는 그 측정문항은 제거한다. 둘째, 측정문항이 서로 다른 요인에 비슷한 수준의 요인부하량을 보인다면 그 측정문항은 제거한다. 셋째, 측정문항이 원래 의도한 개념(요인)에 속하지 못한다면 그 측정문항은 제거한다.

예제에 이들 기준을 적용하면 <표 2-8>의 요인부하량은 타당성을 저해하는 측정문항이 없다고 볼 수 있다.

6) 요인점수

요인분석을 통해 얻은 요인들을 차후 분석에 이용하기 위해 각 응답자별로 요인점수(factor score)를 계산한다. 요인점수는 각 응답자의 요인별 점수이다. 다음은 요인점수에 관한 결과이다.

FAC1_1	FAC2_1	FAC3_1	FAC4_1	FAC5_1	FAC6_1
.51956	.43280	-.59430	.94492	-2.65280	-.64878
-1.27504	1.09954	-.80638	-.04099	-.85395	.40305
-.91622	.65488	.54535	-1.63403	2.07584	.80065
.52933	-1.67150	1.40356	-.02085	-.58109	-2.75925
-.29440	1.86101	-.03857	2.03108	-1.12751	-.99319
.31672	.72864	-.28110	1.81617	-.66748	-.00200
.07109	-.98618	.06143	.84308	-1.72093	.13722
-.46449	-.06720	-.03941	.13811	.60409	.09174
.44410	-.41060	-.44384	-.32210	.64254	.23130
.95148	1.07416	.05140	.43851	.06208	1.42290
.16330	.52381	-1.48964	-.53907	.94354	-.81195
-1.91120	.47212	-.60745	-.53583	.22752	.17010
.67195	.41136	-.81032	.29557	.40437	1.89195
1.30540	-.07254	.84655	.74248	.99840	.74818
.01421	.11674	-.30426	-.74184	-.72553	-.83616
-.12408	-.53790	1.03645	-.48362	-1.07609	-2.02746
.95288	-1.58281	-.32006	-.29888	.13907	.25328
-.11608	-.02717	-.42788	-.37482	-.38930	-.54715
-.29122	1.28347	1.18554	-.77166	-.34126	-.92955
-.61408	1.19248	.63050	-1.15603	.04572	.90782
.16322	-.49503	-1.47957	-.37171	-.02062	.67131
-.63387	1.13309	.95547	-.07016	.16814	-.58767
.13332	1.25800	1.17834	.09133	-1.03360	-1.20285
-.11694	-.15219	-1.76509	.50544	-.72337	.79929
1.75567	.00212	.77441	.61223	-.79617	-.22847
.51597	.01989	-1.70933	-.61754	-.70018	1.94849
1.04417	-1.31888	-.56893	.50282	-.61158	-.46979
-.51965	1.64855	.46984	.44190	.31894	.47241
-.19158	.01390	-2.22596	-.19772	1.01334	1.75000
.01890	-.29481	.10075	-.25641	.70143	-.35354
.36984	-.59336	1.25209	-.05274	1.07539	-1.46059
-.16124	.72430	-.25075	.67644	.24789	.82763
-.46052	-.99662	-.73793	.53226	.39083	.01364
-.55883	1.49161	.28970	.22002	1.07722	.70670
-.94621	-.76081	1.74885	.01284	.07973	.40018

FAC1_1, FAC2_1, FAC3_1, FAC4_1, FAC5_1, FAC6_1이라는 6개의 요인, 즉 자율성, 개방성, 학습지원, 직무만족, 직무성과, 참여지원에 대한 각 응답자의 요인점수를 보여준다. 이 요인점수를 이용하여 회귀분석이나 판별분석 등을 수행하면 다중공선성문제를 해결할 수 있다.

5 결과 요약

타당성분석이란 측정하고자 하는 개념을 얼마나 정확히 측정했는지를 규명하는 것이다. 즉, 실제 측정문항이 측정하고자 하는 개념을 올바르게 측정하고 있는지 또한 개념이 정확하게 측정되었는지를 분석하는 것이다. 자율성, 개방성, 학습지원, 참여지원, 직무만족, 직무성과를 측정하는 측정문항들의 타당성을 검정하기 위해 탐색적 요인분석을 실시하였다. 요인회전은 베리멕스 회전방식을, 요인 수의 결정은 고유치(eigen value)가 1 이상이 되도록 선택하였다.

<표 2-9>의 분석결과를 보면 Kaiser-Meyer-Olkin(KMO) 측도의 값은 0.933, Bartlett의 구형성 검정의 카이제곱값은 7348.539, 자유도(df)는 276, p는 0.000이므로 자료가 요인분석에 적합하다고 할 수 있다. 고유치가 1 이상인 요인은 6개로 나타났고 원래 의도와 같이 각 측정문항들이 자율성, 개방성, 학습지원, 참여지원, 직무만족, 직무성과로 묶여졌다. 추출된 6가지 요인에서 각 측정문항의 요인부하량은 ±0.4 이상으로 나타나 요인은 타당성이 확보된 것으로 분석되었다. 고유치를 살펴보면 자율성은 11.628, 개방성은 3.234, 학습지원은 2.357, 직무만족은 1.316, 직무성과는 1.127, 참여지원은 1.094로 나타나 타당하게 묶여져 있음을 보여주고 있다.

요인별로 설명된 분산 비율은 자율성이 48.449%, 개방성이 13.477%, 학습지원은 9.820%, 직무만족은 5.483%, 직무성과는 4.694%, 그리고 참여지원은 4.560%로 나타나 누적 설명된 분산 비율은 86.482%이다. 각 요인이 측정문항들의 분산을 적절하게 설명하고 있으므로 이 측정문항들을 활용하여 가설을 검정하는 데 문제가 없다고 판단된다.

〈표 2-9〉 직무성과 예측모형의 요인분석결과

변수 \ 성분	1	2	3	4	5	6
자율성3	**.863**	.302	.139	.151	.163	.080
자율성4	**.856**	.319	.105	.140	.145	.091
자율성1	**.842**	.210	.097	.138	.172	.164
자율성2	**.805**	.373	.083	.156	.193	.120
개방성2	.303	**.846**	.142	.160	.186	.136
개방성3	.340	**.826**	.115	.159	.205	.103
개방성1	.310	**.826**	.159	.214	.169	.115
개방성4	.334	**.809**	.133	.138	.201	.196
학습지원3	.096	.131	**.861**	.133	.136	.280
학습지원2	.115	.160	**.856**	.123	.123	.263
학습지원4	.150	.173	**.824**	.102	.158	.292
학습지원1	.051	.031	**.818**	.134	.088	.264
직무만족1	.143	.116	.177	**.862**	.197	.183
직무만족2	.092	.174	.150	**.851**	.255	.168
직무만족3	.156	.144	.093	**.828**	.285	.156
직무만족4	.210	.204	.113	**.796**	.293	.208
직무성과3	.177	.129	.143	.250	**.846**	.123
직무성과4	.168	.213	.142	.224	**.827**	.143
직무성과1	.164	.158	.117	.308	**.812**	.121
직무성과2	.173	.230	.141	.250	**.788**	.233
참여지원2	.135	.138	.306	.183	.136	**.846**
참여지원1	.115	.127	.303	.156	.155	**.839**
참여지원3	.082	.106	.333	.238	.154	**.821**
참여지원4	.149	.160	.332	.170	.184	**.759**
고유값	11.628	3.234	2.357	1.316	1.127	1.094
분산%	48.449	13.477	9.820	5.483	4.694	4.560
누적%	48.449	61.925	71.745	77.228	81.922	86.482

KMO 측도 : 0.933

Bartlett 구형성검정 : χ^2=7348.539(df=276, p=0.000)

제 4 절 신뢰성 유형

신뢰성계수를 구하여 신뢰성의 수준을 알아보는 방법에는 검사-재검사 신뢰성, 동형검사 신뢰성, 반분측정 신뢰성, 내적일관 신뢰성이 있다.

1 검사-재검사 신뢰성

검사-재검사 신뢰성(test-retest reliability)은 동일한 대상에게 동일한 측정도구를 가지고 조사 시점을 달리하여 두 번 조사한 후 얻은 두 측정결과 간의 상관계수를 비교한다. 이때 상관계수가 높을수록 신뢰성이 높다고 평가한다. 동일한 사람에게 동일한 설문지를 서로 다른 시기에 두 번 실시한 측정 점수들의 상관계수로 측정도구의 신뢰성을 판단하는 방법이다. 시간에 따른 안정성을 나타내기 때문에 안정성 계수라고도 한다. 검사-재검사 신뢰성은 가장 전형적인 신뢰성을 판단하는 방법이다. 이 방법은 첫째, 반복측정을 하므로 상당한 시간과 비용이 소요되고 둘째, 동일 현상을 동일 대상으로부터 두 번 측정하는 경우 응답자들의 기억효과나 연습효과에 영향을 받을 수 있고 셋째, 시간의 변화에 따라 실제 값이 변화할 수도 있다는 단점이 있다.

2 동형검사 신뢰성

동형검사 신뢰성(parallel/alternative form reliability)은 이미 신뢰성이 입증된 유사한 측정 점수와의 상관계수로 측정도구의 신뢰성을 판단하는 방법이다. 즉 동일한 개념을 측정하는 유사한 형태의 측정도구를 두 개 개발하여 동시에 측정한 후 얻은 두 측정결과 간의 상관관계로 판단한다. 두 검사의 동등성 정도를 나타낸다는 면에서 동등성 계수라고도 한다. 이 방법은 반복측정 신뢰성의 약점을 피할 수는 있지만 동등한 측정도구를 구하거나 만들기 어렵다는 단점이 있다.

3 반분측정 신뢰성

반분측정 신뢰성(split half reliability)은 하나의 개념을 측정하기 위해 개발된 여러 개의 측정문항을 반으로 나누어서 동시에 측정한 후 얻은 두 측정결과 간의 상관관계로 신뢰성을 검정한다. 상관관계가 클수록 반분측정 신뢰성이 높은 것으로 평가한다. 예를 들어, 직무만족도를 6개의 문항으로 측정한 경우 3개 문항씩 나누어 측정한 측정치를 각각 합산한 뒤에 상관관계를 분석하여 신뢰성을 판단한다. 반분하는 방법으로는 홀수와 짝수, 전반과 후반 또는 무작위로 분할하는 방법 등이 있다. 검사-재검사 신뢰성이나 동형검사 신뢰성이 모두 동일한 검사를 두 번 실시해야 한다는 단점을 가지고 있는 반면에 반분측정 신뢰성은 두 번 시행에 따른 기억이나 연습 효과를 줄일 수 있다는 장점이 있다.

4 내적일관 신뢰성

신뢰성을 분석하는 대표적인 방법이 내적일관 신뢰성 또는 내적일관성(internal consistency reliability)이다. 구성개념을 다문항으로 측정했을 경우 측정문항들 간의 상관관계를 계산하여 일관성을 판단하는 방법이다. 구성개념을 측정하기 위해 다측정문항을 준비하는 것이 일반적이다. 이때 다측정문항들이 얼마나 일관성이 있는지와 하나의 개념을 측정하고 있는지를 판단하는 기준이 내적 일관성이다.

가장 많이 사용되는 내적 일관성을 판단하는 방법은 크론바흐 알파계수(cronbach's α coefficient)를 이용하는 것이다. 크론바흐 알파계수를 내적 합치도 계수라고도 한다. 크론바흐 알파계수의 사용목적은 설문지의 신뢰성을 저해하는 측정문항을 제거하기 위한 것이다. 내적일관성은 측정문항들 간의 상관관계로 평가하는데 상관관계가 높을수록 내적 일관성이 높다. 크론바흐 알파계수를 구하는 식은 다음과 같다.

$$\alpha = \frac{N}{N-1}(1-\sum\frac{\sigma_i^2}{\sigma_t^2})$$

여기서 N=문항수

σ_t^2=총분산

σ_i^2 =각 문항의 분산

크론바흐 알파계수는 0과 1 사이의 값을 갖는다. 이 값이 클수록 신뢰성이 높지만 어느 정도 이상이 되어야 한다는 정확한 기준은 없다. 일반적으로 <표 2-10>과 같이 알파의 값이 0.7 이상이면 신뢰성이 바람직한 것으로 보고 0.8 이상이면 신뢰성이 높은 것으로 본다. 따라서 이 값이 0.7보다 작다면 신뢰성을 저해하는 측정문항을 찾아서 제거하는 것이 바람직하다. 이러한 방법으로 측정문항들의 동질성을 저해하는 측정문항을 제거하면 측정문항들의 신뢰성을 높일 수 있다.

〈표 2-10〉 내적 일관성 판단 기준

크론바흐 알파	내적 일관성
$\alpha \geq 0.9$	매우 높음
$0.9 > \alpha \geq 0.8$	높음
$0.8 > \alpha \geq 0.7$	바람직함
$0.7 > \alpha \geq 0.6$	낮음
$0.6 > \alpha \geq 0.5$	매우 낮음
$\alpha < 0.5$	불필요

제5절 신뢰성 분석

1 신뢰성 분석의 개념

신뢰성 분석의 대상은 요인분석과 같이 하나의 개념을 측정하기 위해 여러 개의 측정문항을 사용한 다문항 측정변수이다. 그러므로 단일문항의 측정변수는 신뢰성 분석을 하지 않는다. <표 2-2>의 직무성과를 예측하는 자료를 가지고 SPSS로 신뢰성 분석을 수행하는 방법을 살펴보기로 한다.

<표 2-2>의 직무성과를 예측하는 모형에는 6개의 개념을 가지고 있어 6번의 신뢰성 분석이 필요하다. 여기서는 자율성에 대한 신뢰성을 분석하는 절차만을 살펴보기로 한다. 요인분석을 통해 타당성이 입증된 자율성의 측정변수들은 자율성1, 자율성2, 자율성3, 자율성4의 4개이다. 이들 4개 측정변수에 대해 신뢰성 분석을 수행하는 절차는 다음과 같다.

1) 입력

① 자율성의 자료를 입력한다.

② [분석]→[척도]→[신뢰도 분석]을 선택하면 [신뢰도 분석] 창이 나타난다.

③ [신뢰도 분석] 창에서 자율성1, 자율성2, 자율성3, 자율성4를 [항목(I)]으로 이동한 다음 [확인]을 클릭한다. 이상의 과정을 마친 입력화면은 다음과 같다.

2) 결과

자율성의 신뢰성분석 결과물은 다음과 같다.

신뢰성 통계량

Cronbach의 알파	항목 수
.952	4

자율성의 크론바흐 알파계수는 0.952로 나타나 자율성을 이루는 측정변수들의 신뢰성은 매우 높은 것으로 조사되었다.

2 항목제거시 척도

일반적으로 크론바흐 알파계수가 0.7보다 크면 하나의 개념(요인)을 측정하는 측정변수들이 일관성이 있어 신뢰성이 있다고 판단한다. 0.7보다 작다면 신뢰성을 저해하는 항목을 찾아서 제거하고 나머지 측정항목들로 신뢰성을 높여야 한다. 제거할 측정항목을 찾는 방법 중의 하나가 [항목제거시 척도] 분석도구를 이용하는 것이다. 먼저 자율성의 측정문항들을 가지고 [항목제거시 척도] 분석도구를 사용하는 방법을 살펴보기로 한다.

1) 입력

① 자율성 자료를 입력한다.

② [분석]→[척도]→[신뢰도 분석]을 선택하면 [신뢰도 분석] 창이 나타난다.

③ [신뢰도 분석] 창에서 자율성1 자율성2 자율성3, 자율성4를 [항목(I)]으로 이동한다.

④ [신뢰도 분석] 창에서 [통계량]을 클릭하여 [신뢰도 분석: 통계량] 창이 나타나면 [항목제거시 척도(A)]를 지정한 다음 [계속]을 클릭하여 [신뢰도 분석] 창으로 돌아간다. 끝으로 [확인]을 클릭한다. 이상의 과정을 마친 입력화면은 다음과 같다.

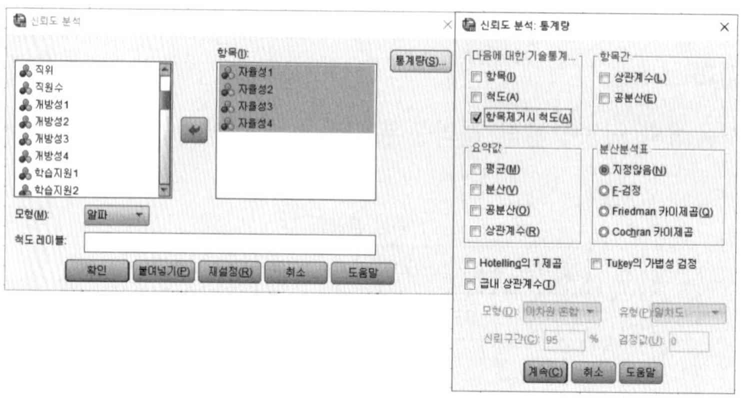

2) 결과

다음은 항목제거시 척도에 대한 결과물을 보여주고 있다.

항목 총계 통계량

	항목이 삭제된 경우 척도 평균	항목이 삭제된 경우 척도 분산	수정된 항목-전체 상관계수	항목이 삭제된 경우 Cronbach 알파
자율성1	13.464	21.990	.837	.950
자율성2	13.565	21.185	.879	.937
자율성3	13.601	20.580	.914	.927
자율성4	13.586	20.438	.900	.931

[항목 총계 통계량] 표에서 마지막 열에 있는 [항목이 삭제된 경우 Cronbach 알파]는 각 측정문항이 다문항 측정문항들로부터 제외될 때의 크론바흐 알파계

수이다. 자율성1의 0.950은 자율성1을 제외하고 자율성2, 자율성3, 자율성4만으로 크론바흐 알파계수를 계산하면 0.950이 된다는 의미이다. 이를 확인하기 위해 자율성1을 빼고 자율성2, 자율성3, 자율성4를 가지고 신뢰성분석을 실시하면 입력화면과 결과물은 다음과 같다.

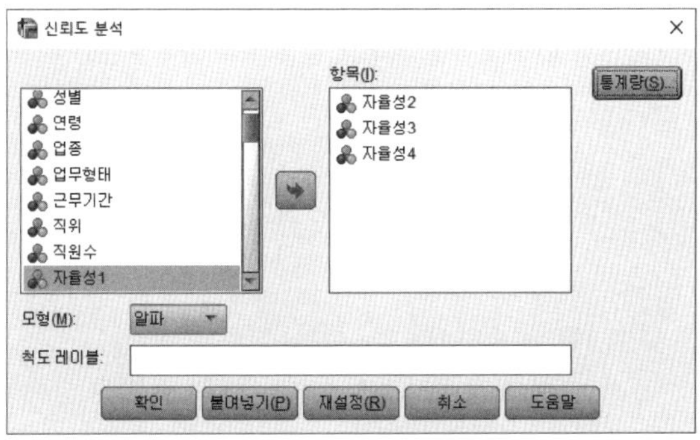

신뢰성 통계량

Cronbach의 알파	항목 수
.950	3

측정문항이 신뢰성분석에서 제외되면 알파계수가 작아지기도 하지만 어떤 경우는 오히려 커지기도 한다. 내적 일관성 척도인 알파계수는 클수록 좋으므로 그 측정문항을 제외함으로써 알파계수가 커진다면 바람직하지만 작아지는 경우는 그 측정문항을 제외하지 않아야 한다. 예를 들면, 4개의 측정문항을 사용한 자율성의 크론바흐 알파계수가 0.952일 때 자율성2 측정문항을 제외하면 알파계수는 0.937로 줄어들기 때문에 이 측정문항은 제외해서는 안 된다. 나머지 자율성3과 자율성4에 대해서도 같은 결론에 도달할 수 있다. 따라서 자율성의 경우 어떠한 측정문항을 제외하여도 알파계수가 0.952보다 높아지지 않으므로 현재의 자율성1, 자율성2, 자율성3, 자율성4 측정문항을 그대로 사용하는 것이 바람직하다.

제 3 장

다중회귀모형

제 1 절 다중회귀식

단순회귀모형에서는 종속변수를 예측하기 위해 다음과 같이 하나의 독립변수를 사용하고 나머지 효과들은 원인이 설명되지 않은 오차(ϵ)라는 항목에서 총괄하여 다룬다.

$$Y = \beta_0 + \beta_1 X + \epsilon$$

반면 다중회귀모형에서는 더욱 나은 예측을 위하여 필요한 독립변수를 추가하므로 원인이 설명되지 않은 오차(ϵ)를 줄일 수 있다. 종속변수의 변화는 두 개 이상의 독립변수에 의하여 좌우되는 경우가 대부분이므로 적절한 독립변수들을 선택하여 종속변수를 설명한다면 보다 나은 예측을 할 수 있을 것이다. 따라서 종속변수의 값을 보다 정확하게 예측하려면 종속변수와 관련된 여러 독립변수를 동시에 고려하여야 한다. 이와 같은 상황에서는 다중회귀모형을 사용하여 변수 간의 관계를 살펴볼 수 있다.

종속변수가 k개의 독립변수와 관련되는 다음과 같은 선형방정식을 다중선형회귀모형(multiple linear regression model) 또는 다중회귀모형(multiple regression model)이라 한다.

$$Y = \beta_0 + \beta_1 X_1 + \beta_2 X_2 + ... + \beta_k X_k + \epsilon$$

여기서 그리스문자로 표시하는 $\beta_0, \beta_1, \beta_2, ..., \beta_k$는 모수로서 알려지지 않은 회귀모형의 계수이다. 반면 ϵ는 오차항으로 원인이 설명되지 않은 오차, 즉 모형에 포함되지 않은 내용을 나타낸다. 예를 들어, 직무성과의 모집단 다중회귀모형은 조직풍토(β_1), 조직지원(β_2), 직무만족(β_3)으로 나타낼 수 있다. 이때 리더십이나 조직공정성 등과 같이 다중회귀모형에 포함되지 않은 것은 ϵ에 포함된다. 이들 관계는 다음과 같이 표시될 수 있다.

$$Y = \beta_0 + \beta_1 X_1 + \beta_2 X_2 + \beta_3 X_3 + \epsilon$$

표본자료를 가지고 모집단 회귀식에 가장 적합한 표본회귀식을 구하기 위해 회귀분석에서는 최소자승법을 이용한다. 즉 잔차의 제곱 합을 최소화하는 다음의 조건을 만족하는 b_0, b_1, b_2, b_3의 값을 구한다.

$$\min\sum(Y-\hat{Y})^2 = \min\sum e^2$$

최소자승법으로 다중회귀식을 추정하면 모수에 대한 예측치를 다음과 같이 얻을 수 있다.

$$\hat{Y} = b_0 + b_1X_1 + b_2X_2 + \ldots.. + b_kX_k$$

회귀계수에 대한 표본추정치(sample estimates)는 로마 문자 $b_0, b_1, b_2, \ldots.., b_k$로 표시한다. 여기서 표본자료들로부터 도출된 계수 b_0와 b_j의 의미는 다음과 같다.

b_0 : 절편계수로 모든 X값이 0일 때 기대되는 Y값을 나타내는 상수이다.
b_j : 회귀계수로 특정 X_j변수를 제외한 다른 X변수들이 일정할 때 X_j변수 한 단위가 변할 때 예상되는 종속변수 Y의 변화분이다.

예를 들어, 체육점수를 Y, 몸무게를 X_1, 키를 X_2, 그리고 유연성을 X_3으로 두고 추정한 회귀모형이 다음과 같다고 가정한다.

$$\hat{Y} = 20 + 0.5X_1 + 0.1X_2 + 10X_3$$

위의 모형에서 $0.5X_1$은 몸무게가 1단위 증가하면 체육점수는 0.5단위 증가함을 의미하는데, 이때 키와 유연성이 체육점수에 미치는 효과는 일정하다고 보고 고려 대상에서 제외된다. 마찬가지로 $10X_3$은 만일 유연성이 한 단위 증가한다면 체육점수는 10단위 증가한다고 해석을 할 수 있는데, 이 경우에도 몸무게와 키의 효과는 같다고 가정한다.

다중회귀모형을 추정하기 위해서는 하나의 종속변수 Y와 k개의 독립변수 $X_1, X_2, \ldots..X_k$에 대해 n개의 관측치를 필요로 한다. 즉, Y값에 대한 하나의 열과 X값에 대한 k개의 열을 가지므로 <표 3-1>과 같이 $n \times k$ 행렬구조로 구성된다.

〈표 3-1〉 다중회귀모형의 행렬구조

종속변수	독립변수			
Y	X_1	X_2	.....	X_k
Y_1	X_{11}	X_{12}	.....	X_{1k}
Y_2	X_{21}	X_{22}	.....	X_{2k}
:	:	:	:	:
Y_n	X_{n1}	X_{n2}	.....	X_{nk}

예를 들어, 하나의 종속변수와 3개의 독립변수에 대해 5개의 관측치가 있다면 <표 3-2>와 같은 행렬구조로 구성된다.

〈표 3-2〉 5×3 회귀모형의 행렬구조

	종속변수	독립변수		
n	Y	X_1	X_2	X_3
1	5	2	5	4
2	4	3	6	5
3	5	4	7	4
4	6	2	5	5
5	3	3	6	5

제 2 절 회귀분석과 상관분석

1 인과관계

인과관계(causality)란 두 변수가 원인과 결과의 관계 즉, 한 사실이 다른 사실의 원인이 되고, 그 다른 사실은 먼저 사실의 결과가 되는 관계를 말한다. 예를 들어, 총기판매량이 증가하여 총기사고가 증가한다면 총기판매량이 총기사고의 원인이고 총기사고는 총기판매량의 결과라고 해석할 수 있다. 그러나 두 가

지 사건이 함께 변한다고 해서 그들 사이에 반드시 인과관계가 있다고 말할 수는 없다.

예컨대 부와 건강은 일정 범위까지는 유의미한 상관관계를 가진다. 하지만 부유한 사람이 여러 가지 물질적인 요소를 충족해서 건강한 것인지 아니면 건강한 사람이 더 열심히 일해서 부를 더 많이 축적하는 것인지는 알 수 없다. 따라서 이러한 두 변수 간의 상관관계에 인과관계를 적용하여 건강하면 부를 더 많이 축적하고 부를 더 많이 축적하면 더 건강하다고 결론을 내리는 오류를 범할 수 있다.

이처럼 인과관계 속에 상관관계가 존재하기 때문에 인과관계와 상관관계의 구분이 어렵다. 두 관계 모두 A가 변하면 B도 변한다고 주장한다. 그러나 인과관계는 그 속에 올바른 논리가 필요하고 상관관계는 그렇지 않은 차이점이 있다. 상관관계가 인과관계로 인정받기 위해서는 다음과 같은 세 가지가 성립하여야 한다.

① 공변성: 원인변수와 결과변수는 공동으로 변화해야 한다.
② 시간의 선행성: 원인변수의 발생이 결과변수보다 시간적으로 앞서야 한다.
③ 비허위적 관계: 결과는 원인변수로만 설명이 가능하도록 다른 변수에 의한 영향이 배제되어야 한다.

2 인과관계의 조건

두 변수 간의 인과관계를 인정받기 위해서는 1) 공변성, 2) 시간의 선행성, 3) 비허위적 관계의 세 가지 조건이 충족되어야 한다. 통계적 검정이 아닌 이론적으로 검정되어야 하는 두 번째와 세 번째 조건과는 달리 첫 번째 조건인 공변성을 뜻하는 상관관계는 통계적으로 검정이 가능하다. 이들 세 가지 조건의 의미는 다음과 같다.

1) 공변성

공변성이란 원인변수가 변화하면 결과변수도 항상 같이 변화해야 한다는 공동변화의 원칙이다. 즉 독립변수의 증감에 따라 종속변수의 증감이 일어나는 공동변화가 있어야 한다. 독립변수나 종속변수 중 어느 하나가 변하지 않고 고정되어 있으면 두 변수 간의 인과관계는 성립될 수 없다. 이 때문에 회귀분석을 수행하기 전에 독립변수와 종속변수 간의 상관분석을 통해 두 변수 간에 통계적으로 공변성이 유의한지를 검토하여야 한다.

2) 시간의 선행성

시간의 선행성이란 원인이 결과보다 시간적으로 앞서야 한다는 것을 의미한다. 즉 역의 인과관계가 성립하지 않아야 한다. 역의 인과관계란 원인과 결과가 불명확하여 어느 변수가 어느 변수에 영향을 주는지 알기 어려운 경우이다. 소위 닭이 먼저냐 달걀이 먼저냐의 현상이다. 예를 들어, 청소년의 나이와 몸무게를 살펴보면, 나이라는 변수가 원인이 되어 몸무게라는 결과가 나타난다. 즉 청소년이 나이가 들면 그 결과로 몸무게는 증가한다. 이 두 변수 간에는 나이라는 선행요인에 의해서 몸무게라는 결과요인이 발생하는 인과관계가 있다. 일반적으로 청소년은 나이가 많아질수록 몸무게가 늘어나지만 반대로 몸무게가 늘어난다고 나이가 많아질 수는 없다. 이처럼 인과관계가 성립되기 위해서는 시간적으로 원인이 선행으로 발생하고 결과가 후행으로 발생해야 한다. 예로 근로환경이 좋으면 직무만족은 높아지고 또한 총기가 증가하여 총기사고가 증가하는 것처럼 원인과 결과의 시간적 선후가 분명하여야 한다.

반면 청소년의 몸무게와 키는 서로 간에 선형관계는 있지만 인과관계는 없다. 키가 크면 몸무게가 많고 몸무게가 많으면 키가 크다는 상호관련성 측면에서 이들 두 변수 간의 관계를 설명할 수 있다. 하지만 키가 몸무게에 영향을 준다든지 몸무게가 키에 영향을 미친다는 인과관계는 설정할 수 없다. 왜냐하면 키가 커졌기 때문에 몸무게가 증가한 것인지 몸무게가 증가하였기 때문에 키가 커진 것인지를 판단하는 것은 불가능하기 때문이다. 따라서 이들 두 변수 간의 상관관계에 인과관계를 적용하면 키를 늘이기 위해 몸무게를 늘이는 오류를 범할 가능성이 있다. 또 다른 예로 대학 졸업자는 대체로 소득이 높은 경향을 보이므로 대학 졸업 여부와 소득 사이에는 상관관계가 존재한다. 이를 바탕으로 대학을 졸업해야 소득이 높아진다고 해석하는 것은 오류다. 소득이 높아서 대학에 진학할 수도 있고 대학을 안 나와도 높은 소득을 얻을 수도 있다. 즉 두 요인 사이에 상관성이 있다고 해서 반드시 그것을 원인과 결과로 생각해서는 안 된다. 이것이 상관관계와 인과관계를 명확히 구분해야 하는 이유다. 이처럼 사회현상에서는 시간의 선행성에 대한 확인이 쉽지 않은 경우가 많다.

3) 비허위적 관계

시간적 선행성과 공변성이 확인되어도 제3의 변수에 의해 설명할 수 없는 두 변수만의 상관성이 존재하여야 한다. 다른 변수의 영향이 모두 제거되어도 원인변수와 결과변수의 관계가 유지된다면 그 관계는 비허위적 관계, 즉 인과관계가 성립한다. 변수 X와 Y의 관계가 허위관계인지를 판단하기 위해서는 이들 변수 간의 관계를 설명하는 제3의 변수가 존재하는지를 확인해야 한다. 두 변수 간의 허위관계에 영향을 미치는 제3의 변수를 허위변수라 한다.

허위변수는 X와 Y 두 변수 모두에 영향을 미쳐 X와 Y 간에는 실제 인과관계가 존재하지 않는 경우를 의미한다. 즉 허위변수는 X와 Y 사이에 실제로는 인과관계가 없으나 있는 것처럼 보이게 하는 변수를 말한다. 예를 들어, 교회 수와 범죄 수 간에는 통계적으로 정(+)의 상관관계가 있지만 둘 중 어느 현상이 다른 현상의 원인이라는 결론은 성립되지 않는다. 왜냐하면 두 변수 모두 인구 수라는 제3의 변수에 영향을 받아 우연히 발생한 상관관계에 불과하기 때문이다. 또 다른 예로, 낙상사고 건수와 고드름추락사고 건수 간에는 통계적으로 정(+)의 상관관계가 있지만 그 상관관계는 모두 날씨라는 제3의 변수에 영향을 받아 발생한 우연적인 상관관계이기 때문에 둘 중 어느 변수가 다른 변수의 원인이라는 결론은 성립되지 않는다. 따라서 연구자가 허위변수의 영향을 제거하지 못하면 연구에서 내리는 인과적 추론은 타당성이 낮아진다.

3 회귀분석과 상관분석의 차이

회귀분석과 상관분석은 두 변수 간의 선형의 관련성을 분석한다는 점에서는 유사한 방법이다. 하지만 회귀분석은 두 변수 간의 선후관계가 분명하여 원인과 결과가 있는 경우에 사용하고 반면 두 변수 간의 선후 관계가 분명하지 않다면 상관분석을 사용한다. 따라서 회귀분석은 두 변수에 대한 회귀식을 추정하고 상관분석은 관련성을 측정한다. 그러므로 회귀분석에서는 독립변수와 종속변수를 반드시 구분하여야 하지만 상관분석에서는 구분하지 않는다.

제 3 절 회귀분석과 구조방정식모형

회귀분석에는 독립변수와 종속변수가 있다. [그림 3-1]과 같이 독립변수가 1개 이상이고 종속변수가 하나이면 한 번의 회귀분석으로 분석이 가능하다.

[그림 3-1] 회귀분석모형

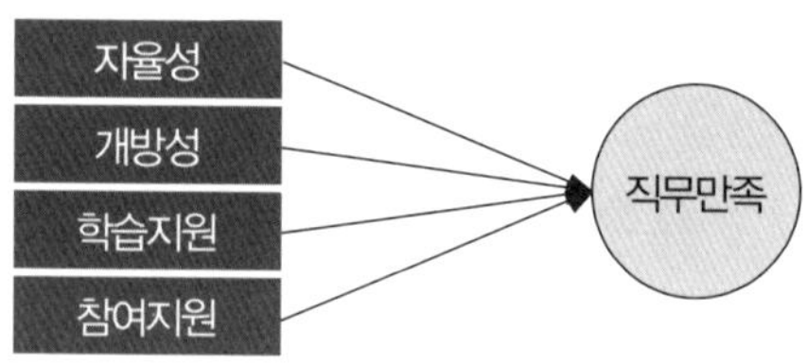

그러나 [그림 3-2]와 같이 종속변수가 2개이면 한 번의 회귀분석으로는 분석이 되지 않는다. 이 경우 두 번의 회귀분석을 하여 따로 결과를 분석하여야 한다. 하지만 종속변수가 2개일 때 분리해서 영향력을 분석하게 되면 검정력이 떨어지게 된다. 모형에서는 서로 간에 영향력을 주는 것도 있는데 회귀분석은 그런 점을 고려할 수 없기 때문이다. 이런 경우에는 경로분석 또는 구조방정식모형을 사용하여야 한다.

회귀분석은 여러 개의 독립변수가 하나의 종속변수에 미치는 영향력을 조사한다. 따라서 회귀분석에서는 독립변수들이 하나의 그룹으로 다루어져 종속변수의 값을 예측하는 데만 사용할 뿐이다. 하지만 경로분석에서는 변수 간의 연결 관계가 지정되고 검정됨으로써 변수들이 어떻게 서로 영향을 미치는지에 대

[그림 3-2] 경로분석모형

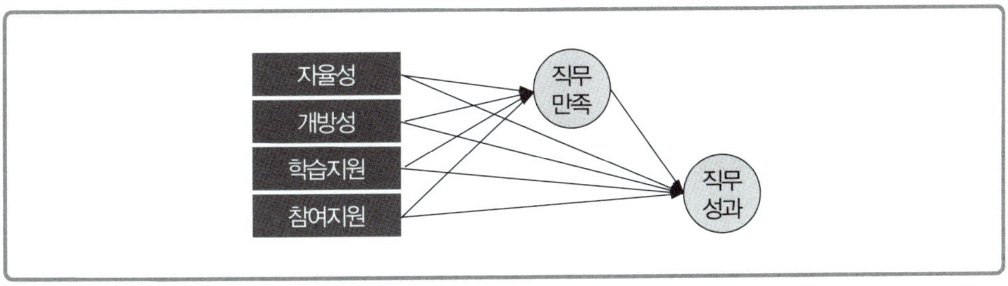

한 설명을 할 수 있게 해준다. 회귀분석과 경로분석에 공통점이 있다면 그것은 두 방법 모두 측정변수들만 다룬다는 것이다.

반면, 구조방정식모형은 [그림 3-3]처럼 측정변수뿐만 아니라 잠재변수(latent variable)까지 포함하므로 더욱 복잡하고 다양한 설명을 제공할 수 있다. 구조방정식모형의 장점은 여러 변수의 관련성을 하나의 모형 안에서 검정할 수 있고 또한 변수 간의 복잡한 관계를 시각적으로 표현하여 한눈에 알아볼 수 있다는 점이다. 이러한 장점으로 인해 최근에는 구조방정식모형 분석이 널리 활용되고 있다. 구조방정식모형은 요인분석과 다중회귀분석 또는 경로분석 등을 결합한 방법론이라 할 수 있다.

[그림 3-3] 구조방정식모형

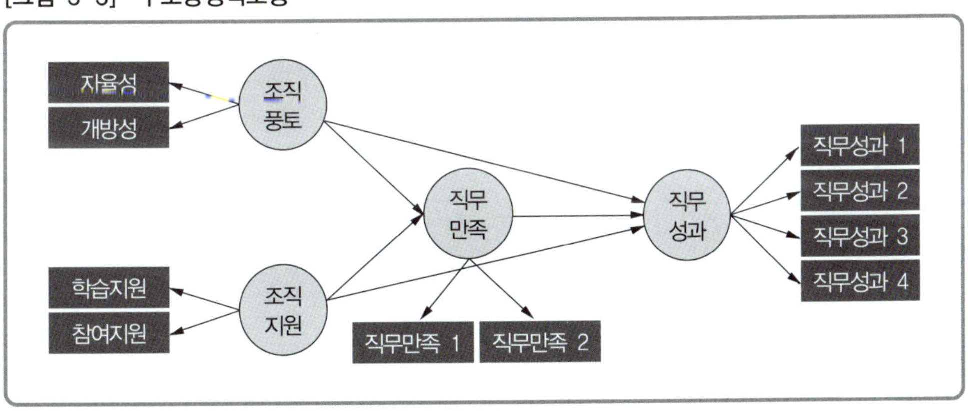

제 4 절 가설검정의 원리

1 가설의 유형

가설(hypothesis)이란 모집단 모수에 대한 검정이 가능한 잠정적인 답을 말한다. 이러한 가설은 다음과 같은 상호배타적인(mutually exclusive) 귀무가설(null hypothesis)과 대립가설(alternative hypothesis)로 구성된다.

- H_o: 귀무가설
- H_1: 대립가설

예를 들어, 회귀분석에서 귀무가설과 대립가설은 다음과 같이 표시한다.

- H_o: $\beta = 0$(X는 Y에 영향을 미치지 않을 것이다)
- H_1: $\beta \neq 0$(X는 Y에 영향을 미칠 것이다)

귀무가설은 첫째, 영가설로 부르고 H_o로 표시한다. 둘째, 연구자의 입장에서 보면 진실성이 적어 처음부터 기각될 것으로 예상하는 가설이다. 셋째, 실제 검정의 대상이 되는 가설이다.

반면 대립가설은 첫째, 연구가설(research hypothesis)로 부르고 H_1으로 표시한다. 둘째, 연구주제에 대한 잠정적인 해답으로서 연구자가 입증하고자 하는 가설이다. 셋째, 귀무가설과 반대되는 주장을 담은 가설이다. 넷째, 직접 검정하지 않기 때문에 대립가설의 채택이 반드시 참이라는 것을 의미하지는 않는다.

가설검정은 다음과 같은 가정하에서 이루어진다.

> $\beta \neq 0$이라는 대립가설을 증명하고 싶을 때, 반대되는 $\beta = 0$이라는 귀무가설이 틀렸다는 증명을 통해 대립가설이 옳다는 것을 증명하는 방식이다.

이처럼 직접 검정하지 않고 귀무가설이 기각되면 자동으로 수용되는 가설이 대립가설이다.

만약 귀무가설이 채택되면 귀무가설을 기각할만한 증거가 없다고 보고 귀무가설을 기각하지 않는다(do not reject)고 결론을 내린다. 기각하지 않는다는 것은 채택한다(accept)는 것보다 강력하지는 못하다. 가설검정은 재판과정과 유사하다. 피고는 증거가 유죄임이 증명될 때까지는 무죄라고 본다. 만일 증거가 무죄임을 증명하지 못한다면 무죄라는 가설은 기각되고 유죄라는 가설을 채택한다. 무죄라는 가설이 기각되면 그 피고인이 100% 유죄라기보다는 단지 무죄를 증명할 증거가 충분히 없다는 것을 의미한다. 이러한 판결이 불공정하다고 생각되면 항소하고 상고하여 다시 판결을 받을 수 있다.

마찬가지로 가설검정도 유일한 증거인 하나의 표본에서 나온 값만을 가지고 판단하므로 귀무가설이 기각되면 100% 대립가설이 참이라기보다는 단지 귀무가설이 참이라고 증명할 증거가 충분하지 않다는 것을 의미한다. 반대로 귀무가설이 채택되면 100% 귀무가설이 참이라기보다는 단지 귀무가설이 거짓이라고 증명할 증거가 충분하지 않다는 것을 의미한다. 이러한 결정이 잘못되었다고 생각되면 새로운 표본설계에 의해 검정을 다시 하여야 할 것이다.

2 유의수준

유의수준(significance level)은 실제로는 귀무가설이 참인데 그것을 기각하는 오류를 얼마나 허용할지를 나타낸다. 유의수준은 연구결과에 따라 달라지는 것이 아니라 검정기준을 얼마나 엄격하게 적용할 것인가를 결정하는 사항이므로 표본을 수집하기 전에 연구자가 결정한다.

예를 들어, 어떤 사람이 자기가 발견한 금괴가 XYZ 회사의 금괴라고 주장한다. 회사와 합의하여 금괴의 무게로 XYZ 회사의 금괴인지를 유의수준 0.05에서 결정하기로 하였는데, XYZ 회사의 금괴 무게는 평균이 $100g$이고 표준편차는 $10g$인 정규분포를 따른다고 한다. 여기에서 유의수준을 0.05로 한다는 것은 [그림 3-4]처럼 XYZ 회사의 금괴라도 평균에 가까운 $100 \times (1-0.05) = 95\%$만을 인정하고 평균과 멀리 떨어진 나머지 5%는 인정하지 않겠다는 규칙을 정하는 것이다. 이 규칙에 따라 XYZ 회사의 금괴 무게의 95% 신뢰구간은 $(80.4,\ 119.6) = (100 - 1.96 \times 10, 100 + 1.96 \times 10)$이 된다. 여기서 1.96은 95%에 해당하는 표준화된 Z값이다. 결론을 내리기 위해 발견된 금괴의 무게를 측

[그림 3-4] 금괴 무게의 판단기준

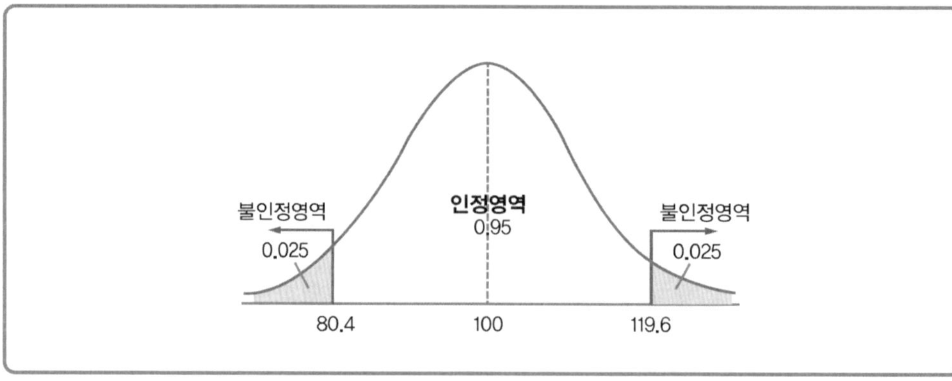

정한 결과는 120g이었다. 따라서 120g은 인정하지 않기로 분류된 5%에 속하므로 XYZ 회사의 금괴가 아니라는 결론을 내릴 수 있다.

이러한 논리를 좀 더 자세히 살펴보기로 한다. 다음과 같이 회귀계수가 0이라는 귀무가설과 0이 아니라는 대립가설이 있다고 하자.

- H_o: $\beta = 0$(X는 Y에 영향을 미치지 않을 것이다)
- H_1: $\beta \neq 0$(X는 Y에 영향을 미칠 것이다)

만약 모집단의 회귀계수(β)가 실제로 0이라면 표본의 회귀계수(b)는 [그림 3-5]의 모든 영역에서 나올 수 있을 것이다. 하지만 실제에서는 모집단 회귀계수가 0인지 아닌지 모르므로 가설검정을 위해 다음과 같은 규칙을 설정한다.

[그림 3-5] 모집단과 회귀계수의 표본분포

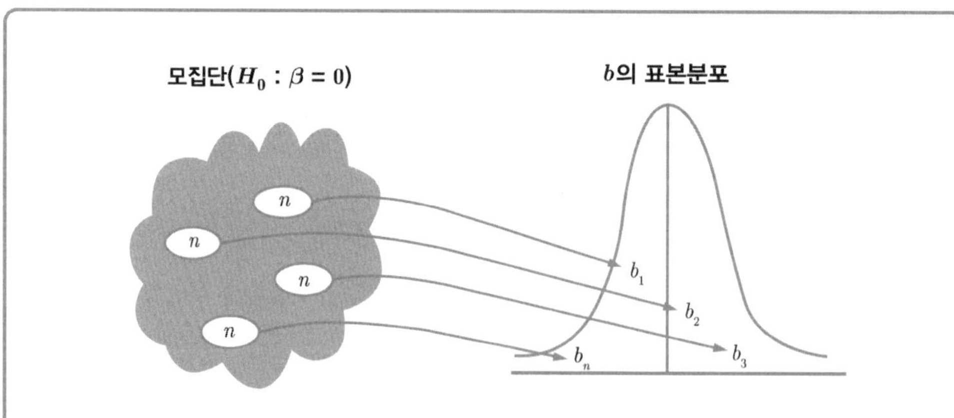

[그림 3-6] 회귀계수의 판단기준

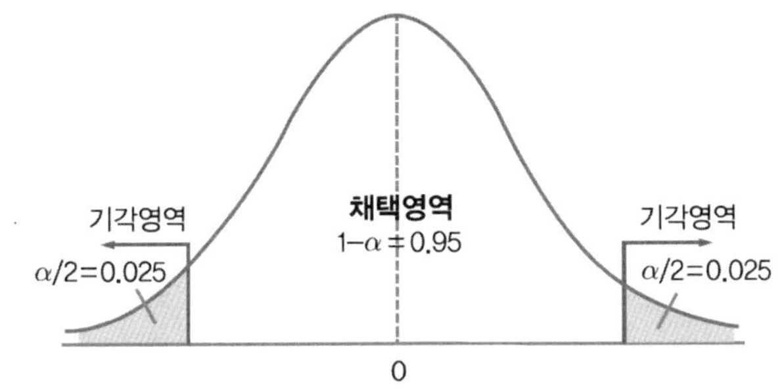

[그림3-6]에서 만약 표본의 회귀계수가 0에서 아주 큰 값을 가지는 오른쪽 2.5%의 영역과 0에서 아주 작은 값을 가지는 왼쪽 2.5%의 영역에서 추출되면 귀무가설을 기각한다. 즉 $\beta \neq 0$이 아닌 모집단에서 표본의 회귀계수(b)가 추출되었다고 판단한다. 반면 표본의 회귀계수가 가운데 95%를 차지하는 영역에서 추출되면 귀무가설을 채택한다. 즉 $\beta = 0$인 모집단에서 표본의 회귀계수(b)가 추출되었다고 판단한다.

가설검정의 규칙은 표본의 회귀계수가 기각영역에서 추출되면 비록 귀무가설이 참이라도 귀무가설을 기각한다. 이러한 오류를 범할 가능성을 유의수준이라 한다. [그림 3-6]의 유의수준 α는 0.05가 된다. 유의수준은 기각영역의 범위를 결정하므로 유의수준이 낮을수록 참인 귀무가설을 기각할 가능성은 작아진다.

유의수준은 0.1, 0.05, 0.01 등 다양하게 사용될 수 있지만 사회과학연구에서는 보통 0.05 유의수준을 적용한다. 이는 다른 유의수준을 적용해 검정결과를 왜곡할 가능성을 최소화하고 서로 다른 검정결과를 쉽게 비교하기 위함이다.

3 가설검정의 유형

대립가설은 단측대립가설과 양측대립가설이 있다. 단측대립가설은 독립변수와 종속변수 간의 관련성을 검정할 때 그 방향을 미리 어느 한쪽으로 결정하는 경우이다. 반면 양측대립가설은 독립변수와 종속변수 간의 관련성에만 관심을 가지므로 그 방향은 정하지 않은 가설이다. 따라서 가설에 따라 [그림 3-7]과 같은 세 가지 유형을 생각할 수 있다.

① 저측검정

H_0: $\beta_1 = 0$, H_1: $\beta_1 < 0$인 저측검정의 경우 표본의 결과가 0보다 더 많이 작으면 귀무가설을 기각하므로 왼쪽꼬리검정이라 한다. [그림 3-7]의 저측검정에서 기각영역은 유의수준(α)과 같다. 저측검정의 귀무가설과 대립가설의 예는 다음과 같다.

- H_0: X는 Y에 영향을 미치지 않을 것이다($\beta_1 = 0$)
- H_1: X는 Y에 부(−)의 영향을 미칠 것이다($\beta_1 < 0$)

② 고측검정

H_0: $\beta_1 = 0$, H_1: $\beta_1 > 0$인 고측검정의 경우 표본의 결과가 0보다 더 많이 크

[그림 3-7] 검정의 유형

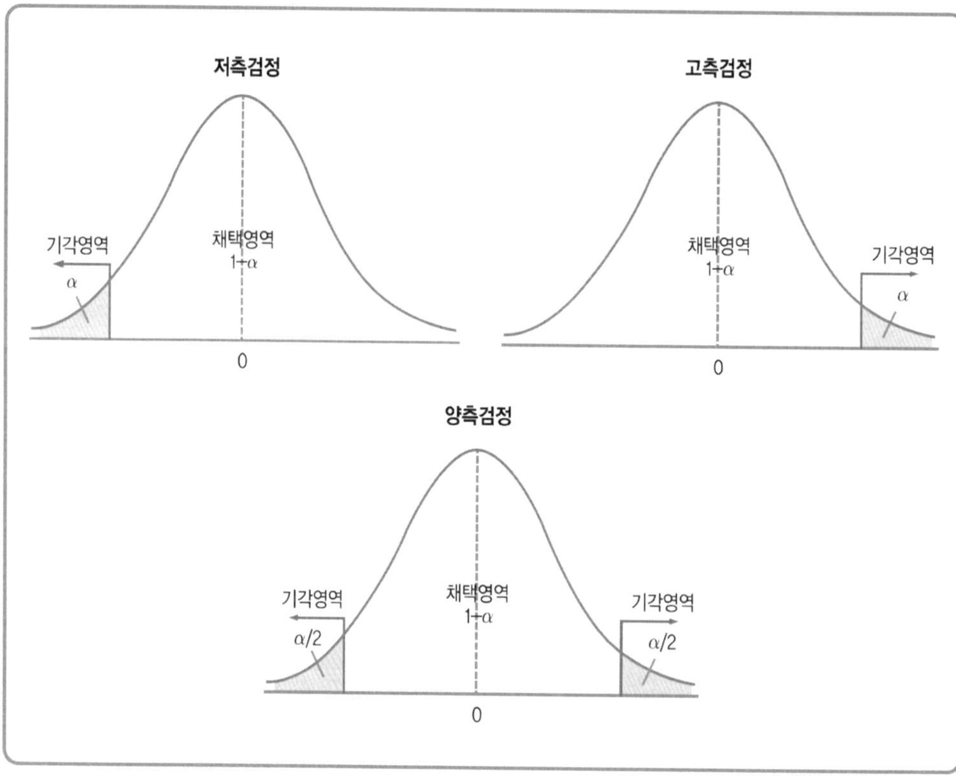

면 귀무가설을 기각하므로 오른쪽꼬리검정이라 한다. [그림 3-7]의 고측검정에서 기각영역은 유의수준(α)과 같다. 고측검정의 귀무가설과 대립가설의 예는 다음과 같다.

- H_0: X는 Y에 영향을 미치지 않을 것이다($\beta_1 = 0$)
- H_1: X는 Y에 정(+)의 영향을 미칠 것이다($\beta_1 > 0$)

③ 양측검정

H_0: $\beta_1 = 0$, H_1: $\beta_1 \neq 0$인 양측검정의 경우 표본의 결과가 0보다 더 많이 크거나 작으면 귀무가설을 기각하므로 대칭검정이라 한다. [그림 3-7]의 양측검정에서 각 기각영역은 유의수준의 반($\alpha/2$)이 된다. 양측검정의 귀무가설과 대립가설의 예는 다음과 같다.

- H_0: X는 Y에 영향을 미치지 않을 것이다($\beta_1 = 0$)
- H_1: X는 Y에 영향을 미칠 것이다($\beta_1 \neq 0$)

4 검정통계량

귀무가설이 참이라고 가정하고 표본에서 추정치를 계산하면, 계산된 추정치는 특정 표본분포(sampling distribution)를 따르게 된다. 이 특정 표본분포가 면적(확률)이 1인 확률분포가 되도록 추정치를 변환하면 검정통계량(test statistics)이 되고 이 검정통계량의 확률분포를 검정통계분포(test statistics distribution)라 한다.

예를 들어, $H_0 : \beta = 0$ 즉 모집단의 회귀계수가 0이라는 귀무가설을 검정한다고 가정하자. 이 경우 표본에서 관찰되는 회귀계수의 추정치(b)는 다음과 같이 계산한다.

$$b = \frac{\sum_{i=1}^{n}(X_i - \overline{X})(Y_i - \overline{Y})}{\sum_{i=1}^{n}(X_i - \overline{X})^2}$$

표본추출방법에 따라 표본이 달라질 수 있는 것처럼 [그림 3-8]과 같이 표본에

[그림 3-8] 검정통계량과 검정통계분포

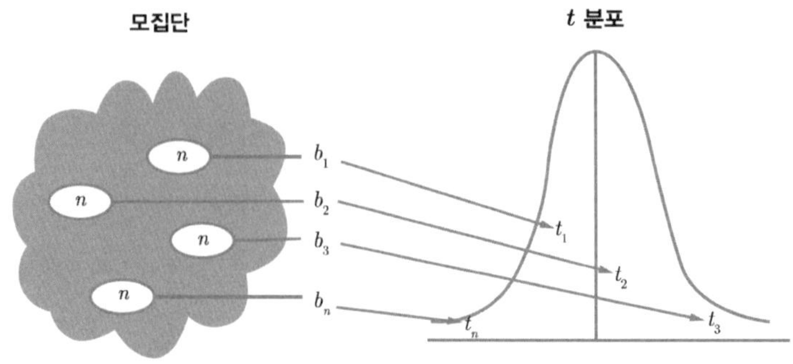

따라 회귀계수의 추정치도 달라지므로 이 추정치들은 표본분포를 갖게 된다. 이 표본분포를 면적이 1인 확률분포로 변환하기 위한 식은 다음과 같다.

$$t = \frac{b_j - 0}{s_j}$$

위 식에서 t값의 표본분포는 t 확률분포를 따른다. 이처럼 표본 추정치를 검정통계량으로 변환할 수 있다면 검정통계분포로 가설검정을 할 수 있다. 그러므로 귀무가설에 대한 검정통계량은 검정통계분포를 갖는다. Z분포, t분포, F분포, χ^2분포 등이 검정통계분포이다. 예를 들어, 회귀계수에 대한 가설검정은 t-분포상의 t값으로 그리고 분산의 가설검정은 F-분포상의 F값으로 표본 추정치를 검정통계량으로 변환하여 가설을 검정한다.

5 검정방법론

가설검정은 [그림 3-9]처럼 다음의 두 가지 기준 중 하나로 결정한다.

첫째, α와 p에 의한 확률기준

둘째, t와 t_c에 의한 검정통계량기준

[그림 3-9] 가설검정의 기준

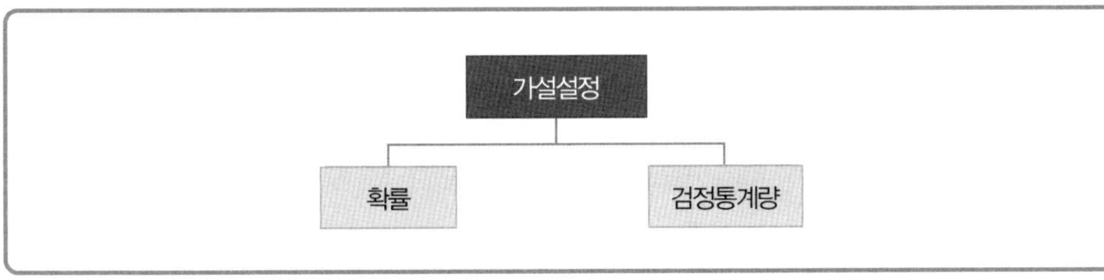

SPSS나 Amos 등을 사용하는 경우에는 일반적으로 첫 번째 방법을 사용한다. 먼저, 유의수준과 유의확률로 결정하는 확률기준방법에 대해 살펴보기로 하자.

1) 확률기준

■ 유의수준(α): 귀무가설이 참인데도 기각하는 오류를 범할 확률로 α로 표시한다. 유의수준은 보통 5% 혹은 1% 정도의 작은 값을 지정한다.

■ 유의확률(p): 표본에서 계산된 회귀계수 추정치를 특정 확률분포를 따르도록 변환한 검정통계량의 값과 같거나 더 극단적인 값이 해당 검정통계분포에서 나올 확률, 즉 p값(유의확률, p-value)을 계산한다. 즉 p값은 귀무가설이 참이라고 가정할 때 표본에서 계산된 회귀계수 추정치와 같거나 더 극단적인 추정치가 나올 확률이다. 예를 들어, [그림 3-10]의 표본자료를 계산하여 얻은 추정치 b의 검정통계량은 t_c이므로 이 t_c와 같거나 더 극단치가 나올 확률(면적)이 p이다.

■ 결론: $\alpha > p$이면 귀무가설을 기각하고 대립가설을 채택한다. 예를 들어, [그

[그림 3-10] 유의확률

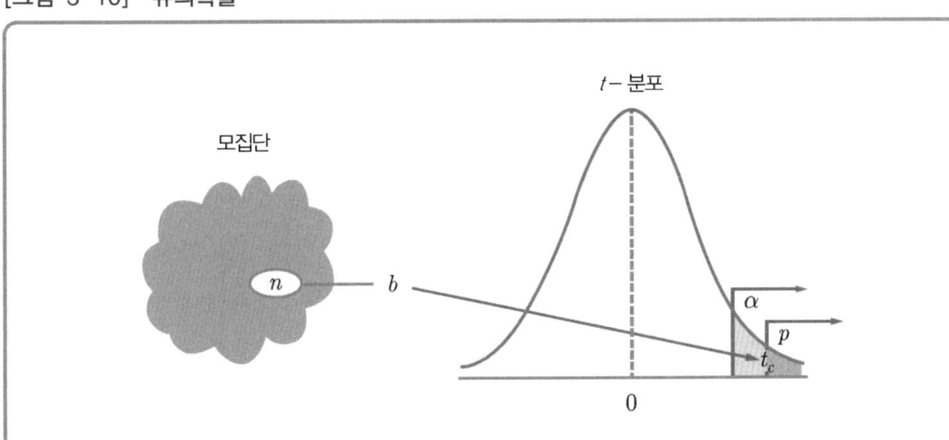

[그림 3-11] 검정통계량과 유의확률

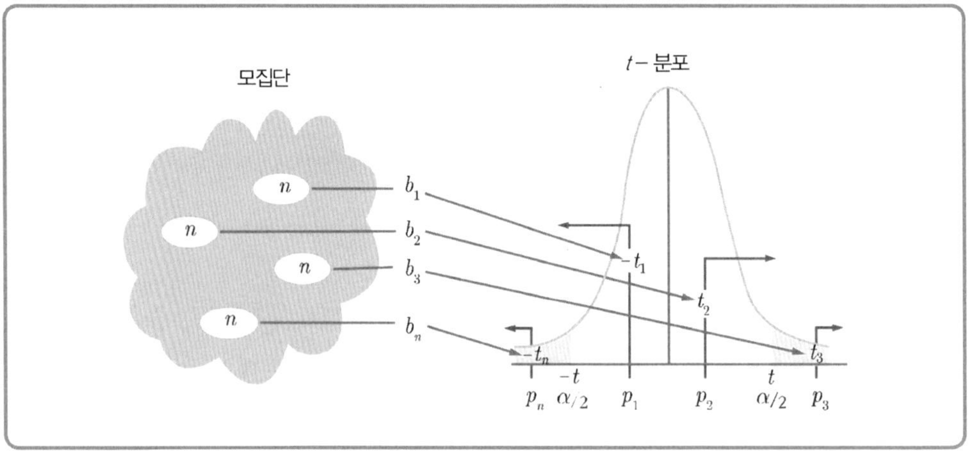

림 3-11]의 표본에서 계산된 b_3와 b_n의 검정통계량 t_3와 t_n과 같거나 더 극단치가 나올 확률 p_3과 p_n은 α보다 더 작아 귀무가설을 기각하고 대립가설을 채택한다.

반면 $\alpha<p$이면 귀무가설을 채택하고 대립가설을 기각한다. [그림 3-11]의 표본에서 계산된 b_1과 b_2의 통계량 t_1과 t_2와 같거나 더 극단치가 나올 확률 p_1과 p_2는 α보다 더 크므로 귀무가설을 채택하고 대립가설을 기각하게 된다. 따라서 다음과 같이 가설을 검정한다.

$p>\alpha$이면 귀무가설 채택
$p<\alpha$이면 대립가설 채택

단측검정의 경우 유의수준(α)과 유의확률(p)을 비교하면 된다. [그림 3-12]에서는 $\alpha > p$이므로 귀무가설을 기각하고 대립가설을 채택한다. 한편 양측검정에서는 유의수준($\alpha/2$)과 유의확률($p/2$)을 비교한다. [그림 3-13]에서는 $\alpha/2 < p/2$이므로 귀무가설을 채택하고 대립가설을 기각한다.

2) 검정통계량기준

다음으로 유의수준의 검정통계량(t)과 표본자료에서 계산한 검정통계량(t_c)으로 결정하는 방법에 대해 살펴보기로 하자.

■ t: 유의수준에 따라 귀무가설의 기각이나 채택을 결정하는 기준이 되는 검

[그림 3-12] 단측검정에서의 검정통계량과 확률

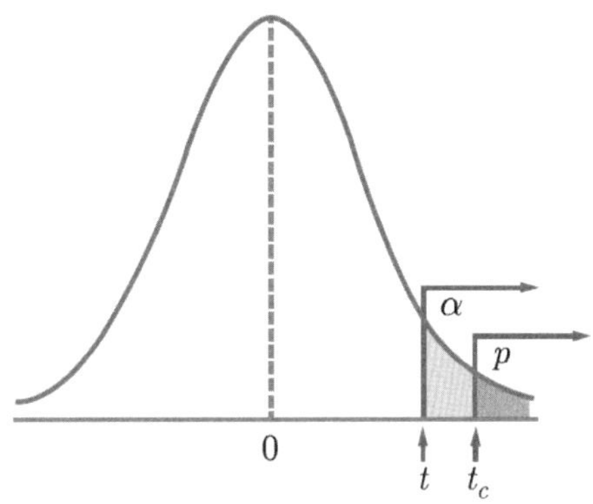

[그림 3-13] 양측검정에서의 검정통계량과 확률

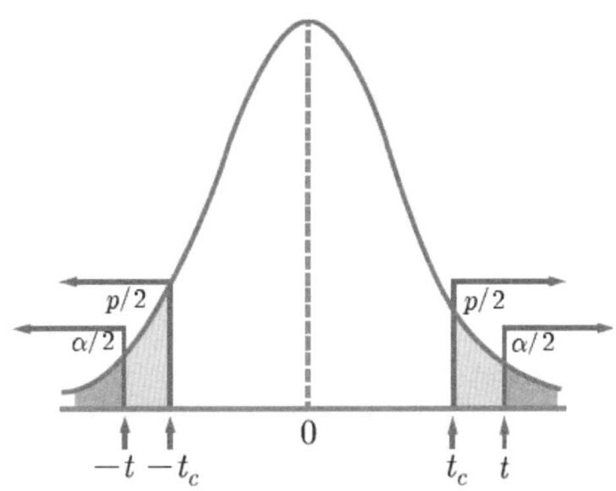

정통계량을 말한다. <표 3-3>은 각 검정유형에서 유의수준(α)이 0.1, 0.05, 0.01 일 때 검정통계량 Z나 $t(n=\infty)$값을 보여준다.

〈표 3-3〉 유의수준에 따른 Z나 $t(n=\infty)$

유의수준(α)	저측검정	양측검정	고측검정
0.10	-1.282	±1.645	+1.282
0.05	-1.645	±1.96	+1.645
0.01	-2.326	±2.576	+2.326

■ t_c: 표본자료에서 회귀계수의 추정치를 계산하여 그 추정치를 확률이 1인 t 확률분포가 되도록 변환한 검정통계량을 말한다.

■ 결론: $|t| < |t_c|$ 이면 귀무가설을 기각하고 대립가설을 채택한다. 예를 들어, [그림 3-11]의 표본에서 계산된 b_3와 b_n의 검정통계량을 보면 t_3은 t보다 더 크고 $-t_n$은 $-t$보다 더 작아 귀무가설을 기각하고 대립가설을 채택한다. 반면 [그림 3-11]의 표본에서 계산된 b_1의 통계량 $-t_1$은 $-t$보다 더 크고 b_2의 통계량 t_2는 t보다 더 작아 귀무가설을 채택하고 대립가설을 기각하게 된다. 따라서 다음과 같은 기준으로 가설을 검정한다.

$|t| > |t_c|$ 이면 귀무가설 채택
$|t| < |t_c|$ 이면 대립가설 채택

단측검정의 경우 유의수준의 검정통계량(t)과 표본의 검정통계량(t_c)을 비교하면 된다. [그림 3-12]에서는 $t < t_c$이므로 귀무가설을 기각하고 대립가설을 채택한다. 양측검정에서도 $|t|$와 $|t_c|$을 비교한다. [그림 3-13]에서는 $|t| > |t_c|$이므로 귀무가설을 채택하고 대립가설을 기각한다.

검정통계량(t_c)과 유의확률(p)의 관계를 보면 검정통계량이 클수록 유의확률은 낮아지고 유의확률이 높을수록 검정통계량은 작아진다. 그러므로 t_c가 커지면 p는 작아져서 연구가설이 채택될 가능성은 커진다. 반대로 t_c가 작아지면 p는 커져서 연구가설이 채택될 가능성은 작아진다.

제 5 절 회귀분석모형

ABC 상사는 구성원들의 직무성과를 예측하기 위해 [그림 3-14]와 같은 분석모형을 설정하였다. ABC 상사의 직무성과 예측모형은 구조방정식모형으로 분

[그림 3-14] 직무성과의 예측모형

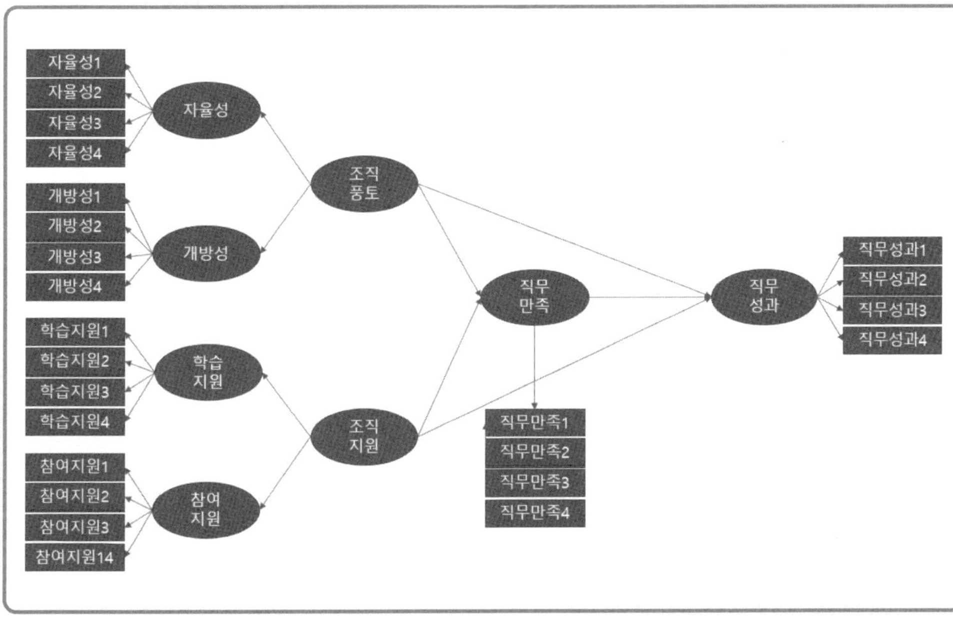

[그림 3-15] 직무성과의 회귀분석모형

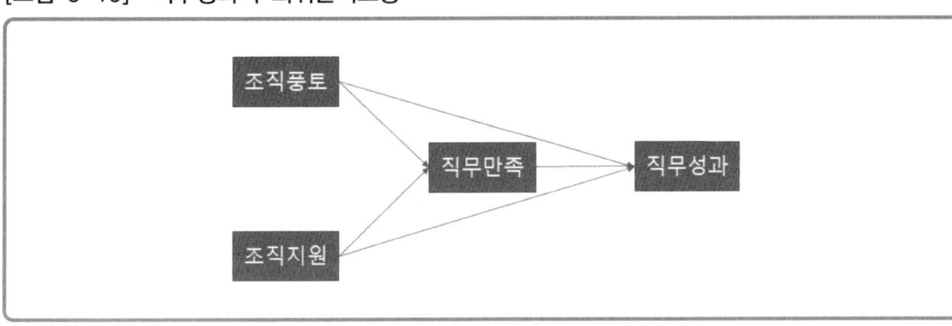

석하여야 올바른 결과를 얻을 수 있지만 여기서는 회귀분석으로 분석한다고 가정한다. 먼저 조직풍토, 조직지원, 직무만족 그리고 직무성과 등과 같은 잠재변수의 값은 측정변수(설문문항)들의 평균값으로 대체한다. 즉 조직풍토에는 8개의 측정변수, 조직지원에는 8개의 측정변수, 직무만족에는 4개의 측정변수, 그리고 직무성과에는 4개의 측정변수가 있어, 이들의 평균값으로 각 잠재변수를 측정변수로 [그림 3-15]와 같이 만든다.

[그림 3-15]에는 직무만족과 직무성과라는 종속변수가 2개이므로 [그림 3-16]과 [그림 3-17]의 모형을 가지고 두 번의 회귀분석을 실시한다.

또 다른 분석방법은 어느 독립변수가 종속변수에 어떤 영향을 미치는지를 구체적으로 파악하기 위해 [그림 3-18]과 [그림 3-19]의 모형을 가지고 분석을 할 수도 있다. 자율성, 개방성, 학습지원, 참여지원, 직무만족 그리고 직무성과의 잠재변수의 값은 측정변수들의 평균값으로 대체한다. 즉 6개의 잠재변수에는 각 4개의 측정변수가 있어, 이들의 평균값을 각 잠재변수의 측정값으로 한다.

[그림 3-16] 회귀분석모형 I

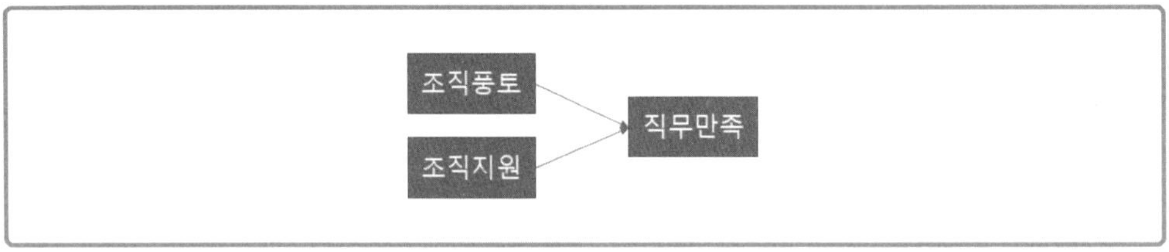

[그림 3-17] 회귀분석모형 II

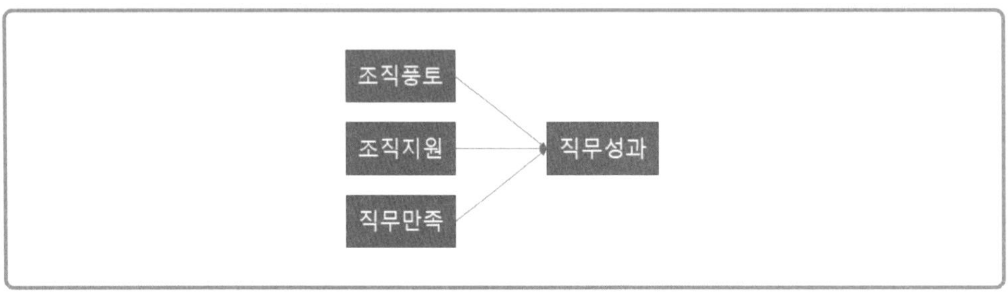

[그림 3-18] 회귀분석모형 III

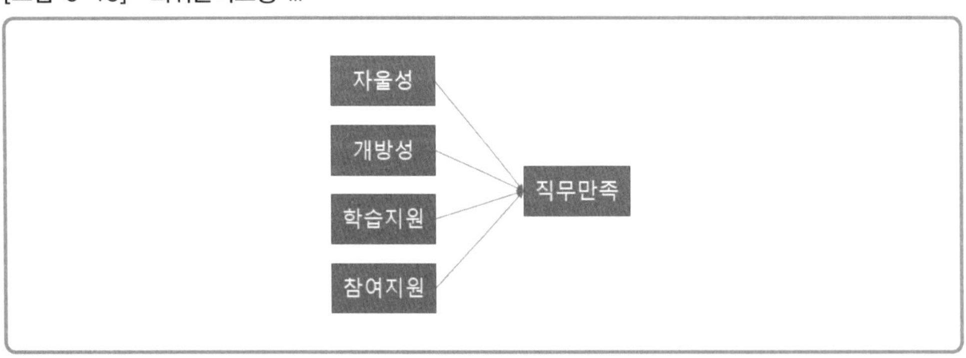

[그림 3-19] 회귀분석모형 IV

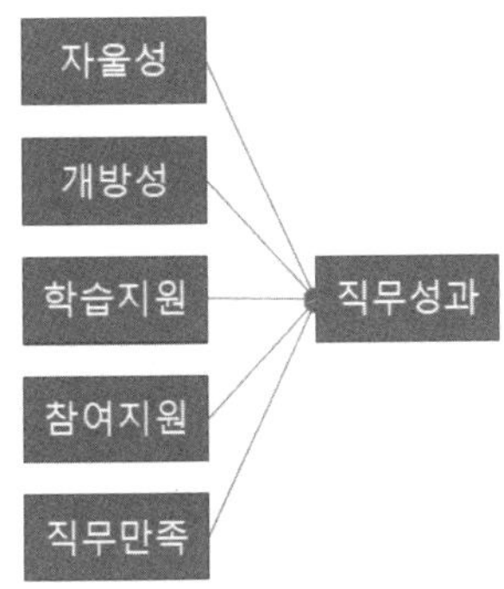

제 6 절 회귀분석모형 I

[그림 3-16]의 회귀분석모형 I에서 종속변수는 직무만족이고 독립변수는 조직풍토와 조직지원이다. 따라서 이 예제의 다중회귀모형은 다음과 같다.

$$Y = \beta_0 + \beta_1 X_1 + \beta_2 X_2 + \epsilon$$

여기서 Y : 직무만족

X_1 : 조직풍토

X_2 : 조직지원

ϵ : 오차항

위의 다중회귀모형으로부터 도출되는 추정회귀식은 다음과 같다.

$$\hat{Y} = b_0 + b_1 X_1 + b_2 X_2$$

SPSS로 다중회귀분석을 수행하는 방법은 다음과 같다.

1 입력

① 직무만족의 예측에 필요한 자료를 입력한다.

② [분석]→[회귀분석]→[선형]을 선택하면 [선형 회귀] 창이 나타난다.

③ [선형 회귀] 창에서 [종속변수]에 직무만족을 [독립변수]에 조직풍토와 조직지원을 옮긴 후 끝으로 [확인]을 클릭한다. 이상의 과정을 마친 입력화면은 다음과 같다.

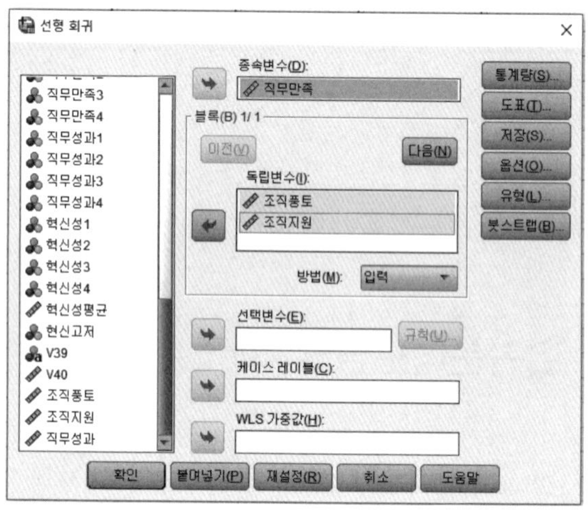

2 결과

SPSS의 회귀분석은 다음과 같은 ① 모형 요약 ② 분산분석 ③ 계수 등 세 가지 결과표를 제시해 준다.

모형 요약

모형	R	R 제곱	수정된 R 제곱	추정값의 표준오차
1	.573[a]	.328	.323	1.08303

a. 예측자: (상수), 조직지원, 조직풍토

ANOVA[a]

모형		제곱합	자유도	평균제곱	F	유의확률
1	회귀	157.426	2	78.713	67.107	.000[b]
	잔차	322.563	275	1.173		
	전체	479.989	277			

a. 종속변수: 직무만족

b. 예측자: (상수), 조직지원, 조직풍토

계수[a]

모형		비표준화 계수		표준화 계수	t	유의확률
		B	표준오차	베타		
1	(상수)	1.681	.292		5.754	.000
	조직풍토	.318	.051	.344	6.222	.000
	조직지원	.363	.061	.329	5.944	.000

a. 종속변수: 직무만족

3 결과 해석

1) 다중상관계수

다중회귀분석에서 방향이 서로 다른 변수들 사이의 상관관계를 종합적으로 측정하는 값이 R로 표시하는 다중상관계수이다. 단순상관계수처럼 상관관계의 방향을 나타내는 정(+)이나 부( )의 부호는 존재하지 않고 언제나 정(+)의 값을 취한다. 따라서 다중상관계수는 0에서 1 사이의 값을 취한다. R이 1에 가까울수록 다중상관관계가 강하다. 회귀분석모형 I의 [모형 요약]표를 보면 R은 0.573이다.

2) 결정계수

결정계수 R^2을 사용하여 다중회귀모형의 적합도를 평가한다. 0에서 1 사이의 값을 취하는 결정계수 R^2은 회귀모형에 포함된 독립변수들이 종속변수의 변동을 설명하는 정도를 의미한다. 따라서 R^2이 1에 가까울수록 모형의 예측력이 좋다고 할 수 있다. 결정계수를 산출하는 데 필요한 분산분석표에서 사용되는 기호는 <표 3-4>와 같다.

〈표 3-4〉 다중회귀분석의 분산분석표

원인	제곱합	자유도	평균제곱합	F값
회귀모형	$SSR=\sum_{i=1}^{n}(\widehat{Y}_i-\overline{Y})^2$	k	$MSR=\dfrac{SSR}{k}$	$F_c=\dfrac{MSR}{MSE}$
오차	$SSE=\sum_{i=1}^{n}(Y_i-\widehat{Y})^2$	$n-k-1$	$MSE=\dfrac{SSE}{n-k-1}$	
합	$SST=\sum_{i=1}^{n}(Y_i-\overline{Y})^2$	$n-1$		

분산분석표의 회귀모형 제곱합(SSR), 오차 제곱합(SSE), 합계 제곱합(SST)을 이용하여 R^2은 다음과 같이 계산된다.

$$R^2=\frac{SSR}{SST}=\frac{\sum_{i=1}^{n}(\widehat{Y}_i-\overline{Y})^2}{\sum_{i=1}^{n}(Y_i-\overline{Y})^2}$$

또는

$$R^2=1-\frac{SSE}{SST}=1-\frac{\sum_{i=1}^{n}(Y_i-\widehat{Y}_i)^2}{\sum_{i=1}^{n}(Y_i-\overline{Y})^2}$$

R^2은 총변동 중에서 다중회귀식에 의해 설명된 변동이 차지하는 비율로서 0에서 1 사이의 값을 가진다. R^2이 1에 근접할수록 표본자료들이 다중회귀선에 근접해 있으므로 예측이 정확해지고 반대로 R^2이 0에 근접할수록 표본자료들이 다중회귀선으로부터 멀리 떨어져 있으므로 예측력이 낮아진다. 분산분석표의 회귀모형 제곱합(SSR), 오차 제곱합(SSE), 합계 제곱합(SST)을 이용하여 계산한 예제의 R^2은 다음과 같다.

$$R^2=\frac{SSR}{SST}=\frac{\sum_{i=1}^{n}(\widehat{Y}_i-\overline{Y})^2}{\sum_{i=1}^{n}(Y_i-\overline{Y})^2}=\frac{157.426}{479.989}=0.328$$

또는

$$R^2 = 1 - \frac{SSE}{SST} = 1 - \frac{\sum_{i=1}^{n}(Y_i - \widehat{Y}_i)^2}{\sum_{i=1}^{n}(Y_i - \overline{Y})^2} = 1 - \frac{322.563}{479.989} = 0.328$$

예제의 $R^2 = 0.328$은 종속변수 변동의 32.8%가 설정된 2개의 독립변수에 의해 설명되고 나머지 67.2%는 설명되지 않은 변동이 존재한다는 의미이다. 즉 구성원의 직무만족이 서로 다른 이유를 조직풍토와 조직지원이 32.8%를 설명하고 나머지 67.2%는 다른 변수들을 고려해야만 알 수 있다는 것이다.

3) 조정된 결정계수

다중회귀모형에서는 일반적으로 독립변수를 많이 추가할수록 결정계수의 R^2값이 커지므로 우수한 적합도를 얻기 위해 더 많은 독립변수를 추가하고자 한다. 이를 과대적합(overfitting) 문제라 한다. 이러한 과대적합 문제를 해결하기 위해 불필요한 독립변수를 포함하면 페널티를 부과하는 조정된(adjusted) 결정계수 R_{adj}을 사용한다.

일반적으로 독립변수가 늘어나면 R^2값은 증가하지만 R^2_{adj}는 독립변수가 추가될 때 R^2를 유의하게 증가시켰는가에 따라 R^2값은 증가할 수도 반대로 감소할 수도 있다. 따라서 다음과 같이 R^2_{adj}은 R^2보다 항상 같거나 작다.

$$R^2_{adj} \le R^2$$

만약 모형에 불필요한 예측변수가 포함되어 있다면 R^2_{adj}가 R^2보다 더 상당히 작아지게 된다. 이처럼 불필요한 독립변수의 투입을 방지하기 위해 조정된 결정계수는 의미 없는 독립변수가 추가될 때 벌칙을 부과함으로써 신중하게 독립변수를 선택하도록 유도한다. n개의 표본과 k개의 독립변수를 가진 회귀모형에서 수정된 결정계수는 다음과 같다.

$$R^2_{adj} = 1 - \frac{\left(\frac{SSE}{n-k-1}\right)}{\left(\frac{SST}{n-1}\right)}$$

분석모형 I의 수정된 결정계수는 다음과 같다.

$$R^2_{adj} = 1 - \frac{(\frac{SSE}{n-k-1})}{(\frac{SST}{n-1})} = 1 - \frac{(\frac{322.563}{278-2-1})}{(\frac{479.989}{278-1})} = 1 - \frac{1.173}{1.733} = 1 - 0.677 = 0.323$$

분석모형 I의 $R^2 = 0.328$이고 $R^2_{adj} = 0.323$이므로 두 값의 차이가 크지 않아 모형에 불필요한 독립변수가 포함되어 있다고 할 수는 없다.

4) 다중회귀모형 검정

다중회귀모형 검정이란 하나의 종속변수 Y와 k개의 독립변수 $X_1, X_2, \ldots\ldots, X_k$의 관계를 한 번에 검정하는 것이다. k개의 독립변수를 가진 다중회귀모형의 전체 적합도 검정을 위한 가설은 다음과 같다.

H_0 : 모든 계수는 0이다($\beta_1 = \beta_2 = \ldots\ldots = \beta_k = 0$)

H_1 : 적어도 하나의 계수는 0이 아니다

k개의 독립변수를 가진 다중회귀모형에서 두 분산의 비율을 나타내는 F-검정통계량(F_c)을 위한 분산분석표는 <표 3-4>와 같다. 단순회귀모형에서와 같이 다중회귀모형을 검정하기 위해서는 다음과 같이 잔차의 제곱합을 이용한다.

$$\begin{array}{ccccc} SST & = & SSR & + & SSE \\ \sum(Y-\overline{Y})^2 & = & \sum(\hat{Y}-\overline{Y})^2 & + & \sum(Y-\hat{Y})^2 \end{array}$$

총변동 = 설명되는 변동 + 설명되지 않는 변동

분산분석에서는 독립변수들에 의해 설명되는 변동인 SSR과 설명되지 않는 변동인 SSE를 각각의 자유도로 나누어 분산을 계산한다. 이 분산의 비율인 F_c 값으로 가설을 검정한다. SSR의 자유도는 독립변수의 수 k와 같고 SSE에 대한 자유도는 $n-k-1$이다. 따라서 SSR과 SSE를 k와 $n-k-1$로 나누면 각각 설명되는 평균제곱(MSR)과 설명되지 않는 평균제곱(MSE)을 구할 수 있다. 이 두 가지 비율을 이용한 F-검정통계량은 다음과 같이 구한다.

$$F_c = \frac{\frac{SSR}{k}}{\frac{SSE}{n-k-1}} = \frac{MSR}{MSE} = \frac{\sum_{i=1}^{n}(\hat{Y}_i - \overline{Y})^2}{\sum_{i=1}^{n}(Y_i - \hat{Y}_i)^2} \times \frac{n-k-1}{k}$$

표본자료에서 계산된 검정통계량 F_c의 면적은 p이고 유의수준에 해당하는 F의 면적은 α이라면 다중회귀모형의 검정은 [그림 3-9]처럼 두 가지 방법으로 수행할 수 있다.

H_0 채택: $p > \alpha$ 또는 $F_c < F$

H_1 채택: $p < \alpha$ 또는 $F_c > F$

일반적으로 SPSS에서는 p와 α를 비교하여 $p < \alpha$이면 H_0를 기각하고 H_1을 채택한다. 결론을 내리는 또 다른 방법은 p에 해당하는F_c와 α에 해당하는 F를 비교하여 $F_c > F$이면 H_0를 기각하고 H_1을 채택한다. 분석모형 I에 대한 분산분석표가 다음과 같다고 가정하고 두 가지 검정방법에 대해 살펴본다.

모형		제곱합	자유도	평균제곱	F	유의확률
1	회귀	157.426	2	78.713	67.107	.000
	잔차	322.563	275	1.173		
	전체	479.989	277			

(1) 확률기준

① 가설

H_0 : 모든 계수는 0이다($\beta_1 = \beta_2 = ... = \beta_k = 0$)

H_1 : 적어도 하나의 계수는 0이 아니다

귀무가설은 독립변수인 조직풍토와 조직지원 모두 종속변수인 직무만족에 유의한 영향을 미치지 않는다는 뜻이다. 만일 회귀모형의 적합도 검정에서 H_0가 기각되지 않는다면 이는 k개의 회귀계수 $\beta_i(i = 1, 2, ..., k)$는 모두 0이라는 의미이다. 따라서 k개의 독립변수 모두가 종속변수의 설명에 아무런 도움을 주지 못한다. H_0가 채택되었다면 현재의 다중회귀모형에 포함된 모든 독립변수의 회귀계수가 0이므로 이들 독립변수는 종속변수의 예측에 아무런 도움을 주지 못해 추가분석은 의미가 없어지게 된다. 따라서 새로운 독립변수를 찾아 회귀모형을 다시 구축하거나 독립변수들과 종속변수 간의 비선형관계를 검토해야 할 필요가 있다.

반면 대립가설은 독립변수인 조직풍토와 조직지원 중에서 적어도 하나는 종속변수인 직무만족에 유의한 영향을 미친다는 의미이다. H_0가 기각된다면 이는 k개의 회귀계수 $\beta_i(i=1,2,.....,k)$ 중 적어도 하나는 0이 아니라는 것이다. 따라서 현재의 다중회귀모형은 전반적으로 의미 있는 모형이다. H_1이 채택된다면 k개의 독립변수 중 어느 독립변수의 회귀계수가 0인지 알 수는 없지만 독립변수들의 회귀계수 중 적어도 하나는 0이 아니라는 뜻이다. 따라서 k개의 독립변수 중 어느 독립변수의 회귀계수가 0이 아닌지를 알기 위해서는 다음에 설명할 회귀계수의 적합도 검정을 하여야 한다.

② 결론

$p=0.000<\alpha=0.05$이므로 H_0를 기각하고 H_1을 채택하여 회귀모형은 전체적으로 유의하다고 할 수 있다.

(2) 검정통계량기준

① 가설

H_0 : 모든 계수는 0이다($\beta_1=\beta_2=.....=\beta_k=0$)

H_1 : 적어도 하나의 계수는 0이 아니다

② α의 F

분자의 자유도는 $k=2$이고 분모의 자유도는 $n-k-1=278-2-1=275$일 때 유의수준 $\alpha=0.05$의 임계치를 부록표에서 찾으면 $F_{0.05,\,2,275}=3.00$이다.

③ p의 F_c

$$F_c=\frac{\frac{SSR}{k}}{\frac{SSE}{n-k-1}}=\frac{\frac{157.426}{2}}{\frac{322.563}{275}}=\frac{MSR}{MSE}=\frac{78.713}{1.173}=67.107$$

④ **결론**

$F_c = 67.107 > F = 3.00$이므로 H_0를 기각하고 H_1을 채택한다.

결론적으로 두 가지 방법 모두 같은 결론에 도달하게 된다. 즉 적어도 하나의 회귀계수는 0이 아니라고 할 수 있다. 이는 독립변수인 조직풍토와 조직지원 중 적어도 하나는 종속변수인 직무만족에 유의한 영향을 미친다는 의미이다.

5) 다중회귀계수 검정

다중회귀모형 적합도 검정에서 H_0가 기각되고 H_1이 채택된다면 독립변수들의 회귀계수 중 적어도 하나는 0이 아니라는 의미이다. 따라서 독립변수 중에 의미 있는 변수를 찾는 회귀계수 적합도 검정이 필요하다. 다중회귀계수 적합도 검정을 위한 가설은 k개의 독립변수 각각에 대해 다음과 같이 설정한다.

$H_0 : \beta_i = 0$ (X_i는 Y에 영향을 미치지 않는다)

$H_1 : \beta_i \neq 0$ (X_i는 Y에 영향을 미친다)

만약 $Y = \beta_0 + \beta_1 X_1 + \beta_2 X_2 + \beta_3 X_3 + \epsilon$의 모형에서 β_1이 0이라는 H_0를 수용해야 한다면 X_1항은 제외되어 회귀모형은 $Y = \beta_0 + \beta_2 X_2 + \beta_3 X_3 + \epsilon$로 될 것이다. 독립변수 X_i에 대한 적합도 검정에 사용되는 가설검정의 유형은 다음과 같다.

저측검정	양측검정	고측검정
$H_0 : \beta_i = 0$	$H_0 : \beta_i = 0$	$H_0 : \beta_i = 0$
$H_1 : \beta_i < 0$	$H_1 : \beta_i \neq 0$	$H_1 : \beta_i > 0$

회귀모형 검정처럼 회귀계수 검정은 [그림 3-9]처럼 두 가지 방법으로 수행할 수 있다. 첫째, 확률(면적)기준일 때는 각 독립변수의 추정된 회귀계수의 p값을 이용하여 수행한다. 즉 $p < \alpha$이면 H_0를 기각하고 H_1을 채택한다. 둘째, 검정통계량기준일 때는 부록표를 이용하여 α에 대한 t값을 찾고 다음 공식을 이용하여 독립변수 X_i에 대한 회귀계수의 검정통계량 t_c를 계산하여 $t_c > t$이면 H_0를 기각하고 H_1을 채택한다.

$$t_c = \frac{b_i - 0}{S_i}$$

여기서 $S_i = \sqrt{\frac{MSE}{SSx_i(1-R_i^2)}}$

〈조직풍토 검정〉

① 가설

$H_0 : \beta_1 = 0$(조직풍토는 직무만족에 영향을 미치지 않는다)

$H_1 : \beta_1 \neq 0$(조직풍토는 직무만족에 영향을 미친다)

② 확률기준 결론

$p = 0.000 < \alpha = 0.05$이므로 조직풍토의 모집단회귀계수 β_1은 0이 아닌 유효한 독립변수라 할 수 있다. 즉, 조직풍토는 직무만족을 예측하는데 $\alpha = 0.05$ 수준에서 의미 있는 변수라 할 수 있다.

③ 검정통계량기준 결론

α의 검정통계량: $t_{0.05/2, 278-2-1} = \pm 1.96$

표본의 검정통계량: $t_c = \frac{b_i - 0}{s_i} = \frac{0.318 - 0}{0.051} = 6.222$

$t_c = 6.222 > t = 1.96$이므로 H_0를 기각하고 H_1을 채택한다.

〈조직지원 검정〉

① 가설

$H_0 : \beta_2 = 0$(X_2는 Y에 영향을 미치지 않는다)

$H_1 : \beta_2 \neq 0$(X_2는 Y에 영향을 미친다)

② 확률기준 결론

$p = 0.000 > \alpha = 0.05$이므로 조직지원의 모집단회귀계수 β_2는 0이 아니므로 직무만족을 예측하는 데 의미 있는 변수로 볼 수 있다.

③ **검정통계량기준 결론**

α의 검정통계량: $t_{0.05/2,278-2-1} = \pm 1.96$

표본의 검정통계량: $t_c = \dfrac{b_2 - 0}{s_2} = \dfrac{0.363 - 0}{0..061} = 5.944$

$t_c = 5.944 > t = 1.96$이므로 H_0를 기각한다.

여기서 유의해야 할 점은 SPSS에서 나타난 p값은 양측검정에 대한 결과이다. 만약 단측검정을 한다면 양측검정의 p값을 2로 나누어 주어야 한다. 따라서 양측검정에서는 $p > \alpha$로 나와 독립변수가 유의하지 않지만 단측검정에서는 $p < \alpha$로 나타나 독립변수가 유의한 결과가 나올 수도 있다.

6) 다중회귀식 도출

단순선형회귀분석에서 b_1은 독립변수의 한 단위 변화에 대한 종속변수 Y의 변화분이다. 다중회귀분석에서 표본자료들로부터 도출된 계수 b_0와 b_j의 의미는 다음과 같다.

b_0: 절편으로 모든 X값이 0일 때 기대되는 Y값을 나타내는 상수

b_j: 특정 X_j변수를 제외한 다른 X변수들이 일정할 때 특정 X_j변수 한 단위가 변할 때 예상되는 종속변수 Y의 변화량

회귀모형 I의 예측식은 다음과 같다.

$$\hat{Y} = 1.681 + 0.318X_1 + 0.363X_2$$

조직풍토(X_1)가 한 단위 증가하면 직무만족(Y)은 0.318단위만큼 증가하는데 이때 조직지원이 직무만족에 미치는 효과는 일정하다고 가정한다. 조직지원(X_2)이 한 단위 증가하면 직무만족(Y)은 0.363단위만큼 증가하는데 이때도 조직풍토는 일정하다고 가정한다. 이처럼 회귀계수는 다른 변수가 고정된 상태에서 해당 독립변수가 한 단위 증가했을 때 Y의 평균이 얼마나 변화하는지를 보여준다.

또 다른 예로 자동차의 제동거리를 Y, 속도를 X_1, 무게를 X_2, 그리고 운전경

력을 X_3으로 두고 추정한 회귀모형이 다음과 같다고 가정한다.

$$\hat{Y} = 5 + 10X_1 + 7X_2 + 15X_3$$

위의 모형에서 $10X_1$은 속도가 1단위 증가하면 제동거리는 10단위 증가함을 의미하는데, 이때 무게와 운전경력이 제동거리에 미치는 효과는 일정하다고 가정한다. 마찬가지로 $7X_2$도 유사한 해석이 가능하다. 만일 무게가 한 단위 증가하면 제동거리는 7단위 증가한다는 의미로 이 경우에도 속도와 운전경력의 효과는 같다고 가정한다.

종속변수의 예측은 회귀식을 이용할 수 있다. 예를 들어, 조직풍토가 6점, 조직지원이 2점이라면 이 종업원의 직무만족은 다음과 같다.

$$\text{직무만족} = 1.681 + 0.318(6) + 0.363(2) = 4.315$$

하지만 표본의 범위를 벗어난 독립변수의 값을 대입하여 얻은 예측은 무의미하다. 예를 들어, 100점 만점인 교육점수에 120점을 대입한다거나 근무연수에 80을 대입하여 예측하는 것은 의미가 없다.

7) 표준화 회귀계수

회귀계수에는 비표준화 회귀계수와 표준화 회귀계수가 있다. 비표준화 회귀계수는 독립변수와 종속변수의 원래 단위를 그대로 반영하여 추정한 회귀식에 대한 결과로서 단위가 서로 다른 독립변수 간에는 상대적인 영향력의 크기를 비교할 수 없다. 이러한 문제점을 해결하기 위해 비표준화 회귀계수를 표준화시킨 표준화 회귀계수(standardized coefficient of regression)가 필요하다. 표준화 회귀계수를 이용하면 단위가 서로 다른 독립변수들의 상대적인 영향력의 크기와 순서를 파악할 수 있게 된다.

표준화 회귀계수를 구하는 방법은 두 가지가 있다. 첫 번째 방법은 회귀분석을 수행하기 전에 독립변수와 종속변수를 표준화 점수로 변환한 후 회귀분석을 수행하여 표준화 회귀계수를 얻는다. 두 번째 방법은 원자료를 가지고 회귀분석을 수행한 후 비표준화 회귀계수에다 독립변수의 표준편차를 종속변수의 표준편차로 나눈 값을 곱하여 표준화 회귀계수를 얻는다. 이를 식으로 나타내면 다음과 같다.

$$\beta_i = B_i \times \frac{S_{X_i}}{S_Y}$$

여기서 β_i: 표준화 회귀계수

B_i : 비표준화 회귀계수

S_{X_i} : 독립변수의 표준편차

S_Y : 종속변수의 표준편차

여기서는 두 번째 방법에 대해 살펴보기로 한다. 비표준화 회귀계수로 표준화 회귀계수를 구하기 위해서는 다음과 같이 회귀분석의 [계수]표와 [분석]→[기술통계량]→[기술통계]로 구한 각 변수의 표준편차가 필요하다.

기술통계량

	N	최소값	최대값	평균	표준편차
조직풍토	278	1.000	7.000	4.53822	1.425398
조직지원	278	1.250	7.000	4.90198	1.191668
직무만족	278	1.000	7.000	4.90380	1.316360
유효 N(목록별)	278				

$$\beta_{조직풍토} = B_1 \times \frac{S_{X_1}}{S_Y} = 0.318 \times \frac{1.425398}{1.316360} = 0.344$$

$$\beta_{조직지원} = B_2 \times \frac{S_{X_2}}{S_Y} = 0.363 \times \frac{1.191668}{1.316360} = 0.329$$

SPSS의 표준화 회귀계수 값을 보면 조직풍토가 0.344이고 조직지원은 0.329로 나타났다. 따라서 조직풍토와 조직지원 순으로 직무만족에 더 큰 영향을 미치는 것을 알 수 있다.

8) 결과 요약

[그림 3-16]의 회귀분석모형 I의 다중회귀분석을 수행한 결과를 정리하면 <표 3-5>와 같다.

〈표 3-5〉 회귀분석모형 I의 분석결과

	비표준화 계수		표준화 계수	t	유의확률
	B	표준오차	베타		
(상수)	1.681	.292		5.754**	.000
조직풍토	.318	.051	.344	6.222**	.000
조직지원	.363	.061	.329	5.944**	.000
R^2=0.328, R^2_{adj}=0.323, F=67.107**					

*$p<.05$, **$p<.01$

조정된 R^2이 0.323이고 F값이 67.107($p=0.000$)로 나타나 회귀모형은 통계적으로 유의하다고 할 수 있다. 조직풍토는 직무만족에 정(+)의 영향($B=0.318$, $t=6.222$, $p<0.01$)을 미치고 또한 조직지원도 직무만족에 정(+)의 영향($B=0.363$, $t=5.944$, $p<0.01$)을 미치는 것으로 나타났다. 따라서 독립변수 모두 종속변수인 직무만족에 정(+)의 영향을 미치는 것으로 나타나 2가지 가설은 모두 채택되었다. 표준화계수를 보면 직무만족에 조직지원(0.329)보다 조직풍토(0.344)가 더 많은 영향을 미친다고 볼 수 있다.

제 7 절 회귀분석모형 II

[그림 3-17]의 회귀분석모형 II에서 종속변수는 직무성과이고 독립변수는 조직풍토, 조직지원, 직무만족이다. 따라서 이 예제의 다중회귀모형은 다음과 같다.

$$Y=\beta_0+\beta_1X_1+\beta_2X_2+\beta_3X_3+\epsilon$$

여기서 Y : 직무성과
X_1 : 조직풍토
X_2 : 조직지원
X_3 : 직무만족
ϵ : 오차항

위의 다중회귀모형으로부터 도출되는 추정회귀식은 다음과 같다.

$$\hat{Y} = b_0 + b_1X_1 + b_2X_2 + b_3X_3$$

SPSS로 다중회귀분석을 수행하는 방법은 다음과 같다.

1 입력

① 직무성과의 예측에 필요한 자료를 입력한다.

② [분석]→[회귀분석]→[선형]을 선택하면 [선형 회귀분석] 창이 나타난다.

③ [선형 회귀분석] 창에서 [종속변수]에 직무성과를 [독립변수]에 조직풍토, 조직지원 그리고 직무만족을 옮긴 다음 끝으로 [확인]을 클릭한다. 이상의 과정을 마친 입력화면은 다음과 같다.

2 결과

SPSS의 회귀분석은 다음과 같은 ① 모형 요약 ② 분산분석 ③ 계수의 세 가지 결과표를 제시해 준다.

모형 요약

모형	R	R 제곱	수정된 R 제곱	추정값의 표준오차
1	.685[a]	.470	.464	.98877

a. 예측자: (상수), 직무만족, 조직지원, 조직풍토

ANOVA[a]

모형		제곱합	자유도	평균제곱	F	유의확률
1	회귀	237.286	3	79.095	80.902	.000[b]
	잔차	267.882	274	.978		
	전체	505.168	277			

a. 종속변수: 직무성과

b. 예측자: (상수), 직무만족, 조직지원, 조직풍토

계수[a]

모형		비표준화 계수		표준화 계수	t	유의확률
		B	표준오차	베타		
1	(상수)	.831	.282		2.944	.004
	조직풍토	.252	.050	.266	5.068	.000
	조직지원	.166	.059	.146	2.796	.006
	직무만족	.428	.055	.417	7.777	.000

a. 종속변수: 직무성과

3 결과 해석

1) 모형요약

[그림 3-17]의 분석모형 II의 [모형 요약]표를 보면 R^2은 0.470이다. 이는 구성원마다 직무성과가 서로 다른 이유를 설정된 3개의 독립변수가 47.0%만큼 설명하고 나머지 53.0%는 다른 독립변수들을 고려해야만 설명된다는 의미이다. 결정계수 R^2=0.470이고 조정된 결정계수 R^2_{adj}=0.464이므로 두 값의 차이가 크지 않아 모형에 불필요한 독립변수가 포함된 것으로는 보이지 않는다.

2) 다중회귀모형의 검정

다중회귀모형의 적합도를 검정하는 절차는 다음과 같다.

① 가설

H_0 : 모든 계수는 0이다($\beta_1 = \beta_2 = \beta_3 = 0$)

H_1 : 적어도 하나의 계수는 0이 아니다.

귀무가설은 독립변수인 조직풍토, 조직지원, 직무만족 모두 종속변수인 직무성과에 유의한 영향을 미치지 않아 현재의 회귀모형은 의미가 없다는 뜻이다. 반면 대립가설은 독립변수인 조직풍토, 조직지원, 직무만족 중에서 적어도 하나는 종속변수인 직무성과에 유의한 영향을 미치므로 현재의 회귀모형은 의미가 있다고 할 수 있다.

② 결론

$p < \alpha$ 이면 H_0를 기각하고 H_1을 채택한다. [분산분석]표를 보면 $F_c = 80.902$에 해당하는 유의확률은 0.000이다. $p = 0.000 < \alpha = 0.05$이므로 H_0를 기각하고 H_1을 채택한다. 즉 적어도 하나의 회귀계수는 0이 아니라고 할 수 있다. 이는 독립변수인 조직풍토, 조직지원, 직무만족 중 적어도 하나는 종속변수인 직무성과에 유의한 영향을 미친다는 의미이다.

3) 다중회귀계수의 검정

〈조직풍토 검정〉

① 가설

$H_0 : \beta_1 = 0$(조직풍토는 직무성과에 영향을 미치지 않는다)

$H_1 : \beta_1 \neq 0$(조직풍토는 직무성과에 영향을 미친다)

② 결론

표본의 t_c값이 5.068이고 t_c의 유의확률 p는 0.000이다. $p = 0.000 < \alpha = 0.05$이므로 조직풍토의 모집단회귀계수 β_1은 직무성과의 예측에 유의한 독립변수이다. 즉 조직풍토는 $\alpha = 0.01$수준에서 직무성과에 유의한 영향을 미친다.

〈조직지원 검정〉

① 가설

$H_0 : \beta_2 = 0$(조직지원은 직무성과에 영향을 미치지 않는다)

$H_1 : \beta_2 \neq 0$(조직지원은 직무성과에 영향을 미친다)

② 결론

표본의 t_c값이 2.796이고 t_c의 유의확률 p는 0.006이다. $p = 0.006 < \alpha = 0.05$이므로 조직지원의 모집단회귀계수 β_2는 직무성과의 예측에 유의한 독립변수이다. 즉 조직지원은 $\alpha = 0.01$수준에서 직무성과에 유의한 영향을 미친다.

〈직무만족 검정〉

① 가설

$H_0 : \beta_3 = 0$(직무만족은 직무성과에 영향을 미치지 않는다)

$H_1 : \beta_3 \neq 0$(직무만족은 직무성과에 영향을 미친다)

② 결론

표본의 t_c값이 7.777이고 t_c의 유의확률 p는 0.000이다. $p = 0.000 < \alpha = 0.05$이므로 직무만족의 모집단회귀계수 β_3은 직무성과의 예측에 유의한 독립변수이다. 즉 직무만족은 $\alpha = 0.01$수준에서 직무성과에 유의한 영향을 미친다.

4) 표준화 회귀계수

SPSS의 표준화 회귀계수 값을 보면 직무만족(0.417), 조직풍토(0.266), 조직지원(0.146) 순으로 직무성과에 큰 영향을 미치는 것을 알 수 있다.

5) 결과 요약

[그림 3-17]의 회귀분석모형 II의 다중회귀분석을 수행한 결과를 정리하면 <표 3-6>과 같다.

〈표 3-6〉 회귀분석모형 II의 결과 요약

	비표준화 계수		표준화 계수	t	유의확률
	B	표준오차	베타		
(상수)	.831	.282		2.944**	.004
조직풍토	.252	.050	.266	5.068**	.000
조직지원	.166	.059	.146	2.796**	.006
직무만족	.428	.055	.417	7.777**	.000
R^2=0.470, R^2_{adj}=0.464, F=80.902**					

*$p<.05$, **$p<.01$

조정된 R^2이 0.464이고 F값이 80.902($p<0.01$)로 나타나 회귀모형은 통계적으로 유의하다고 할 수 있다. 조직풍토는 직무성과에 정(+)의 영향($B=0.252$, $t=5.068$, $p<0.01$)을 미치고, 조직지원 역시 직무성과에 정(+)의 영향($B=0.166$, $t=2.796$, $p<0.01$)을 미치는 것으로 나타났고 또한 직무만족도 직무성과에 정(+)의 영향($B=0.428$, $t=7.777$, $p<0.01$)을 미치는 것으로 나타났다. 따라서 독립변수 모두 종속변수인 직무성과에 정(+)의 영향을 미치는 것으로 나타나 3가지 가설은 모두 채택되었다.

제 8 절 회귀분석모형 III

[그림 3-18]의 회귀분석모형 III에서 종속변수는 직무만족이고 독립변수는 자율성, 개방성, 학습지원, 참여지원이다. 따라서 이 예제의 다중회귀모형은 다음과 같다.

$$Y=\beta_0+\beta_1X_1+\beta_2X_2+\beta_3X_3+\beta_4X_4+\epsilon$$

여기서 Y : 직무만족
X_1 : 자율성
X_2 : 개방성
X_3 : 학습지원
X_4 : 참여지원
ϵ : 오차항

위의 다중회귀모형으로부터 도출되는 추정회귀식은 다음과 같다.

$$\hat{Y} = b_0 + b_1 X_1 + b_2 X_2 + b_3 X_3 + b_4 X_4$$

SPSS로 다중회귀분석을 수행하는 방법은 다음과 같다.

1 입력

① 직무만족의 예측에 필요한 자료를 입력한다.

② [분석]→[회귀분석]→[선형]을 선택하면 [선형 회귀분석] 창이 나타난다.

③ [선형 회귀분석] 창에서 [종속변수]에 직무만족을 [독립변수]에 자율성, 개방성, 학습지원, 참여지원을 옮긴 후 끝으로 [확인]을 클릭한다. 이상의 과정을 마친 입력화면은 다음과 같다.

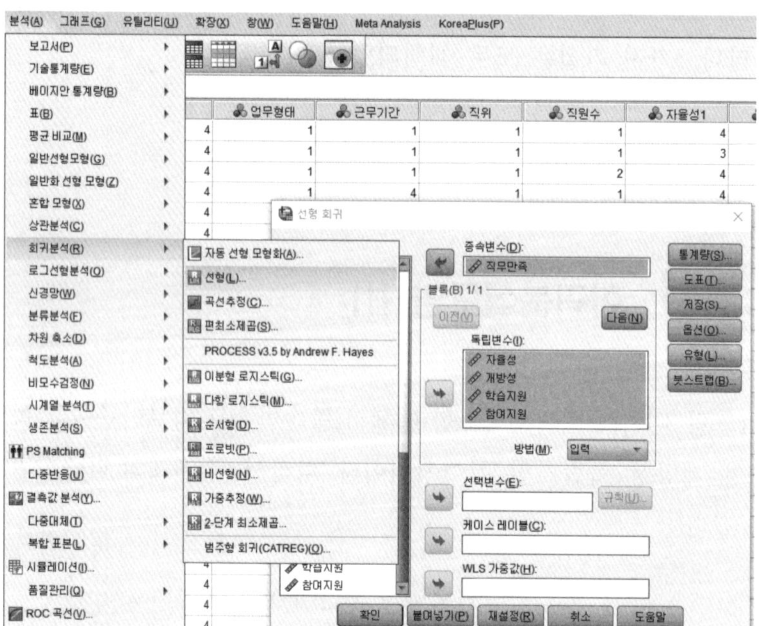

2 결과

SPSS의 회귀분석은 ① 모형 요약 ② 분산분석 ③ 계수 등 세 가지 결과표를 제시해 준다.

모형 요약

모형	R	R 제곱	수정된 R 제곱	추정값의 표준오차
1	.584[a]	.341	.331	1.07650

a. 예측자: (상수), 참여지원, 자율성, 학습지원, 개방성

ANOVA[a]

모형		제곱합	자유도	평균제곱	F	유의확률
1	회귀	163.620	4	40.905	35.298	.000[b]
	잔차	316.369	273	1.159		
	전체	479.989	277			

a. 종속변수: 직무만족

b. 예측자: (상수), 참여지원, 자율성, 학습지원, 개방성

계수[a]

모형		비표준화 계수		표준화 계수	t	유의확률
		B	표준오차	베타		
1	(상수)	1.687	.292		5.788	.000
	자율성	.130	.059	.150	2.192	.029
	개방성	.181	.058	.218	3.103	.002
	학습지원	.049	.066	.049	.742	.459
	참여지원	.322	.070	.314	4.632	.000

a. 종속변수: 직무만족

3 결과 해석

[그림 3-18]의 회귀분석모형 III의 다중회귀분석을 수행한 결과를 정리하면 <표 3-7>과 같다.

〈표 3-7〉 회귀분석모형 III의 결과 요약

	비표준화 계수		표준화 계수	t	유의확률
	B	표준오차	베타		
(상수)	1.687	.292		5.788**	.000
자율성	.130	.059	.150	2.192*	.029
개방성	.181	.058	.218	3.103**	.002
학습지원	.049	.066	.049	.742	.459
참여지원	.322	.070	.314	4.632**	.000
R^2=0.341, R^2_{adj}=0.331, F=35.298**					

*$p<.05$, **$p<.01$

네 가지 독립변수의 직무만족에 대한 설명력은 34.1%로 나타났고 조정된 설명력은 33.1%로 나타났다. 회귀모형은 F값이 35.298($p < 0.01$)로 나타나 통계적으로 유의하다고 할 수 있다.

자율성은 직무만족에 정(+)의 영향을 미칠 것이라는 가설 1은 통계적으로 유의한 결과($B = 0.130$, $t = 2.192$, $p < 0.05$)를 보여 채택되었다. 개방성은 직무만족에 정(+)의 영향을 미칠 것이라는 가설 2는 통계적으로 유의한 결과($B = 0.181$, $t = 3.103$, $p < 0.01$)를 보여 역시 채택되었다. 학습지원은 직무만족에 정(+)의 영향을 미칠 것이라는 가설 3은 통계적으로 유의하지 못한 결과($B = 0.049$, $t = 0.742$, $p > 0.05$)를 보여 기각되었다. 참여지원은 직무만족에 정(+)의 영향을 미칠 것이라는 가설 4는 통계적으로 유의한 결과($B = 0.322$, $t = 4.632$, $p < 0.01$)를 보여 채택되었다. 결과적으로 학습지원을 제외한 3가지 독립변수는 종속변수인 직무만족에 정(+)의 영향을 미치는 것으로 나타나 3가지 가설은 채택되었다.

제 9 절 회귀분석모형 Ⅳ

[그림 3-19]의 회귀분석모형 Ⅳ에서 종속변수는 직무성과이고 독립변수는 자율성, 개방성, 학습지원, 참여지원, 그리고 직무만족이다. 따라서 이 예제의 다중회귀모형은 다음과 같다.

$$Y = \beta_0 + \beta_1 X_1 + \beta_2 X_2 + \beta_3 X_3 + \beta_4 X_4 + \beta_5 X_5 + \epsilon$$

여기서 Y : 직무성과
X_1 : 자율성
X_2 : 개방성
X_3 : 학습지원
X_4 : 참여지원
X_5 : 직무만족
ϵ : 오차항

위의 다중회귀모형으로부터 도출되는 추정회귀식은 다음과 같다.

$$\hat{Y} = b_0 + b_1 X_1 + b_2 X_2 + b_3 X_3 + b_4 X_4 + b_5 X_5$$

SPSS로 다중회귀분석을 수행하는 방법은 다음과 같다.

1 입력

① 직무성과의 예측에 필요한 자료를 입력한다.
② [분석]→[회귀분석]→[선형]을 선택하면 [선형 회귀분석] 창이 나타난다.
③ [선형 회귀분석] 창에서 [종속변수]에 직무성과를 [독립변수]에 자율성, 개방성, 학습지원, 참여지원, 직무만족을 옮긴 후 끝으로 [확인]을 클릭한다. 이상의 과정을 마친 입력화면은 다음과 같다.

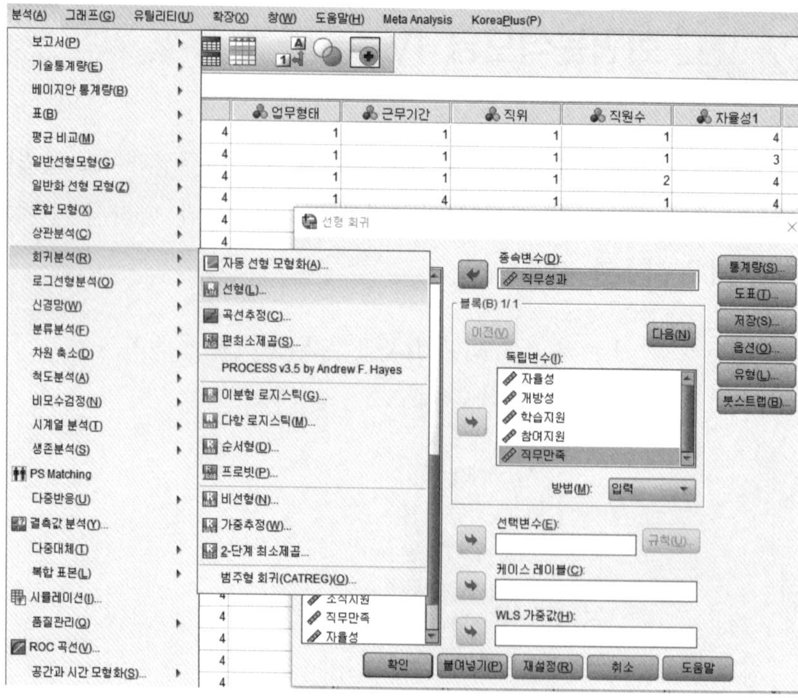

2 결과

SPSS의 회귀분석은 ① 모형 요약 ② 분산분석 ③ 계수 등 세 가지 결과표를 제시해 준다.

모형 요약

모형	R	R 제곱	수정된 R 제곱	추정값의 표준오차
1	.686[a]	.470	.461	.99186

a. 예측자: (상수), 직무만족, 참여지원, 자율성, 학습지원, 개방성

ANOVA[a]

모형		제곱합	자유도	평균제곱	F	유의확률
1	회귀	237.579	5	47.516	48.299	.000[b]
	잔차	267.590	272	.984		
	전체	505.168	277			

a. 종속변수: 직무성과

b. 예측자: (상수), 직무만족, 참여지원, 자율성, 학습지원, 개방성

계수[a]

모형		비표준화 계수		표준화 계수	t	유의확률
		B	표준오차	베타		
1	(상수)	.845	.285		2.971	.003
	자율성	.106	.055	.119	1.931	.054
	개방성	.146	.055	.171	2.671	.008
	학습지원	.063	.061	.062	1.033	.303
	참여지원	.104	.067	.099	1.566	.119
	직무만족	.425	.056	.414	7.616	.000

a. 종속변수: 직무성과

3 결과 해석

[그림 3-19]의 회귀분석모형 IV의 다중회귀분석의 결과는 <표 3-8>에 제시되어 있다.

〈표 3-9〉 회귀분석모형 IV의 결과 요약

	비표준화 계수		표준화 계수	t	유의확률
	B	표준오차	베타		
(상수)	.845	.285		2.971**	.003
자율성	.106	.055	.119	1.931*	.054
개방성	.146	.055	.171	2.671**	.008
학습지원	.063	.061	.062	1.033	.303
참여지원	.104	.067	.099	1.566	.119
직무만족	.425	.056	.414	7.616**	.000
R^2=0.470, R^2_{adj}=0.461, F=48.299**					

*$p<.05$, **$p<.01$

다섯 가지 독립변수의 직무성과에 대한 설명력은 47.0%로 나타났고 조정된 설명력은 46.1%로 나타났다. 회귀모형은 $F=48.299(p<0.01)$로 나타나 통계적으로 유의하다고 할 수 있다.

자율성은 직무성과에 정(+)의 영향을 미칠 것이라는 가설 1은 $B=0.106$,

$t = 1.931$, $p = 0.054$로 나타나 양측검정에서는 유의하지 않은 것으로 나타났다. 이처럼 SPSS는 양측검정에 대한 p값을 보여주기 때문에 만약 단측검정에 대한 p값을 가져오고 싶다면 $p/2$의 값을 사용하여야 한다. $\alpha = 0.05$수준의 양측검정은 t값이 1.96보다 커야 하지만 단측검정은 t값이 1.645보다 크면 가설을 채택한다. 한편 p값은 일반적으로 양측검정의 경우 보통 0.05보다 작아야 하지만 단측검정의 경우에는 $p/2$가 0.05보다 작으면 가설을 채택한다. 자율성은 직무만족에 정(+)의 영향을 미칠 것이라는 가설 1이 정(+)의 방향만을 살펴보는 단측검정이라면 p값은 0.054가 아니라 $p = 0.054/2 = 0.027$로 해석할 필요가 있다. 즉, 가설 1은 표기상으로는 $p>\alpha$이 되어 양측검정에서는 기각되지만 단측검정을 사용하면 $p/2<\alpha$로 되어 가설이 채택되게 된다.

개방성은 직무성과에 정(+)의 영향을 미칠 것이라는 가설 2는 통계적으로 유의한 결과($B = 0.146$, $t = 2.671$, $p < 0.01$)를 보여 채택되었다. 학습지원은 직무성과에 정(+)의 영향을 미칠 것이라는 가설 3은 통계적으로 유의하지 못한 결과($B = 0.063$, $t = 1.033$, $p > 0.05$)를 보여 기각되었다. 참여지원은 직무성과에 정(+)의 영향을 미칠 것이라는 가설 4도 통계적으로 유의하지 못한 결과($B = 0.104$, $t = 1.566$, $p > 0.05$)를 보여 역시 기각되었다. 직무만족은 직무성과에 정(+)의 영향을 미칠 것이라는 가설 5는 통계적으로 유의한 결과($B = 0.425$, $t = 7.616$, $p < 0.01$)를 보여 채택되었다.

조직풍토의 하위차원인 자율성과 개방성은 직무성과에 영향을 미치는 것으로 나타났으나 조직지원의 하위차원인 학습지원과 참여지원은 직무성과에 유의한 영향을 미치지 않는 것으로 나타났다. 마지막으로 직무만족은 직무성과에 유의한 영향을 미치는 것으로 조사되었다.

제 4 장

SmartPLS의 이해

제 1 절 PLS와 Amos

구조방정식모형은 측정모형과 구조모형이 결합된 모형으로 분석 방법은 크게 Lisrel, Amos 등과 같은 공분산 기반 구조방정식(covariance-based structure model)과 PLS 등과 같은 분산 기반 구조방정식(variance-based structure model)이 있다. Amos 등에 비해 PLS 구조방정식은 다음과 같은 장점이 있다.

첫째, Amos나 Lisrel 등과 같은 공분산 기반 구조방정식은 자료가 정규분포라는 기본 가정을 충족해야 하나 PLS는 주요인 분석법을 사용함으로써 엄격한 정규분포를 요구하지 않는다. 따라서 PLS는 Amos와 비교하면 엄격한 정규분포를 요구하지 않아 요인구조 파악과 같은 탐색적 연구에 적합하다.

둘째, PLS는 주요인 분석법을 사용함으로써 비교적 적은 수의 자료 분석에도 사용이 권고된다. 따라서 200개 이상의 대규모 표본을 요구하는 Lisrel이나 Amos와 같은 공분산 기반 구조방정식보다는 소규모 표본의 모형분석도 가능한 장점이 있다.

셋째, 연구모형이 이론개발의 초기 단계이거나 아직 충분히 검정되지 않아 새로운 이론적 틀을 구축하려는 탐험적 연구나 연구모형의 전체 적합성보다는 연구모형에 포함된 변수 간의 인과관계를 분석하는 것이 주된 목적이면 Lisrel이나 Amos를 사용하는 대신 PLS를 사용하는 것이 더 적합하다. 즉 연구모형 전체의 적합성에 초점을 두고 있는 Lisrel이나 Amos는 탄탄한 이론적 배경이 필요하지만, PLS는 상대적으로 이론적 배경이 약한 이론개발의 초기 단계의 연구모형에 포함된 잠재변수 간의 설명력을 최대화할 수 있어 잠재변수 간의 인과관계분석에 더 적합하다. 따라서 PLS는 선행연구나 이론적 배경이 부족한 탐색적 연구에 적합하다.

넷째, PLS는 반영지표(reflective model)와 조형지표(formative model)를 함께 사용하여도 분석이 가능하다. 구조방정식 연구에서 잠재변수가 측정지표에 영향을 미치는 즉 잠재변수의 결과가 되는 지표는 반영지표(reflective indicator)이며 반대로 측정지표들이 잠재변수를 형성하는 즉 잠재변수의 원인이 되는 지표는 조형지표(formative indicator)이다. 조형지표를 분석하는 통계프로그램의 부족과 모형식별의 어려움 등으로 인해 지금까지 구조방정식모형 연구의 대부분이 반영지표를 적용하였거나 조형지표의 적용이 필요한 연구에서도 반영지표를 적용한 연구가 대부분이었다. 하지만 공분산 구조방정식 연구에서 조형지표를 반영지표로 잘못 설정하면 경로계수와 R^2이 커져 가설검정을 할 때 제1종오류 또는 제2종오류가 발생한다. PLS 구조방정식모형은 반영지표와 조형지표를 모두 지원하여 모형식별의 문제가 발생하지 않아 PLS는 반영지표와 조형지표가 함께 있는 구조방정식모형의 분석에 적합하다.

다섯째, PLS 구조방정식모형은 잠재변수가 1개의 측정항목으로 구성되어도 쉽게 사용할 수 있고 또한 고차요인(higher order factor)의 특성을 잘 반영할 수 있다는 장점이 있다.

제2절 SmartPLS 프로그램 메뉴

■ 프로그램 설치

SmartPLS는 PLS 분석을 위한 소프트웨어로 2021년 5월 말 현재 3.3.3 버전까지 개발되어 있다. 다음의 웹사이트(https://www.smartpls.com/)를 방문하면 PLS 분석과 관련된 다양한 정보와 문제해결방법을 얻을 수 있고 또한 SmartPLS 프로그램을 다운받을 수 있다. 홈페이지에서 프로그램을 다운로드해서 설치할 때 전문가 버전인 “All features enter license”와 기능 제한은 없지만 30일 동안 사용할 수 있는 무료 버전인 “All features 30days for free” 그리고 기능 제한이 있지만 사용 기간에 제한이 없는 학생용 버전인 “Limited features free forever”를 선택할 수 있다.

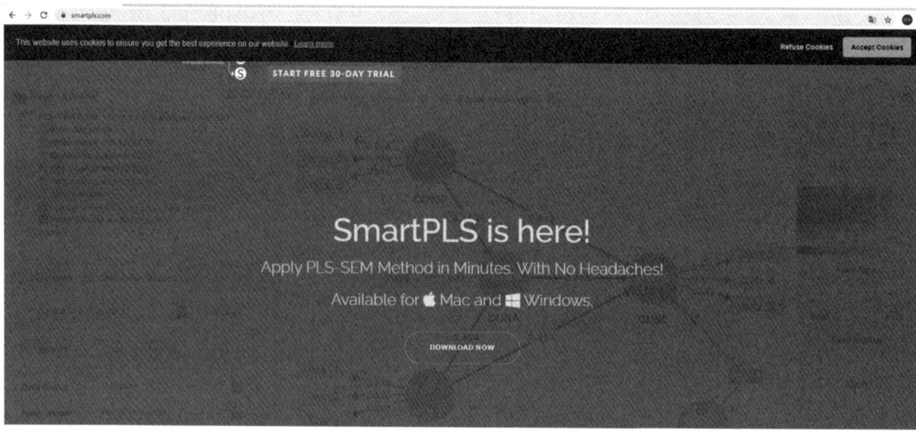

SmartPLS를 다운받으면 [아이콘] 아이콘이 화면에 생성된다.

■ 언어선택

화면에서 [아이콘]을 클릭하여 SmartPLS를 실행하면 다음과 같은 메뉴에서 [언어] →[한국어]를 선택한다.

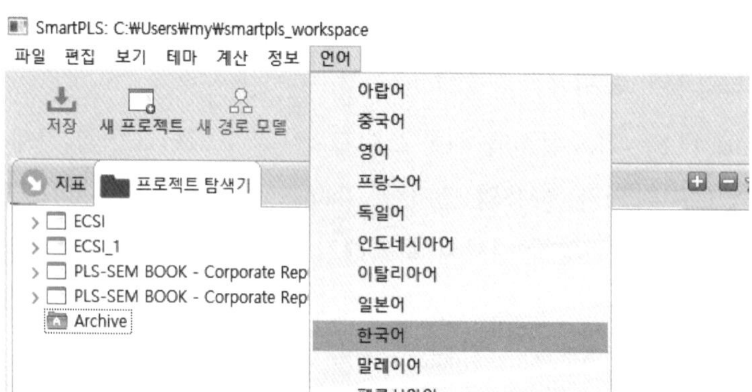

■ 새 프로젝트

새로운 프로젝트를 생성하기 위해서는 [새 프로젝트]를 클릭하여 [프로젝트 만들기] 창에서 프로젝트의 이름을 다음과 같이 직무성과_기본모형을 입력하고 [OK]를 클릭한다.

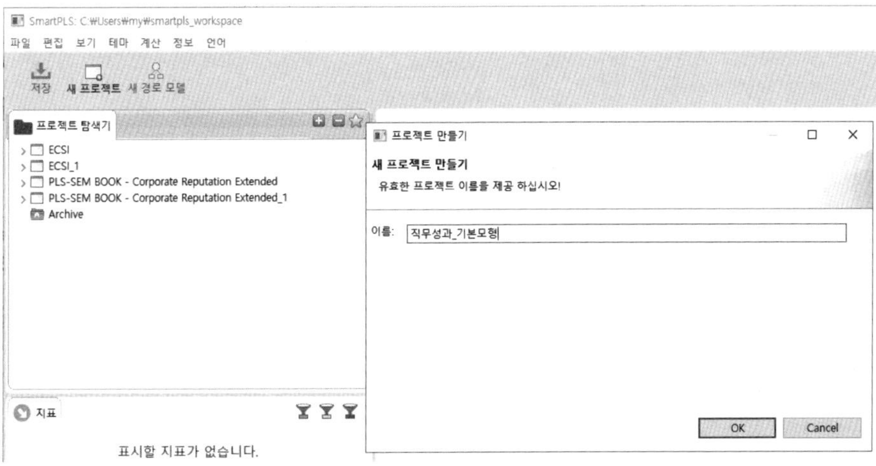

프로젝트에는 모형과 데이터가 포함되어야 한다. 먼저 SmartPLS를 실행시키기 전에 분석의 대상이 되는 데이터를 준비하여야 하는데 SmartPLS는 csv 파일 포맷을 지원한다. csv 파일은 엑셀이나 SPSS 등에서 [다른 이름으로 저장]을 선택하고 [저장 유형]에서 [쉼표로 구분(*.csv)]를 선택하면 생성할 수 있다.

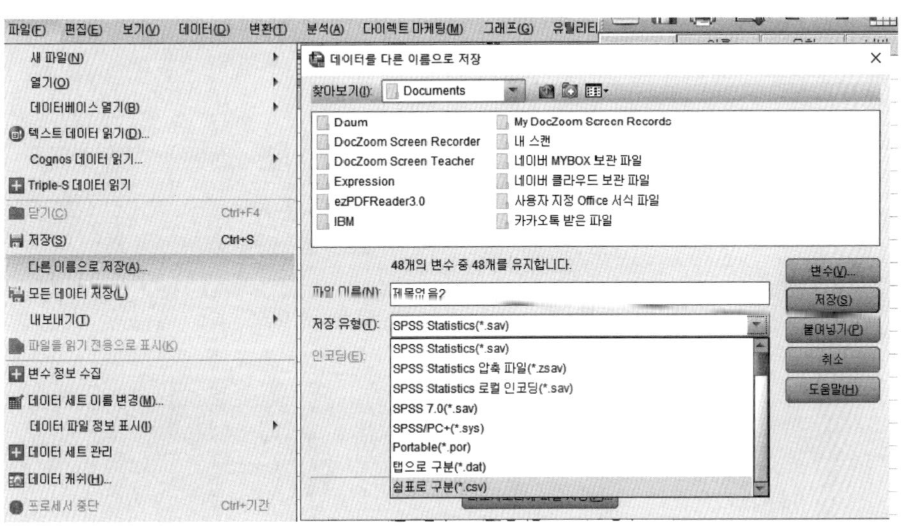

다음 화면에서와같이 [두 번 클릭하여 데이터 불러오기!]에 마우스를 놓고 두 번 클릭하여 [프로젝트 만들기] 창에서 csv 파일로 저장된 파일이름을 지정하여 불러들인다. 또한 메뉴에서 [파일]→[데이터 불러오기]를 수행하여도 된다.

여기서는 EXAM이라는 csv 파일을 불러온다. EXAM을 입력하고 [OK]를 클릭하면 EXAM 파일에서 278개의 데이터를 생성했다는 아래와 같은 화면이 나타날 것이다.

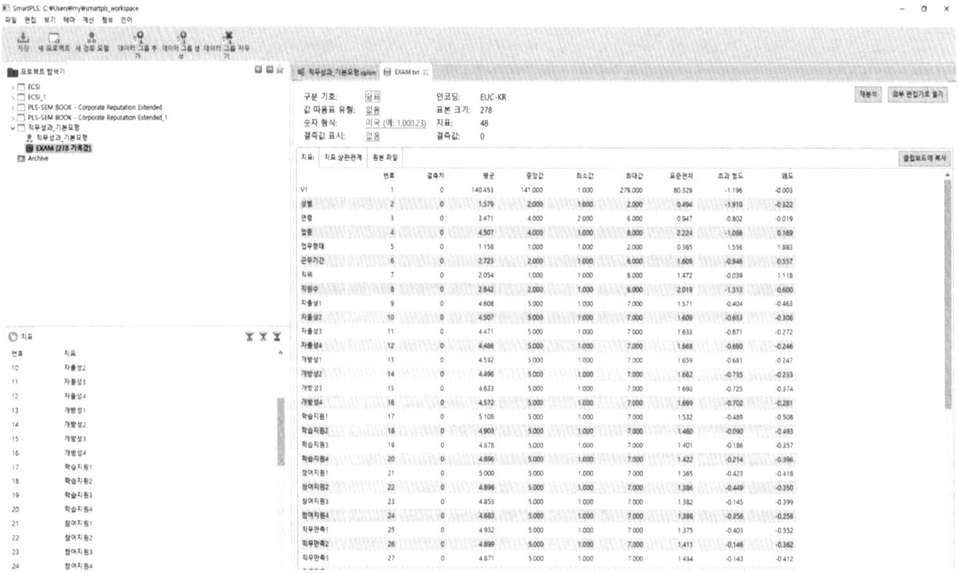

좌측 하단에 있는 지표(indicators) 창에는 데이터에 포함된 변수명들이 자동으로 할당되고 우측 창에는 지표에 대한 정보가 활성화된 것을 알 수 있다.

■ 새 경로모델

새로운 모형을 그리기 위해서는 [새 경로모델]을 더블클릭해주고 모형이름으로 직무성과_기본모형을 입력해 준다. 여기서는 이미 프로젝트 이름과 같은 직무성과_기본모형이라는 경로모델 이름이 생성되어 있으므로 경로이름에 마우스를 놓고 더블클릭하면 된다. 그러면 아래 그림과 같이 우측화면에 모형 그리기 작업이 가능한 부분이 활성화된다. 이 상태가 되면 PLS 모형을 작성하여 분석을 수행할 수 있게 된다.

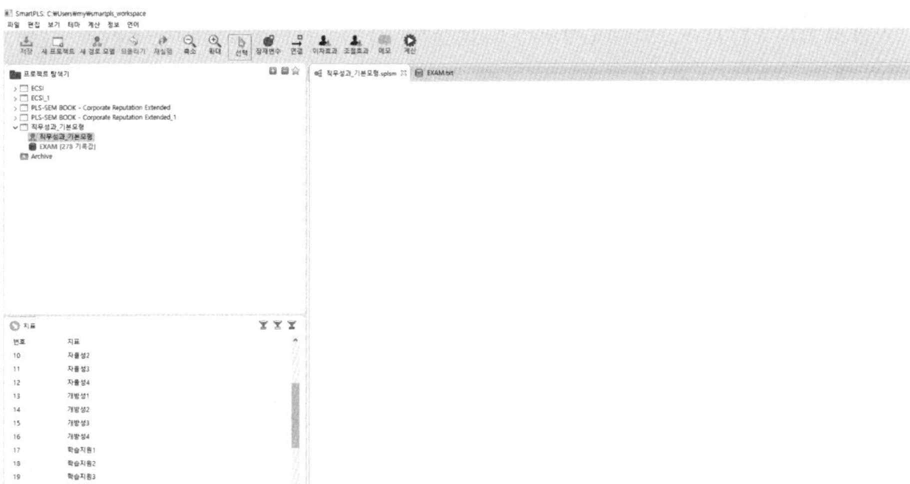

■ 모형 그리기

모형을 작성할 때에는 아래의 3가지 아이콘이 사용된다. 좌측부터 차례대로 설명하면 다음과 같다.

[선택]

좌측에 있는 [선택] 아이콘을 클릭하면 모형 내의 잠재변수나 경로를 선택할 수 있다. [선택]을 통해 잠재변수의 위치를 변경하거나 잠재변수와 관련된 각종 옵션을 사용할 수 있다.

[잠재변수]

중앙에 있는 [ ] 아이콘을 클릭하면 잠재변수를 그릴 수 있다. [잠재변수] 아이콘을 한번 클릭하면 계속 잠재변수를 그리는 상태로 고정된다. 따라서 잠재변수를 모두 그리고 난 후에는 반드시 좌측에 있는 [선택] 아이콘을 클릭하여야 다른 작업을 할 수 있다.

[연결]

우측에 있는 [ ] 아이콘을 클릭하면 잠재변수 간의 경로를 그릴 수 있다. [연결] 아이콘도 [잠재변수] 아이콘처럼 한번 클릭하면 계속 경로를 그리는 상태로 고정되므로 경로를 다 그린 후에는 반드시 좌측에 있는 [선택] 아이콘을 클릭하여야 다른 작업을 할 수 있다.

분석하려는 모형은 [그림 4-1]과 같이 자율성, 개방성, 학습지원, 참여지원, 직무만족, 직무성과 등의 6가지 잠재변수로 구성되어 있다.

[그림 4-1] 일차요인모형

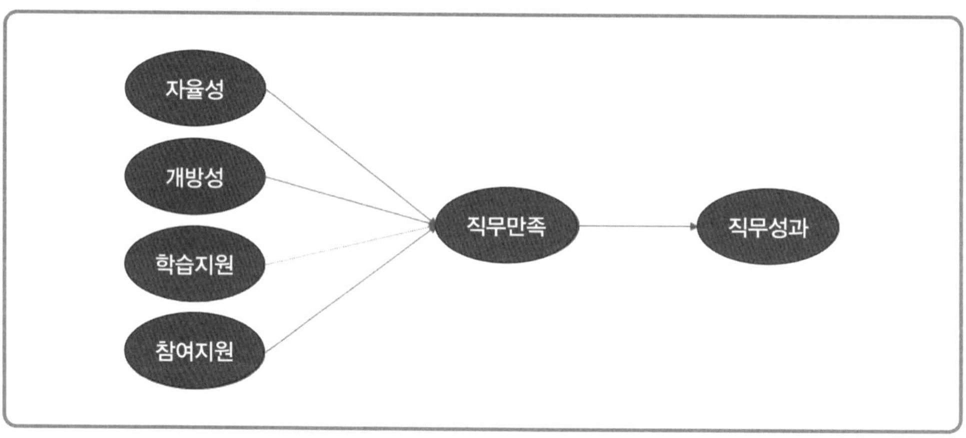

■ 잠재변수 그리기

[모델 그리기] 창에서 [잠재변수] 아이콘을 선택하고 원하는 위치에 마우스를 가져간 후 마우스 왼쪽 버튼을 누르면 잠재변수가 그려진다. 이러한 방식으로 다음 그림과 같이 6개의 잠재변수를 그린 다음 [선택] 아이콘을 클릭하여 준다.

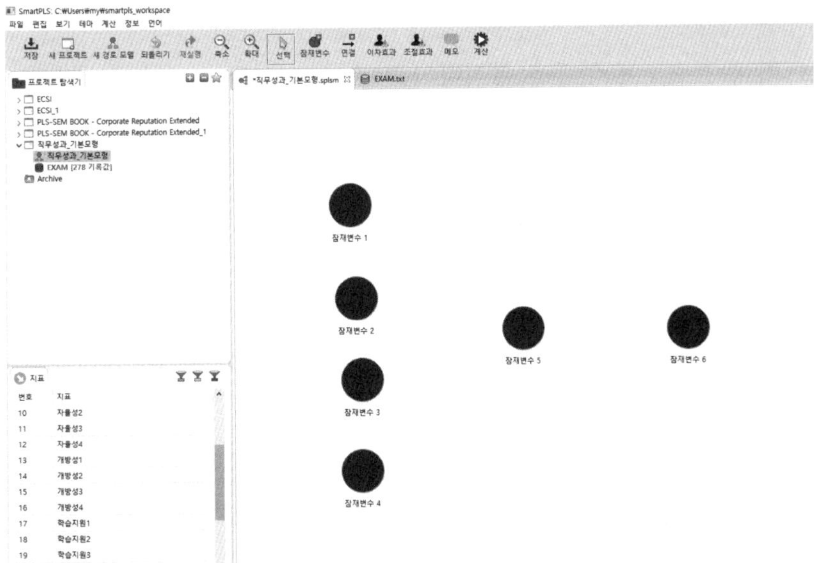

■ **경로 그리기**

잠재변수를 모두 그렸으면 [연결] 아이콘을 클릭한다. 경로를 그릴 때는 경로가 시작하는 잠재변수를 마우스로 클릭하고 다음으로 경로가 끝나는 잠재변수를 다시 마우스로 클릭해주면 된다. 이러한 방식으로 아래 그림과 같이 경로를 모두 그린 후 [선택] 아이콘을 클릭한다.

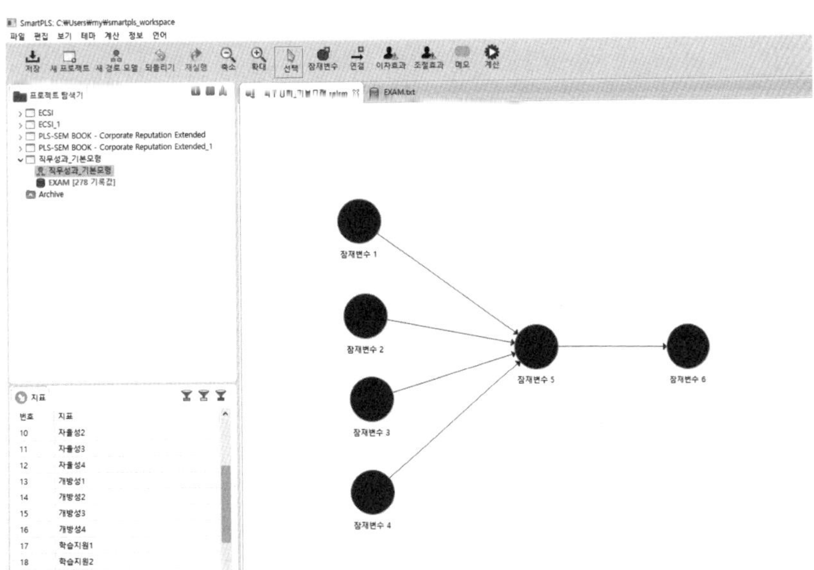

■ 변수이름 변경

각 잠재변수에 이름을 부여하기 위해서는 [선택] 아이콘을 클릭한 상태에서 [잠재변수] 아이콘을 클릭한다. 다음으로 마우스 오른쪽 버튼을 누르면 아래와 같이 [이름 바꾸기] 메뉴가 나타날 것이다. [이름 바꾸기] 메뉴를 클릭하여 [변수 이름 변경하기] 창이 나타나면 현재의 잠재변수1을 자율성으로 변경하고 [OK] 버튼을 클릭한다.

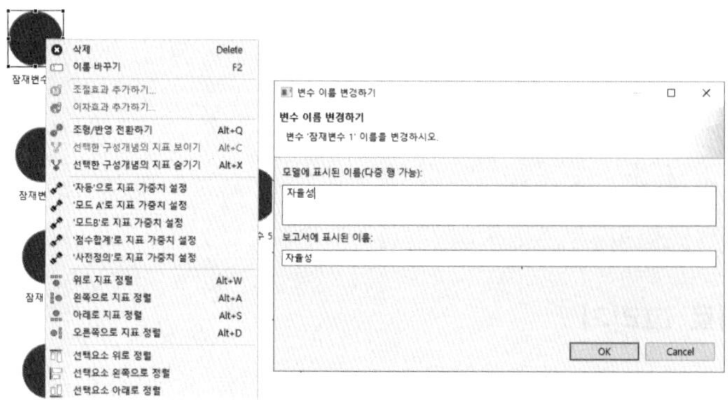

이러한 방식으로 나머지 잠재변수도 원하는 잠재변수의 이름을 입력하여준다. 위 메뉴 중 중요한 것만 설명하면 다음과 같다.

[삭제]: 잠재변수 또는 경로를 삭제한다.

[이름 바꾸기]: 잠재변수의 이름을 지정 또는 수정한다.

[조형/반영 전환하기]: 잠재변수에 할당된 지표들을 반영지표에서 조형지표 또는 조형지표에서 반영지표로 변경한다.

[선택한 구성개념의 지표 보이기]: 잠재변수에 할당된 지표들을 보여준다.

[선택한 구성개념의 지표 숨기기]: 잠재변수에 할당된 지표들을 숨긴다.

■ 지표 할당

다음은 각각의 잠재변수에 지표(indicator)라 불리는 측정변수들을 할당한다. 화면 좌측의 [지표] 창에 있는 자율성1에서 자율성4까지를 잠재변수인 자율성에 할당하려면, 자율성1에서 자율성4를 마우스 왼쪽 버튼으로 클릭한 상태로 자율성 잠재변수 위로 끌어온 후 마우스 버튼을 놓으면(drag & drop) 지표들이 할당된다. 잠재변수에 지표가 정상적으로 할당되면 잠재변수의 모양이 붉은색에서 파란색으로 다음과 같이 변한다.

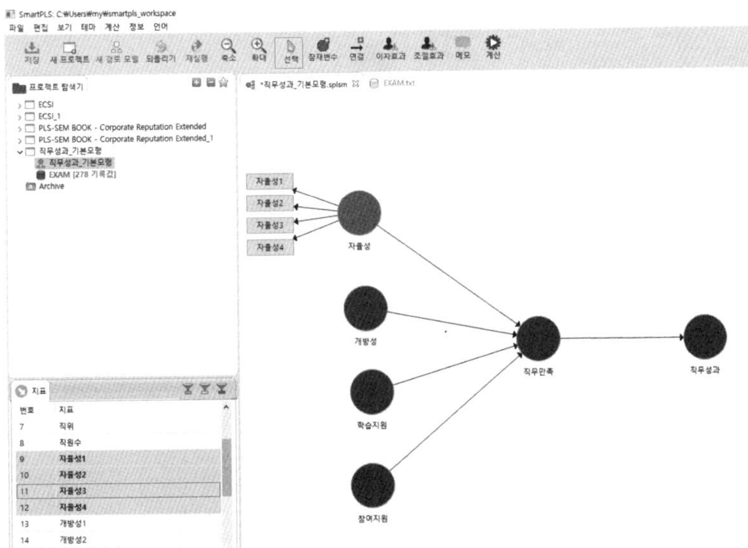

자율성1에서 자율성4까지의 지표가 자율성 잠재변수에 반영지표로 할당된 것을 알 수 있다. 구조방정식에서 지표의 측정방법은 반영지표와 조형지표로 나뉜다.

반영지표는 잠재변수의 결과가 반영되는 지표로서 화살표가 잠재변수에서 지표로 향한다. 반면 조형지표는 잠재변수의 원인이 되는 지표로서 화살표가 지표에서 잠재변수로 향한다. 또한 반영지표는 지표가 잠재변수로부터 영향을 받기 때문에 결과모형이라 하고 조형지표는 지표가 잠재변수에 영향을 미치기 때문에 원인모형이라 한다. 따라서 지표와 잠재변수 간 인과관계(direction of causality)의 방향에 따라 방향이 잠재변수로부터 지표로 향하면 반영지표를 사용하고 지표로부터 잠재변수로 향하면 조형지표를 사용한다. 그동안 구조방정식모형에서는 반영지표를 많이 사용하였는데, 이는 주로 사용되었던 Amos나 Lisrel 등의 프로그램이 기본적으로 반영지표로 설정되어 있어 조형지표를 사용할 경우 모형식별의 문제가 발생하였기 때문이다.

PLS에서 만약 조형지표로 할당하고 싶으면 자율성 잠재변수를 클릭하고 마우스 오른쪽 버튼을 누른다. 이때 나타나는 메뉴에서 [조형/반영 전환]을 클릭해준다. 여기서는 모든 잠재변수에 다음 그림과 같이 반영지표들을 할당한다.

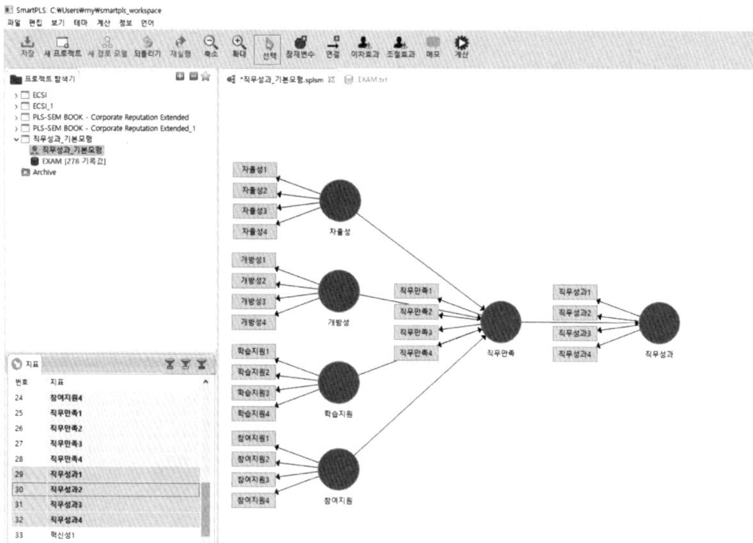

모형 그리기 아이콘 중 [선택]을 클릭한 상태에서 지표를 선택하여 끌어다 놓기를 하면 아래 그림과 같이 개인 취향에 맞게 모형을 배치할 수 있다. 이상의 과정을 마치면 모형 그리기는 끝나고 모형분석을 수행할 수 있게 된다.

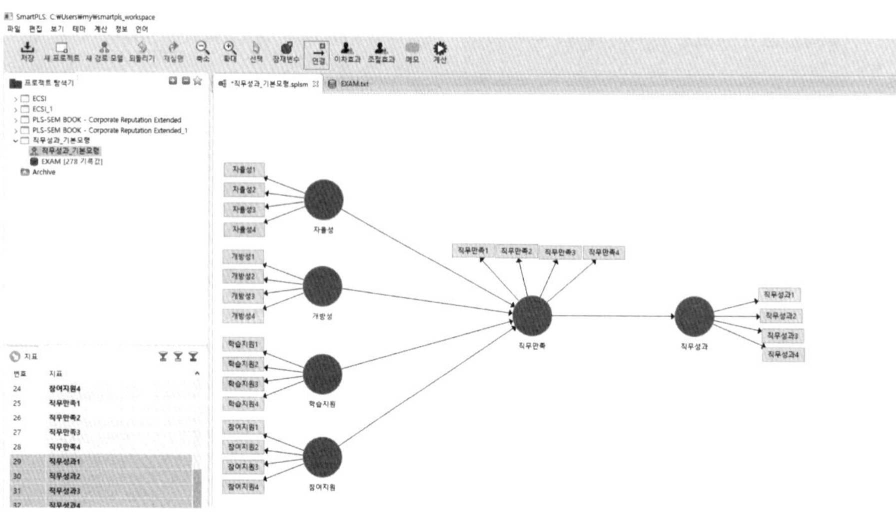

■ 분석수행

메뉴에서 [계산]을 선택하여 [PLS 알고리즘]과 [Bootstrapping]을 이용하면 원하는 대부분의 분석을 수행할 수 있게 된다.

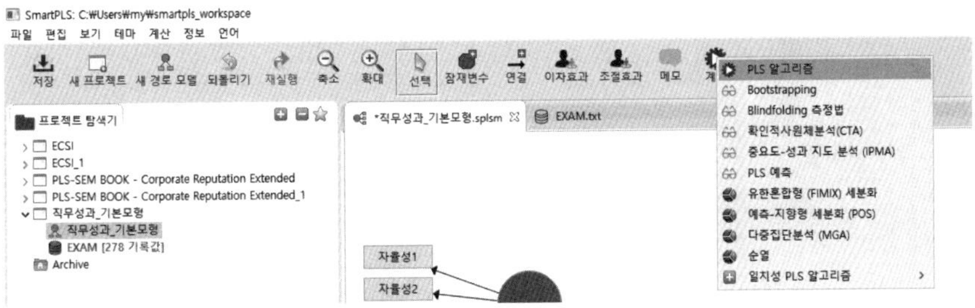

• PLS 알고리즘

우선 [PLS 알고리즘]을 클릭해주면 아래와 같은 [부분 최소 제곱 알고리즘] 창이 나타난다.

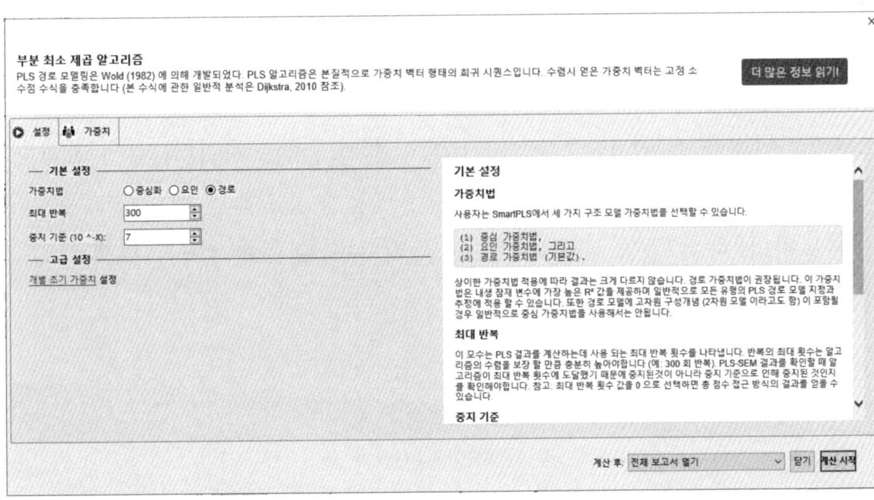

일반적으로 기본 설정을 바꾸지 않고 바로 [계산 시작]을 눌러주면 된다. 다음 그림은 [PLS 알고리즘] 분석 결과를 보여주고 있다. 잠재변수 내의 숫자는 R^2값을, 잠재변수 간 경로 위의 숫자는 경로계수를, 잠재변수에서 지표로 향하는 경로 위의 숫자는 외부 적재값(outer loading) 값을 나타낸다. 또한 다음 그림에서 [직무성과_기본모형.splsm]은 경로모형을, [EXAM.txt]는 데이터를, [PLS Algorithm(실행 No.2)]는 분석 결과를 보여준다. 분석 결과를 보기 위해서는 화면 상단에 있는 [PLS Algorithm (실행 No. 2)] 메뉴를 사용하면 된다.

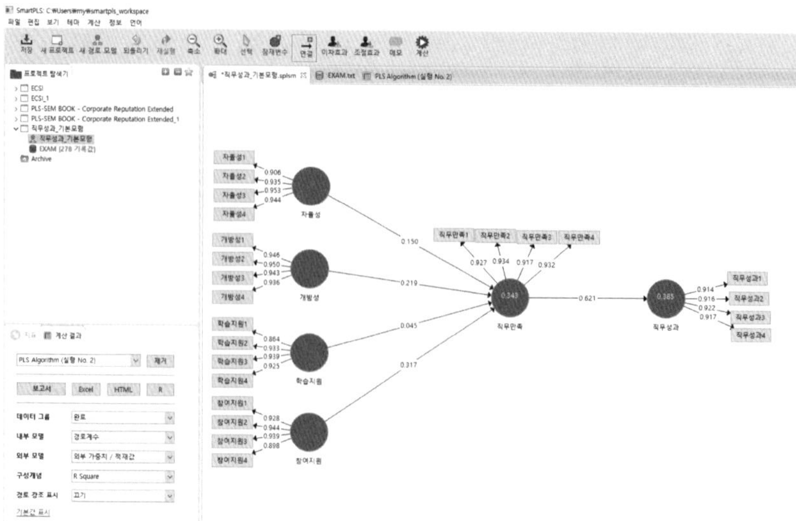

[PLS Algorithm (실행 No. 2)]를 클릭하면 아래와 같은 화면이 나타난다. 화면 하단의 [최종 결과], [품질 기준], [중간 결과], [기본 데이터] 밑에 여러 가지 하위 분석 결과 메뉴를 보여준다. 원하는 메뉴를 클릭하면 바로 결과물로 이동이 가능하다. 예를 들어, 판별타당도를 클릭하면 웹 브라우저를 통해 분석 결과를 아래 화면과 같이 보여준다.

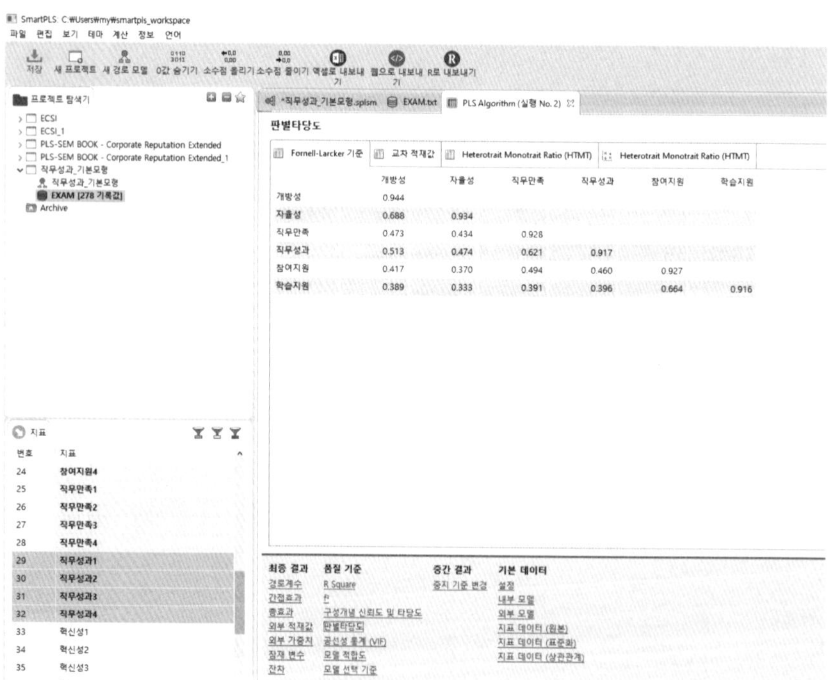

화면의 상단 메뉴에서 [엑셀로 내보내기]를 클릭하면 다음의 [Excel 내보내기] 창이 나타난다. 이 창에서 [내보기 시작]을 클릭한 다음 파일이름을 지정해주면 분석 결과를 엑셀로 받아 볼 수 있게 해준다. 여기서는 파일이름으로 직무성과_기본모형을 입력한다.

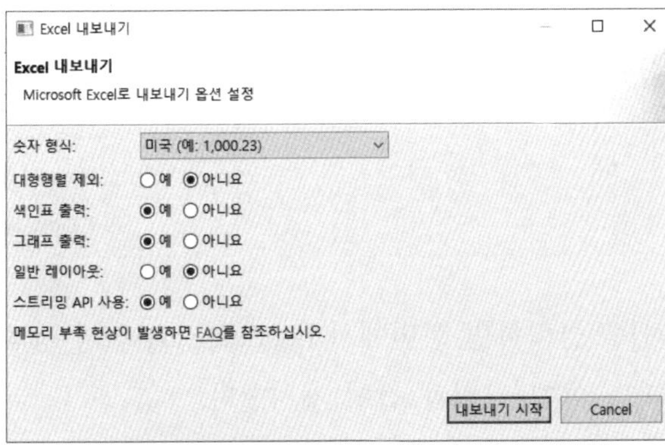

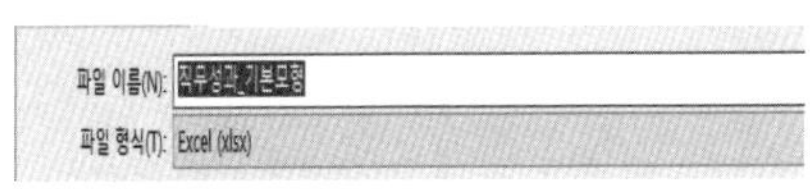

- **Bootstrapping**

[PLS 알고리즘] 분석을 통해서 잠재변수 간의 관계 정도와 독립변수들이 종속변수들을 얼마나 설명할 수 있는지를 살펴볼 수 있다. 그러나 연구가설이 통계적으로 유의한지 즉, 가설의 채택 또는 기각을 결정할 때는 아래 그림의 [Bootstrapping]을 이용해 가설검정을 수행한다.

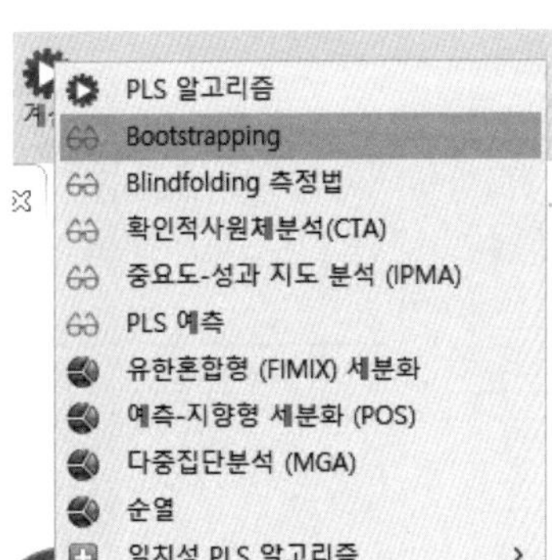

우선 [Bootstrapping] 아이콘을 클릭해주면 다음과 같은 [부트스트랩핑] 창이 나타난다. 일반적으로 기본 설정을 바꾸지 않고 바로 [계산 시작]을 눌러주면 된다.

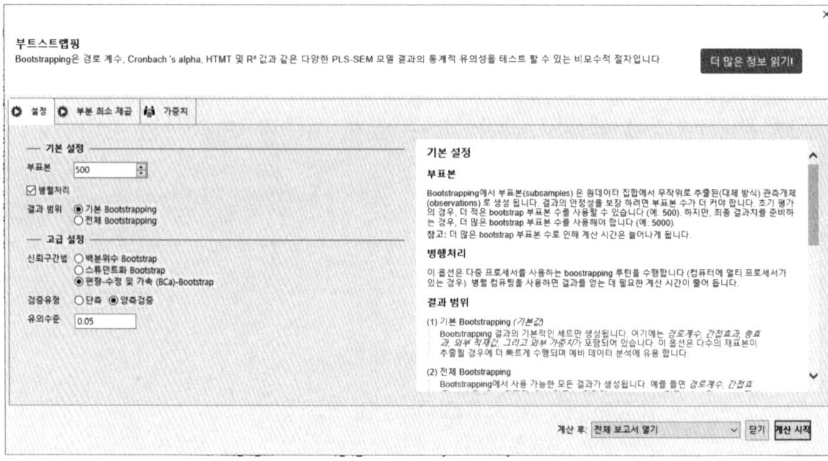

[계산 시작]을 클릭하면 화면에서 Bootstrapping 진행 상태를 보여준 후 화면에 분석 결과를 아래 그림과 같이 제시한다.

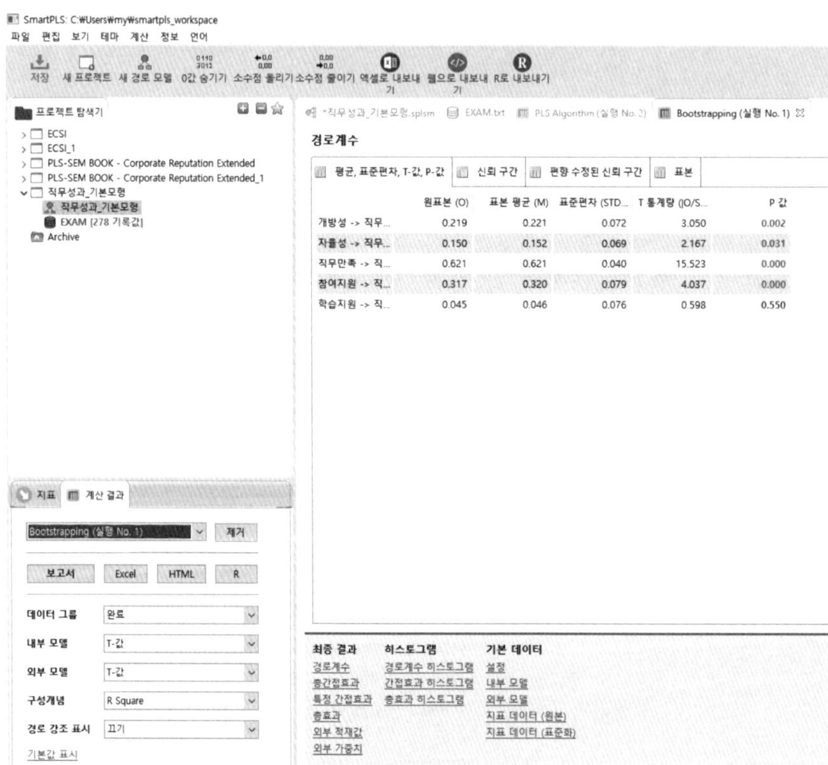

결과를 보면 α=0.05수준에서 학습지원→직무성과의 가설은 기각되었고 나

머지 가설은 모두 채택되었음을 알 수 있다. 상세한 분석 결과를 보는 방법은 앞에서 설명한 것과 같이 [엑셀로 내보내기]를 클릭하여 파일 이름을 지정해주면 엑셀에서 결과를 분석할 수 있다.

제3절 일차요인모형

PLS 구조방정식을 이용한 일차요인모형분석은 측정모형분석과 구조모형분석의 두 단계로 진행한 다음 마지막으로 가설검정을 수행한다.

1 측정모형분석

측정모형을 검정하기 위해 확인적 요인분석을 수행한다. 이를 위해 측정모형에 대한 집중타당성(convergent validity)과 판별타당성(discriminant validity)을 평가한다.

1) 집중타당성

먼저 집중타당성은 개별 측정변수 신뢰성(individual item reliability), 평균분산추출(average variance extracted), 그리고 합성신뢰도(composite or construct reliability) 등으로 평가한다. 첫째, 개별 측정변수에 대한 신뢰성은 각 잠재변수와 연관된 측정변수들의 요인적재치가 0.7 이상이면 타당한 것으로 본다. 둘째, 2개 이상의 측정변수로 구성된 잠재변수는 합성신뢰도와 Cronbach's α가 0.7 이상이면 내적 일관성을 가진다고 판단한다. 또한 평균분산추출은 측정변수들에 의하여 해당 잠재변수가 설명되는 분산을 측정하는 것으로 이 값이 0.5 이상이어야 타당성이 존재한다.

[계산]→[PLS 알고리즘]으로 확인적 요인분석을 수행한 결과, 첫째 <표 4-1>에 제시된 개별 측정변수들의 요인적재치는 모두 0.7 이상이므로 개별 측정변

수들은 해당 잠재변수를 측정하는데 신뢰할 수 있음을 알 수 있다. 둘째, <표 4-1>에서 볼 수 있듯이 각 잠재변수의 합성신뢰도와 Cronbach's α는 모두 0.7 이상으로 나타나 분석에서 사용된 측정변수들은 잠재변수를 측정하는데 내적 일관성이 존재한다고 할 수 있다. 마지막으로 <표 4-1>에서 평균분산추출의 값이 기준치인 0.5를 상회하는 것으로 나타나고 있다. 따라서 분석모형의 잠재변수에 대한 집중타당성은 충족한다고 할 수 있다.

〈표 4-1〉 집중타당성 분석결과(일차요인)

잠재변수	측정변수	표준요인 적재치	Cronbach's α	합성신뢰도	평균분산추출 (AVE)
개방성	개방성1	0.946	0.959	0.970	0.890
	개방성2	0.950			
	개방성3	0.943			
	개방성4	0.936			
자율성	자율성1	0.906	0.952	0.965	0.873
	자율성2	0.935			
	자율성3	0.953			
	자율성4	0.944			
직무만족	직무만족1	0.927	0.946	0.961	0.860
	직무만족2	0.934			
	직무만족3	0.917			
	직무만족4	0.932			
직무성과	직무성과1	0.914	0.937	0.955	0.841
	직무성과2	0.916			
	직무성과3	0.922			
	직무성과4	0.917			
참여지원	참여지원1	0.928	0.946	0.961	0.860
	참여지원2	0.944			
	참여지원3	0.939			
	참여지원4	0.898			
학습지원	학습지원1	0.864	0.936	0.954	0.839
	학습지원2	0.933			
	학습지원3	0.939			
	학습지원4	0.925			

2) 판별타당성

다음으로 특정 잠재변수의 개념이 다른 잠재변수들의 개념과 구분되는 정도를 나타내는 판별타당성을 확인하기 위해 두 가지 방법을 사용한다. 첫 번째 방법은 각 잠재변수의 평균분산추출 제곱근 값이 0.7 이상이면서 해당 가로축과 세로축의 상관계수보다 큰지를 살펴보는 것이다. 두 번째 방법은 잠재변수와 관련된 측정변수 이외의 요인적재치를 의미하는 교차요인적재치(crossloading)을 살펴보는 것이다. 이러한 교차요인적재치가 잠재변수와 관련된 측정변수들의 요인적재치보다 작아야만 잠재변수와 관련된 측정변수들이 다른 측정변수들보다 그 잠재변수를 더 잘 측정하고 있음을 의미한다.

[계산]→[PLS 알고리즘]으로 판별타당성을 확인해보면, <표 4-2>에서 볼 수 있듯이 대각선상에 있는 각 잠재변수의 평균분산추출 제곱근 값이 모두 0.7 이상이고 각 평균분산추출의 제곱근 값이 잠재변수 간의 상관계수보다 크므로 판별타당성이 존재한다고 할 수 있다.

〈표 4-2〉 판별타당성 분석결과(일차요인)

	개방성	자율성	직무만족	직무성과	참여지원	학습지원
개방성	**0.944**					
자율성	0.688	**0.934**				
직무만족	0.473	0.434	**0.928**			
직무성과	0.513	0.474	0.621	**0.917**		
참여지원	0.417	0.370	0.494	0.460	**0.927**	
학습지원	0.389	0.333	0.391	0.396	0.664	**0.916**

주) 대각선의 값은 평균분산추출의 제곱근 값을 나타내며, 그 외의 값은 상관계수임.

또한 <표 4-3>을 보면 각 잠재변수와 관련된 측정변수들의 요인적재치는 교차요인적재치 보다 크므로 판별타당성이 존재한다고 할 수 있다. 따라서 잠재변수에 대한 판별타당성은 충족되고 있음을 알 수 있다.

〈표 4-3〉 요인적재치와 교차요인적재치(일차요인)

	개방성	자율성	직무만족	직무성과	참여지원	학습지원
개방성1	**0.946**	0.642	0.474	0.478	0.388	0.380
개방성2	**0.950**	0.639	0.438	0.480	0.391	0.369
개방성3	**0.943**	0.659	0.435	0.488	0.359	0.339
개방성4	**0.936**	0.658	0.434	0.492	0.436	0.378
자율성1	0.578	**0.906**	0.388	0.433	0.368	0.305
자율성2	0.692	**0.935**	0.425	0.471	0.356	0.305
자율성3	0.649	**0.953**	0.409	0.443	0.334	0.332
자율성4	0.650	**0.944**	0.397	0.422	0.326	0.304
직무만족1	0.401	0.379	**0.927**	0.530	0.466	0.389
직무만족2	0.429	0.359	**0.934**	0.570	0.451	0.371
직무만족3	0.421	0.395	**0.917**	0.583	0.427	0.324
직무만족4	0.496	0.468	**0.932**	0.614	0.487	0.368
직무성과1	0.450	0.420	0.591	**0.914**	0.394	0.338
직무성과2	0.513	0.457	0.580	**0.916**	0.485	0.395
직무성과3	0.430	0.423	0.557	**0.922**	0.394	0.356
직무성과4	0.489	0.438	0.547	**0.917**	0.414	0.365
참여지원1	0.376	0.334	0.431	0.417	**0.928**	0.603
참여지원2	0.396	0.356	0.455	0.415	**0.944**	0.612
참여지원3	0.364	0.312	0.492	0.429	**0.939**	0.628
참여지원4	0.412	0.374	0.452	0.446	**0.898**	0.617
학습지원1	0.255	0.218	0.324	0.300	0.563	**0.864**
학습지원2	0.383	0.327	0.367	0.368	0.611	**0.933**
학습지원3	0.364	0.306	0.371	0.377	0.623	**0.939**
학습지원4	0.411	0.362	0.368	0.400	0.630	**0.925**

2 구조모형분석

측정모형을 검정한 결과 집중타당성과 판별타당성이 확인되면 다음으로 구조모형을 평가한다. 경험적 자료인 데이터가 구조모형과 얼마나 일치하는지를 평가하기 위해 결정계수(R^2), 전체적합도, 예측적합도(Q^2), 효과크기(f^2)를 이용한다. 구조모형분석에 앞서 잠재변수 간의 다중공선성 여부를 확인하였다.

1) 다중공선성 평가

다중공선성의 평가는 구조모형분석과는 별도로 분산팽창지수(VIF)를 확인하는 과정으로 분산팽창지수가 5 미만이면 적합하다고 판단한다. 만약 공선성이 확인되면 공선성문제 해결을 위해 단일 잠재변수로의 통합 등을 고려해야 한다.

지표로 구성된 잠재변수의 다중공선성을 검정하기 위해 개방성, 자율성, 직무만족, 직무성과, 참여지원, 학습지원의 분산팽창지수(VIF)를 계산한 결과 1.00~2.042로 나타났다. 결과값이 모두 5 미만으로 나타나 다중공선성이 없음을 확인할 수 있다.

	직무만족	직무성과
개방성	2.042	
자율성	1.932	
직무만족		1.000
직무성과		
참여지원	1.900	
학습지원	1.838	

2) 결정계수 평가

구조모형의 적합도를 판단하기 위해서는 종속변수의 설명력을 나타내는 결정계수(coefficient of determinant: R^2)값을 살펴보아야 한다. PLS는 종속변수의 R^2이 높아질수록 좋은 모형으로 평가된다. 내생잠재변수들(endogenous latent variables)에 대한 설명력을 나타내는 결정계수 R^2에 대한 명확한 평가 기준이 없어 학자마다 다른 기준을 제시하고 있다. Cohen에 따르면 R^2값이 0.26 이상은 상, 0.13 이상 0.26 미만은 중, 0.02 이상 0.13 미만은 하로 분류된다. 한편 Chin은 R^2값이 0.19 이상 0.33 미만은 약, 0.33 이상 0.67 미만은 중간, 0.67 이상은 설명력이 큰 것으로 제안하고 있다.

구조모형을 분석한 결과 아래 표와 같이 모든 선행변수에 의해 설명되는 최종 종속변수인 직무성과의 R^2 값이 0.385로 나타났다. 이는 창의성, 개방성, 학습지원, 참여지원, 직무만족은 직무성과 변동량의 38.5%를 설명한다는 의미이다. 독립변수들에 대한 직무만족은 34.3%의 설명력을 가지는 것으로 분석되었다. 이 결과는 Cohen에 기준에 따르면 분석모형의 설명력이 충분하여 구조모형의 적합성이 존재함을 뒷받침해준다.

	R Square	수정결정계수
직무만족	0.343	0.334
직무성과	0.385	0.383

3) 전체적합도 평가

PLS 경로모형의 전제적합도(global goodness-of-fit)는 모든 내생변수의 R^2 평균값과 공통성(communality) 평균값을 곱한 후 이 값을 제곱근하여 평가한다. 그 값의 크기에 따라 상(0.36 이상), 중(0.25 이상~0.36 미만), 하(0.1 이상~0.25 미만)로 구분하고 최소 0.1 이상 기준으로 전체 모형의 적합도를 판단할 수 있다.

분석 결과를 보면 내생변수의 R^2 평균값이 0.364이고 공통성(평균분산추출) 평균값이 0.861이므로 두 값의 곱은 0.3132로 나타났다. 0.3132의 제곱근이 0.560으로 나타나 전체적합도가 매우 높은 것으로 나타났다. PLS에서 공통성은 평균분산추출과 같으므로 공통성에 대해서도 임계치(cut-off value) 0.5를 적용할 수 있다. <표 4-1>에서 보듯이 공통성은 모두 0.5 이상으로 기준치를 초과하고 있다.

4) 예측적합도 평가

PLS에서 예측적합도는 외생잠재변수들에 의해 내생잠재변수들을 올바르게 예측할 수 있는 정도를 의미이다. 예측적합도를 평가하기 위해서는 Stone-Geisser의 Q^2값을 사용한다. 예측적합도는 다음의 블라인딩(Blinding) 측정법을 통해 확인이 가능하다.

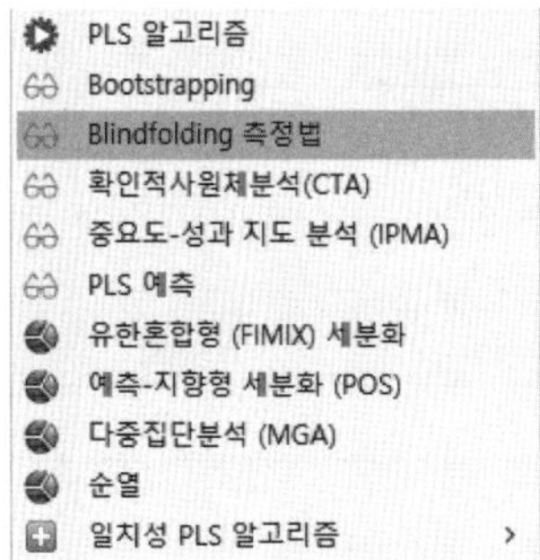

0보다 큰 Q^2값은 외생잠재변수가 내생잠재변수에 대해 예측적합성을 가지고 있음을 의미한다. 일반적으로 Q^2값이 0.35이면 큰 예측적합도를, 0.15는 중간 예측적합도를, 0.02는 작은 예측적합도를 갖는 것으로 판단한다. 직무만족의 Q^2값은 0.284이고 직무성과의 Q^2값은 아래와 같이 0.320으로 나타나 중간정도의 예측적합도를 가지는 것으로 나타났다.

	SSO	SSE	Q² (=1-SSE/SSO)
개방성	1112.000	1112.000	
자율성	1112.000	1112.000	
직무만족	1112.000	796.096	0.284
직무성과	1112.000	756.329	0.320
참여지원	1112.000	1112.000	
학습지원	1112.000	1112.000	

5) 효과크기 평가

f^2는 내생변수에 대한 외생변수의 상대적 영향력을 의미한다. 즉 모든 내생변수의 결정계수(R^2)를 계산한 후 모형에서 특정 외생변수가 제거되었을 때의 R^2값은 제거된 외생변수가 내생변수에 실제로 미치는 영향으로 다음과 같이 평가한다.

$$f^2 = (R^2\text{included} - R^2\text{excluded}) \ / \ (1 - R^2\text{included})$$

Cohen은 f^2값이 0.35 이상이면 외생잠재변수의 효과가 큰 것으로, 0.15 이상 0.35 미만은 중간으로, 0.02 이상 0.15 미만은 작은 것으로 평가하였다. 직무만족에 대한 외생변수 중 참여지원의 효과크기(f^2= 0.081)가 가장 크다. 직무성과에 대한 직무만족의 효과크기 f^2는 0.627이다.

	직무만족	직무성과
개방성	0.036	
자율성	0.018	
직무만족		0.627
참여지원	0.081	
학습지원	0.002	

3 가설검정

분석모형에서 제시한 모든 변수에 대한 신뢰성과 타당성은 양호한 것으로 나타나 모수를 추정하는데 특별한 문제가 없음을 확인하였다. 따라서 다음 단계로 잠재변수 간에 설정된 가설의 통계적 유의성은 PLS에서 제공하는 부트스트랩핑(bootstrapping) 기법을 이용하여 500번 반복하여 추정한다. 부트스트랩핑은 복원추출로 표본자료로부터 동일한 분포를 하는 측정치를 측정하는 방법으로 PLS에서 경로계수의 유의성을 평가하기 위해 사용하는 방법이다. 가설을 검정하기 위하여 [계산]→[Bootstrapping]을 이용하여 경로의 직접효과(direct effect) 뿐만 아니라 다른 요인을 통한 간접효과(indirect effect) 및 총효과(total effect)의 통계적 유의성을 검정한다.

1) 직접효과

먼저 잠재변수 간의 직접효과인 경로계수(path coefficients)를 확인한다. 경로계수는 −1에서 +1 사이의 표준화된 값을 갖는데, 추정계수의 절대값이 1에 근접할수록 통계적으로 강한 유의한 관계를 나타낸다. 계수값의 유의성은 부트스트랩핑을 수행하여 확인할 수 있다. PLS에서는 <표 4-4>와 같이 한 잠재변수가 다른 잠재변수에 대한 직접효과 뿐만 아니라 다른 잠재변수를 통한 간접효과 및 총효과도 확인할 수 있다.

〈표 4-4〉 직접, 간접 및 총효과(일차요인)

경로	직접효과			간접효과			총 효과		
	경로계수	t값	p값	경로계수	t값	p값	경로계수	t값	p값
개방성 → 직무만족	0.219	3.176	0.002				0.219	3.176	0.002
개방성 → 직무성과				0.136	3.048	0.002	0.136	3.048	0.002
자율성 → 직무만족	0.150	2.285	0.023				0.150	2.285	0.023
자율성 → 직무성과				0.093	2.207	0.028	0.093	2.207	0.028
직무만족 → 직무성과	0.621	14.347	0.000				0.621	14.347	0.000
참여지원 → 직무만족	0.317	4.693	0.000				0.317	4.693	0.000
참여지원 → 직무성과				0.197	4.417	0.000	0.197	4.417	0.000
학습지원 → 직무만족	0.045	0.620	0.536				0.045	0.620	0.536
학습지원 → 직무성과				0.028	0.622	0.534	0.028	0.622	0.534

부트스트랩핑을 시행한 결과를 나타내는 <표 4-4>의 직접효과를 살펴보면 총 5개의 연구가설 중 4개가 유의하여 채택되고 1개가 유의하지 않아 기각됨을 알 수 있다. 즉 자율성의 직무만족에 대한 영향($\beta = 0.150$, $t = 2.285$, $p < 0.05$), 개방성의 직무만족에 대한 영향($\beta = 0.219$, $t = 3.176$, $p < 0.01$), 참여지원의 직무만족에 대한 영향($\beta = 0.317$, $t = 4.693$, $p < 0.01$), 그리고 직무만족의 직무성과에 영향($\beta = 0.621$, $t = 14.347$, $p < 0.01$)에 관한 가설은 모두 채택되었다. 반면 학습지원이 직무만족에 대한 영향($\beta = 0.045$, $t = 0.620$, $p > 0.05$)은 유의하게 나타나지 않았다. 따라서 가설의 채택 여부는 <표 4-5>와 같다.

〈표 4-5〉 가설검정결과 요약(일차요인)

번호	가설	경로계수	검정결과
1	자율성은 직무만족에 정(+)의 영향을 미칠 것이다	0.150*	채택
2	개방성은 직무만족에 정(+)의 영향을 미칠 것이다	0.219**	채택
3	학습지원은 직무만족에 정(+)의 영향을 미칠 것이다	0.045	기각
4	참여지원은 직무만족에 정(+)의 영향을 미칠 것이다	0.317**	채택
5	직무만족은 직무성과에 정(+)의 영향을 미칠 것이다	0.621**	채택

* $p < .05$, ** $p < .01$

[그림 4-2] 일차요인모형의 검정결과

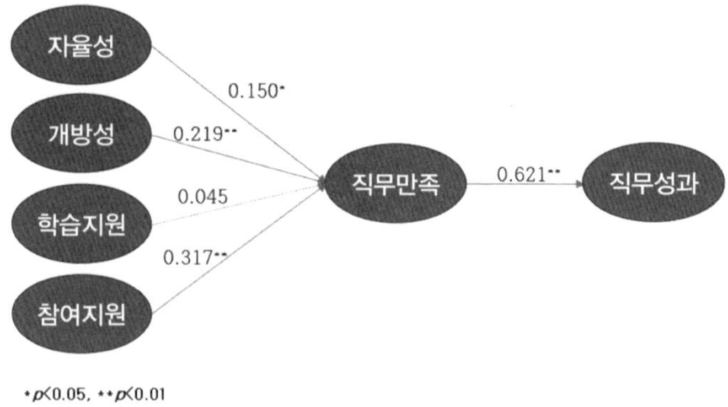

[그림 4-2]는 구조모형에 대한 분석 결과를 보여주고 있다. 굵은 화살표는 경로가 통계적으로 유의함을 가리키고 화살표 위의 숫자는 경로계수를 의미한다.

2) 총효과 및 간접효과

<표 4-4>와 같이 직접효과를 나타내는 경로계수는 총 5개 중 4개의 경로가 유의하였으나, 총효과에서는 9개 경로 중 7개가 유의함을 알 수 있다. 분석 결과를 볼 때 총효과는 잠재변수 간 상호 연계되는 구조적 특성에 따라 직접효과와 간접효과가 나타남을 알 수 있다. 이에 따라 경로 간 간접효과를 확인할 수 있다.

<표 4-4>를 살펴보면 개방성→직무만족→직무성과의 간접효과는 0.136(0.219×0.621)으로 $\alpha=0.01$수준에서 유의한 것으로 나타났고, 자율성→직무만족→직무성과의 간접효과는 0.093(0.150×0.621)으로 $\alpha=0.05$수준에서 유의한 것으로 나타났고, 참여지원→직무만족→직무성과의 간접효과는 0.197(0.317×0.621)로 $\alpha=0.01$수준에서 유의한 것으로 확인하였다. 그러나 학습지원→직무만족→직무성과의 간접효과는 0.028(0.045×0.621)로 나타나 $\alpha=0.05$수준에서 유의하지 않은 것으로 확인하였다.

제 4 절 이차요인모형

1 이차요인모형분석 접근법

이차요인모형을 설명하는 [그림 4-3]의 예제 모형은 8개의 잠재요인(construct)을 가지며, 2개의 외생잠재변수와 2개의 내생잠재변수로 구성되어 있다. 외생잠재변수는 모형 내에서 다른 잠재변수들의 값에 변동을 주는 것으로 모형 외부의 다른 요인에 의해 영향을 받는 것이다. 반면 내생잠재변수는 모형 내의 외생잠재변수로부터 직접 또는 간접적으로 영향을 받으므로 내생잠재변수의 변화는 외생잠재변수 및 내생잠재변수에 의해 설명된다.

[그림 4-3]에서 2개 이상의 일차요인 잠재변수가 모여 하나의 이차요인 잠재변수를 구성한다. 즉 개방성과 자율성의 일차요인 잠재변수가 모여 조직풍토라는 이차요인 잠재변수를 구성하고 학습지원과 참여지원의 일차요인 잠재변수가 모여 조직지원이라는 이차요인 잠재변수를 구성한다. 이때 조직풍토와 조직지원은 반영적 잠재변수이다.

Wilson & Henseler에 의하면 PLS에서 반영적 이차요인을 분석하는 방법은 2단계 접근법(two-step approach), 계층적 성분 접근법(hierarchical component approach), 하이브리드 접근법(hybrid approach)이 있다.

[그림 4-3] 이차요인모형

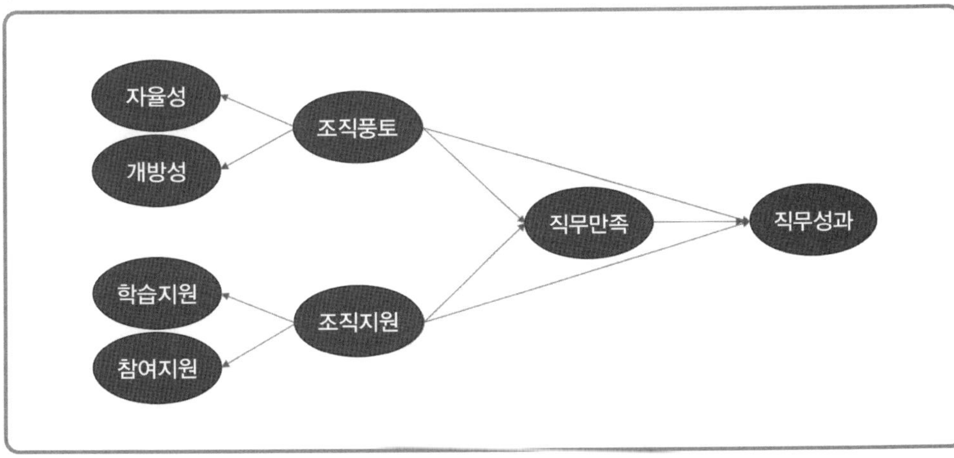

2 2단계 접근법

1) 분석절차

다른 방법과 다르게 소규모 표본에서도 가장 일관된 추정치를 산출할 수 있는 것으로 알려진 2단계 접근법은 다음과 같다.

단계 1: 일차요인모형을 분석하여 잠재변수값(unstandardized latent variable scores)을 산출한다.

단계 2: 단계 1에서 산출된 잠재변수값을 이차요인의 측정변수로 사용한다. 이때 이차요인모형에 대한 타당성 평가는 일차요인모형에 대한 타당성 평가에 사용되는 방법과 동일하게 수행한다.

PLS에서 반영적(reflective) 이차요인모형을 처리하기 위한 2단계 접근법은 다음과 같이 수행한다.

단계 1: 아래와 같이 이차요인 잠재변수가 없이 일차요인 잠재변수만으로 모형을 작성한다. 그리고 일차요인모형에 대해 집중타당성과 판별타당성을 검정한다.

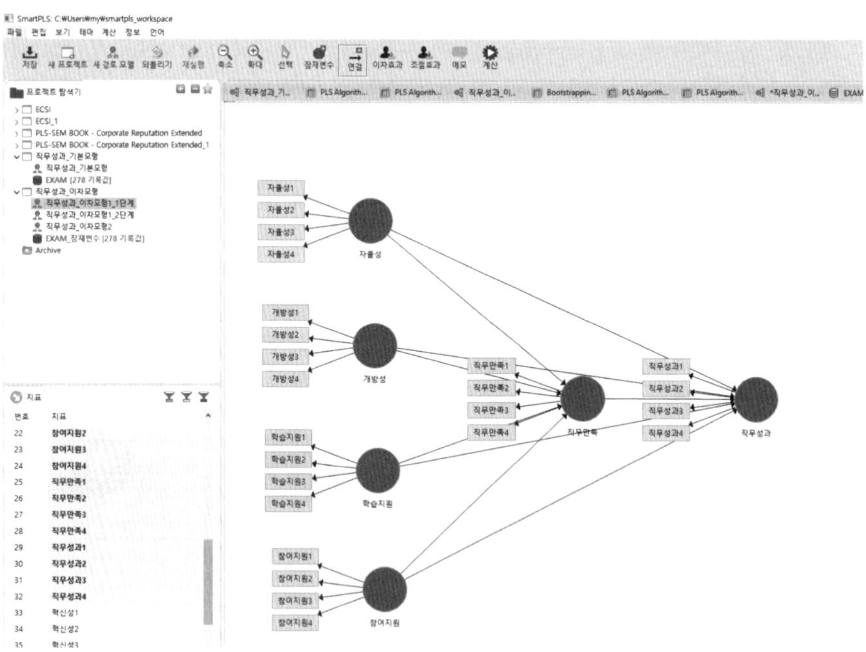

집중타당성과 판별타당성의 검정결과는 앞에서 분석한 내용과 유사하므로 생략하기로 한다. 이 결과가 만족스러우면 이차요인 잠재변수를 생성하기 위해 일차요인 잠재변수들에 사용된 지표의 측정값들을 단일 측정값으로 변환시킨다. 이를 위해 [계산]→[PLS 알고리즘]으로 확인적 요인분석을 수행하여 얻은 SmartPLS의 분석 결과물인 잠재변수값(latent variable score)을 사용한다. 잠재변수 항목을 클릭하면 아래 그림과 같이 각각의 잠재변수에 대해 278개 표본에 대한 잠재변수값이 생성된 것을 알 수 있다.

잠재 변수

잠재 변수 | 잠재 변수 상관 관계 | 잠재 변수 공분산 | LV 기술통계량

케이스ID	개방성	자율성	직무만족	직무성과	참여지원	학습지원
1	-0.039	0.153	0.073	-2.145	-0.861	-0.861
2	0.279	-1.003	-0.298	-0.839	-0.091	-0.752
3	0.585	-0.343	-0.688	1.567	0.894	0.800
4	-1.616	-0.343	-0.688	-1.046	-2.232	0.202
5	1.543	0.318	1.594	-0.275	-0.480	-0.000
6	0.911	0.638	1.594	0.082	0.302	-0.000
7	-0.974	-0.343	0.073	-1.403	-0.059	-0.281
8	-0.042	-0.332	0.275	0.439	0.112	0.048
9	-0.195	0.318	-0.112	0.439	0.112	-0.297
10	1.543	1.475	1.036	0.831	1.675	0.800
11	0.285	0.174	-0.503	0.439	-1.058	-1.457
12	-0.358	-1.664	-0.688	-0.303	-0.276	-0.704
13	0.901	0.979	0.834	0.817	1.675	0.048
14	0.917	1.640	1.408	1.567	1.486	1.399
15	-0.347	-0.343	-1.061	-1.018	-1.050	-0.704
16	-0.990	-0.684	-1.075	-1.403	-1.851	0.048
17	-1.147	0.318	-0.300	-0.082	-0.087	-0.309
18	-0.355	-0.343	-0.688	-0.690	-0.669	-0.704
19	0.921	-0.012	-0.688	-0.290	-0.466	0.800
20	0.911	-0.177	-0.688	0.089	0.894	0.800

개방성, 자율성, 참여지원 그리고 학습지원의 값들을 엑셀이나 SPSS를 이용해 기존의 데이터에 붙여넣기를 하여 데이터를 새로 만들어주면 이차요인모형 분석을 위한 준비가 끝나게 된다.

단계 2: 단계 1의 모든 과정을 수행하여 새로 만들어진 데이터를 이용해 다음 그림과 같이 새로운 모형을 그린다.

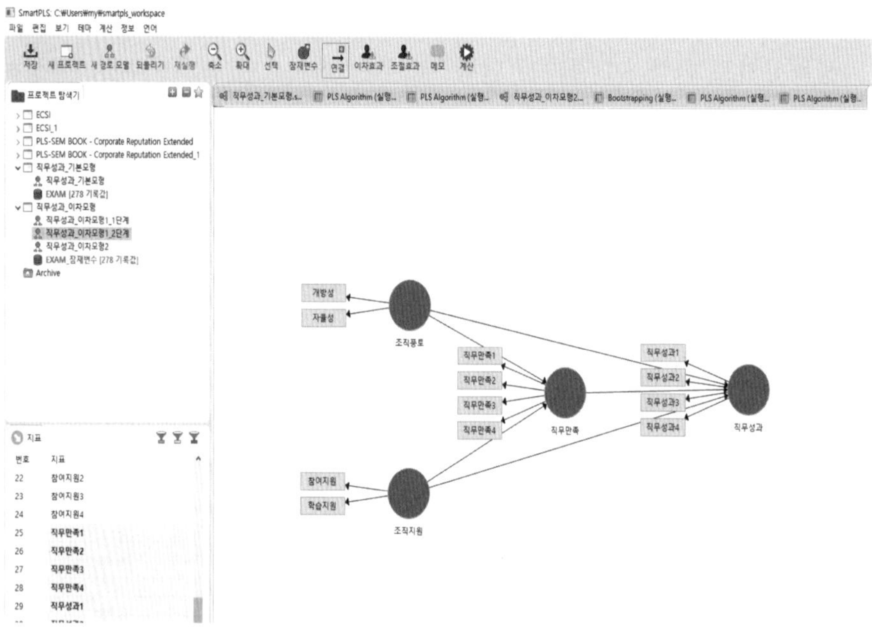

조직풍토와 조직지원을 보면 잠재변수값을 사용하여 계산한 일차요인의 지표가 각각 반영적으로 할당되었다. 즉 조직풍토에는 자율성과 개방성이, 조직지원에는 학습지원과 참여지원이 할당되었다. 이렇게 모형을 그려주면 2단계 접근법을 이용해 PLS 분석을 수행하기 위한 모형 준비를 마치게 된다.

2) 측정모형분석

(1) 집중타당성

[계산]→[PLS 알고리즘]으로 확인적 요인분석을 수행한 결과, 첫째 <표 4-6>에 제시된 개별 측정변수들의 요인적재치는 모두 0.7 이상이므로 개별 측정변수들은 해당 잠재변수를 측정하는데 신뢰할 수 있다. 둘째, <표 4-6>에서 각 잠재변수의 합성신뢰도와 Cronbach's α는 모두 0.7 이상으로 나타나 사용된 측정변수들은 잠재변수를 측정하는데 내적 일관성이 존재한다. 마지막으로 <표 4-6>에서 평균분산추출의 값이 기준치인 0.5를 상회하는 것으로 나타나고 있다. 따라서 분석에 사용된 잠재변수에 대한 집중타당성은 충족한다고 할 수 있다.

〈표 4-6〉 집중타당성 분석결과(2단계 접근법)

잠재변수	측정변수	표준요인 적재치	Cronbach's α	합성신뢰도	평균분산추출 (AVE)
조직풍토	개방성	0.926	0.815	0.915	0.844
	자율성	0.912			
직무만족	직무만족1	0.927	0.946	0.961	0.860
	직무만족2	0.934			
	직무만족3	0.917			
	직무만족4	0.932			
직무성과	직무성과1	0.911	0.937	0.955	0.841
	직무성과2	0.918			
	직무성과3	0.921			
	직무성과4	0.918			
조직지원	참여지원	0.929	0.798	0.907	0.831
	학습지원	0.893			

(2) 판별타당성

[계산]→[PLS 알고리즘]으로 판별타당성을 수행한 결과, <표 4-7>에서 볼 수 있듯이 대각선상에 있는 각 잠재변수의 평균분산추출 제곱근 값이 모두 0.7 이상이고 각 평균분산추출의 제곱근 값이 잠재변수 간의 상관계수보다 크므로 판별타당성이 존재한다고 할 수 있다.

〈표 4-7〉 판별타당성 분석결과(2단계 접근법)

	조직지원	조직풍토	직무만족	직무성과
조직지원	**0.911**			
조직풍토	0.453	**0.919**		
직무만족	0.490	0.494	**0.928**	
직무성과	0.473	0.539	0.620	**0.917**

주) 대각선의 값은 평균분산추출의 제곱근 값을 나타내며, 그 외의 값은 상관계수임.

또한 <표 4-8>을 살펴보면 각 잠재변수와 관련된 측정변수들의 요인적재치는 교차요인적재치보다 크므로 판별타당성이 존재한다고 할 수 있다. 따라서 잠재변수 간의 판별타당성은 충족되고 있음을 알 수 있다.

〈표 4-8〉 요인적재치와 교차요인적재치(2단계 접근법)

	조직지원	조직풍토	직무만족	직무성과
개방성	0.443	**0.926**	0.473	0.514
자율성	0.387	**0.912**	0.434	0.474
직무만족1	0.473	0.425	**0.927**	0.530
직무만족2	0.454	0.431	**0.934**	0.571
직무만족3	0.417	0.445	**0.917**	0.582
직무만족4	0.475	0.525	**0.932**	0.614
직무성과1	0.404	0.474	0.591	**0.911**
직무성과2	0.487	0.529	0.580	**0.918**
직무성과3	0.413	0.464	0.557	**0.921**
직무성과4	0.429	0.505	0.547	**0.918**
참여지원	**0.929**	0.429	0.494	0.461
학습지원	**0.893**	0.394	0.391	0.397

3) 구조모형분석

측정모형을 검정한 결과 신뢰성과 타당성이 확보되었으므로 잠재변수 간의 통계적 유의성은 PLS에서 제공하는 [계산]→[Bootstrapping]에서 [부표본]을 500으로 지정하여 구조모형을 평가한다. 구조모형을 평가하기 위해 결정계수(R^2), 전체적합도, 예측적합도(Q^2), 효과크기(f^2)를 이용한다. 구조모형분석에 앞서 잠재변수 간의 다중공선성 여부를 확인하였다.

(1) 다중공선성 평가

잠재변수의 다중공선성을 검정하기 위해 조직풍토, 조직지원, 직무만족, 직무성과의 분산팽창지수(VIF)를 분석한 결과 아래 표와 같이 1.256~1.499로 나타났다. 결과값이 모두 5 미만으로 나타나 다중공선성이 없음을 확인할 수 있다.

	직무만족	직무성과
조직지원	1.256	1.424
조직풍토	1.256	1.431
직무만족		1.499

(2) 결정계수 평가

모든 선행변수에 의해 설명되는 최종 종속변수인 직무성과의 R^2값이 0.472로 나타났다. 이는 조직풍토, 조직지원, 직무만족은 직무성과의 변동량의 47.2%를 설명한다는 의미이다. 아래에 제시된 결과를 보면 각 내생변수의 R^2값이 0.33 이상으로 나타나 분석모형의 설명력이 충분하여 구조모형의 적합성이 존재한다고 할 수 있다.

	R Square	수정결정계수
직무만족	0.333	0.328
직무성과	0.472	0.466

(3) 전체적합도 평가

내생변수의 R^2 평균값이 0.4075이고 공통성(평균분산추출) 평균값은 0.8440이므로 두 값의 곱은 0.3439로 나타났다. 0.3439의 제곱근이 0.5865로 나타나 전체적합도가 매우 높은 것으로 나타났다. 또한 <표 4-6>에서 보듯이 공통성은 모두 0.5 이상으로 기준치를 초과하고 있다.

(4) 예측적합도 평가

예측적합도의 평가를 위해 Stone-Geisser의 Q^2값을 사용한다. 일반적으로 Q^2값이 0보다 크면 예측적합도를 갖는 것으로 판단한다. 아래와 같이 직무만족의 Q^2값은 0.279로, 직무성과의 Q^2값은 0.391로 나타나 예측적합도를 가지는 것으로 나타났다.

구성개념 교차타당 중복성

총계 | 케이스1 | 케이스2 | 케이스3 | 케이스4

	SSO	SSE	Q² (=1-SSE/S...
조직지원	556.000	556.000	
조직풍토	556.000	556.000	
직무만족	1112.000	802.181	0.279
직무성과	1112.000	677.702	0.391

(5) 효과크기 평가

직무만족에 대한 외생변수 중 조직풍토와 조직지원의 효과크기는 각각 0.134와 0.140으로 나타나 작은 효과를 보인다. 한편 직무성과에 대한 직무만족의 효과크기 f^2는 0.219로 나타나 중간 정도의 효과를 보이는 것으로 나타났다.

	직무만족	직무성과
조직지원	0.134	0.029
조직풍토	0.140	0.094
직무만족		0.219

4) 가설검정

분석모형에서 제시한 모든 변수에 대한 신뢰성과 타당성은 양호한 것으로 나타나 모수를 추정하는데 특별한 문제가 없음을 확인하였다. 따라서 다음 단계인 가설을 검정하기 위하여 부트스트랩핑 방법을 이용하여 경로의 직접효과, 간접효과, 총효과의 통계적 유의성을 검정하였다. 그 결과는 <표 4-9>와 같다.

〈표 4-9〉 직접, 간접 및 총효과(2단계 접근법)

경로	직접효과			간접효과			총 효과		
	경로계수	t값	p값	경로계수	t값	p값	경로계수	t값	p값
조직지원 → 직무만족	0.336	6.261	0.000				0.336	6.261	0.000
조직지원 → 직무성과	0.149	2.477	0.014	0.140	4.675	0.000	0.289	4.964	0.000
조직풍토 → 직무만족	0.342	6.105	0.000				0.342	6.105	0.000
조직풍토 → 직무성과	0.266	5.032	0.000	0.142	4.856	0.000	0.408	7.409	0.000
직무만족 → 직무성과	0.416	7.561	0.000				0.416	7.561	0.000

(1) 직접효과

부트스트랩핑을 시행한 결과를 나타내는 <표 4-9>의 직접효과를 살펴보면 총 5개의 연구가설 중 5개 모두 유의하여 채택되었다. 즉 조직풍토가 직무만족에 미치는 영향($\beta = 0.342$, $t = 6.105$, $p < 0.01$), 조직지원이 직무만족에 미치는 영향($\beta = 0.336$, $t = 6.261$, $p < 0.01$), 조직풍토가 직무성과에 미치는 영향($\beta =$

0.266, $t = 5.032$, $p < 0.01$), 조직지원이 직무성과에 미치는 영향($\beta = 0.149$, $t = 2.477$, $p < 0.05$) 그리고 직무만족이 직무성과에 미치는 영향($\beta = 0.416$, $t = 7.561$, $p < 0.01$)에 관한 가설은 모두 채택되었다. 따라서 <표 4-10>과 같이 직접효과를 나타내는 5개의 경로계수 모두 유의하게 나타났다.

〈표 4-10〉 가설검정결과 요약(2단계 접근법)

번호	가설	경로계수	검정결과
1	조직풍토는 직무만족에 정(+)의 영향을 미칠 것이다	0.342**	채택
2	조직지원은 직무만족에 정(+)의 영향을 미칠 것이다	0.336**	채택
3	조직풍토는 직무성과에 정(+)의 영향을 미칠 것이다	0.266**	채택
4	조직지원은 직무성과에 정(+)의 영향을 미칠 것이다	0.149*	채택
5	직무만족은 직무성과에 정(+)의 영향을 미칠 것이다	0.416**	채택

* $p < .05$, ** $p < .01$

(2) 총효과 및 간접효과

2개의 간접효과와 5개의 총효과 모두 유의함을 확인하였다. 먼저 경로 간 간접효과를 확인한 결과를 살펴보면 첫째, 조직지원→직무만족→직무성과의 간접효과는 조직지원→직무만족의 직접효과 0.336에다 직무만족→직무성과의 직접효과 0.416을 곱하면 0.140이 된다. 조직지원→직무만족→직무성과의 간접효과 0.140은 $\alpha = 0.01$수준에서 유의한 것으로 나타났다. 둘째, 조직풍토→직무만족→직무성과의 간접효과는 조직풍토→직무만족의 직접효과 0.342에다 직무만족→직무성과의 직접효과 0.416을 곱하면 0.142가 된다. 역시 조직풍토→직무만족→직무성과의 간접효과 0.142도 $\alpha = 0.01$수준에서 유의한 것으로 나타났다.

다음으로 총효과를 살펴보면 첫째, 조직지원이 직무성과에 미치는 총효과는 조직지원이 직무성과에 미치는 직접효과인 0.149에다 조직지원이 직무성과에 미치는 간접효과인 0.140(0.336×0.416)을 더하면 0.289가 된다. 이 총효과는 $\alpha = 0.01$수준에서 유의한 것으로 나타났다. 둘째, 조직풍토가 직무성과에 미치는 총효과는 조직풍토가 직무성과에 미치는 직접효과인 0.266에다 조직풍토가 직무성과에 미치는 간접효과인 0.142(0.342×0.416)를 더하면 0.408이 된다.

이 총효과 역시 $\alpha = 0.01$수준에서 유의한 것으로 나타났다.

3 계층적 성분 접근법

1) 분석절차

PLS에서 널리 활용되는 방법의 하나인 계층적 성분 접근법은 다음과 같이 일차요인의 지표를 중복하여 이차요인에 할당시켜 모형을 그려주면 된다.

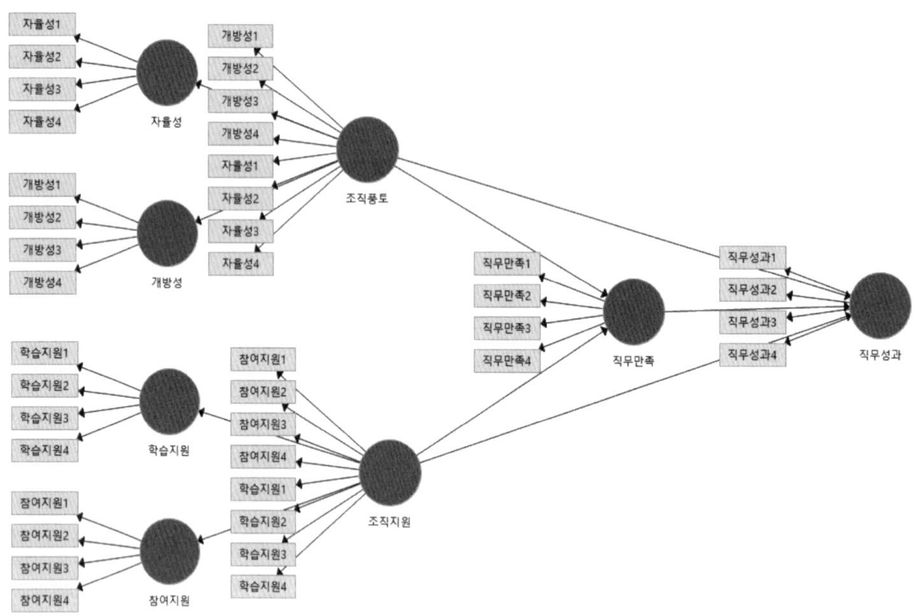

2) 측정모형분석

(1) 집중타당성

[계산]→[PLS 알고리즘]으로 확인적 요인분석을 수행한 결과를 해석할 때 일차요인과 이차요인을 구분하여야 한다. 이를 위해 먼저 엑셀로 내보내기를 하여 요인적재치를 살펴보면 편리하다. 일차요인과 이차요인에 동시에 할당된 개방성, 자율성, 학습지원, 참여지원과 관련된 지표는 <표 4-11>의 첫 번째 열에서 와같이 두 번 나타나는 것을 알 수 있다. 예로 첫 번째 나타나는 개방성1은 일차

요인인 개방성과 관련되어 있고 두 번째 나타나는 개방성1은 이차요인인 조직풍토와 관련되어 있다. 이처럼 일차요인과 이차요인을 구분하여 해석하여야 한다. 반면 직무만족과 직무성과는 일차요인만 관련되어 있다.

〈표 4-11〉 요인적재치(계층적 성분 접근법)

	개방성	자율성	조직지원	조직풍토	직무만족	직무성과	참여지원	학습지원
개방성1	0.943							
개방성1				0.866				
개방성2	0.950							
개방성2				0.868				
개방성3	0.944							
개방성3				0.875				
개방성4	0.937							
개방성4				0.871				
자율성1		0.904						
자율성1				0.803				
자율성2		0.934						
자율성2				0.882				
자율성3		0.953						
자율성3				0.868				
자율성4		0.945						
자율성4				0.864				
직무만족1					0.927			
직무만족2					0.934			
직무만족3					0.917			
직무만족4					0.932			
직무성과1						0.911		
직무성과2						0.918		
직무성과3						0.921		
직무성과4						0.918		
참여지원1							0.930	
참여지원1			0.846					
참여지원2							0.945	
참여지원2			0.860					
참여지원3							0.937	
참여지원3			0.864					
참여지원4							0.897	
참여지원4			0.836					

학습지원1								0.867
학습지원1			0.777					
학습지원2								0.932
학습지원2			0.840					
학습지원3								0.939
학습지원3			0.850					
학습지원4								0.924
학습지원4			0.847					

분석 결과를 살펴보면 첫째, 일차요인에 대한 <표 4-12>와 이차요인에 대한 <표 4-13>에 제시된 개별 측정변수들의 요인적재치는 모두 0.7 이상이므로 개별 측정변수들은 해당 잠재변수를 측정하는데 신뢰할 수 있음을 알 수 있다. 둘째, 일차요인에 대한 <표 4-12>와 이차요인에 대한 <표 4-13>에서 각 잠재변수의 합성신뢰도와 Cronbach's α는 모두 0.7 이상으로 나타나 분석모형에서 사용된 측정변수들은 잠재변수를 측정하는데 내적 일관성이 존재한다고 할 수 있다. 마지막으로 일차요인에 대한 <표 4-12>와 이차요인에 대한 <표 4-13>에서 평균분산추출의 값이 기준치인 0.5를 상회하는 것으로 나타나고 있다. 따라서 분석모형의 잠재변수에 대한 집중타당성은 충족한다고 할 수 있다.

〈표 4-12〉 집중타당성 분석결과(계층적 성분 접근법: 일차요인)

잠재변수	측정변수	표준요인 적재치	Cronbach's α	합성신뢰도	평균분산추출 (AVE)
개방성	개방성1	0.943	0.959	0.970	0.890
	개방성2	0.950			
	개방성3	0.944			
	개방성4	0.937			
자율성	자율성1	0.904	0.952	0.965	0.873
	자율성2	0.934			
	자율성3	0.953			
	자율성4	0.945			
참여지원	참여지원1	0.930	0.946	0.961	0.860
	참여지원2	0.945			
	참여지원3	0.937			
	참여지원4	0.897			

학습지원	학습지원1	0.867	0.936	0.954	0.839
	학습지원2	0.932			
	학습지원3	0.939			
	학습지원4	0.924			

〈표 4-13〉 집중타당성 분석결과(계층적 성분 접근법: 이차요인)

잠재변수	측정변수	표준요인 적재치	Cronbach's α	합성신뢰도	평균분산추출 (AVE)
조직지원	참여지원1	0.846	0.940	0.951	0.706
	참여지원2	0.860			
	참여지원3	0.864			
	참여지원4	0.836			
	학습지원1	0.777			
	학습지원2	0.840			
	학습지원3	0.850			
	학습지원4	0.847			
조직풍토	개방성1	0.866	0.951	0.959	0.744
	개방성2	0.868			
	개방성3	0.875			
	개방성4	0.871			
	자율성1	0.803			
	자율성2	0.882			
	자율성3	0.868			
	자율성4	0.864			
직무만족	직무만족1	0.927	0.946	0.961	0.860
	직무만족2	0.934			
	직무만족3	0.917			
	직무만족4	0.932			
직무성과	직무성과1	0.911	0.937	0.955	0.841
	직무성과2	0.918			
	직무성과3	0.921			
	직무성과4	0.918			

(2) 판별타당성

[계산]→[PLS 알고리즘]으로 판별타당성을 수행한 결과, 일차요인에 대한 <표 4-14>와 이차요인에 대한 <표 4-15>에서 볼 수 있듯이 대각선상에 있는 각 잠재변수의 평균분산추출 제곱근 값이 모두 0.7 이상이고 각 평균분산추출의

제곱근 값이 잠재변수 간의 상관계수보다 크므로 판별타당성이 존재한다고 할 수 있다.

〈표 4-14〉 판별타당성 분석결과(계층적 성분 접근법: 일차요인)

	개방성	자율성	참여지원	학습지원
개방성	**0.944**			
자율성	0.689	**0.934**		
참여지원	0.417	0.370	**0.928**	
학습지원	0.387	0.333	0.663	**0.916**

주) 대각선의 값은 평균분산추출의 제곱근 값을 나타내며, 그 외의 값은 상관계수임.

〈표 4-15〉 판별타당성 분석결과(계층적 성분 접근법: 이차요인)

	조직지원	조직풍토	직무만족	직무성과
조직지원	**0.840**			
조직풍토	0.451	**0.863**		
직무만족	0.487	0.493	**0.928**	
직무성과	0.470	0.537	0.621	**0.917**

주) 대각선의 값은 평균분산추출의 제곱근 값을 나타내며, 그 외의 값은 상관계수임.

또한 일차요인에 대한 <표 4-16>과 이차요인에 대한 <표 4-17>을 살펴보면 각 잠재변수와 관련된 측정변수들의 요인적재치는 교차요인적재치보다 크므로 판별타당성이 존재한다고 할 수 있다. 따라서 잠재변수에 대한 판별타당성은 충족되고 있음을 알 수 있다.

〈표 4-16〉 요인적재치와 교차요인적재치(계층적 성분 접근법: 일차요인)

	개방성	자율성	참여지원	학습지원
개방성1	**0.943**	0.642	0.388	0.379
개방성2	**0.950**	0.639	0.391	0.368
개방성3	**0.944**	0.659	0.360	0.338
개방성4	**0.937**	0.659	0.436	0.377
자율성1	0.578	**0.904**	0.368	0.305
자율성2	0.692	**0.934**	0.356	0.304
자율성3	0.649	**0.953**	0.334	0.332
자율성4	0.650	**0.945**	0.326	0.303

참여지원1	0.376	0.333	**0.930**	0.603
참여지원2	0.397	0.355	**0.945**	0.612
참여지원3	0.363	0.311	**0.937**	0.628
참여지원4	0.412	0.374	**0.897**	0.616
학습지원1	0.254	0.217	0.563	**0.867**
학습지원2	0.383	0.327	0.611	**0.932**
학습지원3	0.364	0.306	0.623	**0.939**
학습지원4	0.411	0.362	0.630	**0.924**

〈표 4-17〉 요인적재치와 교차요인적재치(계층적 성분 접근법: 이차요인)

	조직지원	조직풍토	직무만족	직무성과
개방성1	0.421	**0.865**	0.474	0.478
개방성2	0.416	**0.867**	0.438	0.480
개방성3	0.383	**0.875**	0.435	0.488
개방성4	0.447	**0.871**	0.434	0.492
자율성1	0.370	**0.804**	0.388	0.433
자율성2	0.363	**0.883**	0.425	0.471
자율성3	0.365	**0.869**	0.409	0.443
자율성4	0.346	**0.865**	0.397	0.422
직무만족1	0.470	0.424	**0.927**	0.530
직무만족2	0.451	0.429	**0.934**	0.570
직무만족3	0.413	0.444	**0.917**	0.583
직무만족4	0.470	0.524	**0.932**	0.614
직무성과1	0.402	0.473	0.591	**0.914**
직무성과2	0.484	0.528	0.580	**0.916**
직무성과3	0.412	0.464	0.557	**0.922**
직무성과4	0.427	0.505	0.547	**0.917**
참여지원1	**0.845**	0.386	0.431	0.417
참여지원2	**0.859**	0.410	0.455	0.415
참여지원3	**0.863**	0.368	0.492	0.429
참여지원4	**0.834**	0.428	0.452	0.446

학습지원1	**0.779**	0.257	0.324	0.300
학습지원2	**0.841**	0.387	0.367	0.368
학습지원3	**0.851**	0.365	0.371	0.377
학습지원4	**0.847**	0.421	0.368	0.400

3) 구조모형분석

측정모형을 검정한 결과 신뢰성과 타당성이 확보되었으므로 잠재변수 간의 통계적 유의성은 PLS에서 제공하는 [계산]→[Bootstrapping]에서 [부표본]을 500으로 지정하여 구조모형을 평가한다. 구조모형을 평가하기 위해 결정계수(R^2), 전체적합도, 예측적합도(Q^2), 효과크기(f^2)를 이용하였다. 구조모형분석에 앞서 잠재변수 간의 다중공선성 여부를 확인하였다.

(1) 다중공선성 평가

다중공선성을 검정하기 위한 조직풍토, 조직지원, 직무만족, 직무성과의 분산팽창지수(VIF)는 1.256에서 1.495 사이로 나타났다. 결과값이 모두 5 미만으로 나타나 다중공선성이 없음을 확인할 수 있다.

	직무만족	직무성과
조직지원	1.256	1.420
조직풍토	1.256	1.432
직무만족		1.495

(2) 결정계수 평가

구조모형을 분석한 결과 다음과 같이 모든 선행변수에 의해 설명되는 최종종속변수인 직무성과의 R^2값이 0.472로 나타났다. 이는 조직풍토, 조직지원, 직무만족은 직무성과 변동량의 47.2%를 설명한다는 의미이다. 한편 직무만족의 R^2값은 0.331으로 나타났다. 이 결과는 구조모형의 적합성이 존재함을 뒷받침해준다.

	R Square	수정결정계수
직무만족	0.331	0.326
직무성과	0.472	0.466

(3) 전체적합도 평가

이차요인모형에서 내생변수의 R^2 평균값이 0.4015이고 공통성(평균분산추출) 평균값은 0.7878로 나타나 두 값의 곱은 0.3163이다. 0.3163의 제곱근이 0.5624로 나타나 전체적합도가 매우 높은 것으로 나타났다. 또한 <표 4-13>에서 보듯이 공통성은 모두 0.5 이상으로 기준치를 초과하고 있다.

(4) 예측적합도 평가

Q^2값이 0보다 클 때 외생잠재변수가 내생잠재변수에 대해 예측적합도가 있는 것으로 판단한다. 아래와 같이 직무만족의 Q^2값은 0.277로 직무성과의 Q^2 값은 0.391로 나타나 예측적합도가 있는 것으로 판단한다.

구성개념 교차타당 중복성

총계 | 케이스1 | 케이스2 | 케이스3 | 케이스4

	SSO	SSE	Q² (=1-SSE/S...
개방성	1112.000	275.935	0.752
자율성	1112.000	305.517	0.725
조직지원	2224.000	2224.000	
조직풍토	2224.000	2224.000	
직무만족	1112.000	804.011	0.277
직무성과	1112.000	677.752	0.391
참여지원	1112.000	312.307	0.719
학습지원	1112.000	354.415	0.681

(5) 효과크기 평가

외생변수 중 직무만족에 대한 조직풍토와 조직지원의 효과크기는 각각 0.131과 0.140으로 나타나 작은 효과를, 직무성과에 대한 직무만족의 효과크기는 0.220으로 나타나 중간 효과를 보이는 것으로 나타났다.

	직무만족	직무성과
조직지원	0.131	0.029
조직풍토	0.140	0.093
직무만족		0.220

4) 가설검정

본 연구에서 제시한 모든 변수에 대한 신뢰성과 타당성은 양호한 것으로 나타나 모수를 추정하는데 특별한 문제가 없음을 확인하였다. 따라서 다음 단계인 가설을 검정하기 위하여 부트스트랩핑 방법을 이용하여 경로의 직접효과, 간접효과, 총효과의 통계적 유의성을 검정하였다. 그 결과는 <표 4-18>과 같다.

〈표 4-18〉 직접, 간접 및 총효과(계층적 성분 접근법)

경로	직접효과			간접효과			총 효과		
	경로계수	t값	p값	경로계수	t값	p값	경로계수	t값	p값
조직지원 → 직무만족	0.332	6.276	0.000				0.332	6.276	0.000
조직지원 → 직무성과	0.149	2.581	0.010	0.138	4.943	0.000	0.287	5.102	0.000
조직풍토 → 직무만족	0.343	6.365	0.000				0.343	6.365	0.000
조직풍토 → 직무성과	0.265	5.110	0.000	0.143	4.635	0.000	0.409	7.703	0.000
직무만족 → 직무성과	0.417	7.520	0.000				0.417	7.520	0.000

(1) 직접효과

2단계 접근법과 같이 계층적 성분 접근법도 <표 4-19>에서 처럼 직접효과를 나타내는 5개의 경로계수 모두 유의하게 나타났다. 이는 2단계 접근법과 같은 결과라는 것을 알 수 있다.

〈표 4-19〉 가설검정결과 요약(계층적 성분 접근법)

번호	가설	경로계수	검정결과
1	조직풍토는 직무만족에 정(+)의 영향을 미칠 것이다	0.343**	채택
2	조직지원은 직무만족에 정(+)의 영향을 미칠 것이다	0.332**	채택
3	조직풍토는 직무성과에 정(+)의 영향을 미칠 것이다	0.265**	채택
4	조직지원은 직무성과에 정(+)의 영향을 미칠 것이다	0.149**	채택
5	직무만족은 직무성과에 정(+)의 영향을 미칠 것이다	0.417**	채택

* $p<.05$, ** $p<.01$

(2) 총효과 및 간접효과

2개의 간접효과와 5개의 총효과 모두 유의함을 확인하였다. 먼저 경로 간의 간접효과를 확인한 결과를 <표 4-18>에서 살펴보면, 조직지원→직무만족→직무성과의 간접효과는 조직지원→직무만족의 직접효과 0.332에다 직무만족→직무성과의 직접효과 0.417을 곱하면 0.138이 된다. 조직지원→직무만족→직무성과의 간접효과 0.138은 $\alpha=0.01$수준에서 유의한 것으로 나타났다. 또한 조직풍토→직무만족→직무성과의 간접효과는 조직풍토→직무만족의 직접효과 0.343에다 직무만족→직무성과의 직접효과 0.417을 곱하면 0.143이 된다. 역시 조직풍토→직무만족→직무성과의 간접효과 0.143도 $\alpha=0.01$수준에서 유의한 것으로 나타났다.

다음으로 총효과를 살펴보면 조직지원이 직무성과에 미치는 총효과는 조직지원이 직무성과에 미치는 직접효과인 0.149에다 조직지원이 직무성과에 미치는 간접효과인 0.138(0.332×0.417)을 더하면 0.287이 된다. 이 총효과는 $\alpha=0.01$수준에서 유의한 것으로 나타났다. 또한 조직풍토가 직무성과에 미치는 총효과는 조직풍토가 직무성과에 미치는 직접효과인 0.265에다 조직풍토가 직무성과에 미치는 간접효과인 0.143(0.343×0.417)을 더하면 0.409가 된다. 이 총효과 역시 $\alpha=0.01$수준에서 유의한 것으로 나타났다.

4 하이브리드 접근법

1) 분석절차

하이브리드 접근법은 지표들을 무작위로 2개 집단으로 분류해 일차요인과 이차요인에 할당해주는 방식이다. 예를 들면 아래와 같은 방식으로 모형을 그리면 된다.

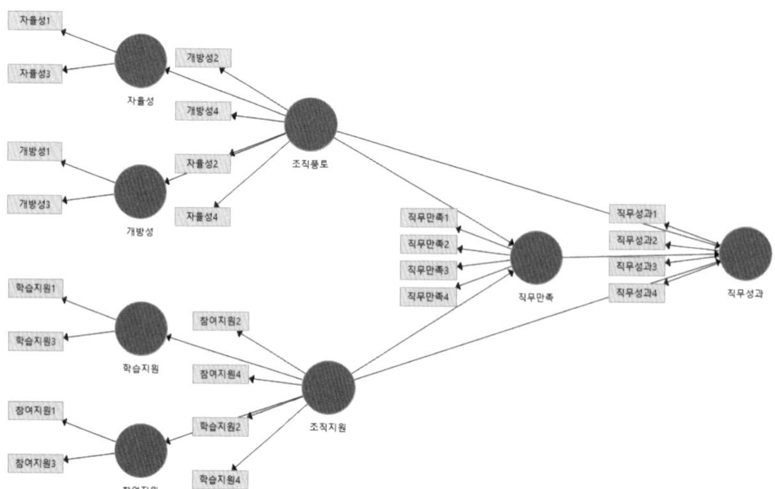

2) 측정모형분석

(1) 집중타당성

[계산]→[PLS 알고리즘]으로 확인적 요인분석을 수행한 결과, 첫째 <표 4-20>의 일차요인과 <표 4-21>의 이차요인에 대한 개별 측정변수들의 요인적재치는 모두 0.7 이상이므로 개별 측정변수들은 해당 잠재변수를 측정하는데 신뢰할 수 있음을 알 수 있다. 둘째, <표 4-20>의 일차요인과 <표 4-21>의 이차요인에 대한 각 잠재변수의 합성신뢰도와 Cronbach's α는 모두 0.7 이상으로 나타나 본 연구에서 사용된 측정변수들은 잠재변수를 측정하는데 내적 일관성이 존재한다고 할 수 있다. 마지막으로 <표 4-21>의 일차요인과 <표 4-21>의 이차요인에 대한 평균분산추출의 값이 기준치인 0.5를 상회하는 것으로 나타나고 있다. 따라서 분석모형의 잠재변수에 대한 집중타당성은 충족한다고 할 수 있다.

〈표 4-20〉 집중타당성 분석결과(하이브리드 접근법: 일차요인)

잠재변수	측정변수	표준요인 적재치	Cronbach's α	합성신뢰도	평균분산추출 (AVE)
개방성	개방성1	0.963	0.922	0.962	0.927
	개방성3	0.963			
자율성	자율성1	0.948	0.900	0.952	0.909
	자율성3	0.959			
참여지원	참여지원1	0.959	0.916	0.960	0.922
	참여지원3	0.961			
학습지원	학습지원1	0.924	0.854	0.932	0.872
	학습지원3	0.943			

〈표 4-21〉 집중타당성 분석결과(하이브리드 접근법: 이차요인)

잠재변수	측정변수	표준요인 적재치	Cronbach's α	합성신뢰도	평균분산추출 (AVE)
조직풍토	개방성2	0.876	0.885	0.920	0.743
	개방성4	0.894			
	자율성2	0.893			
	자율성4	0.870			
직무만족	직무만족1	0.926	0.906	0.934	0.780
	직무만족2	0.934			
	직무만족3	0.917			
	직무만족4	0.932			
직무성과	직무성과1	0.911	0.946	0.961	0.860
	직무성과2	0.918			
	직무성과3	0.921			
	직무성과4	0.918			
조직지원	참여지원2	0.856	0.937	0.955	0.841
	참여지원4	0.868			
	학습지원2	0.858			
	학습지원4	0.865			

(2) 판별타당성

[계산]→[PLS 알고리즘]으로 판별타당성을 수행한 결과, 일차요인의 <표 4-22>와 이차요인의 <표 4-23>에서 볼 수 있듯이 대각선상에 있는 각 잠재변수의 평균분산추출 제곱근 값이 모두 0.7 이상이고 각 평균분산추출의 제곱근 값이 잠재변수 간의 상관계수보다 크므로 판별타당성이 존재한다고 할 수 있다.

〈표 4-22〉 판별타당성 분석결과(하이브리드 접근법: 일차요인)

	개방성	자율성	참여지원	학습지원
개방성	**0.963**			
자율성	0.636	**0.953**		
참여지원	0.359	0.333	**0.960**	
학습지원	0.327	0.301	0.620	**0.934**

〈표 4-23〉 판별타당성 분석결과(하이브리드 접근법: 이차요인)

	조직지원	조직풍토	직무만족	직무성과
조직지원	**0.862**			
조직풍토	0.477	**0.883**		
직무만족	0.477	0.480	**0.928**	
직무성과	0.474	0.529	0.621	**0.917**

일차요인의 <표 4-24>와 이차요인의 <표 4-25>를 살펴보면 각 잠재변수와 관련된 측정변수들의 요인적재치는 교차요인적재치보다 크므로 판별타당성이 존재한다고 할 수 있다. 따라서 잠재변수에 대한 판별타당성은 충족되고 있음을 알 수 있다.

〈표 4-24〉 요인적재치와 교차요인적재치(하이브리드 접근법: 일차요인)

	개방성	자율성	참여지원	학습지원
개방성1	**0.963**	0.603	0.360	0.330
개방성3	**0.963**	0.621	0.332	0.299
자율성1	0.576	**0.948**	0.341	0.290
자율성3	0.634	**0.959**	0.296	0.284
참여지원1	0.353	0.325	**0.959**	0.583
참여지원3	0.337	0.314	**0.961**	0.608
학습지원1	0.251	0.241	0.556	**0.924**
학습지원3	0.352	0.316	0.600	**0.943**

〈표 4-25〉 요인적재치와 교차요인적재치(하이브리드 접근법: 이차요인)

	조직지원	조직풍토	직무만족	직무성과
개방성2	0.439	**0.876**	0.438	0.481
개방성4	0.475	**0.894**	0.434	0.492

자율성2	0.393	**0.893**	0.425	0.471
자율성4	0.378	**0.870**	0.397	0.423
직무만족1	0.448	0.401	**0.926**	0.530
직무만족2	0.449	0.422	**0.934**	0.570
직무만족3	0.407	0.434	**0.917**	0.582
직무만족4	0.465	0.514	**0.932**	0.614
직무성과1	0.410	0.460	0.591	**0.911**
직무성과2	0.481	0.523	0.580	**0.918**
직무성과3	0.411	0.459	0.557	**0.921**
직무성과4	0.433	0.494	0.547	**0.918**
참여지원2	**0.856**	0.407	0.455	0.416
참여지원4	**0.868**	0.429	0.452	0.447
학습지원2	**0.858**	0.386	0.367	0.369
학습지원4	**0.865**	0.423	0.368	0.401

3) 구조모형분석

측정모형을 검정한 결과 신뢰성과 타당성이 확보되었으므로 잠재변수 간의 통계적 유의성은 PLS에서 제공하는 [계산]→[Bootstrapping]을 이용하여 500번 반복하여 구조모형을 평가한다. 구조모형을 평가하기 위해 결정계수(R^2), 전체 적합도, 예측적합도(Q^2), 효과크기(f^2)를 이용하였다. 구조모형분석에 앞서 잠재변수 간의 다중공선성 여부를 확인하였다.

(1) 다중공선성 평가

잠재변수의 다중공선성을 검정하기 위한 조직풍토, 조직지원, 직무만족, 직무성과의 분산팽창지수(VIF)는 1.295~1.449로 나타났다. 결과값이 모두 5 미만으로 나타나 다중공선성이 없음을 확인할 수 있다.

	직무만족	직무성과
조직지원	1.295	1.444
조직풍토	1.295	1.449
직무만족		1.449

(2) 결정계수 평가

구조모형을 분석한 결과 아래와 같이 모든 선행변수에 의해 설명되는 최종 종속변수인 직무성과의 R^2값이 0.470으로 나타났다. 이는 조직풍토, 조직지원, 직무만족은 직무성과 변동량의 47.0%를 설명한다는 의미이다. 아래에 제시된 결과는 구조모형의 적합성이 존재함을 뒷받침해준다.

	R Square	수정결정계수
직무만족	0.310	0.305
직무성과	0.470	0.464

(3) 전체적합도 평가

내생변수의 R^2 평균값이 0.3900이고 공통성 평균값은 0.8060으로 나타나 두 값의 곱은 0.3143이다. 0.3143의 제곱근이 0.5607로 나타나 전체적합도가 매우 높은 것으로 나타났다. 또한 <표 4-21>에서 보듯이 공통성은 모두 0.5 이상으로 기준치를 초과하고 있다.

(4) 예측적합도 평가

아래의 결과를 살펴보면 모든 잠재변수의 Q^2값이 0보다 높게 나타나 분석모형은 예측적합도를 갖는 것으로 판단한다.

구성개념 교차타당 중복성

총계 | 케이스1 | 케이스2 | 케이스3 | 케이스4

	SSO	SSE	Q² (=1-SSE/S...
개방성	556.000	165.588	0.702
자율성	556.000	208.312	0.625
조직지원	1112.000	1112.000	
조직풍토	1112.000	1112.000	
직무만족	1112.000	824.939	0.258
직무성과	1112.000	679.828	0.389
참여지원	556.000	200.571	0.639
학습지원	556.000	230.808	0.585

(5) 효과크기 평가

직무만족에 대한 조직풍토와 조직지원의 효과크기는 각각 0.116과 0.119로 나타나 작은 효과를, 직무성과에 대한 직무만족의 효과크기는 0.239로 나타나 중간 효과를 보인다.

	직무만족	직무성과
조직지원	0.116	0.029
조직풍토	0.119	0.083
직무만족		0.239

4) 가설검정

모든 변수에 대한 신뢰성과 타당성은 양호한 것으로 나타나 모수를 추정하는데 특별한 문제가 없음을 확인하였다. 따라서 다음 단계인 가설을 검정하기 위하여 부트스트랩핑 방법을 이용하여 경로의 직접효과, 간접효과, 총효과의 통계적 유의성을 검정하였다. 그 결과는 <표 4-26>과 같다.

〈표 4-26〉 직접, 간접 및 총효과(하이브리드 접근법)

경로	직접효과			간접효과			총 효과		
	경로계수	t값	p값	경로계수	t값	p값	경로계수	t값	p값
조직지원 → 직무만족	0.322	6.209	0.000				0.322	6.209	0.000
조직지원 → 직무성과	0.149	2.554	0.011	0.138	4.800	0.000	0.287	4.891	0.000
조직풍토 → 직무만족	0.326	5.804	0.000				0.326	5.804	0.000
조직풍토 → 직무성과	0.252	4.567	0.000	0.140	4.637	0.000	0.392	6.910	0.000
직무만족 → 직무성과	0.428	7.744	0.000				0.428	7.744	0.000

(1) 직접효과

2단계 접근법과 계층적 성분 접근법과 같이 하이브리드 접근법도 <표 4-27>에서 처럼 직접효과를 나타내는 5개의 경로계수 모두 유의하게 나타났다.

〈표 4-27〉 가설검정결과 요약(하이브리드 접근법)

번호	가설	경로계수	검정결과
1	조직풍토는 직무만족에 정(+)의 영향을 미칠 것이다.	0.326**	채택
2	조직지원은 직무만족에 정(+)의 영향을 미칠 것이다.	0.322**	채택
3	조직풍토는 직무성과에 정(+)의 영향을 미칠 것이다.	0.252**	채택
4	조직지원은 직무성과에 정(+)의 영향을 미칠 것이다.	0.149*	채택
5	직무만족은 직무성과에 정(+)의 영향을 미칠 것이다.	0.428**	채택

* $p < .05$, ** $p < .01$

(2) 총효과 및 간접효과

2개의 간접효과와 5개의 총효과 모두 유의함을 확인하였다. 먼저 <표 4-26>에 제시된 경로 간의 간접효과를 살펴보면 조직지원→직무만족→직무성과의 간접효과는 조직지원→직무만족의 직접효과 0.322에다 직무만족→직무성과의 직접효과 0.428을 곱하면 0.138이 된다. 조직지원→직무만족→직무성과의 간접효과 0.138은 $\alpha = 0.01$수준에서 유의한 것으로 나타났다. 또한 조직풍토→직무만족→직무성과의 간접효과는 조직풍토→직무만족의 직접효과 0.326에다 직무만족→직무성과의 직접효과 0.428을 곱하면 0.140이 된다. 역시 조직풍토→직무만족→직무성과의 간접효과 0.140도 $\alpha = 0.01$수준에서 유의한 것으로 나타났다.

다음으로 총효과를 살펴보면 조직지원이 직무성과에 미치는 총효과는 조직지원이 직무성과에 미치는 직접효과인 0.149에다 조직지원이 직무성과에 미치는 간접효과인 0.138(0.322×0.428)을 더하면 0.287이 된다. 이 총효과는 $\alpha = 0.01$수준에서 유의한 것으로 나타났다. 또한 조직풍토가 직무성과에 미치는 총효과는 조직풍토가 직무성과에 미치는 직접효과인 0.252에다 조직풍토가 직무성과에 미치는 간접효과인 0.140(0.326×0.428)을 더하면 0.392가 된다. 이 총효과 역시 $\alpha = 0.01$수준에서 유의한 것으로 나타났다.

제5장

Amos의 이해

제 1 절 구조방정식모형

1 구조방정식모형의 개념

구조방정식모형(structural equation modeling: SEM)은 회귀분석, 경로분석, 요인분석을 병합한 모형으로, 어떤 현상을 설명하기 위해 분석대상이 되는 변수들 간의 잠재적인 인과관계(cause and effect relations)를 일련의 구조방정식들로 표현한 모형을 명확하게 규명할 수 있는 통계적 방법이다. 구조방정식은 측정관계를 분석하는 확인적 요인분석과 구조관계를 분석하는 구조모형분석을 동시에 수행하는 데 필요한 측정관계 및 구조관계를 다루는 다수의 연립회귀방정식을 말한다.

Amos에서 구조방정식모형은 [그림 5-1]과 [그림 5-2]와 같은 방식으로 표현된다. 구조방정식모형은 [그림 5-1]과 [그림 5-2]처럼 측정변수와 잠재변수 간의 관계를 다루는 측정모형(measurement model)과 잠재변수 간의 관계를 다루는 구조모형(structural model)으로 구성되어 있다. 또한 [그림 5-1]의 경우는 기본적으로 많이 사용되는 일차요인의 측정모형과 구조모형을 의미하고 [그림 5-2]의 경우는 잠재변수가 다차원의 의미를 보여줄 때 나타나는 고차요인모형인 이차요인의 측정모형과 구조모형이다. 잠재변수가 일차적 수준으로 구성된 모형을 일차요인모형(first-order factor model)이라 하고 다수의 잠재변수가 또 다른 잠재변수를 형성하는 형태의 다차원적인 수준으로 구성된 모형을 고차요인모형(high-order factor)이라 한다. 일반적으로 일차요인모형이 널리 활용되고 고차요인모형 적용을 위해서는 이론적으로나 경험적으로 타당한 근거나 논리가 필요하다.

분석에 사용되는 소프트웨어로는 SPSS와의 친화성과 경로모형을 직접 그릴 수 있다는 장점을 가진 GUI 툴인 Amos가 가장 널리 사용되고 있다. Amos는 확인적 요인분석을 통해 잠재변수 안의 측정변수에 대한 신뢰성 및 타당성을 확인하는 동시에 구조모형분석을 통해 잠재변수 간의 인과관계를 검정할 수 있게 도와주는 프로그램이라 할 수 있다.

[그림 5-1] 일차요인의 측정모형과 구조모형

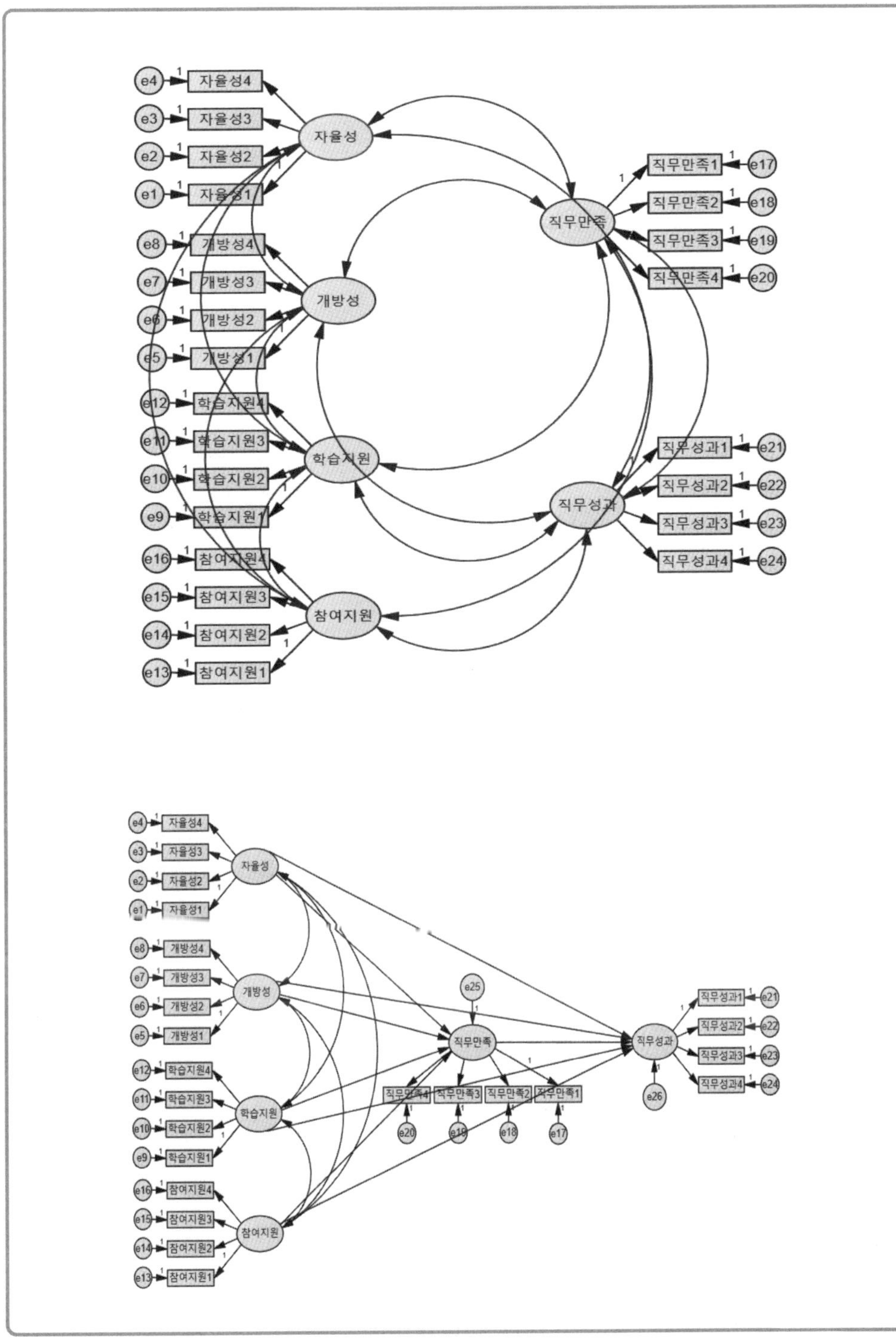

[그림 5-2] 이차요인의 측정모형과 구조모형

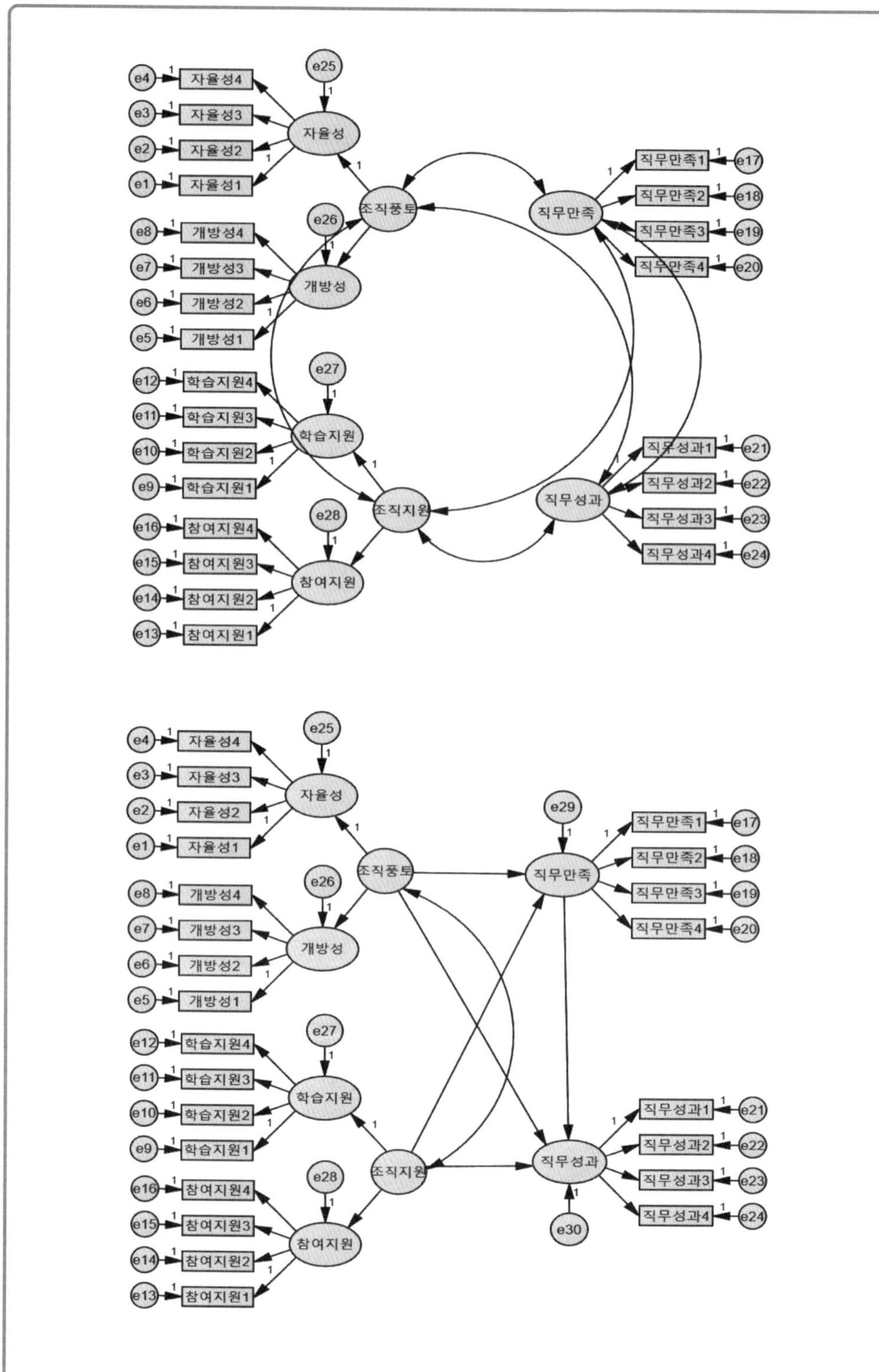

이러한 구조방정식모형의 특징은 첫째, 측정이론에 토대를 둔 확인적 요인분석과 연립방정식모형에 토대를 둔 다중회귀분석 및 경로분석 등이 결합된 방법론으로 측정모형과 구조모형으로 구성된다.

둘째, 관측이 가능한 측정변수(설문문항)로부터 관측이 불가능한 요인(구성개념, 잠재변수)들의 인과관계를 분석하는 기법이다.

셋째, 연구자가 사전에 이론을 토대로 수립한 모형이 수집된 자료에 의해 지지가 되는지를 검정하는 확인적(confirmatory) 접근법이다. 확인적 요인분석의 경우 특정 개념을 측정하기 위한 척도의 신뢰성과 타당성을 평가할 수 있을 뿐 아니라 측정모형의 적합도를 평가할 수도 있다.

넷째, 다중 및 상호종속관계를 동시에 추정하는 것이 가능하다. 예를 들어, [그림 5-1]에서 직무만족은 자율성, 개방성, 학습지원, 참여지원과의 관계에서는 종속변수가 되지만 직무성과에 대해서는 독립변수가 되는 상호종속관계를 가지고 있다. 이런 경우 회귀분석은 두 번에 걸쳐 분석해야 한다. 따라서 인과관계 추론 시 여러 개의 종속변수를 한 번에 측정할 수 있고 독립변수, 매개변수, 종속변수 간의 인과관계를 직접효과와 간접효과의 크기를 동시에 측정할 수 있어 복잡한 모형처리뿐만 아니라 기존 방법론보다 더 정확하고 유연하다.

다섯째, 회귀분석은 단일지표에 의해 분석이 이루어진다. 그러나 구조방정식은 다중지표를 이용할 수 있고 지표의 측정오차를 반영할 수도 있다. 또한, 경로분석과 같이 측정변수만 가진 모형의 평가도 가능하다.

2 구조방정식모형의 구성요소

[그림 5-1]과 [그림 5-2]에서 사용된 그림의 의미를 살펴보면 <표 5-1>과 같다. 잠재변수는 연구자의 연구대상이 되는 개념을 의미하며 구성개념이라고도 한다. 잠재변수는 외생잠재변수와 내생잠재변수로 구분되는데 외생잠재변수는 모형 내에서 다른 잠재변수들의 값에 변동을 주는 것으로 모형 외부의 다른 요인에 의해 영향을 받는 것이다. 반면 내생잠재변수는 모형 내의 외생잠재변수에 직접 또는 간접적으로 영향을 받는 변수로 내생잠재변수의 변화는 외생잠재변수 및 내생잠재변수에 의해 설명된다. 즉 외생잠재변수는 독립변수를 의미하

〈표 5-1〉 구조방정식모형의 구성요소

모양	특징
타원	• 잠재변수 • 추상적이고 직접 관찰할 수 없는 이론적인 (구성)개념 • 측정오차가 없음 • 내생잠재변수, 외생잠재변수 • 예로 자율성, 개방성, 학습지원, 참여지원, 직무만족, 직무성과 등
	• 오차변수 • 측정변수가 잠재변수를 완전하게 기술하지 못하는 정도 • 측정오차가 있음 • 예로 $e1, e2, e3, \ldots, e24$ 등
사각형	• 측정변수 • 외생측정변수, 내생측정변수 • 측정오차가 있음 • 예로 자율성1, 자율성2, 자율성3, ... 직무성과3, 직무성과4 등
단방향 화살표	• 잠재변수 간의 인과관계
양방향 화살표	• 두 잠재변수 간의 공분산 관계

고 내생잠재변수는 종속변수에 비유될 수 있다.

잠재변수 간의 가설을 검정하기 위해서는 반드시 계량적으로 측정된 데이터가 존재하여야 하는데 이때 계량적 데이터를 얻기 위해 측정된 변수를 측정변수라 한다. 측정변수는 관측변수, 설문문항, 지표라고도 한다. 측정변수는 외생측정변수와 내생측정변수로 구분되는데 외생측정변수는 외생잠재변수를 측정하기 위해 사용된 측정변수이고 내생측정변수는 내생잠재변수를 측정하기 위해 사용된 측정변수이다.

오차(error)는 어떤 변수의 분산이 특정 변수에 의해 설명되지 못한 정도를 가리킨다. 구조방정식에서 오차는 측정변수에 대한 오차와 잠재변수에 대한 오차로 나누어진다. 먼저 측정변수에 대한 오차는 측정변수가 잠재변수를 설명하지 못한 정도를 의미한다. [그림 5-1]에서 보는 바와 같이 $e1 \sim e24$가 측정변수에 대한 오차이다. 예로 $e1$은 자율성1이 자율성을 설명하지 못한 정도를 나타낸다. 잠재변수에 대한 오차는 내생잠재변수가 외생잠재변수로부터 설명되지 못하는 정도를 의미한다. [그림 5-1]에서는 $e25$와 $e26$이 여기에 해당하는데 $e25$는 자율성, 개방성, 학습지원, 참여지원이 직무만족에 미치는 영향을 설명하지 못한 정도를 표현한 것이고 $e26$은 직무만족이 직무성과를 설명하지 못한 정도를 나타낸 것이다.

Amos에서 구조방정식모형을 작성할 때 중요한 개념 중 하나가 Fix의 개념이다. Fix는 변수 간 관계에 대해 모수를 명시적으로 일정한 값을 지정하는 것을 의미한다. [그림 5-1]에서 측정변수와 오차항 사이의 값을 살펴보면, 예를 들어 자율성1과 자율성, 개방성1과 개방성, 학습지원1과 학습지원, 참여지원1과 참여지원, 직무만족1과 직무만족, 직무성과1과 직무성과 사이에 있는 화살표에 1이라는 숫자가 적혀있는 부분이 Fix에 해당한다. 여기서 자율성을 살펴보면 자율성1의 값이 자율성과 같다고 가정할 때 나머지 자율성2, 자율성3, 자율성4의 변화량을 추정한다. 이때 그 변화량이 너무 크고 의미가 없다면 그 측정변수는 삭제될 수 있다. 여기서 주의할 점은 잠재변수를 측정하기 위해서는 측정변수 중 하나는 잠재변수에 꼭 Fix되어야 한다는 것이다.

3 Amos 프로그램 메뉴

Amos 프로그램을 실행하기 위해서 Amos 파일에서 [Amos Graphics]를 클릭하면 다음과 같은 Amos 창이 열리게 된다. 오른쪽 화면은 모형을 그리는 곳이고 왼쪽 화면에 있는 그림이 연구자가 모형을 그릴 때 사용할 수 있는 도구들이다. 주요 도구에 대한 설명은 <표 5-2>와 같다.

〈표 5-2〉 Amos 아이콘 설명

아이콘	설명	아이콘	설명	아이콘	설명
	측정변수 작성		잠재변수 작성		측정모형 작성
	인과관계		상관관계		오차항
	제목, 적합지수값 나타내기		모형 내 변수		변수 보기
	도형 복사		모형 이동		삭제
	도형 크기조절		모형 회전		측정변수 반전
	결과값 이동		작업시트 위치 이동		모형 고치기
	데이터 불러오기		옵션선택		분석실행
	모형을 클립보드에 복사		결과보기		저장
	Object Properties		속성 복사		모형 내 도형을 대칭정렬
	선택화면 확대		전체화면 크게		전체화면 작게
	도형 전체화면		도형화면 넣기		돋보기
	베이지안 추정		다집단 비교		프린트하기
	실행취소		취소한 것 재실행		모형설정 옵션

제2절 일차요인모형

1 일차요인모형분석

[그림 5-1]의 모형을 바탕으로 수립한 다음과 같은 가설을 검정하기 위한 Amos를 실습한다.

가설 1: 자율성은 직무만족에 정(+)의 영향을 미칠 것이다.
가설 2: 자율성은 직무성과에 정(+)의 영향을 미칠 것이다.
가설 3: 개방성은 직무만족에 정(+)의 영향을 미칠 것이다.
가설 4: 개방성은 직무성과에 정(+)의 영향을 미칠 것이다.
가설 5: 학습지원은 직무만족에 정(+)의 영향을 미칠 것이다.
가설 6: 학습지원은 직무성과에 정(+)의 영향을 미칠 것이다.
가설 7: 참여지원은 직무만족에 정(+)의 영향을 미칠 것이다.
가설 8: 참여지원은 직무성과에 정(+)의 영향을 미칠 것이다.
가설 9: 직무만족은 직무성과에 정(+)의 영향을 미칠 것이다.

[그림 5-1]에 대한 가설을 다시 도식화하면 [그림 5-3]과 같다.

2 확인적 요인분석

1) 데이터 불러오기

먼저 [Amos Graphics]을 통해 프로그램을 실행한다. 초기화면이 나타나면 [File]→[Data File]을 선택하거나 메뉴의 [▦]을 클릭한다.

[그림 5-3] 일차요인모형

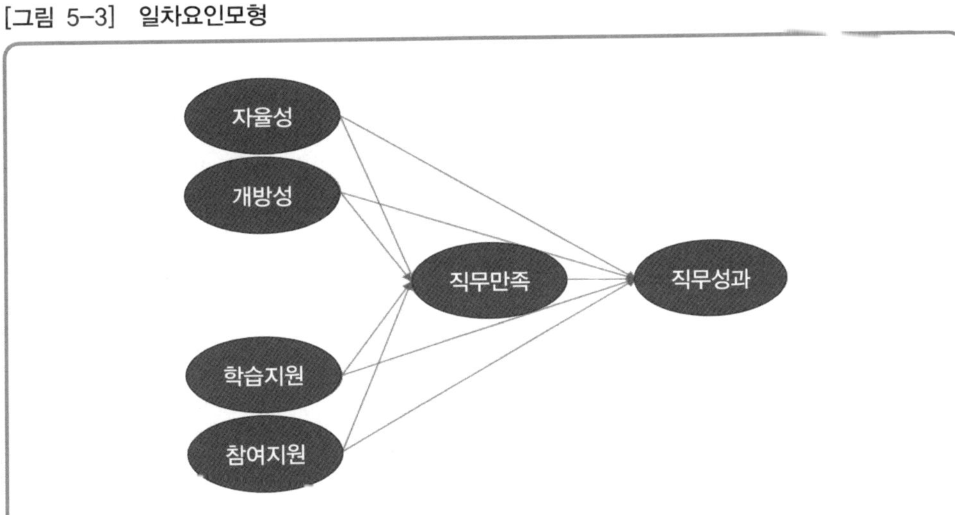

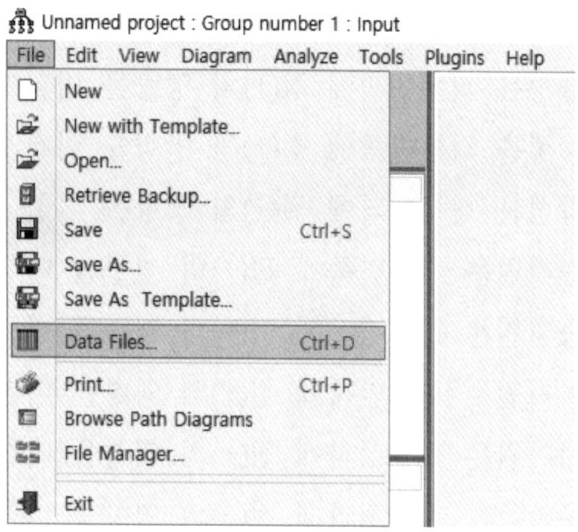

아래의 [Data Files] 창에서 [File Name]을 클릭하여 분석할 파일 [EXAM.sav]을 지정한 후 [OK]를 누르면 Amos에 예제 데이터가 업로드(upload)된다.

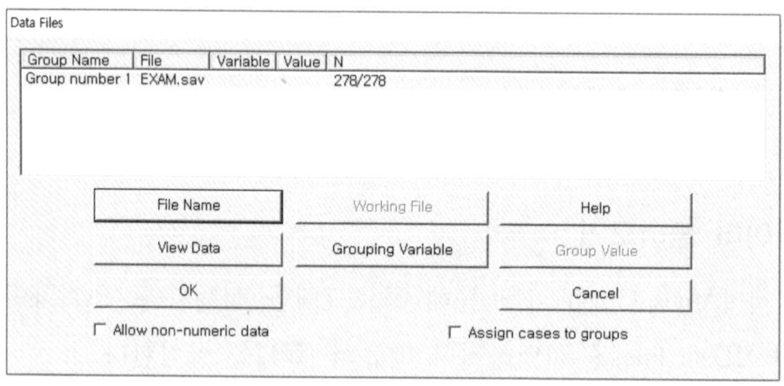

만약 SPSS 저장 파일이 아닌 다른 저장 파일을 사용하고 싶다면 [File Name]을 선택하여 오른쪽 하단의 [IBM SPSS Statistics (*.sav)]를 클릭하면 다음과 같이 SPSS 이외의 다양한 저장 파일을 사용할 수 있다. 하지만 SPSS 저장 파일 이외의 데이터를 이용할 경우 분석시간이 늘어난다. 예로 엑셀 파일의 경우 엑셀 2010 이후의 파일인 Excel 12.0[*.xlsx]을 지원하지 않고 이전 버전인 Excel 8.0 [*.xls]까지만 지원되므로 데이터 파일을 SPSS 저장 파일인 [*.sav]로 변경하여 사용하는 것을 추천한다.

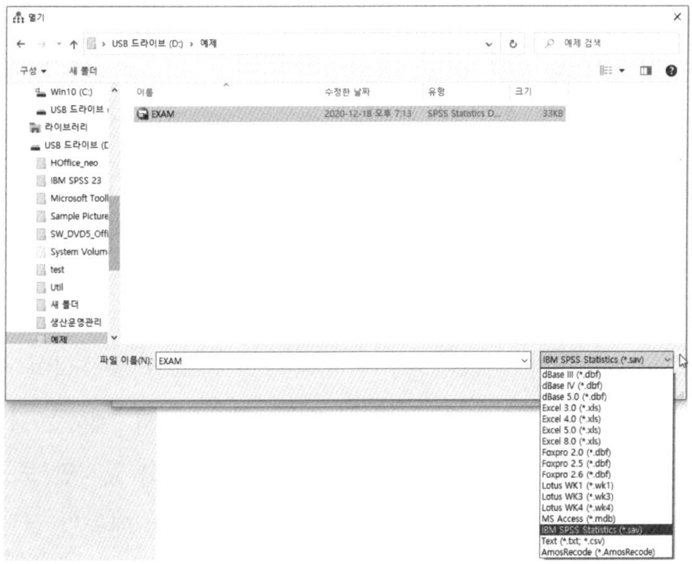

2) 모형 그리기

(1) 잠재변수 그리기

Amos 화면에서 그림 도구를 이용하여 확인적 요인분석에 필요한 모형을 그린다. [ ]나 [ ]를 이용하여 직접 그릴 수 있지만 [ ]을 이용하면 편리하게 모형을 그릴 수 있다. [ ]을 그림 그리기 창에서 한 번 클릭하면 아래와 같이 잠재변수의 모양이 나타나게 된다.

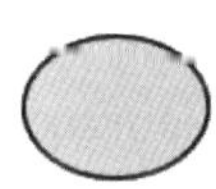

그림 그리기 창에 생성된 잠재변수 위에 [ ]을 클릭하면 측정변수와 오차항이 함께 그려지게 된다. 본 예제에서와같이 하나의 잠재변수에 4개의 측정변수가 존재한다면 총 4번을 더 클릭한다. 그러면 다음과 같이 잠재변수 1개와 측정변수 4개 그리고 오차항 4개가 있는 형태의 모형이 그려진다. 만약 측정변수의 위치를 바꾸고 싶다면 [ ] 메뉴를 클릭한 후 마우스를 잠재변수에 놓고 클릭하면 네모박스의 방향이 시계방향으로 90°씩 이동하게 된다. 그려진 도형의 크기를 변경하고 싶다면 [ ] 메뉴를 이용하여 크기를 변경할 수 있다.

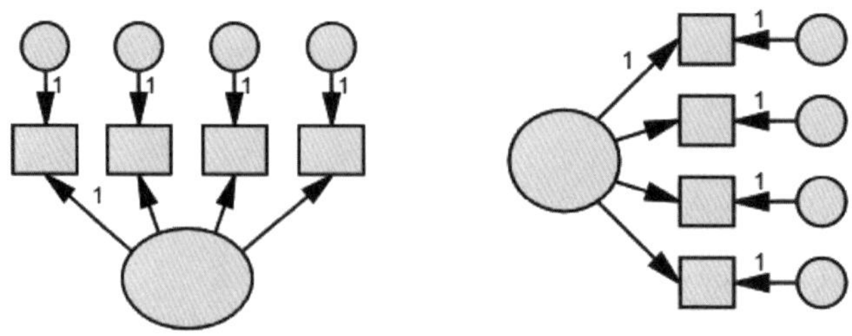

모양을 만들었다면 잠재변수에 마우스를 놓고 더블클릭하여 아래와 같은 [Object Properties]를 열어 준다. [Object Properties] 메뉴는 [View]→[Object Properties]에도 존재하고 그림 메뉴 [ ]을 사용할 수 있지만 보통 원하는 곳에 놓고 더블클릭하여 많이 사용한다. [Object Properties] 메뉴가 실행되면 [Variable name]에 변수명을 입력하고 [x]를 클릭하여 메뉴를 종료해 준다.

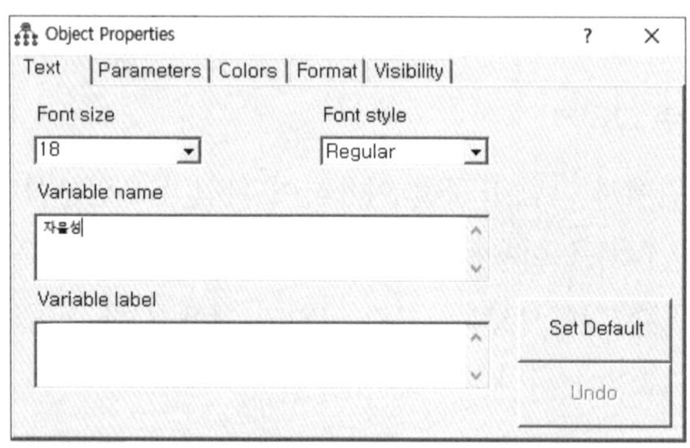

이처럼 변수의 이름을 [Variable name]에 직접 입력할 수도 있지만 변수에 이름을 입력하는 다른 방법은 그림 메뉴에서 [ ]을 클릭하여 다음의 [Variable in Dataset]을 불러온다. 네모박스 모양의 [Variable in Dataset] 창이 나타나면 네모박스에 있는 변수이름을 드래그하여 원하는 곳에 놓으면 변수의 이름을 할당할 수 있다. 이상의 과정을 거쳐 다음과 같은 결과를 작성해준다.

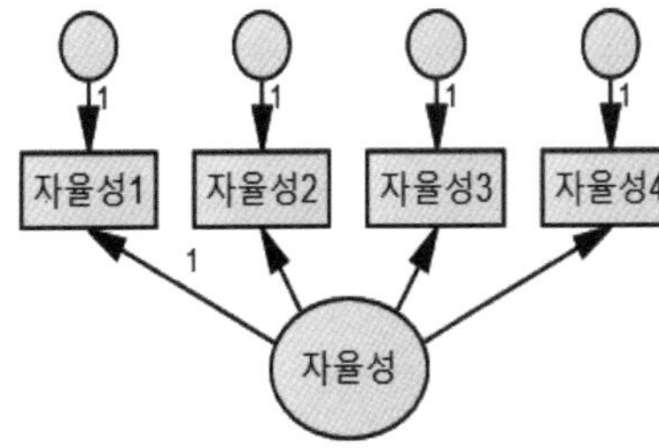

동일한 방법으로 나머지 잠재변수인 개방성, 학습지원, 참여지원, 직무만족, 직무성과에 대해서도 만들어 준다. 모형을 만들 때 [ ]을 이용하여 만들 수 있지만 [ ]을 이용하여 잠재변수를 복사하면 시간을 줄일 수 있다. [ ]을 클릭한 후 잠재변수인 자율성을 클릭하여 드래그하면 자율성에 포함된 측정변수와 오차항이 함께 복사된다. 이후 복사된 잠재변수 및 측정변수의 이름을 [Object Properties]를 통해 변경해주면 된다. 이상의 내용을 완성하면 다음과 같다.

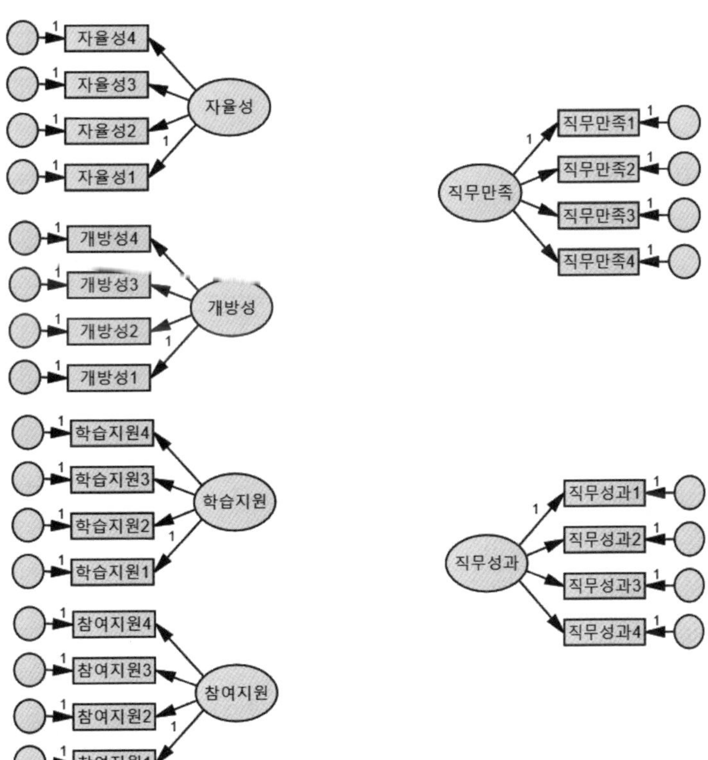

(2) 오차항 이름 넣기

오차항 이름을 입력하기 위해 동그라미 모양의 오차항을 더블클릭하여 [Object Properties]→[Variable name]에 오차항 이름을 넣어준다. 오차항 이름을 직접 입력해줘도 되지만 [Plugins]→[Name Unobserved Variables]를 눌러 자동으로 오차항 이름을 입력할 수도 있다. [Name Unobserved Variables]를 이용한다면 오차항 이름은 만들어진 순서대로 e_1, e_2, …, e_n으로 나타나게 된다. 오차항 이름을 입력하는 경우 모든 변수의 입력이 끝난 다음 마지막에 [Plugins]→[Name Unobserved Variables]를 이용하여 입력하면 시간을 줄일 수 있다. 다음의 결과는 [Plugins]→[Name Unobserved Variables]를 이용한 결과이다.

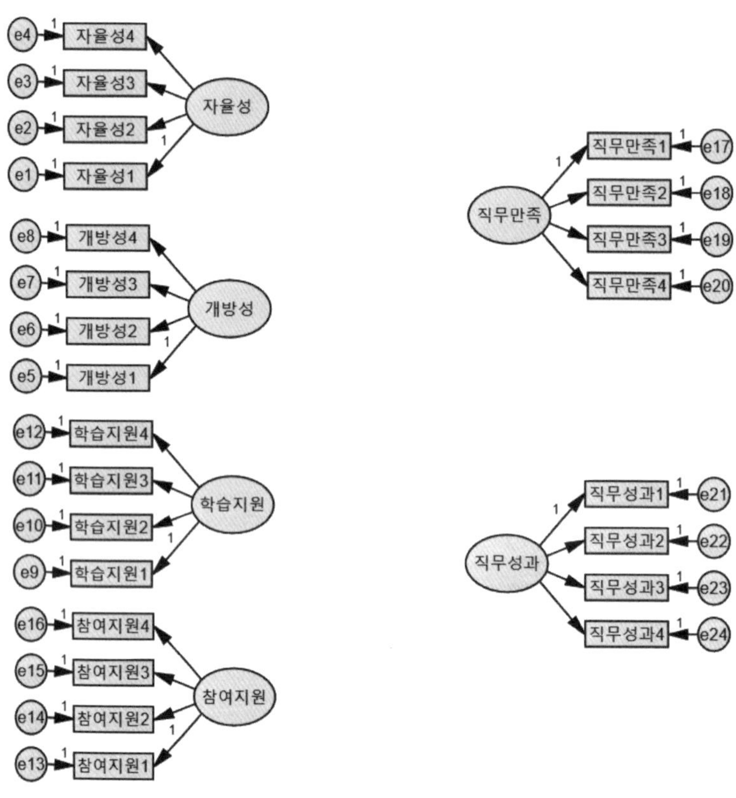

(3) 상관관계 그리기

확인적 요인분석을 위해서는 모든 잠재변수 간에 상관관계를 설정하여야 하는데 [↔]을 이용하여 모든 잠재변수 간의 관계를 연결한다. 만약 잠재변수 간에 상관관계가 그려지지 않았다면 다음과 같이 연결되지 않은 곳에 대한 오류 메시지가 나타난다.

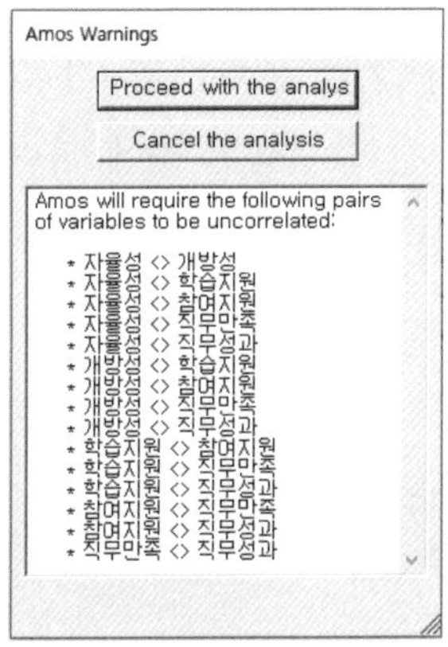

아래와 같이 6개의 잠재변수가 존재한다면 총 15개의 상관관계가 그려진다.

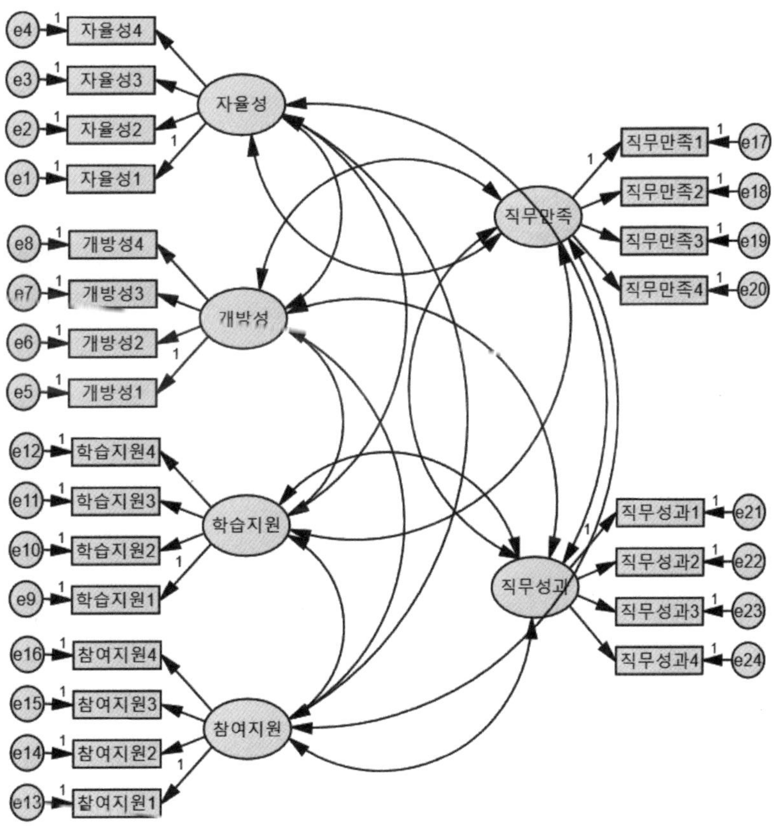

[↔] 메뉴를 이용하여 직접 상관관계를 그려줄 수 있지만 잠재변수의 수가 많을수록 실수할 가능성이 커지기 때문에 [Plugins]→[Draw Covariances] 메뉴를 활용하는 것이 편리하다. [Plugins]→[Draw Covariances] 메뉴를 활용하기 위해서는 먼저 그림 메뉴에서 [ ]을 클릭한 후 각 잠재변수를 선택한다. [ ]을 클릭하게 되면 아래 그림과 같이 선택된 곳에 파란색 모양을 확인할 수 있게 된다. 혹시 잘못 클릭을 하였다면 선택된 화면을 한 번 더 클릭하면 된다.

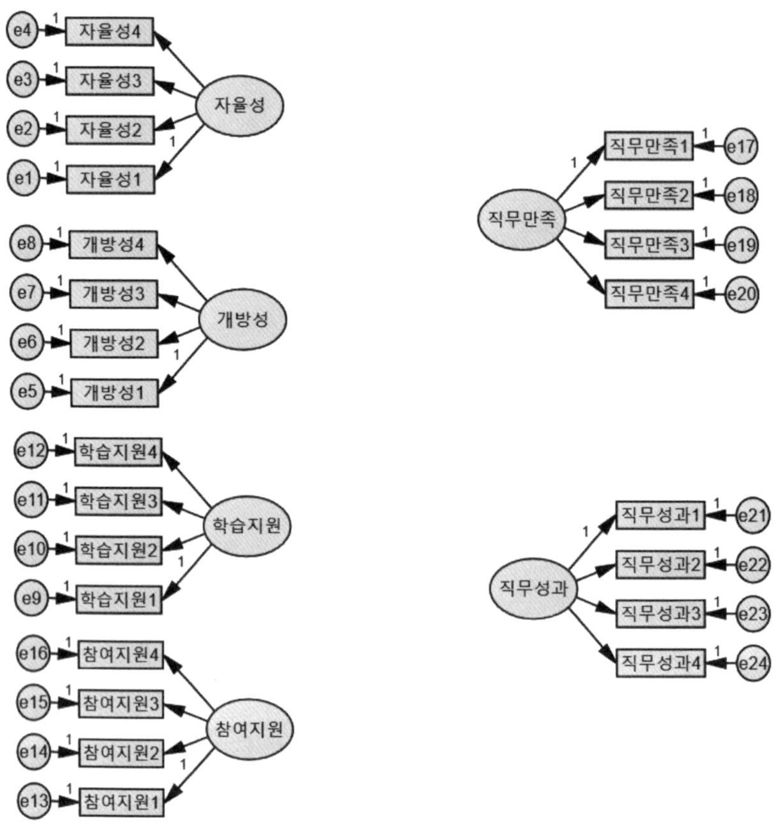

모든 잠재변수를 선택한 후 메뉴에서 [Plugins]→[Draw Covariances]를 사용하면 다음과 같이 Amos가 자동으로 상관관계의 선을 그려준다.

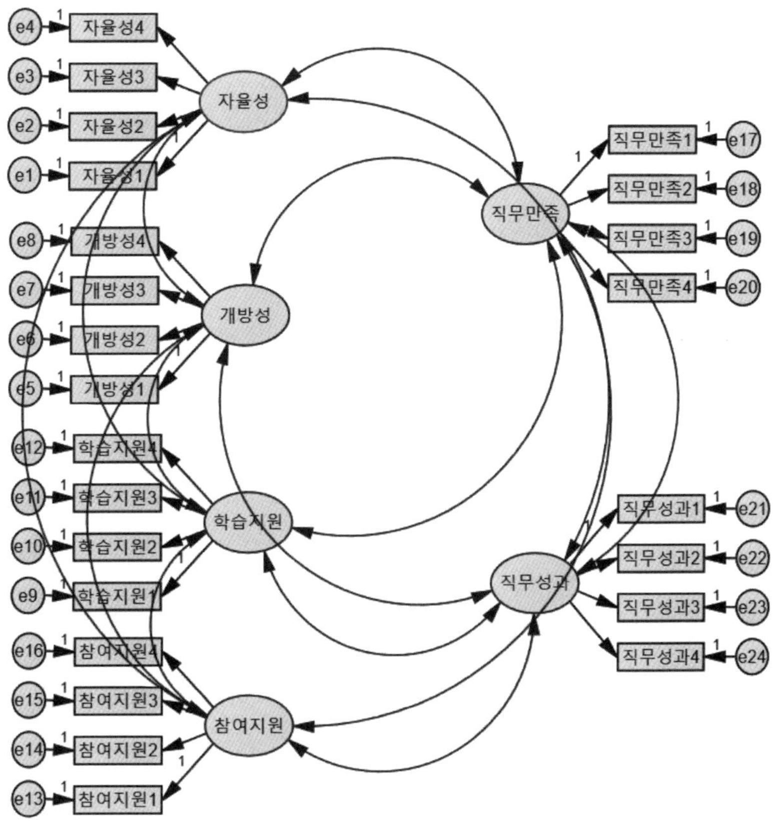

(4) 결과물 지정

잠재변수 간 상관관계가 그려졌다면 [View]→[Analysis Properties]를 선택하거나 그림 메뉴의 [▦]을 선택한다. [Analysis Properties] 메뉴에서 [Output]을 클릭하면 다음과 같이 다양한 옵션 메뉴가 나타나게 된다. 기본적으로 [Minimization history]는 설정되어있는 상태이지만 확인적 요인분석에 필요한 표준화 요인적재치의 값을 확인하기 위해 [Standardized estimates]와 각 잠재변수 간의 상관관계를 표시해주는 [Squared multiple correlations] 메뉴를 다음과 같이 추가로 선택한다.

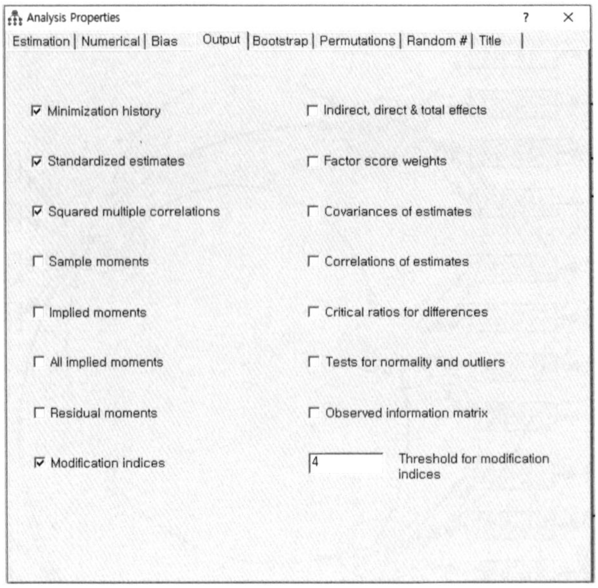

만약 적합도 개선을 위한 작업이 필요한 경우는 [Modification indices] 메뉴를 지정하여 분석한다.

(5) 분석

분석은 메뉴 [Analyze]→[Calculate Estimates] 또는 그림 메뉴 [ ]을 클릭한다. Amos는 SPSS와는 다르게 굉장히 민감한 프로그램이다. 따라서 Amos에서는 다음과 같이 데이터값이 하나라도 입력되지 않았다면 실행할 수 없다.

자율성1	자율성2	자율성3	자율성4	개방성1	개방성2	개방성3
4.0	5.0	5.0		4.0	5.0	5.0
3.0	3.0	3.0	3.0	5.0	5.0	5.0
4.0	4.0	4.0	4.0	4.0	6.0	6.0
4.0	4.0	4.0	4.0	2.0	2.0	2.0
5.0	5.0	5.0	5.0	7.0	7.0	7.0
5.0	5.0	6.0	6.0	6.0	6.0	6.0
4.0	4.0	4.0	4.0	4.0	4.0	1.0
5.0	4.0	4.0	3.0	4.0	4.0	5.0
5.0	5.0	5.0	5.0	4.0	5.0	4.0

만약 다음과 같은 오류가 뜬다면 데이터 파일에 들어가서 비어있는 값이 있는지 확인해야 한다. 입력하지 않아 비어있는 값이 있다면 빈 부분을 채워주던지 전체 열을 지울 필요가 있다.

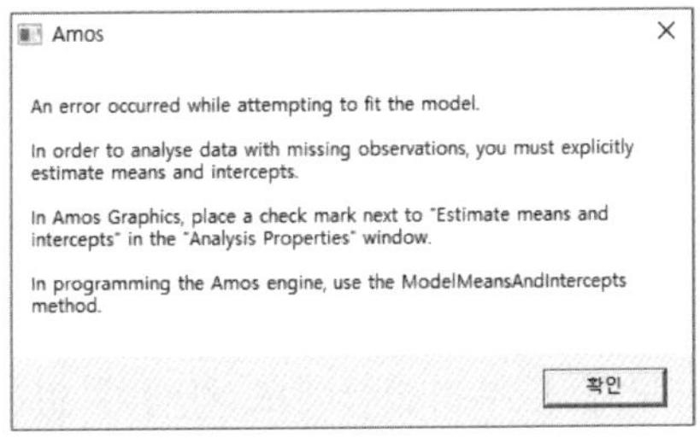

3) 적합도지수

확인적 요인분석은 탐색적 요인분석과 비슷하게 측정변수가 목표로 하는 특정 잠재변수에 잘 구성되어 있는지와 각 잠재변수가 판별 가능한지를 검정하는 것이다. 확인적 요인분석은 이론적으로 구축된 모형을 수집된 데이터를 통해 확인한다는 점에서 이론적 모형과 관찰 데이터 간의 적합도지수(goodness of fit index)를 이용한다.

적합도지수는 지속적인 개발로 인해 20개 이상의 적합도지수가 Amos에 표시되고 있다. 이러한 적합도지수는 모형의 전반적인 적합도를 평가하는 절대적합지수(absolute fit index), 기존모형과 제안모형의 적합도를 비교하는 증분적합지수(incremental fit index), 모형의 복잡성에 대한 수정사항을 내재하고 있는 간명적합지수(parsimony-adjusted index) 등으로 구분된다.

(1) 절대적합지수

구조방정식모형의 전반적인 적합도를 평가하는 대표적인 절대적합지수로는 χ^2 검정, Cmin/df, GFI, AGFI, RMR, RMSEA 등이 있다.

■ χ^2 **검정**

구조방정식모형에서 모형의 적합도에 대한 통계적인 유의성을 검정할 수 있는 유일한 통계량이 χ^2 검정이다. χ^2 검정은 분석에 사용된 데이터가 구조방정식모형을 분석한 후 만들어진 데이터와 얼마나 일치하는지를 χ^2 지표를 통해 확인하게 된다. 이때 영가설은 연구모형은 모집단 자료에 적합하다(표본공분산행렬=추정공분산행렬)이고 대립가설은 연구모형은 모집단 자료에 적합하지 않다(표본공분산행렬$\neq$추정공분산행렬)이다. χ^2값의 유의확률이 유의수준 0.05보다 크게 나오면 영가설을 채택한다. 따라서 χ^2 검정에서는 χ^2의 유의확률이

0.05보다 큰 값이 나와야 연구모형은 모집단 자료에 적합하다고 해석하게 된다. 하지만 이 χ^2 통계량은 표본의 크기에 매우 민감해서 표본크기가 200개 이상이면 통계적으로 유의한 차이가 없어 모형이 적합함에도 차이가 있는 것처럼 결과를 제시하거나 반대로 표본크기가 100개 이하가 되면 실제로 통계적으로 유의한 차이가 있어 모형이 부적합함에도 차이가 없는 것처럼 결과를 제시하여 결과를 신뢰할 수 없게 만든다. 이에 따라 χ^2과 p값을 통한 적합도 판단은 충분한 신뢰성을 가져오지 못한다. 이를 보완하기 위해 다양한 적합도지수의 검사를 통해 모형의 적합도를 파악하여야 한다.

■ CMIN/DF

Amos에서 CMIN/DF로 표시되는 χ^2/df는 χ^2을 자유도(df)로 나눈 비율을 의미하며 3.0 이하일 때는 수용할만한 적합도를 가진 모형으로, 2.5 이하일 때는 좋은 적합도를 가진 모형으로, 2 이하면 매우 좋은 적합도를 가진 모형으로 판정할 수 있다. 따라서 CMIN/DF값이 작을수록 적합도가 높다고 볼 수 있다.

■ GFI(goodness of fit index)

원래 데이터와 분석을 통해 도출된 데이터 간 차이의 비율에 기초한 것으로 분석을 통해 도출된 데이터가 원래 데이터를 설명하는 크기를 나타낸다. 따라서 GFI는 회귀분석에서 R-square와 비슷하게 해석될 수 있다. GFI는 ML, GLS 등의 추정방법을 통해 산출되며 0과 1 사이의 값을 가진다. 일반적인 수용기준은 0.9 이상이다.

■ AGFI(adjusted goodness of fit index)

너무 많은 추정 모수에 의해 모형적합도가 과적합하고 있는지를 판단하는 지수로서 모형의 간명도를 평가하는 적합도 지수이다. GFI는 모형이 복잡할수록 적합도가 높아지는 비합리적인 경향을 띠고 있어 이를 보완하기 위해 모형이 얼마나 단순한지를 평가하기 위한 지표가 바로 AGFI이다. AGFI는 절대적합지수인 GFI를 확장한 것으로 모형이 복잡하고 추정 모수가 많을수록 적합도가 높아지는 경향이 있는 GFI값에 간결비율(PR: parsimony ratio)을 적용하여 추정 모수의 수가 많아짐에 따라 GFI값을 하향 조정한 적합도 지수이다. 이는 회귀분석에서 수정된 R-square와 비슷하게 해석될 수 있다. 권장되는 일반적인 수용기준은 0.9 이상이다.

■ RMSR(root mean square residual)

잔차평균을 자승하고 이를 합한 후 제곱근을 취한 값으로, 표본자료에 의해 모형을 설명할 수 없는 분산/공분산의 크기를 의미하므로 이 값이 작을수록 좋다. Amos는 RMSR에 대해 RMR로 표현된다. RMR의 일반적인 수용기준은 0.08 이하이지만 0.05 이하를 추천하는 경우도 있다.

■ RMSEA(root mean square error of approximation)

모형을 표본이 아닌 모집단에서 추정할 때 기대되는 적합도로서 이 값이 0.1 이하이면 적합하는 모형으로, 0.05 이하이면 매우 잘 적합하는 모형으로, 0.01 이하이면 가장 잘 적합하는 모형으로 해석한다. 표본크기가 상당히 큰 제안모형을 기각시키는 χ^2 통계량의 한계를 극복하기 위해 개발된 적합지수로 χ^2의 값을 자유도와 표본 크기로 조정한 값을 의미한다. RMSEA의 일반적인 수용기준은 0.08 이하이지만 0.05 이하를 추천하는 경우도 있다.

(2) 증분적합지수

구조방정식모형을 측정변수 간 관계가 전혀 존재하지 않는 기초모형(null model)과 비교한 적합도 지수를 말하며 NFI, CFI, TLI 등이 있다.

■ NFI(normed fit index)

분석된 구조방정식모형이 기초모형에 비해 어느 정도 향상되었는지를 나타내는 지수로서 일반적으로 0.9 이상이면 수용할만하다고 판단한다. NFI가 0.9라는 의미는 기초모형에 비해 제안모형이 90% 향상되었다는 것을 의미한다.

■ CFI(comparative fit index)

[1- (분석된 구조방정식모형의 χ^2 통계량 - 자유도/기초모형의 χ^2 통계량 - 자유도)]로서 NFI의 결함을 극복하기 위해 모집단의 모수 및 분포를 표시하는 관점에서 개발되었다. CFI를 비롯한 RFI, IFI 등은 모두 기초모형과 제안모형을 비교하는 데 사용한다. 이들은 0과 1 사이의 값을 가지며 일반적으로 0.9 이상이면 좋은 적합도를 갖는 것으로 볼 수 있다.

■ TLI(Turker-Lewis index)

제안모형과 기초모형의 비교를 바탕으로 한 지수로서 원래 요인분석을 위해 개발되었다가 구조방정식모형의 평가까지 확장되었다. TLI의 일반적인 권장 수용기준은 0.9 이상이면 좋은 적합도를 갖는다고 판단한다.

(3) 간명적합지수

간명적합지수는 일반적으로는 자주 사용되지 않지만 두 모형의 간결성을 비교할 때 사용되는 모형 적합도지수이다.

- **PGFI(parsimony goodness-of-fit index), PNFI(parsimony normed fit index), PCFI(parsimony comparative fit index)**

이들 간명적합지수는 각 GFI, NFI, CFI의 값에 간결비율(PR)을 곱한 값으로 0과 1 사이의 값을 가진다. 이들 값은 단독적으로 사용될 때는 의미가 없고 다른 경쟁 모형과의 비교를 통해 더 높은 수치를 가지는 모형이 더 나은 모형이라 판단하는 경우에 사용된다. 특히 이차 확인적 요인분석을 수행할 때 사용될 수 있는 지수이다.

이상의 적합도에 대한 권고지수는 <표 5-3>과 같이 요약할 수 있다.

〈표 5-3〉 확인적 요인분석 적합도

적합지수	χ^2검정	χ^2/df	GFI	AGFI	RMR	RESEA	NFI	CFI	TLI
권고지수	> 0.05	< 2.5	> 0.9	> 0.9	< 0.08	< 0.08	> 0.9	> 0.9	> 0.9

4) 확인적 요인분석 결과

(1) 결과물 확인

확인적 요인분석의 결과를 살펴보기 위해서는 메뉴의 [View]→[Text Output]을 클릭하거나 그림 메뉴 [ ]을 선택해 결과값을 확인할 수 있다. 이를 위해 먼저 [Model Fit]에 들어가게 되면 $\chi^2 = 395.940(df = 237, p = 0.000)$, $\chi^2/df = 1.671$, GFI = 0.895, CFI = 0.978, NFI = 0.948, RMR = 0.075, RMSEA = 0.049이 나타난 것을 다음과 같이 확인할 수 있다.

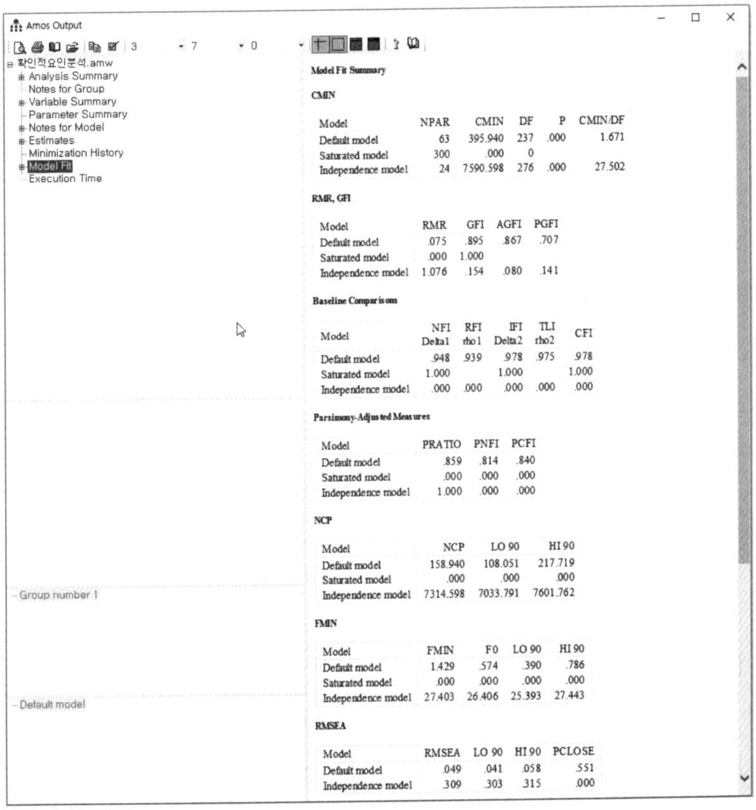

CMIN

Model	NPAR	CMIN	DF	P	CMIN/DF
Default model	63	395.940	237	.000	1.671
Saturated model	300	.000	0		
Independence model	24	7590.598	276	.000	27.502

RMR, GFI

Model	RMR	GFI	AGFI	PGFI
Default model	.075	.895	.867	.707
Saturated model	.000	1.000		
Independence model	1.076	.154	.080	.141

Baseline Comparisons

Model	NFI Delta1	RFI rho1	IFI Delta2	TLI rho2	CFI
Default model	.948	.939	.978	.975	.978
Saturated model	1.000		1.000		1.000
Independence model	.000	.000	.000	.000	.000

Parsimony-Adjusted Measures

Model	PRATIO	PNFI	PCFI
Default model	.859	.814	.840
Saturated model	.000	.000	.000
Independence model	1.000	.000	.000

NCP

Model	NCP	LO 90	HI 90
Default model	158.940	108.051	217.719
Saturated model	.000	.000	.000
Independence model	7314.598	7033.791	7601.762

FMIN

Model	FMIN	F0	LO 90	HI 90
Default model	1.429	.574	.390	.786
Saturated model	.000	.000	.000	.000
Independence model	27.403	26.406	25.393	27.443

RMSEA

Model	RMSEA	LO 90	HI 90	PCLOSE
Default model	.049	.041	.058	.551
Independence model	.309	.303	.315	.000

이상의 내용은 <표 5-4>에 요약되어 있다. 분석모형의 적합도를 살펴보면 χ^2의 p값과 GFI와 AGFI는 권고기준치에 미치지 못하지만 나머지 적합도는 권고기준치를 모두 만족하고 있어 잠재변수 간의 영향 관계를 파악하기에 타당한 모형이라 판단된다.

〈표 5-4〉 확인적 요인분석의 적합도 결과

적합지수	권고지수	확인적 요인분석
χ^2검정	> 0.050	0.000
χ^2/df	< 2.500	1.671
GFI	> 0.900	0.895
AGFI	> 0.900	0.867
RMR	< 0.080	0.075
RESEA	< 0.080	0.049
NFI	> 0.900	0.948
CFI	> 0.900	0.978
TLI	> 0.900	0.975

(2) 수정지수

본 예제에서는 적합도에 큰 문제가 발생하지 않았지만, 적합도를 개선해야 한다면 수정지수(modification indices)를 사용한다. 확인적 요인분석을 실행할 때 사용하였던 [View]→[Analysis Properties]→[Output]에서 수정지수를 필요에 따라 [Threshold for modification indices]의 지수를 변경해준다. [Threshold for modification indices] 지수는 기본값이 4로 설정되어있는데 이는 수정지수가 4 이상인 값만 보여준다는 것을 의미한다. 상황에 따라 큰 수만 보고 싶을 경우는 그 수를 올려도 상관은 없다. 본 예제에서는 화면을 간소화하기 위해 [Threshold for modification indices] 지수를 아래와 같이 10으로 설정하였다.

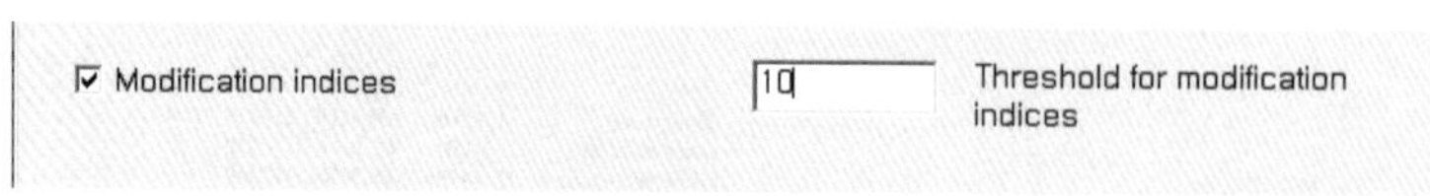

[Analyze]→[Caculate Estimates]를 실행한 다음 [View]→[Text Output]를 클릭하면 [Modification Indices] 메뉴에서 [Covariances]와 [Regression Weights]에 대한 M.I.(Modification Indices)을 보여준다. [Covariances]는 변수와 변수 간의 공분산 설정을 의미하고 [Regression Weights]는 변수와 변수 간에 인과관계를 설정하는 경우를 의미한다. [Covariances]의 M.I. 값은 두 변수 간에 공분산을 설정하였을 경우 변화될 수 있는 χ^2의 값을 의미한다. 예를 들어, $e18$과 $e19$의 공분산을 설정하는 경우 χ^2이 최소한 11.184만큼 감소한다는 것을 의미한다.

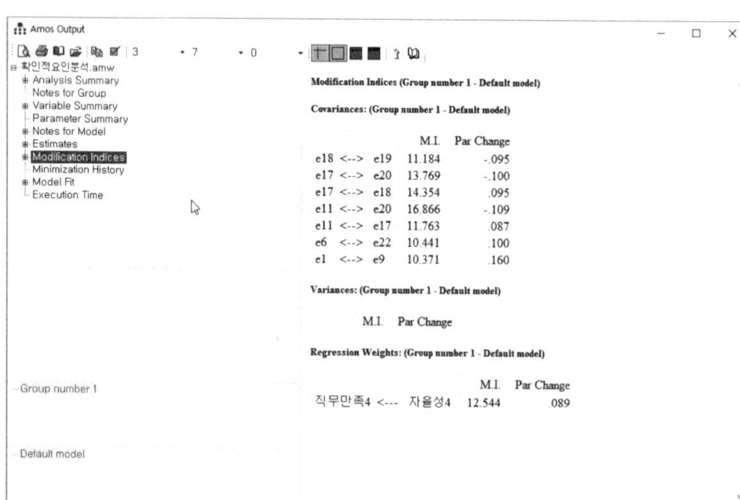

본 예제에서 만약 적합도를 높여야 한다면 $e20$, $e18$, $e11$과의 관계에서 모두 10 이상의 수정지수 값을 보여주는 $e17$(직무만족1)이 다른 변수와의 판별타당성을 저해할 수 있는 요인임을 의미한다. 이에 직무만족1을 삭제하고 확인적 요인분석을 다시 실행하면 아래와 같이 오류를 나타내는 메시지가 나타나는 것을 확인할 수 있다.

Result (Default model)

The model is probably unidentified. In order to achieve identifiability, it will probably be necessary to impose 1 additional constraint.

이는 Amos를 실행하면서 많이 실수하는 경우인데, Amos에서는 잠재변수에서 측정변수로 가는 경로 중 하나의 [Regression weight] 값은 반드시 1로 Fix되어야 한다. 처음 모형을 만들 때는 Amos에서 자동으로 Fix되기 때문에 문제가 되지 않지만 간혹 아래와 같이 측정문항을 삭제할 때 Fix된 측정문항이 삭제된다면 위와 같은 오류 메시지가 나타나게 된다. 이를 해결하기 위해서는 다음과 같이 마우스 커서를 경로상에 올려놓고 마우스를 더블클릭한다. 지금은 직무만족2에 연결하지만 직무만족3이나 직무만족4 중 한 곳에 연결해도 상관없다.

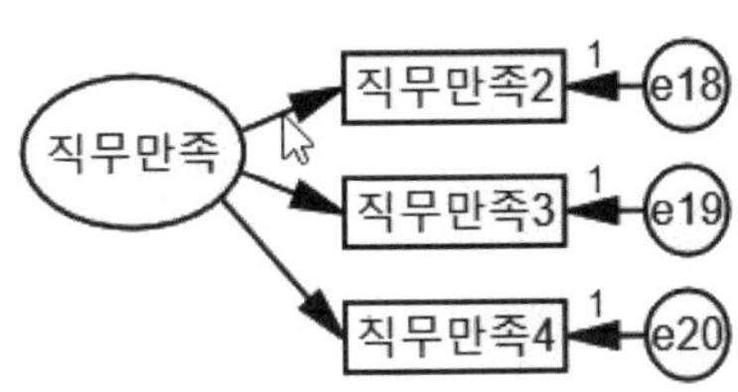

[Object Properties]→[Parameters]→[Regression weight]에 1을 설정한다.

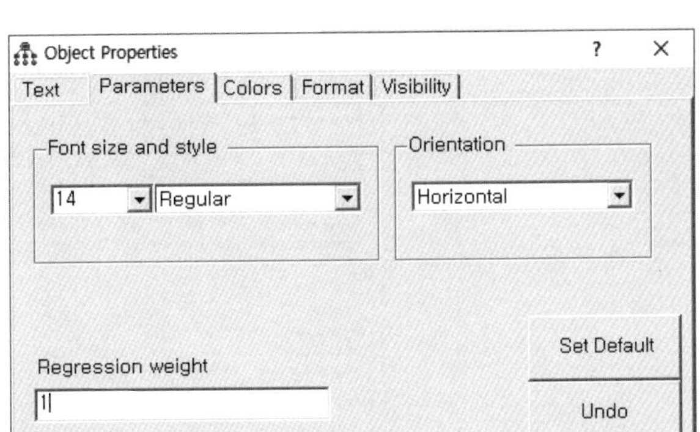

이후 완성된 모형을 살펴보면 다음과 같다. 직무만족2에 1의 값이 Fix되어 있는 것을 확인할 수 있다.

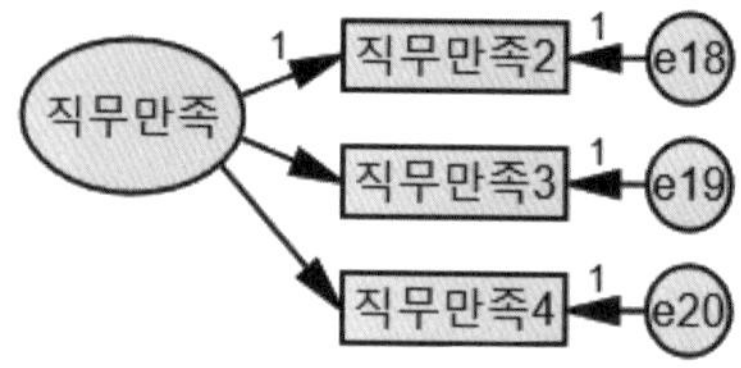

다시 [아이콘]을 통해 프로그램을 실행한 후 [아이콘]을 클릭하여 다음과 같은 결과를 살펴보면 $\chi^2 = 305.437(df = 215,\ p = 0.000)$으로 삭제하기 전 $\chi^2 = 395.940$ $(df = 237,\ p = 0.000)$보다 χ^2는 90.503만큼 자유도(df)는 22만큼 줄어든 것을 확인할 수 있다. χ^2/df=1.421는 삭제되기 전의 1.671에 비해 약 0.25 줄어들었으며, GFI=0.915, CFI=0.987, NFI=0.957, RMR=0.071, RMSEA=0.039로 모든 적합도의 값이 삭제한 후에 더 좋아졌다는 것을 확인할 수 있다.

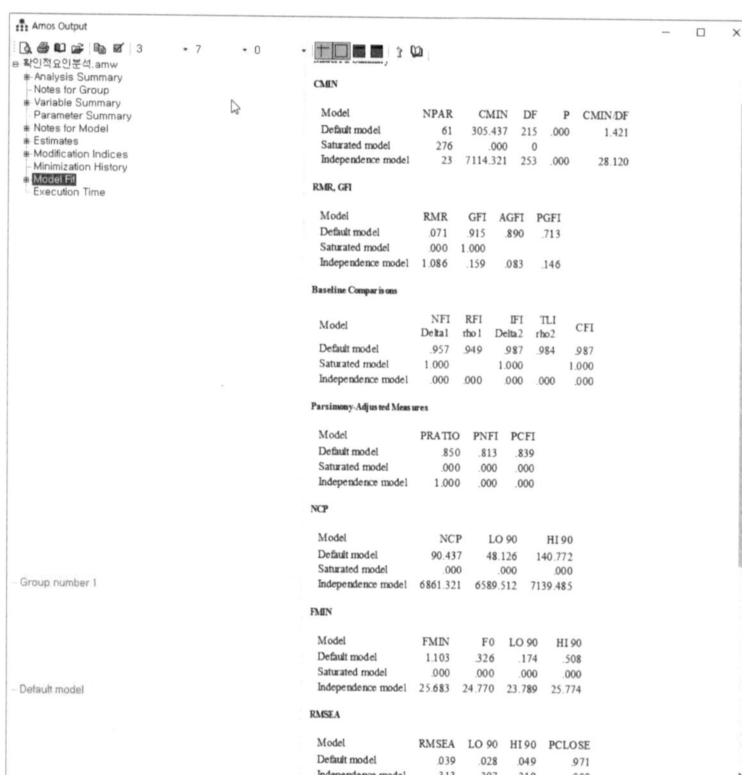

CMIN

Model	NPAR	CMIN	DF	P	CMIN/DF
Default model	61	305.437	215	.000	1.421
Saturated model	276	.000	0		
Independence model	23	7114.321	253	.000	28.120

RMR, GFI

Model	RMR	GFI	AGFI	PGFI
Default model	.071	.915	.890	.713
Saturated model	.000	1.000		
Independence model	1.086	.159	.083	.146

Baseline Comparisons

Model	NFI Delta1	RFI rho1	IFI Delta2	TLI rho2	CFI
Default model	.957	.949	.987	.984	.987
Saturated model	1.000		1.000		1.000
Independence model	.000	.000	.000	.000	.000

Parsimony-Adjusted Measures

Model	PRATIO	PNFI	PCFI
Default model	.850	.813	.839
Saturated model	.000	.000	.000
Independence model	1.000	.000	.000

NCP

Model	NCP	LO 90	HI 90
Default model	90.437	48.126	140.772
Saturated model	.000	.000	.000
Independence model	6861.321	6589.512	7139.485

FMIN

Model	FMIN	F0	LO 90	HI 90
Default model	1.103	.326	.174	.508
Saturated model	.000	.000	.000	.000
Independence model	25.683	24.770	23.789	25.774

RMSEA

Model	RMSEA	LO 90	HI 90	PCLOSE
Default model	.039	.028	.049	.971
Independence model	.313	.307	.319	.000

(3) 요인적재치

확인적 요인분석에서 요인적재치(factor loading)를 확인하기 위해서는 [View]→[Text Output]→[Estimates]→[Regression Weights]를 통하여 확인할 수 있다. [Regression Weights]는 경로계수의 결과와 함께 경로계수의 유의확률을 보여준다. 경로계수의 유의확률이 0.05 또는 0.01보다 작게 나타날 때 가설이 채택될 수 있다. 본 경로계수의 의미를 살펴보면, 자율성1을 자율성에 Fix 했을 때 자율성2는 1.087($t = 21.459$, $p < 0.01$), 자율성3은 1.147($t = 23.260, p < 0.01$), 자율성4는 1.156($t = 22.638$, $p < 0.01$)의 요인적재량을 가지며 그 값이 유의수준 0.01수준에서 통계적으로 모두 유의하다는 것을 알 수 있다.

Regression Weights: (Group number 1 - Default model)

			Estimate	S.E.	C.R.	P	Label
자율성1	<---	자율성	1.000				
자율성2	<---	자율성	1.087	.051	21.459	***	
자율성3	<---	자율성	1.147	.049	23.260	***	
자율성4	<---	자율성	1.156	.051	22.638	***	
개방성1	<---	개방성	1.000				
개방성2	<---	개방성	1.012	.035	28.532	***	
개방성3	<---	개방성	1.019	.037	27.397	***	
개방성4	<---	개방성	1.012	.038	26.569	***	
학습지원1	<---	학습지원	1.000				
학습지원2	<---	학습지원	1.092	.059	18.427	***	
학습지원3	<---	학습지원	1.060	.057	18.736	***	
학습지원4	<---	학습지원	1.046	.058	17.988	***	
참여지원1	<---	참여지원	1.000				
참여지원2	<---	참여지원	1.038	.039	26.280	***	
참여지원3	<---	참여지원	1.022	.040	25.362	***	
참여지원4	<---	참여지원	.951	.045	21.002	***	
직무만족1	<---	직무만족	1.000				
직무만족2	<---	직무만족	1.042	.042	24.671	***	
직무만족3	<---	직무만족	1.015	.046	22.239	***	
직무만족4	<---	직무만족	1.055	.044	23.880	***	
직무성과1	<---	직무성과	1.000				
직무성과2	<---	직무성과	.990	.047	21.014	***	
직무성과3	<---	직무성과	1.020	.048	21.270	***	
직무성과4	<---	직무성과	1.038	.049	21.035	***	

[Standardized Regression Weights]는 표준화된 요인적재량을 의미하며 최소 0.5 이상일 때 바람직하다고 할 수 있다. 만약 표준요인적재치의 값이 0.5를 넘지 못한다면 그 측정변수를 삭제하는 것이 바람직하다. 본 예제에서의 결과를 살펴보면 모든 표준요인적재치의 값이 0.8 이상으로 나타난 것을 확인할 수 있다. 따라서 본 예제는 변수의 집중타당성이 존재한다고 할 수 있다.

Standardized Regression Weights: (Group number 1 - Default model)

			Estimate
자율성1	<---	자율성	.857
자율성2	<---	자율성	.910
자율성3	<---	자율성	.946
자율성4	<---	자율성	.934
개방성1	<---	개방성	.925
개방성2	<---	개방성	.935
개방성3	<---	개방성	.923
개방성4	<---	개방성	.914
학습지원1	<---	학습지원	.800
학습지원2	<---	학습지원	.916
학습지원3	<---	학습지원	.927
학습지원4	<---	학습지원	.901
참여지원1	<---	참여지원	.910
참여지원2	<---	참여지원	.931
참여지원3	<---	참여지원	.919
참여지원4	<---	참여지원	.852
직무만족1	<---	직무만족	.904
직무만족2	<---	직무만족	.918
직무만족3	<---	직무만족	.880
직무만족4	<---	직무만족	.906
직무성과1	<---	직무성과	.877
직무성과2	<---	직무성과	.889
직무성과3	<---	직무성과	.895
직무성과4	<---	직무성과	.890

(4) 평균분산추출 및 복합신뢰도

평균분산추출(AVE: average variance extracted)값과 복합신뢰도(CR: construct reliability)값은 Amos에서 직접 제공하지 않기 때문에 Amos에서 제공하는 표준화 요인적재치와 오차항의 결과값을 이용하여 직접 계산해야 한다. 복합신뢰도(construct or composite reliability)는 개념신뢰도, 구성신뢰도, 합성신뢰도 등으로 불린다. 평균분산추출과 복합신뢰도 값을 구하는 공식은 다음과 같다.

$$\text{평균분산추출(AVE)}\ \frac{\sum_{i=1}^{n}(\lambda_i^2)}{\sum_{i=1}^{n}(\lambda_i^2)+(\sum_{i=1}^{n}e_i)}\ (\lambda=\text{표준화 요인적재치},\ e=\text{오차항})$$

$$\text{복합신뢰도(CR)}=\frac{(\sum_{i=1}^{n}\lambda_i)^2}{(\sum_{i=1}^{n}\lambda_i)^2+(\sum_{i=1}^{n}e_i)}\ (\lambda=\text{표준화 요인적재치},\ e=\text{오차항})$$

오차항 값은 [Output] 창의 [Estimates]→[Variances]에서 확인할 수 있고 앞에서 설명된 표준요인적재치와 함께 사용하여 평균분산추출과 복합신뢰도를 계산한다. 예제의 결과를 살펴보면 $e1$은 자율성1에 대한 오차항을 의미하고 $e2$는 자율성2에 대한 오차항을 그리고 $e24$는 직무성과4에 대한 오차항을 의미한다.

Variances: (Group number 1 - Default model)

	Estimate	S.E.	C.R.	P	Label
자율성	1.815	.204	8.876	***	
개방성	2.353	.233	10.088	***	
학습지원	1.501	.189	7.932	***	
참여지원	1.544	.158	9.783	***	
직무만족	1.546	.160	9.657	***	
직무성과	1.663	.182	9.149	***	
e1	.654	.063	10.369	***	
e2	.444	.048	9.283	***	
e3	.281	.038	7.345	***	
e4	.357	.043	8.200	***	
e5	.399	.045	8.875	***	
e6	.349	.042	8.372	***	
e7	.424	.047	8.943	***	
e8	.474	.051	9.282	***	
e9	.847	.080	10.611	***	
e10	.341	.042	8.206	***	
e11	.276	.036	7.619	***	
e12	.379	.043	8.846	***	
e13	.320	.036	8.861	***	
e14	.257	.033	7.866	***	
e15	.298	.035	8.504	***	
e16	.526	.052	10.205	***	
e17	.345	.039	8.853	***	
e18	.312	.038	8.264	***	
e19	.462	.048	9.541	***	
e20	.374	.043	8.768	***	
e21	.497	.054	9.213	***	
e22	.431	.049	8.868	***	
e23	.431	.050	8.692	***	
e24	.471	.053	8.854	***	

본 예제에서 평균분산추출과 복합신뢰도의 값을 계산해보면 다음과 같다.

$$AVE_{자율성} = \frac{(0.857)^2+(0.910)^2+(0.946)^2+(0.934)^2}{((0.857)^2+(0.910)^2+(0.946)^2+(0.934)^2)+(0.654+0.444+0.281+0.357)} = 0.657$$

$$AVE_{개방성} = \frac{(0.925)^2+(0.935)^2+(0.923)^2+(0.914)^2}{((0.925)^2+(0.935)^2+(0.923)^2+(0.914)^2)+(0.399+0.349+0.424+0.474)} = 0.675$$

$$AVE_{학습지원} = \frac{(0.800)^2+(0.916)^2+(0.927)^2+(0.901)^2}{((0.800)^2+(0.916)^2+(0.927)^2+(0.901)^2)+(0.847+0.341+0.276+0.379)} = 0.631$$

$$AVE_{참여지원} = \frac{(0.910)^2+(0.931)^2+(0.919)^2+(0.852)^2}{((0.910)^2+(0.931)^2+(0.919)^2+(0.852)^2)+(0.320+0.257+0.298+0.526)} = 0.700$$

$$AVE_{직무만족} = \frac{(0.904)^2+(0.918)^2+(0.880)^2+(0.906)^2}{((0.904)^2+(0.918)^2+(0.880)^2+(0.906)^2)+(0.345+0.312+0.462+0.347)} = 0.686$$

$$AVE_{직무성과} = \frac{(0.877)^2+(0.889)^2+(0.895)^2+(0.890)^2}{((0.877)^2+(0.889)^2+(0.895)^2+(0.890)^2)+(0.497+0.431+0.431+0.471)} = 0.633$$

$$CR_{자율성} = \frac{(0.857+0.910+0.946+0.934)^2}{(0.857+0.910+0.946+0.934)^2+(0.654+0.444+0.281+0.357)} = 0.885$$

$$CR_{개방성} = \frac{(0.925+0.935+0.923+0.914)^2}{(0.925+0.935+0.923+0.914)^2+(0.399+0.349+0.424+0.474)} = 0.893$$

$$CR_{학습지원} = \frac{(0.800+0.916+0.927+0.901)^2}{(0.800+0.916+0.927+0.901)^2+(0.847+0.341+0.276+0.379)} = 0.872$$

$$CR_{참여지원} = \frac{(0.910+0.931+0.919+0.852)^2}{(0.910+0.931+0.919+0.852)^2+(0.320+0.257+0.298+0.526)} = 0.903$$

$$CR_{직무만족} = \frac{(0.904+0.918+0.880+0.906)^2}{(0.904+0.918+0.880+0.906)^2+(0.345+0.312+0.462+0.347)} = 0.897$$

$$CR_{직무성과} = \frac{(0.877+0.889+0.895+0.890)^2}{(0.877+0.889+0.895+0.890)^2+(0.497+0.431+0.431+0.471)} = 0.873$$

이렇게 계산된 AVE값은 확인적 요인분석의 [Output] 창에서 [Estimates]→[Correlations]값과의 비교를 통해 판별타당성의 결과로 사용될 수 있다. 판별타당성은 [Correlations]의 값과 AVE의 제곱근값과의 비교를 통해 확인한다. 예를 들어, 자율성의 경우 AVE=0.657이므로 AVE의 제곱근값은 0.810이다. 자율성과 각 변수의 상관관계를 살펴보면 개방성=0.717, 학습지원=0.359, 참여지원=0.372, 직무만족=0.448, 직무성과=0.494로 나타나 모든 상관관계의 값이 AVE의 제곱근값인 0.810보다 작아 판별타당성이 존재한다고 할 수 있다.

Correlations: (Group number 1 - Default model)

			Estimate
자율성	<-->	개방성	.717
자율성	<-->	학습지원	.359
자율성	<-->	참여지원	.372
개방성	<-->	학습지원	.416
개방성	<-->	참여지원	.430
학습지원	<-->	참여지원	.692
자율성	<-->	직무만족	.448
자율성	<-->	직무성과	.494
개방성	<-->	직무만족	.493
개방성	<-->	직무성과	.540
학습지원	<-->	직무성과	.426
학습지원	<-->	직무만족	.416
참여지원	<-->	직무성과	.481
참여지원	<-->	직무만족	.518
직무만족	<-->	직무성과	.654

이상의 내용을 요약하면 집중타당성과 판별타당성은 <표 5-5>와 <표 5-6>과 같은 형식으로 표기할 수 있다.

〈표 5-5〉 집중타당성 분석결과(일차요인)

잠재변수	측정변수	표준요인 적재치	오차항	t-값	p-값	AVE	CR
자율성	자율성1	0.857	0.654	-		0.657	0.885
	자율성2	0.910	0.444	21.459	0.01		
	자율성3	0.946	0.281	23.26	0.01		
	자율성4	0.934	0.357	22.638	0.01		
개방성	개방성1	0.925	0.399	-		0.675	0.893
	개방성2	0.935	0.349	28.532	0.01		
	개방성3	0.923	0.424	27.397	0.01		
	개방성4	0.914	0.474	26.569	0.01		
학습지원	학습지원1	0.800	0.847	-		0.631	0.872
	학습지원2	0.916	0.341	18.427	0.01		
	학습지원3	0.927	0.276	18.736	0.01		
	학습지원4	0.901	0.379	17.988	0.01		
참여지원	참여지원1	0.910	0.320	-		0.700	0.903
	참여지원2	0.931	0.257	26.28	0.01		
	참여지원3	0.919	0.298	25.362	0.01		
	참여지원4	0.852	0.526	21.002	0.01		

직무만족	직무만족1	0.904	0.345	–		0.686	0.897
	직무만족2	0.918	0.312	24.671	0.01		
	직무만족3	0.880	0.462	22.239	0.01		
	직무만족4	0.906	0.374	23.88	0.01		
직무성과	직무성과1	0.877	0.497	–		0.633	0.873
	직무성과2	0.889	0.431	21.014	0.01		
	직무성과3	0.895	0.431	21.27	0.01		
	직무성과4	0.890	0.471	21.035	0.01		

〈표 5-6〉 판별타당성 분석결과(일차요인)

	자율성	개방성	학습지원	참여지원	직무만족	직무성과
자율성	**0.810**					
개방성	0.717	**0.822**				
학습지원	0.359	0.416	**0.794**			
참여지원	0.372	0.430	0.692	**0.837**		
직무만족	0.448	0.493	0.426	0.481	**0.828**	
직무성과	0.494	0.540	0.416	0.516	0.654	**0.795**

주) 대각선의 값은 평균분산추출의 제곱근 값을 나타내며, 그 외의 값은 상관계수임

3 구조모형분석

확인적 요인분석을 통해 잠재변수와 측정변수에 대한 신뢰성 및 타당성이 확보되었다면 구조모형의 경로분석을 통해 변수 간의 인과관계를 확인할 수 있다. 구조모형을 분석하기 위해서는 [File]→[New]를 통해 모형을 다음과 같이 그려주면 된다.

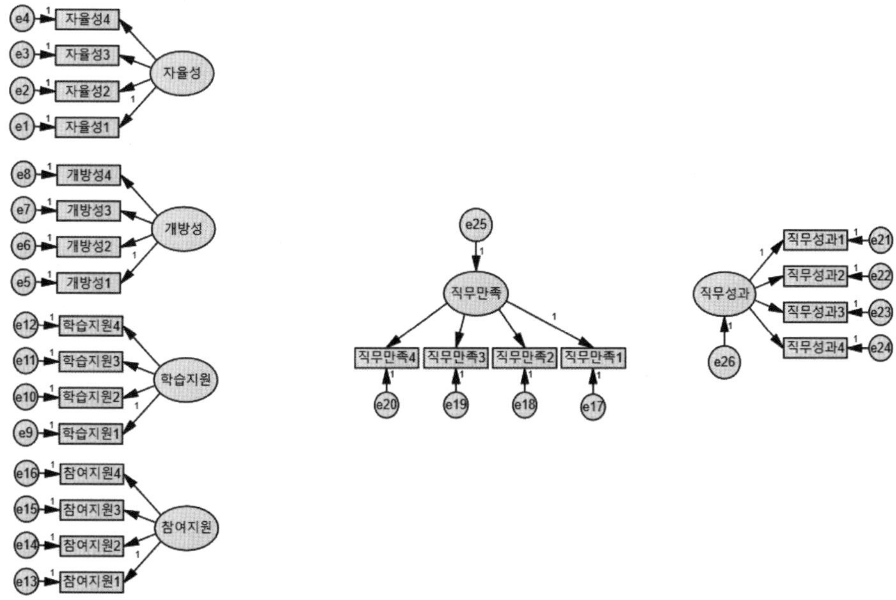

인과관계의 경우 [←] 메뉴를 이용하여 독립변수를 클릭하여 종속변수로 드래그하면 된다.

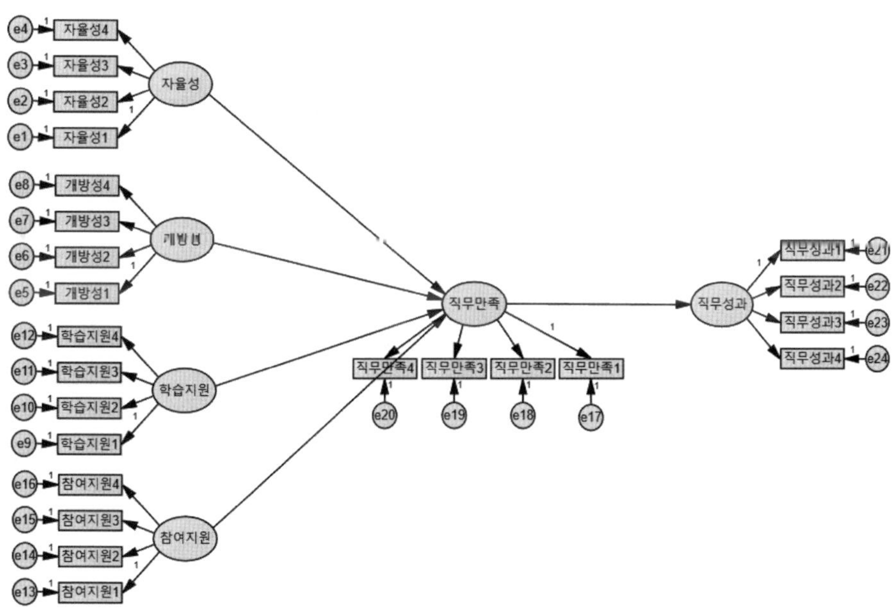

독립변수 간의 관계는 [↔]을 이용하여 상관관계를 표시한다.

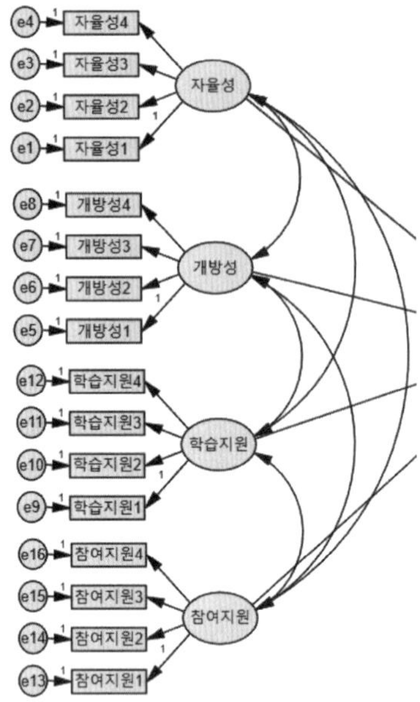

마지막으로 독립변수가 아닌 매개변수와 종속변수는 그림 메뉴 [ ]을 이용하여 오차항을 넣어준다. 그런 다음 [Plugins]→[Name Unobserved Variables]를 통해 $e25$와 $e26$을 생성한다. 이는 독립변수로 설명할 수 없는 값을 의미한다.

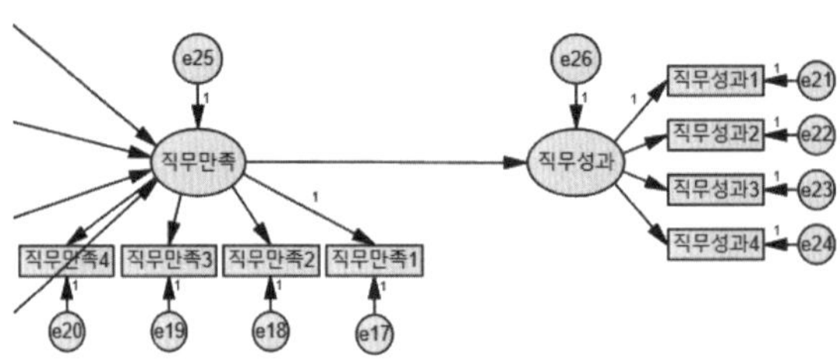

완성된 모형은 다음의 그림과 같다.

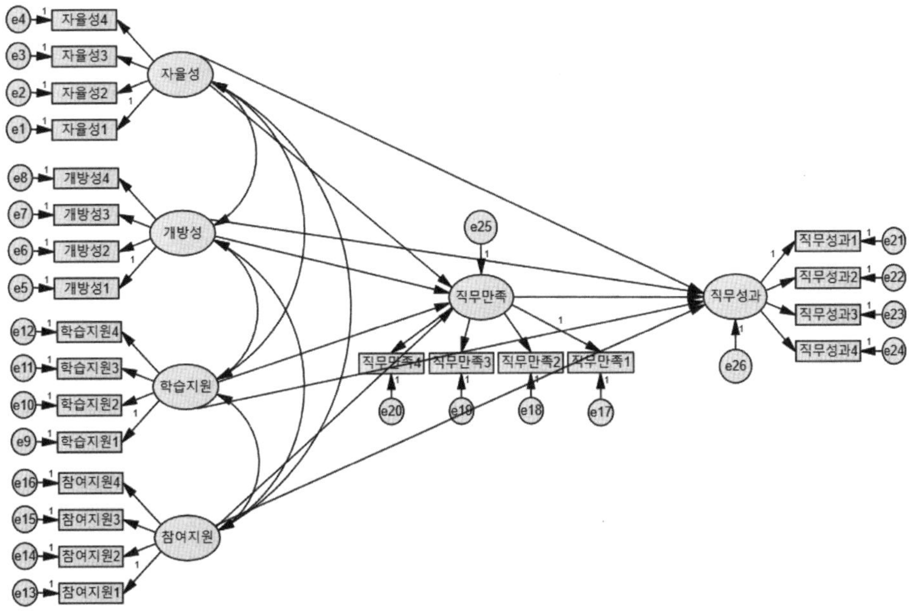

구조모형이 완성되었다면 메뉴 [View]→[Analysis Properties]를 선택하거나 그림 메뉴의 []을 선택한다. 기본적으로 [Minimization history]는 설정되어있어 추가로 [Standardized estimates]를 선택한다.

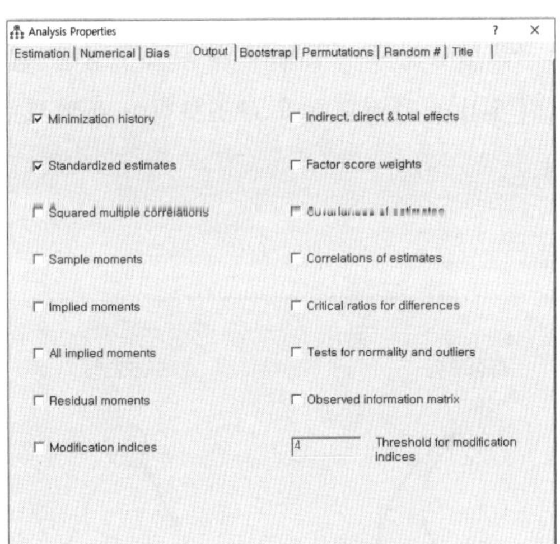

모든 필요한 옵션을 설정하였다면 [Analyze]→[Calculate Estimates] 또는 그림 메뉴 []을 클릭하여 분석한다. 분석이 끝나면 메뉴의 [View]→[Text Output]을 클릭하거나 그림 메뉴 []을 선택해 결과값을 확인한다. 구조모형분석도 측정모형분석의 확인적 요인분석과 마찬가지로 [Model Fit]을 먼저 살펴보아야 한다.

결과를 살펴보면 $\chi^2 = 395.940(df = 237, p = 0.000)$, χ^2/df=1.671 GFI=0.895, CFI=0.978, NFI=0.948, RMR=0.075, RMSEA=0.049로 측정모형의 확인적 요인분석의 결과와 완전히 일치하는 것을 확인할 수 있다.

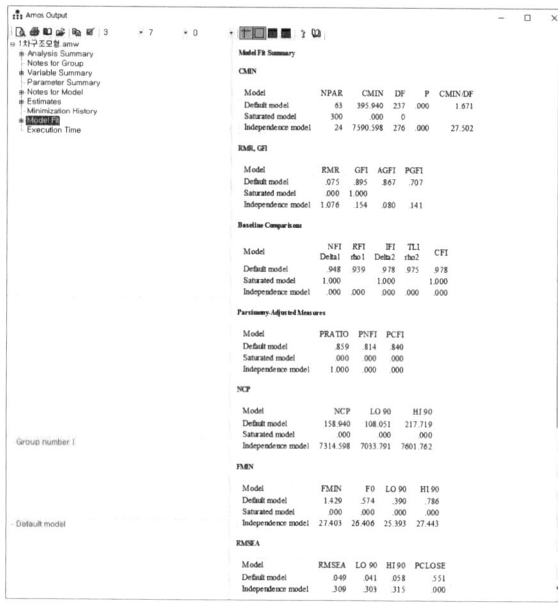

Model Fit Summary

CMIN

Model	NPAR	CMIN	DF	P	CMIN/DF
Default model	63	395.940	237	.000	1.671
Saturated model	300	.000	0		
Independence model	24	7590.598	276	.000	27.502

RMR, GFI

Model	RMR	GFI	AGFI	PGFI
Default model	.075	.895	.867	.707
Saturated model	.000	1.000		
Independence model	1.076	.154	.080	.141

Baseline Comparisons

Model	NFI Delta1	RFI rho1	IFI Delta2	TLI rho2	CFI
Default model	.948	.939	.978	.975	.978
Saturated model	1.000		1.000		1.000
Independence model	.000	.000	.000	.000	.000

Parsimony-Adjusted Measures

Model	PRATIO	PNFI	PCFI
Default model	.859	.814	.840
Saturated model	.000	.000	.000
Independence model	1.000	.000	.000

NCP

Model	NCP	LO 90	HI 90
Default model	158.940	108.051	217.719
Saturated model	.000	.000	.000
Independence model	7314.598	7033.791	7601.762

FMIN

Model	FMIN	F0	LO 90	HI 90
Default model	1.429	.574	.390	.786
Saturated model	.000	.000	.000	.000
Independence model	27.403	26.406	25.393	27.443

RMSEA

Model	RMSEA	LO 90	HI 90	PCLOSE
Default model	.049	.041	.058	.551
Independence model	.309	.303	.315	.000

측정모형과 구조모형에서 적합도와 자유도가 종종 같게 나오는 경우가 있다. 예를 들어, [그림 5-4]는 측정모형과 구조모형이 동치모형(equivalent model)인 경우를 보여준다.

[그림 5-4] 동치모형

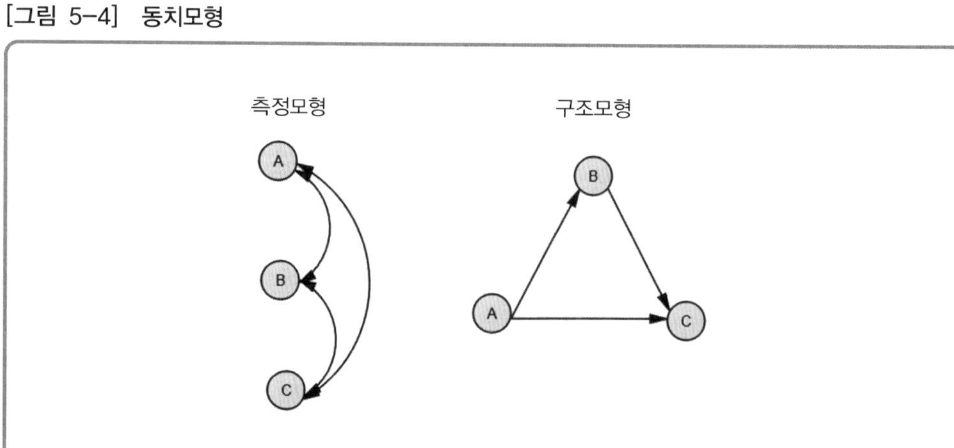

구조모형에서 잠재변수의 개수와 경로 간의 화살표 개수가 유지된다고 가정하면, 즉 측정모형에서 잠재변수가 3개이고 화살표가 3개일 때 구조모형에서도 잠재변수가 3개이고 화살표도 3개다. 측정모형과 구조모형을 비교해 보면 화살표의 방향성만 변화되었다. 이 경우가 동치모형이기 때문에 자유도와 적합도가 같게 나타난다. 이처럼 동치모형이란 측정모형을 분석할 때 잠재변수와 화살표의 개수가 유지된 채 구조모형으로 진행될 경우, 측정모형과 구조모형은 같은 공분산 행렬을 가진 모형으로서 같은 적합도와 자유도를 가지게 된다. 차이점은 양방향 화살표가 단방향 화살표로 달라지는 것으로 경로가 다른 형태를 보일 뿐이다.

구조모형에 대한 적합도 역시 이상이 없다면 인과관계를 확인해주면 되지만 적합도지수에 문제가 발생한다면 앞서 설명한 수정지수(M.I.)를 이용하여 측정변수를 삭제하던지 모형을 개선하는 노력이 필요하다. 만약 수정지수를 통해 측정변수를 삭제하게 된다면 확인적 요인분석을 다시 시작해야 한다.

[Output] 창에서 [Estimates]→[Regression Weights]를 클릭하여 가설의 채택 여부를 확인한다. 가설의 결과는 아래 표와 같다.

Regression Weights: (Groupnumber 1 - Default model)

			Estimate	S.E.	C.R.	P	Label
직무만족	<---	자율성	.134	.071	1.877	.060	
직무만족	<---	개방성	.185	.065	2.855	.004	
직무만족	<---	학습지원	.032	.077	.410	.682	
직무만족	<---	참여지원	.344	.077	4.445	***	
직무성과	<---	직무만족	.460	.065	7.094	***	
직무성과	<---	자율성	.109	.067	1.618	.106	
직무성과	<---	개방성	.147	.062	2.366	.018	
직무성과	<---	학습지원	.070	.072	.966	.334	
직무성과	<---	참여지원	.091	.075	1.210	.226	

자율성은 직무만족에 정(+)의 영향을 미칠 것이라는 가설 1은 $B=0.134$, $t=1.877$, $p>0.05$로 유의하지 못한 것으로 나타났다. 하지만 Amos 역시 SPSS와 마찬가지로 양측검정에 대한 p값을 보여주기 때문에 만약 단측검정에 대한 p값을 가져오고 싶다면 $p/2$의 값을 사용하여야 한다. $\alpha=0.05$수준의 양측검정은 t값이 1.96보다 커야 하지만 단측검정은 t값이 1.645보다 크면 가설을 채택한다. 한편 p값은 일반적으로 양측검정의 경우 보통 0.05보다 작아야 하지만 단측검정의 경우에는 $p/2$가 0.05보다 작으면 가설을 채택한다. 자율성은 직무만족에 정(+)의 영향을 미칠 것이라는 가설 1이 정(+)의 방향만을 살펴보는 단측검

정이라면 p값은 0.060이 아니라 $p = 0.060/2 = 0.030$으로 해석할 필요가 있다. 즉, 가설 1은 표기상으로는 $p>\alpha$이 되어 양측검정에서는 기각되지만 단측검정을 사용하면 $p/2<\alpha$로 되어 가설이 채택된다. 반면 자율성은 직무성과에 정(+)의 영향을 미칠 것이라는 가설 2는 $B = 0.109$, $t = 1.618$, $p = 0.106 > \alpha = 0.05$로 나타나 채택하지 못하였다. 가설 2도 정(+)의 방향만을 살펴보는 단측검정이라면 p값은 0.106이 아니라 $p = 0.106/2 = 0.053$으로 해석할 수 있지만 가설 2는 표기상으로도 $p > \alpha$이고 단측검정을 사용하여도 $p/2 > \alpha$이므로 가설이 기각되게 된다.

개방성은 직무만족에 정(+)의 영향을 미칠 것이라는 가설 3은 $B = 0.185$, $t = 2.855$, $p = 0.004 < \alpha = 0.01$로 나타나 $\alpha = 0.01$수준에서 유의한 것으로 채택되었다. 개방성은 직무성과에 정(+)의 영향을 미칠 것이라는 가설 4는 $B = 0.147$, $t = 2.366$, $p = 0.018 < \alpha = 0.05$로 $\alpha = 0.05$수준에서 유의한 것으로 나타났다.

학습지원은 직무만족에 정(+)의 영향을 미칠 것이라는 가설 5는 $B = 0.032$, $t = 0.410$, $p = 0.682 > \alpha = 0.05$로 나타나 $\alpha = 0.05$수준에서 가설을 채택하지 못한 결과를 보여주었다. 학습지원은 직무성과에 정(+)의 영향을 미칠 것이라는 가설 6은 $B = 0.070$, $t = 0.966$, $p = 0.334 > \alpha = 0.05$로 나타나 역시 $\alpha = 0.05$수준에서 유의한 결과를 보여주지 못했다.

참여지원은 직무만족에 정(+)의 영향을 미칠 것이라는 가설 7은 $B = 0.344$, $t = 4.445$, $p = 0.000 < \alpha = 0.01$로 나타나 $\alpha = 0.01$수준에서 유의하게 채택되었다. 반면 참여지원은 직무성과에 정(+)의 영향을 미칠 것이라는 가설 8은 $B = 0.091$, $t = 1.210$, $p = 0.226 > \alpha = 0.05$로 나타나 $\alpha = 0.05$수준에서 채택되지 못한 결과를 보여주고 있다. 마지막으로 직무만족은 직무성과에 정(+)의 영향을 미칠 것이라는 가설 9는 $B = 0.460$, $t = 7.094$, $p = 0.000 < \alpha = 0.01$로 나타나 $\alpha = 0.01$수준에서 유의한 결과를 보여주었다.

[Regression Weights]에서 사용된 Estimate는 비표준화계수(unstandardized path coefficient)를 의미하고 표준화계수는 [Standardized Regression Weights]의 경로계수를 사용하면 된다. 영향력의 크기와 중요도를 파악하기 위해서는 표준화계수를 사용해야 한다. 일부에서는 표준화계수와 비표준화계수의 수치 차이가 크지 않고 영향력에도 차이가 없어 비표준화계수를 사용하기도 하지만 실제 분석에

서 영향력의 순위가 바뀌는 경우가 생기기 때문에 표준화계수를 사용하는 것이 바람직하다.

Standardized Regression Weights: (Group number 1 - Default model)

			Estimate
직무만족	<---	자율성	.145
직무만족	<---	개방성	.229
직무만족	<---	학습지원	.031
직무만족	<---	참여지원	.344
직무성과	<---	직무만족	.444
직무성과	<---	자율성	.114
직무성과	<---	개방성	.174
직무성과	<---	학습지원	.066
직무성과	<---	참여지원	.088

이상의 내용을 요약해보면 다음의 <표 5-7>과 [그림 5-5]로 나타낼 수 있다.

〈표 5-7〉 가설검정 결과(일차요인)

가설	가설	비표준화 계수	표준화 계수	t-값	검정 결과
1	자율성 → 직무만족	0.134*	0.145	1.877	채택
2	자율성 → 직무성과	0.109	0.114	1.618	기각
3	개방성 → 직무만족	0.185**	0.229	2.855	채택
4	개방성 → 직무성과	0.147**	0.174	2.366	채택
5	학습지원 → 직무만족	0.032	0.031	0.410	기각
6	학습지원 → 직무성과	0.070	0.066	0.966	기각
7	참여지원 → 직무만족	0.344**	0.344	4.445	채택
8	참여지원 → 직무성과	0.091	0.088	1.210	기각
9	직무만족 → 직무성과	0.460**	0.444	7.094	채택

*$p < .05$, **$p < .01$

[그림 5-5] 가설검정 결과(일차요인)

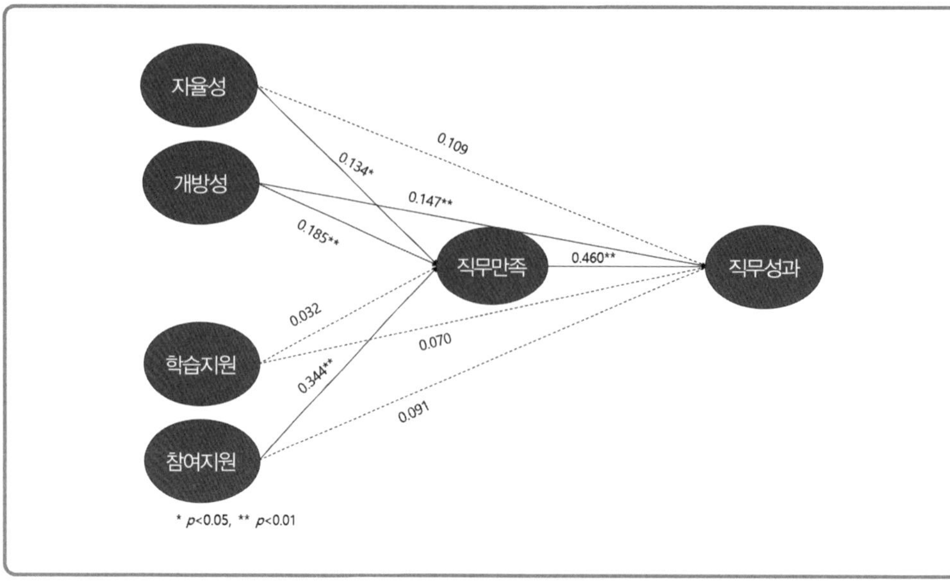

제 3 절 이차요인모형

1 이차요인모형분석

고차요인모형은 이론적으로는 여러 단계로 이루어질 수 있지만 실제로는 두 단계를 넘어 설명하는 경우가 드물다. 본 장에서는 고차요인모형 중 이차요인을 바탕으로 분석한다. 고차요인분석은 [그림 5-6]과 같이 유형에 따라 반영모형(reflective measurement)과 조형모형(formative measurement)으로 구분할 수 있다. 전통적으로 회귀분석에서는 반영모형과 조형모형을 같은 방법으로 처리해 왔기 때문에 둘 간의 구분이 불가능했지만 구조방정식모형의 발달과 함께 개념 간의 관계를 구별하는 것이 가능하게 되었다.

조형모형은 모든 측정변수가 복합적으로 구성되어 하나의 개념을 형성하고 있기에 모든 측정변수의 총체적인 집합에 의미를 부여받게 된다. 따라서 조형

[그림 5-6] 이차요인모형의 유형

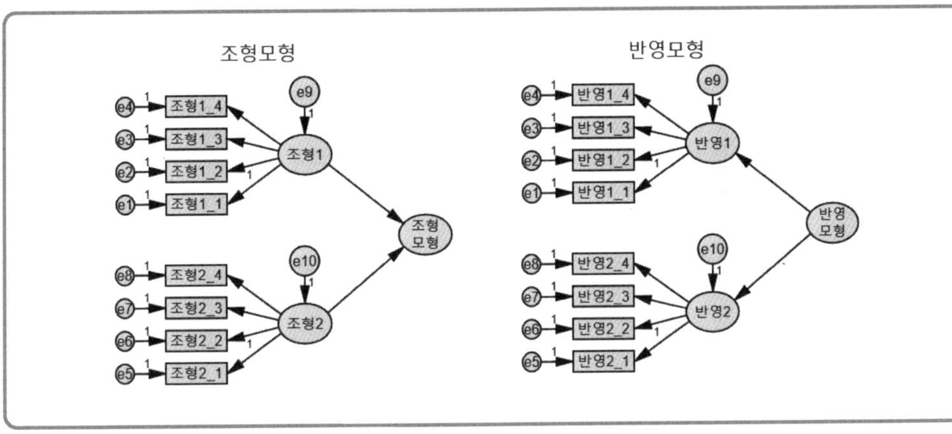

모형에서는 측정변수에 대한 삭제가 불가능하다. 이에 반해 반영모형은 모든 지표가 같은 잠재변수에 영향을 받으며 각각의 지표들은 서로 높은 상관관계를 가진다는 가정이 암묵적으로 내포되어 있다. 이론적으로 측정항목이 3개 이상일 경우 측정항목을 삭제 또는 변경하더라도 문제가 되지 않는다. 본 장에서는 [그림 5-7]과 같이 반영모형을 토대로 다음과 같은 가설을 설정하였다.

가설 1: 조직풍토(자율성, 개방성)는 직무만족에 정(+)의 영향을 미칠 것이다.
가설 2: 조직풍토(자율성, 개방성)는 직무성과에 정(+)의 영향을 미칠 것이다.
가설 3: 조직지원(학습지원, 참여지원)은 직무만족에 정(+)의 영향을 미칠 것이다.
가설 4: 조직지원(학습지원, 참여지원)은 직무성과에 정(+)의 영향을 미칠 것이다.
가설 5: 직무만족은 직무성과에 정(+)의 영향을 미칠 것이다.

[그림 5-7] 이차요인모형

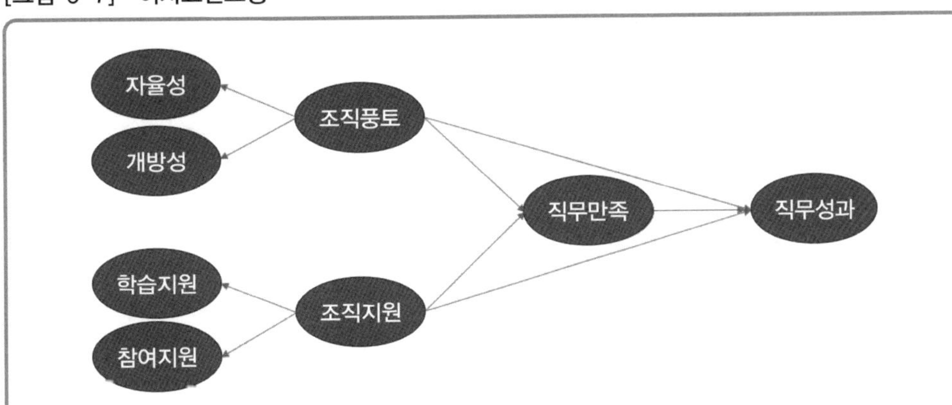

2 확인적 요인분석

1) 모형 그리기

이차 확인적 요인분석을 수행하기 위해서는 먼저 일차 확인적 요인분석을 수행하고 이어서 이차 확인적 요인분석을 수행한다. 앞의 모형을 확장하여 자율성과 개방성을 조직풍토로 학습지원과 참여지원을 조직지원으로 구성하여 이차 확인적 요인분석을 수행한다.

여기서는 앞 절의 일차 확인적 요인분석과 중복되지 않는 내용만을 추가로 설명하고자 한다. 먼저 아래와 같이 일차 확인적 요인분석에서 사용한 모형을 [⋌]을 이용하여 모든 상관관계를 삭제해준다.

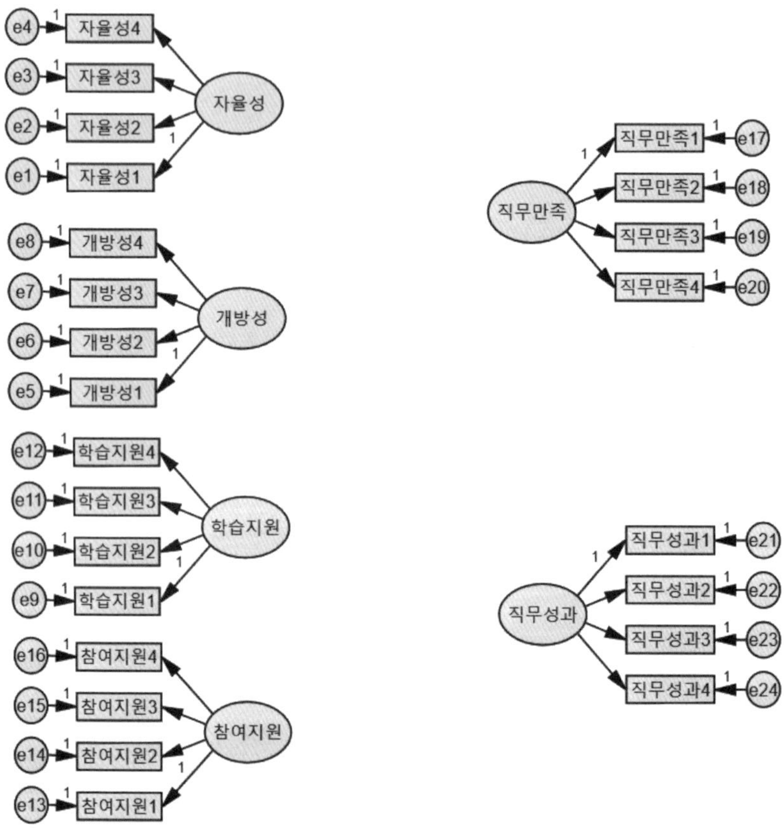

다음으로 그림 메뉴 [⬬]을 클릭하여 다음과 같이 이차요인 잠재변수를 그려준다.

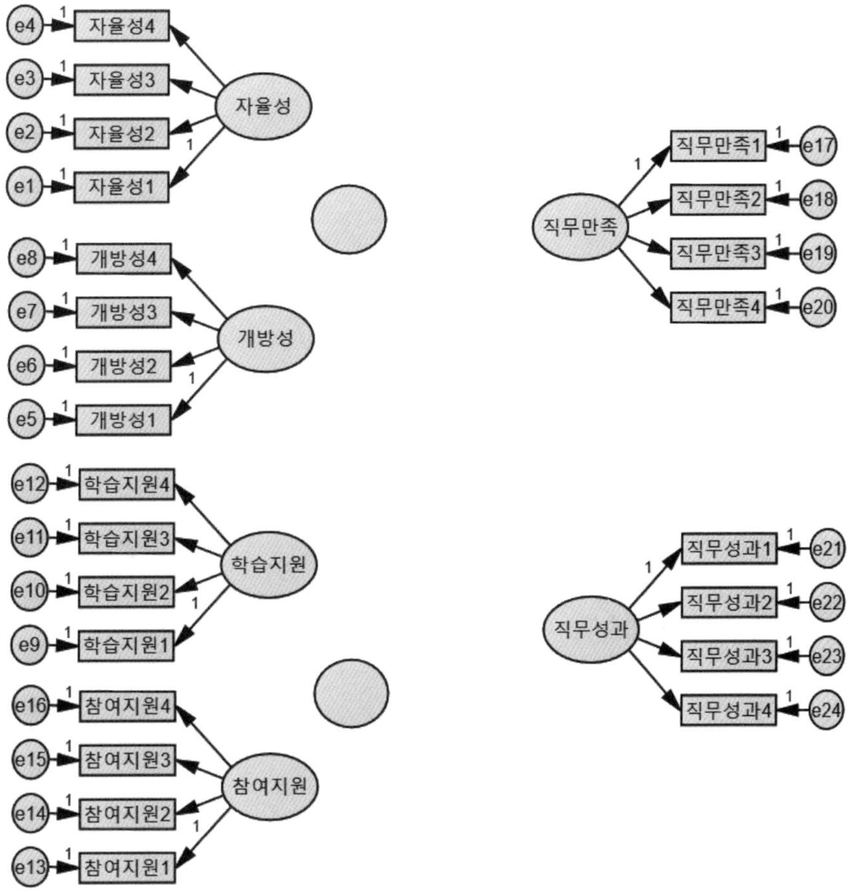

다음 단계로 이차요인 잠재변수인 [⬬]을 더블클릭하여 [Object Properties]→[Variable name]에서 변수명을 적어주고 [←]을 이용하여 일차요인들과 관계를 연결한다. 여기서는 반영모형을 설정한다. 이차요인과 일차요인의 관계를 Fix하기 위해 연결된 변수 중 하나의 경로를 선택하여 더블클릭한다. [Object Properties]→[Parameters]→[Regression weight]에 1을 입력한다. 즉 다음 그림과 같이 일차요인에서 잠재변수였던 값이 이차요인에서는 측정변수가 되기 때문에 측정변수의 값 중 하나를 선정하여 계수값을 1로 지정해 주는 것이다.

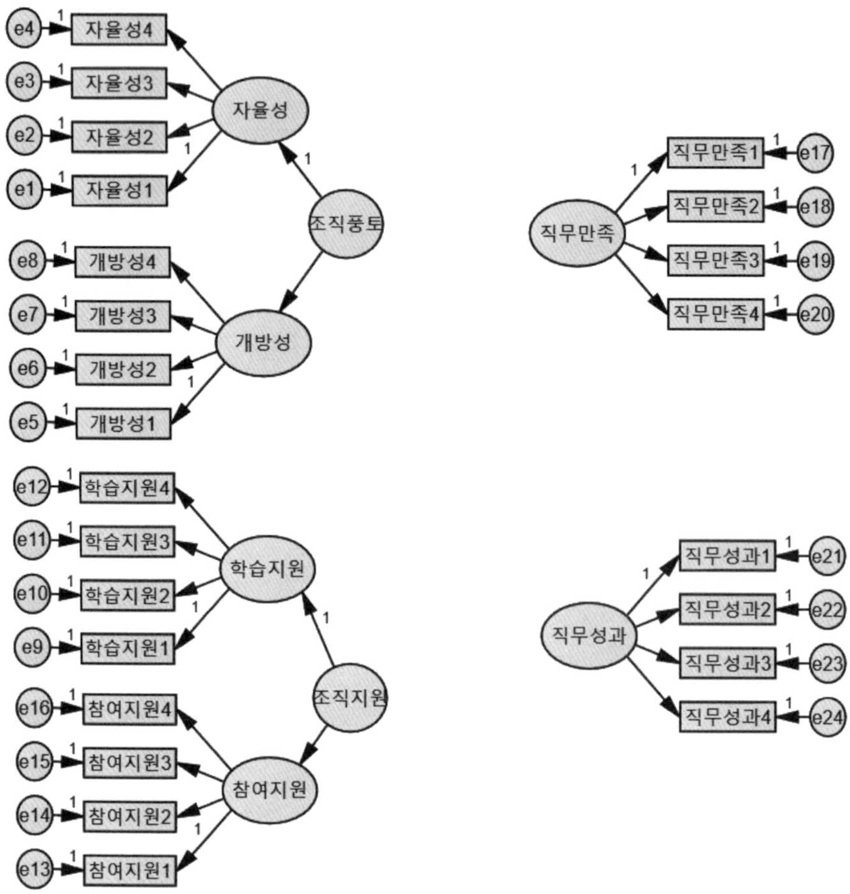

다음으로 일차요인에서 사용된 잠재변수가 이차요인에서는 측정변수로 사용되기 때문에 그 변수들에 오차항을 넣어줘야 한다. 이를 위해 [ ] 메뉴를 이용하여 자율성, 개방성, 학습지원, 참여지원에 오차항을 입력해 준다. 다음으로 [Plugins]→[Name Unobserved Variables]을 이용하여 오차항에 이름을 부여한다. 일차요인에서 자율성, 개방성, 학습지원, 참여지원은 잠재변수의 역할을 했지만 이차요인에서는 이들 변수가 이차요인에 대한 측정변수의 역할을 하므로 측정변수에 대한 오차항을 넣어준다. 이상의 과정을 마친 그림은 다음과 같다.

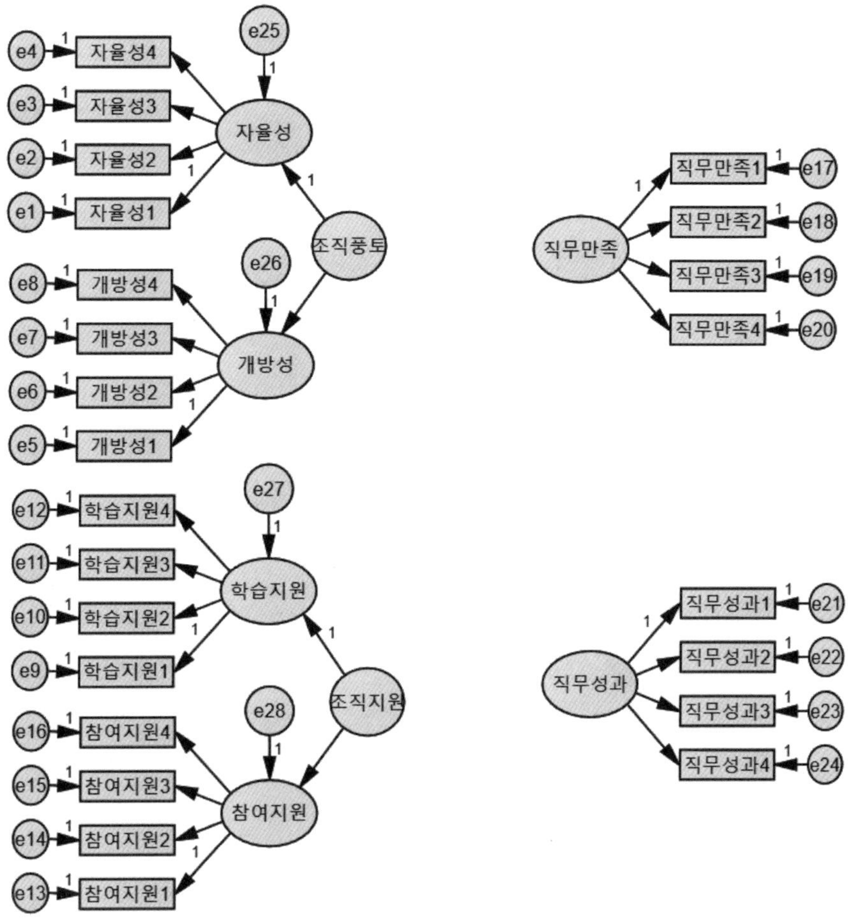

마지막으로 각 잠재변수에 대한 관계를 연결해준다. 이차 확인적 요인분석에서의 잠재변수는 조직풍토, 조직지원, 직무만족, 직무성과이다. [ ]을 클릭한 후 각 잠재변수를 선택한 후 [Plugins]→[Draw Covariances]를 클릭하면 다음과 같은 결과가 나타난다.

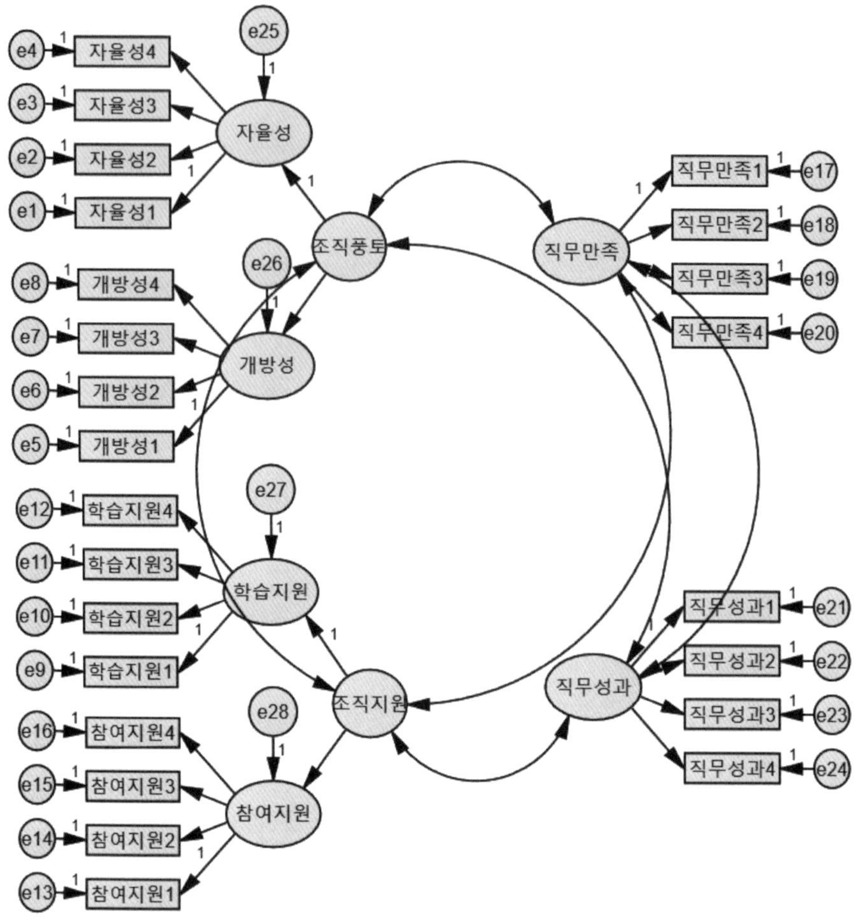

다음으로 메뉴에서 [View]→[Analysis Properties]를 선택하거나 그림 메뉴의 [▦]을 선택한다. [Analysis Properties] 메뉴에서 [Output]을 클릭하면 다양한 옵션 메뉴가 나타난다. 기본적으로 [Minimization history]는 설정되어있는 상태이지만 확인적 요인분석에 필요한 표준요인적재치의 값을 확인하기 위한 [Standardized estimates]와 각 잠재변수 간의 상관관계를 표시해주는 [Squared multiple correlations] 메뉴를 추가로 선택한다.

분석을 위해 메뉴 [Analyze]→[Calculate Estimates] 또는 그림 메뉴 [▦]을 클릭한다. 확인적 요인분석의 결과를 살펴보기 위해서는 메뉴의 [View]→[Text Output]을 클릭하거나 그림 메뉴 [▤]을 선택해 결과값을 확인한다.

2) 적합도지수

Amos에서 이차요인모형을 분석하려면 일차요인모형보다 이차요인모형이 더 좋다는 것을 보여주어야 한다. 이를 위해 일차요인모형의 확인적 요인분석에 대한 적합도와 이차요인모형의 확인적 요인분석에 대한 적합도를 비교하여 더 좋은 적합도를 보여주고 있다는 것을 증명하여야 한다. 이에 더하여 일차 확인적 요인분석에서 묶였던 잠재변수가 이차 확인적 요인분석에서 측정변수로서의 역할을 제대로 수행하고 있는지도 확인하는 것이 필요하다.

적합도 분석을 수행하기 위해 먼저 [View]→[Text Output]을 클릭하거나 그림 메뉴 [ ]을 선택해 결과값을 분석한다. [Output] 창에서 [Model Fit]에 들어가서 일차 확인적 요인분석과 같은 방법으로 적합도를 확인하여 준다.

결과를 살펴보면 $\chi^2 = 398.667(df = 242, p = 0.000)$, $\chi^2/df = 1.647$, GFI=0.895, CFI=0.979, NFI=0.947, RMR=0.077, RMSEA=0.048로 나타났다. 분석 결과를 보면 대부분의 적합도는 이차요인모형이 같거나 좋은 것으로 나타났지만 RMR과 NFI의 경우는 일차요인모형이 더 좋은 결과를 보여주고 있다.

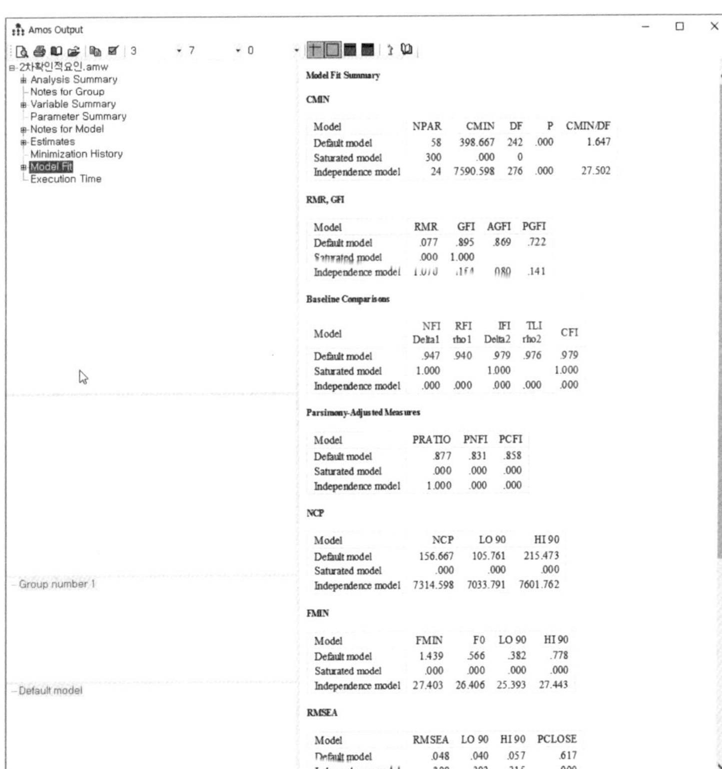

Model Fit Summary

CMIN

Model	NPAR	CMIN	DF	P	CMIN/DF
Default model	58	398.667	242	.000	1.647
Saturated model	300	.000	0		
Independence model	24	7590.598	276	.000	27.502

RMR, GFI

Model	RMR	GFI	AGFI	PGFI
Default model	.077	.895	.869	.722
Saturated model	.000	1.000		
Independence model	[illegible]	[illegible]	.080	.141

Baseline Comparisons

Model	NFI Delta1	RFI rho1	IFI Delta2	TLI rho2	CFI
Default model	.947	.940	.979	.976	.979
Saturated model	1.000		1.000		1.000
Independence model	.000	.000	.000	.000	.000

Parsimony-Adjusted Measures

Model	PRATIO	PNFI	PCFI
Default model	.877	.831	.858
Saturated model	.000	.000	.000
Independence model	1.000	.000	.000

NCP

Model	NCP	LO 90	HI 90
Default model	156.667	105.761	215.473
Saturated model	.000	.000	.000
Independence model	7314.598	7033.791	7601.762

FMIN

Model	FMIN	F0	LO 90	HI 90
Default model	1.439	.566	.382	.778
Saturated model	.000	.000	.000	.000
Independence model	27.403	26.406	25.393	27.443

RMSEA

Model	RMSEA	LO 90	HI 90	PCLOSE
Default model	.048	.040	.057	.617
Independence model	.309	.303	.315	.000

이상의 일차 확인적 요인분석의 적합도와 이차 확인적 요인분석의 적합도를 정리하면 <표 5-8>로 나타낼 수 있다.

〈표 5-8〉 확인적 요인분석 적합도 비교

적합지수	권고지수	일차 확인적 요인분석	이차 확인적 요인분석
χ^2검정	> 0.050	< 0.01	< 0.01
χ^2/df	< 2.500	1.671	1.647
GFI	> 0.900	0.895	0.895
AGFI	> 0.900	0.867	0.869
RMR	< 0.080	0.075	0.077
RESEA	< 0.080	0.049	0.048
NFI	> 0.900	0.948	0.947
CFI	> 0.900	0.978	0.979
TLI	> 0.900	0.975	0.976
PGFI	비교	0.707	0.722
PNFI	비교	0.814	0.831
PCFI	비교	0.840	0.858

이때 비교 가능한 것이 앞서 설명한 간명적합지수이다. 간명적합지수는 적합도를 비교하여 더 좋은 모형을 확인하는 것으로 PGFI, PNFI, PCFI 등을 사용한다. 일차 확인적 요인분석과 이차 확인적 요인분석의 간명적합지수를 비교해 보면 PGFI는 일차에서는 0.707이고 이차에서 0.722로 나타났으며 PNFI는 일차에서는 0.814이고 이차에서 0.831로 나타났다. 마지막으로 PCFI는 일차에서는 0.840이고 이차에서 0.858로 나타나 모든 간명적합지수에서 이차 확인적 요인분석이 더 좋은 결과를 보여주었다. 즉, 자율성, 개방성, 학습지원, 참여지원을 개별적인 변수로 사용하는 것보다 자율성과 개방성을 조직풍토로 학습지원과 참여지원을 조직지원으로 사용하는 것이 그 의미를 더 잘 설명해준다고 할 수 있다.

3) 요인적재치

적합도가 구조모형분석을 수행하기에 충분하다면 [Output] 창의 [Estimates]에서 이차요인에 대한 집중타당성을 확인할 수 있다. 다음 그림과 같이 본 경로계수의 의미는 자율성을 조직풍토라고 강제하였을 때 개방성은 1.265($t = 10.300$, $p < 0.01$)의 요인적재량을 가지며, 학습지원을 조직지원이라 강제했을 때 참여지원은 1.160($t = 9.016$, $p < 0.01$)의 요인적재량을 가진다는 것을 의미한다. 또한 그 값이 통계적으로 1% 수준에서 모두 유의한 것으로 나타났다.

Regression Weights: (Group number 1 - Default model)

			Estimate	S.E.	C.R.	P	Label
자율성	<---	조직풍토	1.000				
개방성	<---	조직풍토	1.265	.123	10.300	***	
학습지원	<---	조직지원	1.000				
참여지원	<---	조직지원	1.160	.129	9.016	***	
자율성1	<---	자율성	1.000				
자율성2	<---	자율성	1.087	.051	21.469	***	
자율성3	<---	자율성	1.146	.049	23.266	***	
자율성4	<---	자율성	1.156	.051	22.648	***	
개방성1	<---	개방성	1.000				
개방성2	<---	개방성	1.012	.036	28.511	***	
개방성3	<---	개방성	1.019	.037	27.395	***	
개방성4	<---	개방성	1.012	.038	26.564	***	
학습지원1	<---	학습지원	1.000				
학습지원2	<---	학습지원	1.091	.059	18.454	***	
학습지원3	<---	학습지원	1.060	.056	18.778	***	
학습지원4	<---	학습지원	1.044	.058	17.998	***	
참여지원1	<---	참여지원	1.000				
참여지원2	<---	참여지원	1.038	.039	26.322	***	
참여지원3	<---	참여지원	1.021	.040	25.320	***	
참여지원4	<---	참여지원	.951	.045	21.026	***	
직무만족1	<---	직무만족	1.000				
직무만족2	<---	직무만족	1.042	.042	24.738	***	
직무만족3	<---	직무만족	1.014	.046	22.241	***	
직무만족4	<---	직무만족	1.054	.044	23.870	***	
직무성과1	<---	직무성과	1.000				
직무성과2	<---	직무성과	.990	.047	21.019	***	
직무성과3	<---	직무성과	1.020	.048	21.261	***	
직무성과4	<---	직무성과	1.038	.049	21.033	***	

다음은 표준화된 요인적재량을 나타내고 있는데 자율성은 0.803, 개방성은 0.892, 학습지원은 0.778, 조직지원은 0.890으로 일차 확인적 요인분석에서 잠재변수로 사용되었던 변수가 측정변수로 사용되어도 요인적재량에는 문제가 없는 것으로 판단된다. 그리고 이외의 요인적재량은 일차 확인적 요인분석에서의 결과와 비슷하게 나타났다.

Standardized Regression Weights: (Group number 1 - Default model)

			Estimate
자율성	<---	조직풍토	.803
개방성	<---	조직풍토	.892
학습지원	<---	조직지원	.778
참여지원	<---	조직지원	.890
자율성1	<---	자율성	.858
자율성2	<---	자율성	.910
자율성3	<---	자율성	.946
자율성4	<---	자율성	.934
개방성1	<---	개방성	.925
개방성2	<---	개방성	.935
개방성3	<---	개방성	.923
개방성4	<---	개방성	.914
학습지원1	<---	학습지원	.800
학습지원2	<---	학습지원	.916
학습지원3	<---	학습지원	.928
학습지원4	<---	학습지원	.901
참여지원1	<---	참여지원	.910
참여지원2	<---	참여지원	.931
참여지원3	<---	참여지원	.918
참여지원4	<---	참여지원	.852
직무만족1	<---	직무만족	.905
직무만족2	<---	직무만족	.919
직무만족3	<---	직무만족	.880
직무만족4	<---	직무만족	.906
직무성과1	<---	직무성과	.877
직무성과2	<---	직무성과	.890
직무성과3	<---	직무성과	.894
직무성과4	<---	직무성과	.890

4) 판별타당성

다음으로 일차 확인적 요인분석과 마찬가지로 [Standardized Regression Weights]와 [Variances]를 이용하여 복합신뢰도와 AVE값을 작성할 수 있다. 또한 [Correlations]을 이용하여 판별타당성을 점검할 수 있다.

Variances: (Group number 1 - Default model)

	Estimate	S.E.	C.R.	P	Label
직무만족	1.547	.160	9.666	***	
직무성과	1.663	.182	9.148	***	
조직풍토	1.171	.189	6.196	***	
조직지원	.909	.164	5.541	***	
e25	.645	.113	5.713	***	
e26	.479	.144	3.333	***	
e27	.595	.108	5.504	***	
e28	.321	.107	2.997	.003	
e1	.653	.063	10.366	***	
e2	.444	.048	9.281	***	
e3	.281	.038	7.351	***	
e4	.357	.044	8.199	***	
e5	.400	.045	8.880	***	
e6	.349	.042	8.374	***	
e7	.423	.047	8.936	***	
e8	.474	.051	9.279	***	
e9	.844	.080	10.604	***	
e10	.342	.042	8.206	***	
e11	.274	.036	7.591	***	
e12	.381	.043	8.866	***	
e13	.319	.036	8.851	***	
e14	.256	.033	7.841	***	
e15	.301	.035	8.535	***	
e16	.525	.051	10.199	***	
e17	.344	.039	8.836	***	
e18	.311	.038	8.240	***	
e19	.463	.049	9.549	***	
e20	.376	.043	8.790	***	
e21	.498	.054	9.214	***	
e22	.430	.049	8.863	***	
e23	.432	.050	8.697	***	
e24	.471	.053	8.854	***	

이차 확인적 요인분석에 대한 복합신뢰도와 판별타당성을 계산해보면 다음과 같다.

$$AVE_{조직풍토} = \frac{(0.803)^2 + (0.892)^2}{((0.803)^2 + (0.892)^2) + (0.645 + 0.479)} = 0.562$$

$$AVE_{참여지원} = \frac{(0.778)^2 + (0.890)^2}{((0.778)^2 + (0.890)^2) + (0.595 + 0.321)} = 0.604$$

$$AVE_{직무만족} = \frac{(0.905)^2 + (0.919)^2 + (0.880)^2 + (0.906)^2}{((0.905)^2 + (0.919)^2 + (0.880)^2 + (0.906)^2) + (0.344 + 0.311 + 0.463 + 0.347)} = 0.686$$

$$AVE_{직무성과} = \frac{(0.877)^2 + (0.890)^2 + (0.894)^2 + (0.890)^2}{((0.877)^2 + (0.890)^2 + (0.894)^2 + (0.890)^2) + (0.498 + 0.430 + 0.432 + 0.471)} = 0.633$$

$$CR_{조직풍토} = \frac{(0.803 + 0.892)^2}{(0.803 + 0.892)^2 + (0.645 + 0.479)} = 0.719$$

$$CR_{조직지원} = \frac{(0.778 + 890)^2}{(0.778 + 0.890)^2 + (0.595 + 0.321)} = 0.752$$

$$AVE_{직무만족} = \frac{(0.905 + 0.919 + 0.880 + 0.906)^2}{(0.905 + 0.919 + 0.880 + 0.906)^2 + (0.344 + 0.311 + 0.463 + 0.346)} = 0.897$$

$$AVE_{직무성과} = \frac{(0.877 + 0.890 + 0.894 + 0.990)^2}{(0.877 + 0.890 + 0.894 + 0.990)^2 + (0.498 + 0.430 + 0.432 + 0.471)} = 0.873$$

이상의 내용을 살펴보면 모든 AVE값은 0.5 이상으로 나타났으며 복합신뢰도는 0.7 이상인 것을 확인하였다. 다음으로 AVE의 제곱근값과의 상관관계를 비교했을 때 직무만족과 직무성과 간의 상관계수가 0.654로 가장 높은데 반해 조직풍토의 AVE가 0.562로 가장 낮게 나타났으며 이를 제곱근하면 0.7 이상의 값을 가지게 되므로 판별타당성에도 이상이 없는 것을 확인하였다.

Correlations: (Group number 1 - Default model)

			Estimate
직무만족	<-->	직무성과	.654
직무만족	<-->	조직풍토	.554
직무만족	<-->	조직지원	.568
직무성과	<-->	조직풍토	.609
직무성과	<-->	조직지원	.543
조직풍토	<-->	조직지원	.552

다음으로 이차 확인적 요인분석에 대한 집중타당성과 판별타당성에 대한 내용을 요약하면 <표 5-9>와 <표 5-10>과 같이 기술할 수 있다.

〈표 5-9〉 집중타당성 분석결과(이차요인)

잠재변수	측정변수	표준요인 적재치	오차항	t-값	p-값	AVE	CR
조직풍토	자율성	0.803	0.645	-		0.562	0.719
	개방성	0.892	0.479	10.300	0.01		
조직지원	학습지원	0.778	0.595			0.604	0.752
	참여지원	0.890	0.321	9.016	0.01		
직무만족	직무만족1	0.905	0.344	-		0.686	0.897
	직무만족2	0.919	0.311	24.322	0.01		
	직무만족3	0.880	0.463	22.241	0.01		
	직무만족4	0.906	0.376	23.870	0.01		
직무성과	직무성과1	0.877	0.498	-		0.633	0.873
	직무성과2	0.890	0.430	21.019	0.01		
	직무성과3	0.894	0.432	21.261	0.01		
	직무성과4	0.890	0.471	21.033	0.01		

〈표 5-10〉 판별타당성 분석결과(이차요인)

	조직풍토	조직지원	직무만족	직무성과
조직풍토	**0.749**			
조직지원	0.552	**0.777**		
직무만족	0.554	0.568	**0.828**	
직무성과	0.609	0.543	0.654	**0.795**

주) 대각선의 값은 평균분산추출의 제곱근 값을 나타내며, 그 외의 값은 상관계수임

3 구조모형분석

확인적 요인분석이 마무리되었다면 구조모형을 분석하기 위해 다음의 경로를 그려준다.

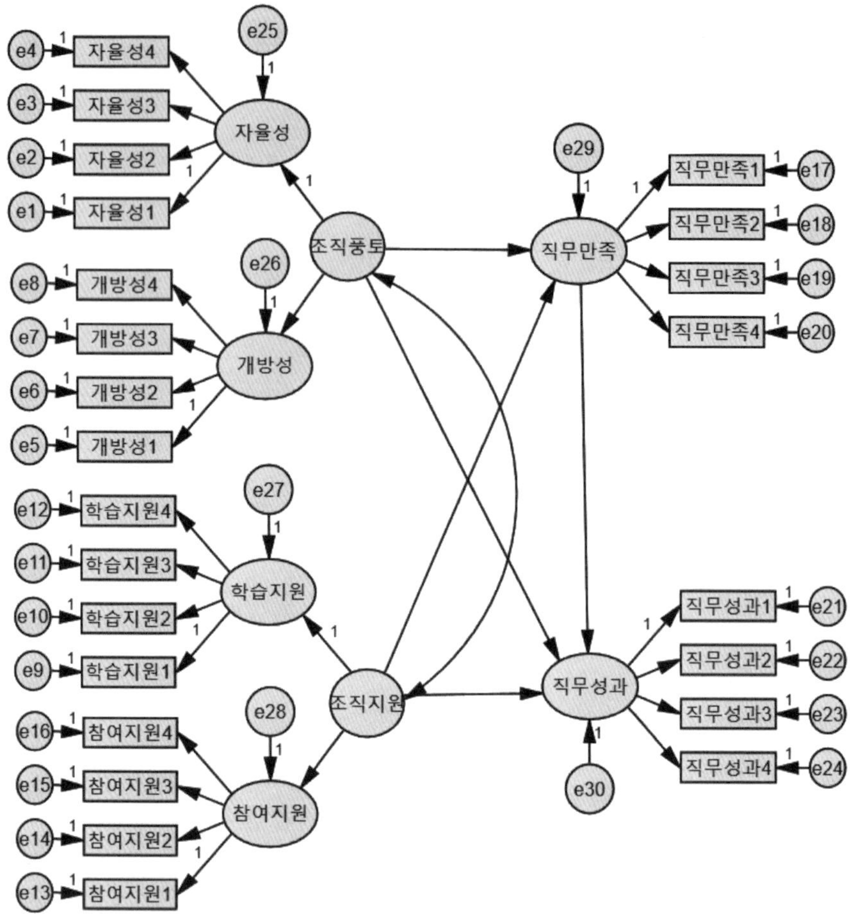

구조모형이 완성되었다면 메뉴에서 [View]→[Analysis Properties]를 선택하거나 그림 메뉴에서 [ ]을 선택한다. 기본적으로 [Minimization history]는 설정되어있어 추가로 [Standardized estimates]을 선택한다. 모든 옵션을 설정하였다면 [Analyze]→[Calculate Estimates] 또는 그림 메뉴 [ ]을 클릭하여 분석한다. 분석이 끝나고 나면 메뉴의 [View]→[Text Output]을 클릭하거나 그림 메뉴 [ ]을 선택해 결과값을 확인한다.

먼저 [Model Fit]을 살펴보면 $\chi^2 = 398.667(df = 242,\ p = 0.000)$, $\chi^2/df = 1.647$, GFI$= 0.895$, CFI$= 0.979$, NFI$= 0.947$, RMR$= 0.077$, RMSEA$= 0.048$로 나타나 이차 확인적 요인분석과 같은 결과를 보여주고 있다.

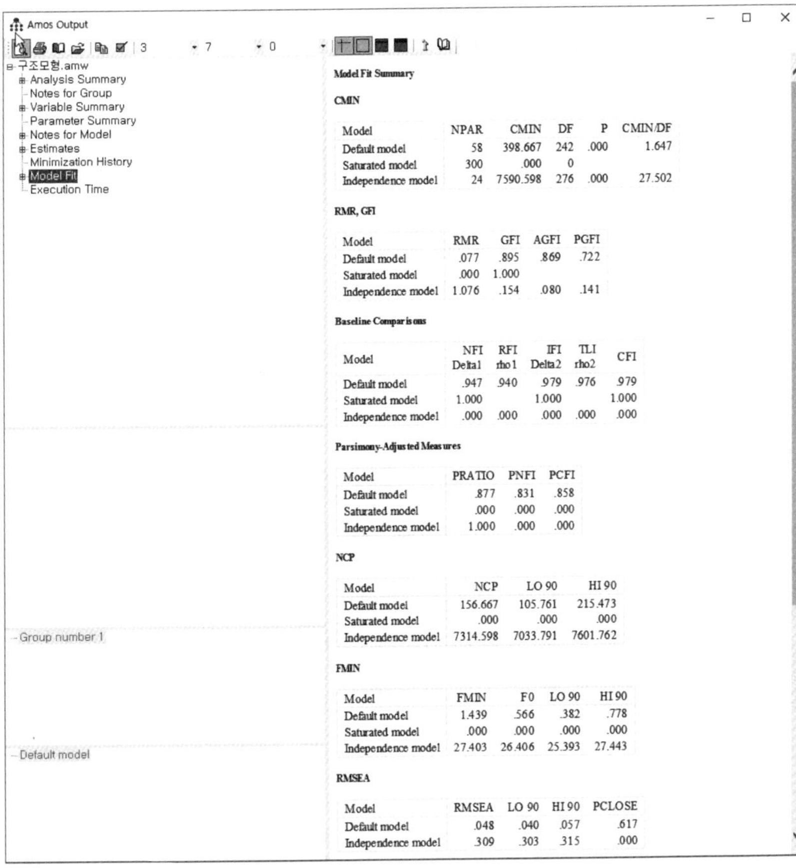

Model Fit Summary

CMIN

Model	NPAR	CMIN	DF	P	CMIN/DF
Default model	58	398.667	242	.000	1.647
Saturated model	300	.000	0		
Independence model	24	7590.598	276	.000	27.502

RMR, GFI

Model	RMR	GFI	AGFI	PGFI
Default model	.077	.895	.869	.722
Saturated model	.000	1.000		
Independence model	1.076	.154	.080	.141

Baseline Comparisons

Model	NFI Delta1	RFI rho1	IFI Delta2	TLI rho2	CFI
Default model	.947	.940	.979	.976	.979
Saturated model	1.000		1.000		1.000
Independence model	.000	.000	.000	.000	.000

Parsimony-Adjusted Measures

Model	PRATIO	PNFI	PCFI
Default model	.877	.831	.858
Saturated model	.000	.000	.000
Independence model	1.000	.000	.000

NCP

Model	NCP	LO 90	HI 90
Default model	156.667	105.761	215.473
Saturated model	.000	.000	.000
Independence model	7314.598	7033.791	7601.762

FMIN

Model	FMIN	F0	LO 90	HI 90
Default model	1.439	.566	.382	.778
Saturated model	.000	.000	.000	.000
Independence model	27.403	26.406	25.393	27.443

RMSEA

Model	RMSEA	LO 90	HI 90	PCLOSE
Default model	.048	.040	.057	.617
Independence model	.309	.303	.315	.000

다음으로 [Output] 창의 [Estimates]→[Regression Weights]에서 모형의 인과관계를 확인한다. 아래의 결과를 살펴보면 조직풍토는 직무만족에 정(+)의 영향을 미칠 것이라는 가설 1은 $B=0.398$, $t-4.550$, $p<0.01$로 나타나 1% 유의수준에서 채택되었다. 조직풍토는 직무성과에 정(+)의 영향을 미칠 것이라는 가설 2는 $B=0.364$, $t=4.240$, $p<0.01$로 나타나 1% 유의수준에서 채택되었다. 조직지원은 직무만족에 정(+)의 영향을 미칠 것이라는 가설 3은 $B=0.491$, $t=4.826$, $p<0.01$로 나타나 1% 유의수준에서 채택되었다. 조직지원은 직무성과에 정(+)의 영향을 미칠 것이라는 가설 4는 $B=0.197$, $t=2.037$, $p<0.05$로 나타나 5% 유의수준에서 채택되었다. 마지막으로 직무만족이 직무성과에 정(+)의 영향을 미칠 것이라는 가설 5는 $B=0.416$, $t=6.028$, $p<0.01$로 나타나 1% 유의수준에서 역시 채택되었다.

Regression Weights: (Group number 1 - Default model)

			Estimate	S.E.	C.R.	P	Label
직무만족	<---	조직풍토	.398	.087	4.559	***	
직무만족	<---	조직지원	.491	.102	4.826	***	
자율성	<---	조직풍토	1.000				
개방성	<---	조직풍토	1.265	.123	10.300	***	
학습지원	<---	조직지원	1.000				
참여지원	<---	조직지원	1.160	.129	9.016	***	
직무성과	<---	조직풍토	.364	.086	4.240	***	
직무성과	<---	직무만족	.416	.069	6.028	***	
직무성과	<---	조직지원	.197	.097	2.037	.042	

표준화계수를 확인하기 위해 [Standardized Regression Weights]를 살펴보면 조직풍토→직무만족은 $\beta = 0.346$, 조직풍토→직무성과는 $\beta = 0.306$, 조직지원→직무만족은 $\beta = 0.377$, 조직지원→직무성과는 $\beta = 0.146$, 직무만족→직무성과는 $\beta = 0.402$의 값을 보여주고 있다. 이러한 결과는 비표준화 결과값과 비교했을 때 미세하게 달라지는 것을 확인할 수 있다. 비표준화계수의 결과값에서는 조직지원→직무만족의 관계가 가장 큰 영향을 미치는 것으로 나타났지만 표준화계수의 결과값에서는 직무만족→직무성과의 관계가 더 큰 영향력을 보여준다는 것을 확인할 수 있다.

Standardized Regression Weights: (Group number 1 - Default model)

			Estimate
직무만족	<---	조직풍토	.346
직무만족	<---	조직지원	.377
자율성	<---	조직풍토	.803
개방성	<---	조직풍토	.892
학습지원	<---	조직지원	.778
참여지원	<---	조직지원	.890
직무성과	<---	조직풍토	.306
직무성과	<---	직무만족	.402
직무성과	<---	조직지원	.146

이상의 내용을 요약해보면 <표 5-11>과 [그림 5-8]로 나타낼 수 있다.

〈표 5-11〉 가설검정 결과(이차요인)

가설	가설	비표준화 계수	표준화 계수	t-값	검정 결과
1	조직풍토 → 직무만족	0.398**	0.346	4.559	채택
2	조직풍토 → 직무성과	0.364**	0.306	4.240	채택
3	조직지원 → 직무만족	0.491**	0.377	4.826	채택
4	조직지원 → 직무성과	0.197*	0.146	2.037	채택
5	직무만족 → 직무성과	0.416**	0.402	6.028	채택

* $p < .05$, ** $p < .01$

[그림 5-8] 가설검정 결과(이차요인)

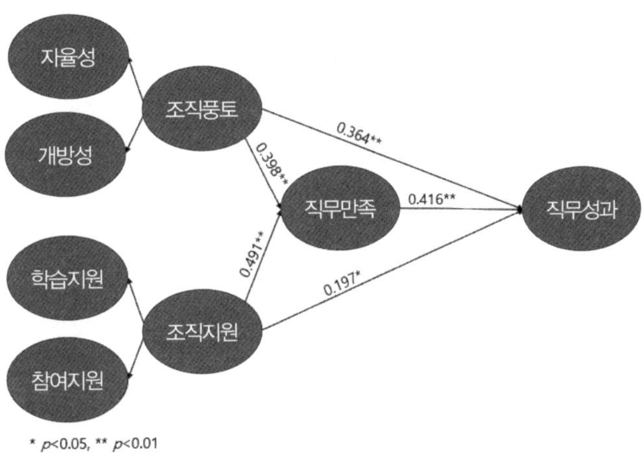

제6장

SPSS 매개효과분석

제 1 절 단순매개모형

1 매개효과

독립변수와 종속변수 간의 인과관계를 좀 더 분명히 설명하기 위해서는 이 두 변수를 매개하는 연결고리가 있는지를 살펴보아야 한다. 독립변수를 X, 매개변수를 M, 종속변수를 Y라 하고 완전매개효과의 관계를 도식화하면 [그림 6-1]과 같다. 독립변수가 매개변수에 영향을 미치고 이 매개변수가 다시 종속변수에 영향을 주는 관계이므로 독립변수와 종속변수 간의 연결고리 역할을 하는 변수를 매개변수(mediating variable)라 한다. [그림 6-1]처럼 독립변수의 효과가 온전히 매개경로를 통해서만 종속변수에 전달되는 모형을 완전매개모형이라고 부르고 이러한 매개효과를 완전매개효과라 한다.

[그림 6-1] 완전매개모형

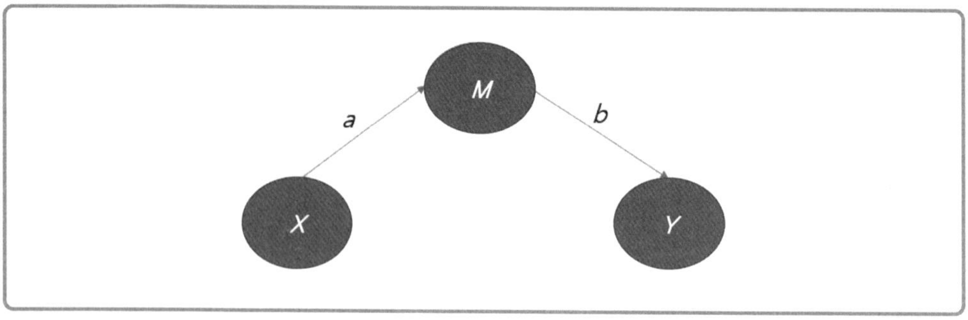

반면 [그림 6-2]와 같이 매개경로뿐만 아니라 독립변수에서 종속변수로 직접 효과가 전달되는 모형을 부분매개모형이라 하고 이러한 매개효과를 부분매개효과라 한다. X의 변화는 Y뿐만 아니라 M에도 영향을 미치고 이어서 M이 Y에 미치는 효과가 발생할 때, M은 X와 Y 사이의 부분매개변수라 한다.

[그림 6-2] 부분매개모형

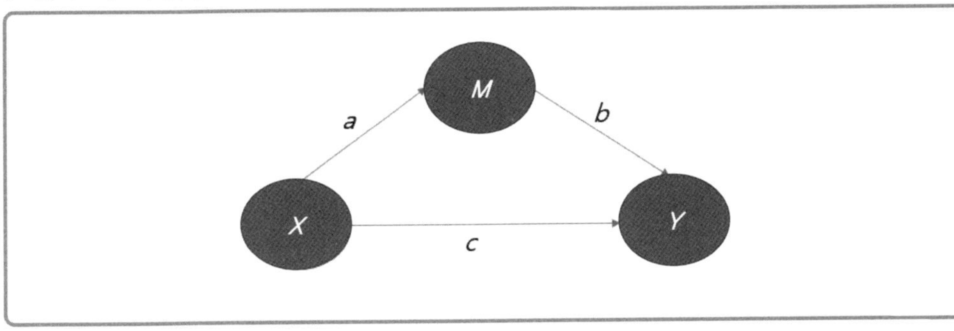

매개변수가 통계적으로 유의한 효과가 있는지를 알아보는 것이 매개효과(mediating effect) 검정이다. 이를 위해 Baron & Kenny의 3단계 매개회귀분석을 실시한다. 매개변수가 통계적으로 유의하게 독립변수와 종속변수를 연결하려면 다음과 같은 조건을 만족시켜야 한다.

단계 1: 독립변수와 종속변수의 관계($Y = i_1 + cX + e_1$)에서 c가 유의해야 한다.

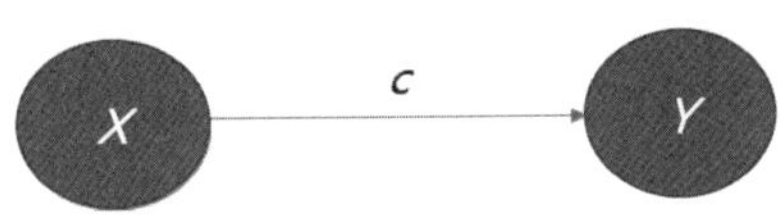

단계 2: 독립변수와 매개변수의 관계($M = i_2 + aX + e_2$)에서 a가 유의해야 한다.

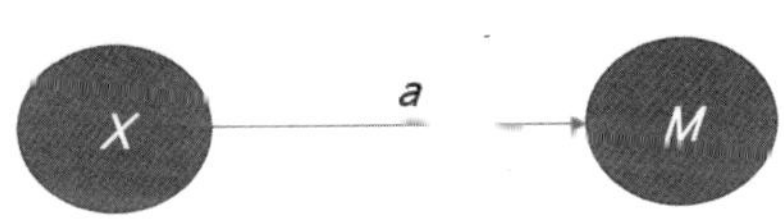

단계 3: 매개변수와 종속변수의 관계($Y = i_3 + c'X + bM + e_3$)에서 b가 유의해야 한다.

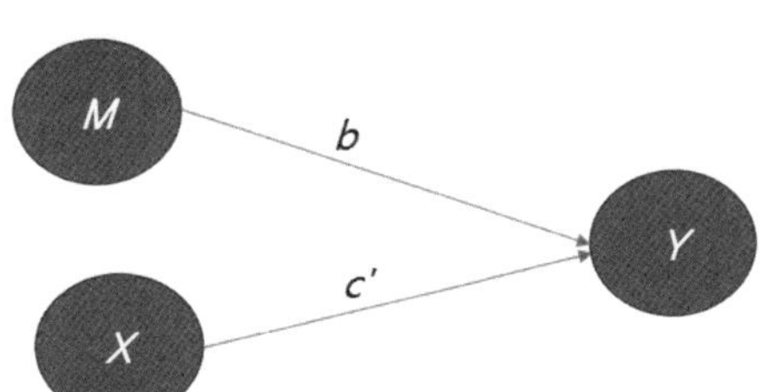

이때 c, a, b는 비표준화 회귀계수이다. 매개효과의 판단은 첫째, c, a, b가 모

두 유의하고 단계 3에서 매개변수와 함께 투입된 독립변수의 영향이 감소하고 종속변수에 유의한 영향을 미치면($c' \neq 0$이고 $c' < c$) 부분매개효과(partial mediation effect)라 한다. 둘째, c, a, b가 모두 유의하고 단계 3에서 매개변수와 함께 투입된 독립변수가 유의하지 않으면($c' = 0$) 완전매개효과(full or complete mediation effect)라 한다.

즉, 1단계에서 c와 2단계에서 a의 회귀계수가 유의적이고 3단계에서 b가 유의적이면 매개효과는 있다고 한다. 이때 3단계에서의 c'가 유의하고($c' \neq 0$) $c' < c$이면 부분매개이고 c'가 비유의적이면($c' = 0$) 완전매개이다.

2 분석모형

다중독립변수의 매개회귀분석을 수행하기 위한 개념적 모형은 [그림 6-3]과 같다. [그림 6-3]의 자율성, 개방성, 학습지원, 참여지원은 직무성과에 직접적인 영향을 주지 않고 직무만족을 통해 간접적으로 영향을 미치는 것으로 가정한다. 즉 독립변수들과 종속변수 간의 관계에서 직무만족이 매개 역할을 한다고 보고 있다. 이처럼 독립변수가 여러 개인 경우 어느 독립변수가 매개하는가를 분석하는 방법에 대해 살펴보기로 한다.

[그림 6-3] 단순매개모형

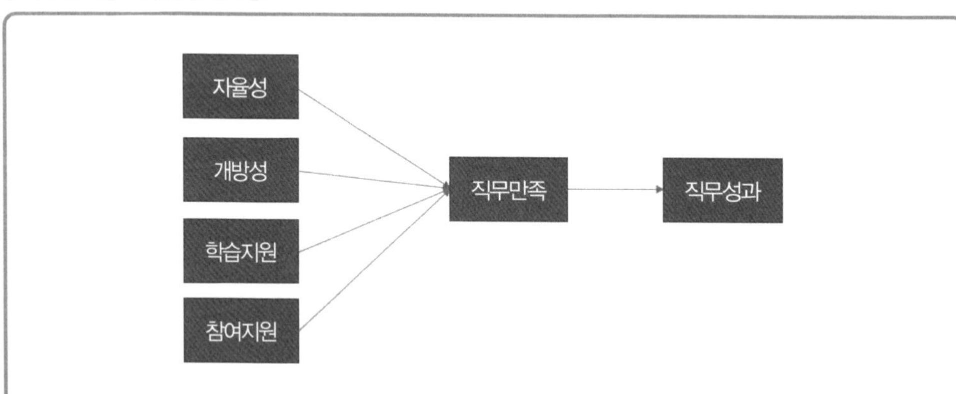

3 Baron & Kenny 접근법

1) 분석절차

다중독립변수의 매개효과검정은 다음과 같이 3단계 매개회귀분석을 수행한다.

단계 1: 독립변수→종속변수 간 회귀분석을 수행하여 독립변수 중 적어도 하나 이상이 종속변수에 유의한 영향을 미쳐야 한다.

단계 2: 독립변수→매개변수 간 회귀분석을 수행하여 독립변수 중 적어도 하나 이상이 매개변수에 유의한 영향을 미쳐야 한다.

단계 3: 독립변수+매개변수→종속변수 간 회귀분석을 수행하여 매개변수는 종속변수에 유의한 영향을 미쳐야 한다.

SPSS에 의한 다중매개회귀분석은 다음과 같이 수행한다.

단계 1: 독립변수→종속변수

[분석]→[회귀분석]→[선형]에서 [종속변수]에 직무성과를 [독립변수]에 자율성, 개방성, 학습지원, 참여지원을 이동시킨 후 [확인]을 클릭하여 회귀분석을 수행한다.

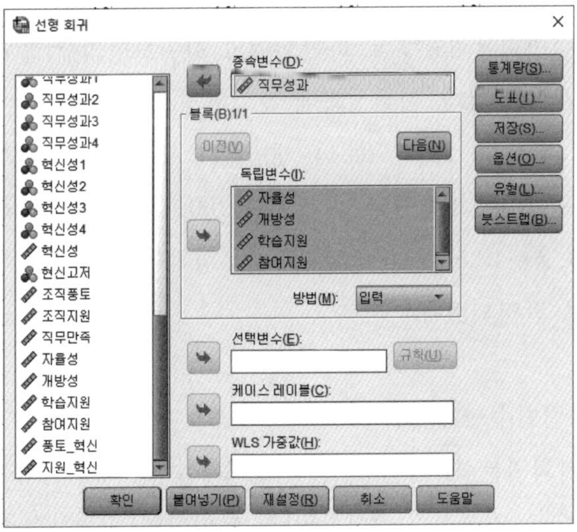

분석결과를 보면 다음과 같다.

모형 요약

모형	R	R 제곱	수정된 R 제곱	추정값의 표준오차
1	.598[a]	.357	.348	1.0905

a. 예측자: (상수), 참여지원, 자율성, 학습지원, 개방성

ANOVA[a]

모형		제곱합	자유도	평균제곱	F	유의확률
1	회귀	180.512	4	45.128	37.948	.000[b]
	잔차	324.656	273	1.189		
	전체	505.168	277			

a. 종속변수: 직무성과

b. 예측자: (상수), 참여지원, 자율성, 학습지원, 개방성

계수[a]

모형		비표준화 계수		표준화 계수	t	유의확률
		B	표준오차	베타		
1	(상수)	1.562	.295		5.290	.000
	자율성	.161	.060	.181	2.691	.008
	개방성	.222	.059	.261	3.772	.000
	학습지원	.083	.067	.082	1.251	.212
	참여지원	.241	.070	.229	3.421	.001

a. 종속변수: 직무성과

모형의 설명력은 35.7%로 파악되었고 회귀모형의 적합도는 $\alpha = 0.01$수준에서 유의하게 나타났다. 직무성과에 유의하게 영향을 미치는 독립변수는 자율성($B = 0.161$, $t = 2.691$, $p < 0.01$), 개방성($B = 0.222$, $t = 3.772$, $p < 0.01$) 그리고 참여지원($B = 0.241$, $t = 3.421$, $p < 0.01$)으로 파악되었다. 반면 학습지원($B = 0.083$, $t = 1.251$, $p > 0.05$)은 직무성과에 유의하게 영향을 미치지 않은 독립변수로 판명되었다.

단계 2: 독립변수→매개변수

[분석]→[회귀분석]→[선형]에서 [종속변수]에 직무만족을 [독립변수]에 4개의 독립변수를 이동시킨 후 [확인]을 클릭하여 회귀분석을 수행한다.

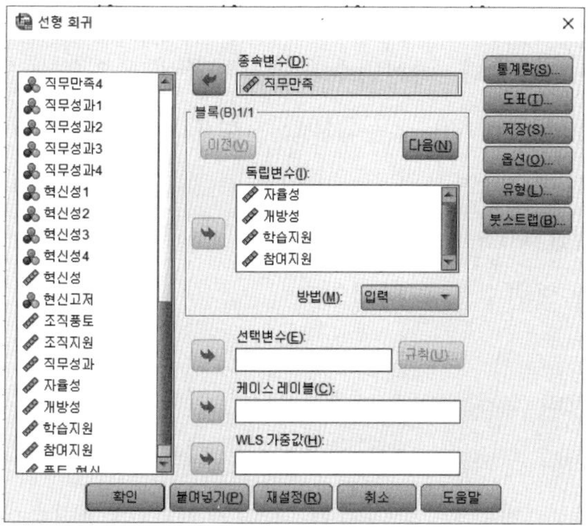

분석결과는 다음과 같다.

모형 요약

모형	R	R 제곱	수정된 R 제곱	추정값의 표준오차
1	.584[a]	.341	.331	1.07650

a. 예측자: (상수), 참여지원, 자율성, 학습지원, 개방성

ANOVA[a]

모형		제곱합	자유도	평균제곱	F	유의확률
1	회귀	163.620	4	40.905	35.298	.000[b]
	잔차	316.369	273	1.159		
	전체	479.989	277			

a. 종속변수: 직무만족

b. 예측자: (상수), 참여지원, 자율성, 학습지원, 개방성

계수[a]

모형		비표준화 계수		표준화 계수	t	유의확률
		B	표준오차	베타		
1	(상수)	1.687	.292		5.788	.000
	자율성	.130	.059	.150	2.192	.029
	개방성	.181	.058	.218	3.103	.002
	학습지원	.049	.066	.049	.742	.459
	참여지원	.322	.070	.314	4.632	.000

a. 종속변수: 직무만족

모형의 설명력은 34.1%로 파악되었고 회귀모형의 적합도는 $\alpha = 0.01$수준에서 유의하게 나타났다. 매개변수인 직무만족에 유의하게 영향을 미치는 독립변수는 자율성($B = 0.130$, $t = 2.192$, $p < 0.05$), 개방성($B = 0.181$, $t = 3.103$, $p < 0.01$) 그리고 참여지원($B = 0.322$, $t = 4.632$, $p < 0.01$)으로 파악되었다. 반면 학습지원($B = 0.049$, $t = 0.742$, $p > 0.05$)은 직무만족에 유의하게 영향을 미치지 않은 독립변수로 판명되었다.

단계 3: 독립변수+매개변수→종속변수

[분석]→[회귀분석]→[선형]에서 [종속변수]에 직무성과를 [독립변수]에 독립변수인 자율성, 개방성, 학습지원, 참여지원과 매개변수인 직무만족을 동시에 이동시킨 후 [확인]을 클릭하여 회귀분석을 수행한다.

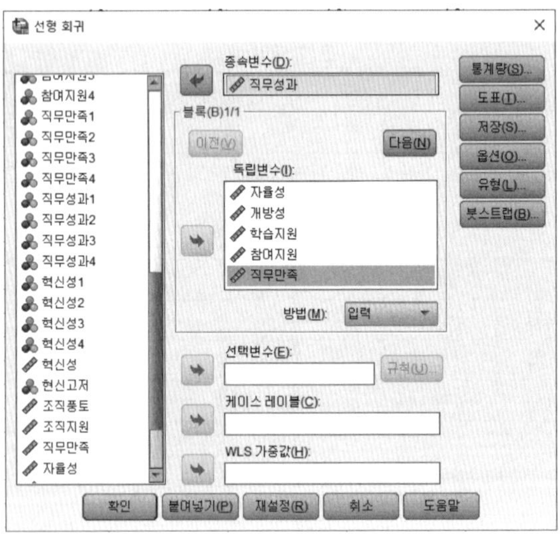

분석결과는 다음과 같다.

모형 요약

모형	R	R 제곱	수정된 R 제곱	추정값의 표준오차
1	.686[a]	.470	.461	.9919

a. 예측자: (상수), 직무만족, 참여지원, 자율성, 학습지원, 개방성

ANOVA[a]

모형		제곱합	자유도	평균제곱	F	유의확률
1	회귀	237.579	5	47.516	48.299	.000[b]
	잔차	267.590	272	.984		
	전체	505.168	277			

a. 종속변수: 직무성과

b. 예측자: (상수), 직무만족, 참여지원, 자율성, 학습지원, 개방성

계수[a]

모형		비표준화 계수		표준화 계수	t	유의확률
		B	표준오차	베타		
1	(상수)	.845	.285		2.971	.003
	자율성	.106	.055	.119	1.931	.054
	개방성	.146	.055	.171	2.671	.008
	학습지원	.063	.061	.062	1.033	.303
	참여지원	.104	.067	.099	1.566	.119
	직무만족	.425	.056	.414	7.616	.000

a. 종속변수: 직무성과

모형의 설명력은 47.0%로 파악되었고 회귀모형의 적합도는 $\alpha = 0.01$수준에서 유의하게 나타났다. 종속변수인 직무성과에 매개변수인 직무만족($B = 0.425$, $t = 7.616$, $p < 0.01$)과 독립변수인 개방성($B = 0.146$, $t = 2.671$, $p < 0.01$)이 유의한 변수로 나타났다. 한편 자율성이 직무성과에 미치는 영향은 $B = 0.106$, $t = 1.931$, $p = 0.054$로 나타났다. 하지만 자율성이 직무성과에 미치는 영향에 관한 가설이 양측검정이 아닌 단측검정이라면 자율성의 p는 0.054가 아니라 $0.54/2 = 0.027$이 되어 $\alpha = 0.05$수준에서 유의하다고 할 수 있다. 반면 학습지원($B = 0.063$, $t = 1.033$, $p > 0.05$)과 참여지원($B = 0.104$, $t = 1.566$, $p > 0.05$)은 유의하지 않은 변수로 파악되었다.

결론적으로 단계 1에서 독립변수가 종속변수에 미치는 회귀계수(c)가 유의적이고 단계 2에서 독립변수가 매개변수에 미치는 회귀계수(a)가 유의적이고 또한 단계 3에서 매개변수가 종속변수에 미치는 회귀계수(b)가 유의적이면 매개효과는 존재한다고 할 수 있다. 이때 단계 3에서의 독립변수가 종속변수에 미치는 회귀계수(c')가 유의하고 $c' < c$이면 부분매개이고 c'가 비유의적이면 완선내개이다. 따라서 참여지원은 완전매개 역할을, 자율성과 개방성은 부분매

개 역할을 하는 것으로 나타났다. 반면 학습지원과 직무성과와의 관계에서 직무만족은 매개 역할을 하지 못하는 것으로 파악되었다.

2) 결과 요약

독립변수인 자율성, 개방성, 학습지원, 참여지원과 종속변수인 직무성과 간의 관계에서 직무만족의 매개효과는 <표 6-1>과 같이 나타났다. Baron과 Kenny가 제안한 방식에 따라 1단계에서 자율성, 개방성, 학습지원, 참여지원을 독립변수로 직무성과를 종속변수로 하여 회귀분석을 실시하였다. 그 결과, 직무성과에 자율성($B=0.161$, $t=2.691$, $p<0.01$), 개방성($B=0.222$, $t=3.772$, $p<0.01$) 그리고 참여지원($B=0.241$, $t=3.421$, $p<0.01$)은 유의하게 영향을 미치는 독립변수로 반면 학습지원($B=0.083$, $t=1.251$, $p>0.05$)은 유의하게 영향을 미치지 않은 독립변수로 판명되었다. 이 경우 모형의 설명력은 35.7%로 파악되었고 회귀모형의 적합도는 $\alpha=0.01$수준에서 유의하게 나타났다.

2단계에서는 자율성, 개방성, 학습지원, 참여지원을 독립변수로 매개변수인 직무만족을 종속변수로 하여 회귀분석을 실시하였다. 직무만족에 유의하게 영향을 미치는 독립변수는 자율성($B=0.130$, $t=2.192$, $p<0.05$), 개방성($B=0.181$, $t=3.103$, $p<0.01$) 그리고 참여지원($B=0.322$, $t=4.632$, $p<0.01$)으로 파악되었고 학습지원($B=0.049$, $t=0.742$, $p>0.05$)은 유의하게 영향을 미

〈표 6-1〉 단순매개모형의 분석결과

	1단계 (독립 → 종속)			2단계 (독립 → 매개)			3단계 (독립 + 매개 → 종속)		
	B	SE	t	B	SE	t	B	SE	t
(상수)	1.562	.295	5.290**	1.687	.292	5.788**	.845	.285	2.971**
자율성	.161	.060	2.691**	.130	.059	2.192*	.106	.055	1.931*
개방성	.222	.059	3.772**	.181	.058	3.103**	.146	.055	2.671**
학습지원	.083	.067	1.251	.049	.066	.742	.063	.061	1.033
참여지원	.241	.070	3.421**	.322	.070	4.632**	.104	.067	1.566
직무만족							.425	.056	7.616**
F	37.948			35.298			48.299		
R^2	0.357			0.341			.470		

*$p<0.05$, **$p<0.01$

치지 않은 독립변수로 판명되었다. 이 경우 모형의 설명력은 34.1%로 파악되었고 회귀모형의 적합도는 $\alpha = 0.01$수준에서 유의하게 나타났다.

3단계에서는 자율성, 개방성, 학습지원, 참여지원, 직무만족을 독립변수로 직무성과를 종속변수로 하여 회귀분석을 실시하였다. 종속변수인 직무성과에 매개변수인 직무만족($B = 0.425$, $t = 7.616$, $p < 0.01$)과 독립변수인 자율성($B = 0.106$, $t = 1.931$, $p < 0.05$)과 개방성($B = 0.146$, $t = 2.671$, $p < 0.01$)은 유의한 변수로 반면 학습지원($B = 0.063$, $t = 1.033$, $p > 0.05$)과 참여지원($B = 0.104$, $t = 1.56$, $p > 0.05$)은 유의하지 않은 변수로 파악되었다. 이 경우 모형의 설명력은 47.0%로 회귀모형의 적합도는 $\alpha = 0.01$수준에서 유의하게 나타났다.

따라서 자율성과 직무성과와의 관계에서 직무만족은 부분매개 역할을, 개방성과 직무성과와의 관계에서 직무만족은 부분매개 역할을, 학습지원과 직무성과와의 관계에서 직무만족은 매개 역할을 하지 못하고, 참여지원과 직무성과와의 관계에서 직무만족은 완전매개 역할을 하는 것으로 파악되었다.

4 Sobel 검정

Baron & Kenny의 3단계 매개회귀분석은 독립변수가 매개변수를 거쳐 종속변수에 영향을 미치는지를 알아본다. 그러나 이 방법은 매개효과가 있는지를 직접 검정하지 못하고 일련의 검정 결과를 토대로 추론하므로 독립변수가 매개변수를 거쳐 종속변수에 미치는 간접(매개)효과가 유의한지에 대해서는 직접 검정을 하지 못한다는 한계를 가지고 있다. 이를 보완하기 위한 검정 방법이 Sobel 검정(Sobel test)이다.

Sobel의 검정은 Baron & Kenny의 한계인 간접효과의 통계적 유의성을 직접 검정할 수 있게 해준다. 따라서 Baron & Kenny의 3단계 매개회귀분석을 실시한 다음 간접효과의 유의성을 검정하기 위해 Sobel 검정을 병행한다.

Sobel 검정은 독립변수가 매개변수에 미치는 영향력(a)과 매개변수가 종속변수에 미치는 영향력(b)을 곱한 간접효과($a \times b$)의 유의성을 확인하는 방법이다. Sobel 검정에서 간접효과($a \times b$)와 간접효과의 표준오차(S_{ab})의 비율을 나타내는 Z는 다음과 같이 정규분포를 따른다고 가정한다.

$$Z = \frac{a \times b}{\sqrt{b^2 \times S_a^2 + a^2 \times S_b^2}}$$

a, b: 비표준화 회귀계수

S_a^2: 회귀계수 a의 표준오차

S_b^2: 회귀계수 b의 표준오차

간접효과인 매개효과의 유의성 검정은 독립변수가 4개이므로 Sobel 검정을 4번 실시해야 한다. 자율성, 개방성, 학습지원, 참여지원 순으로 다음과 같은 결과를 얻는다.

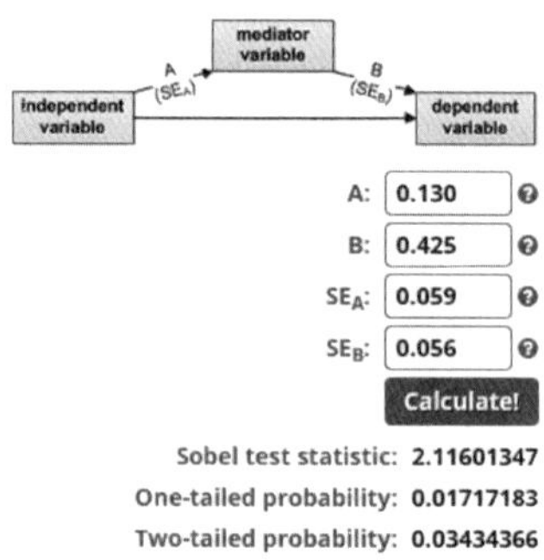

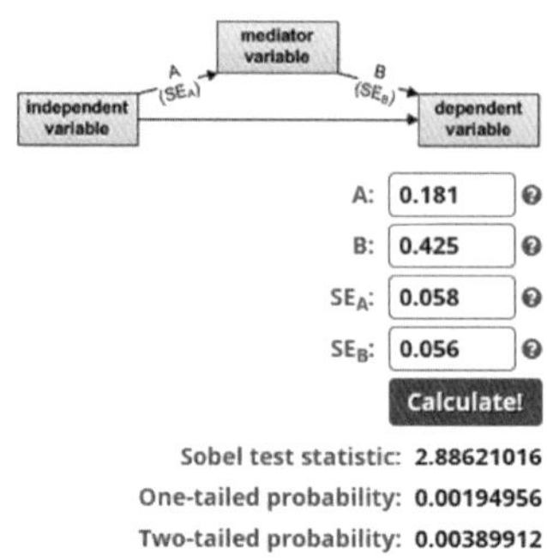

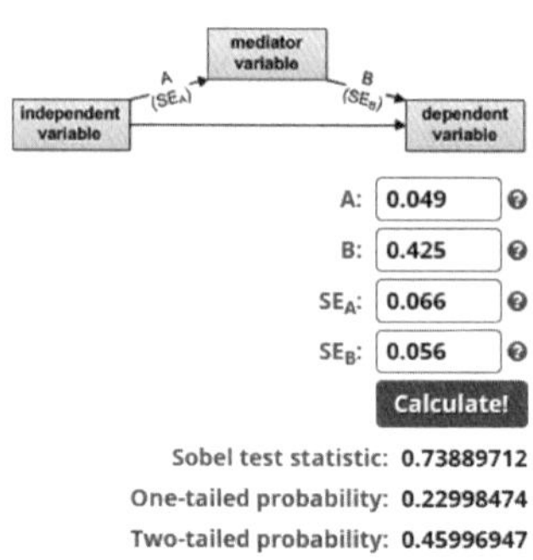

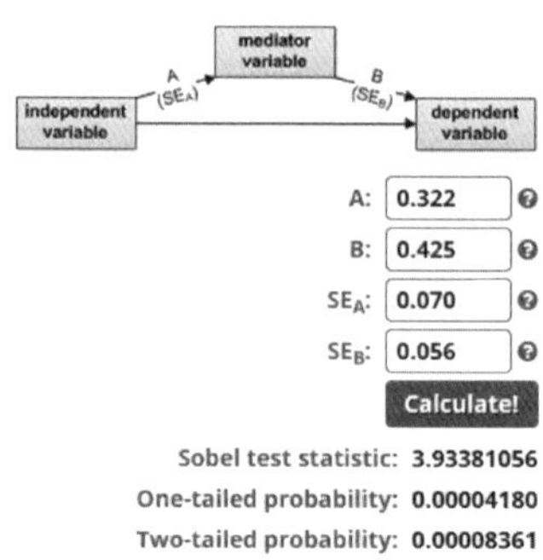

Sobel의 검정결과는 Baron & Kenny 접근법과 같이 자율성이 직무만족을 통해 직무성과에 미치는 매개효과는 0.055(0.130×0.425)로 $\alpha = 0.05$수준에서 유의한 것으로 파악되었고 개방성의 매개효과는 0.077(0.181×0.425)로 역시 $\alpha = 0.01$수준에서 유의한 것으로 파악되었다. 반면 학습지원이 직무만족을 통해 직무성과에 미치는 매개효과는 0.021(0.049×0.425)로 $\alpha = 0.05$수준에서 유의하지 않은 것으로 파악되었다. 마지막 참여지원의 매개효과는 0.137(0.322×0.425)로 $\alpha = 0.01$수준에서 유의한 것으로 파악되었다.

Sobel 검정에 필요한 계산은 엑셀로 직접 할 수도 있지만 인터넷 사이트를 이용하여 할 수도 있다. 대표적인 무료 인터넷 사이트는 다음과 같은 http://www.danielsoper.com/statcalc/calculator.aspx?id=31이다.

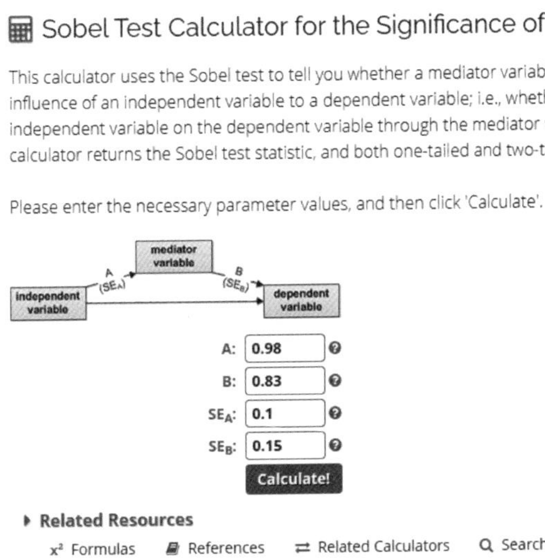

제2절 다중매개모형

1 분석모형

조직이 자율적이면 구성원이 조직에 적극적으로 참여하게 되고 참여를 많이 하면 만족이 높아지고 만족이 높아지면 성과가 높을 것이라는 [그림 6-4]와 같은 모형을 가지고 다중매개효과를 분석하고자 한다.

[그림 6-4] 다중매개효과 분석모형

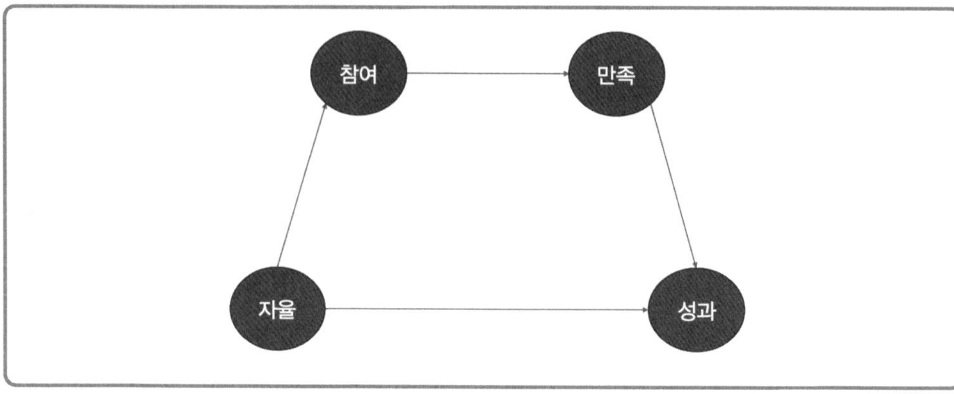

2 Baron & Kenny 접근법

Baron & Kenny 접근법에 따른 다중매개회귀분석은 다음과 같이 수행한다.

단계 1: 독립변수→종속변수

자율→성과 간의 관계를 분석한다. 독립변수인 자율과 종속변수인 성과를 각각 [독립변수]와 [종속변수]에 투입한 후 [확인]을 클릭하여 회귀분석을 수행한다.

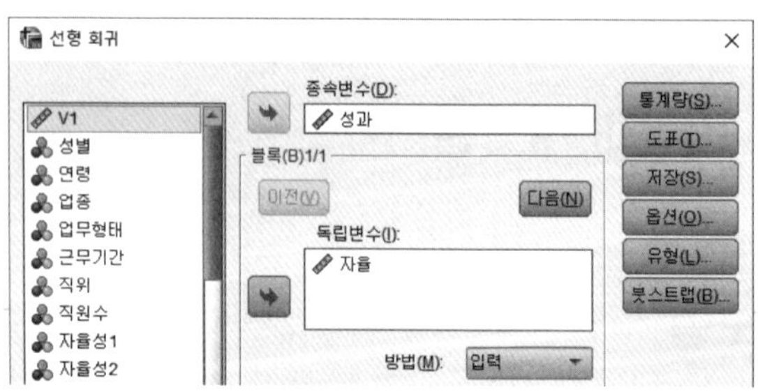

분석결과를 살펴보면 설명력은 22.3%이고 회귀모형은 $\alpha = 0.01$수준에서 유의하게 나타났다. 자율이 성과에 미치는 영향($B = 0.421$, $t = 8.910$, $p < 0.01$)은 $\alpha = 0.01$수준에서 유의한 것으로 파악되었다.

모형 요약

모형	R	R 제곱	수정된 R 제곱	추정값의 표준오차
1	.473[a]	.223	.221	1.1928

a. 예측자: (상수), 자율

ANOVA[a]

모형		제곱합	자유도	평균제곱	F	유의확률
1	회귀	112.958	1	112.958	79.396	.000[b]
	잔차	392.668	276	1.423		
	전체	505.626	277			

a. 종속변수: 성과

b. 예측자: (상수), 자율

계수[a]

모형		비표준화 계수		표준화 계수	t	유의확률
		B	표준오차	베타		
1	(상수)	3.002	.225		13.337	.000
	자율	.421	.047	.473	8.910	.000

a. 종속변수: 성과

단계 2: 독립변수→매개변수

복수매개이므로 자율→참여 그리고 자율+참여→만족 간의 관계를 차례로 분석한다. 먼저 자율→참여 간의 관계를 분석하기 위해 독립변수인 자율이 매개변수인 참여에 미치는 영향력을 먼저 파악한다. 자율과 참여를 각각 [독립변수]와 [종속변수]로 이동한 후 [확인]을 클릭하여 회귀분석을 수행한다.

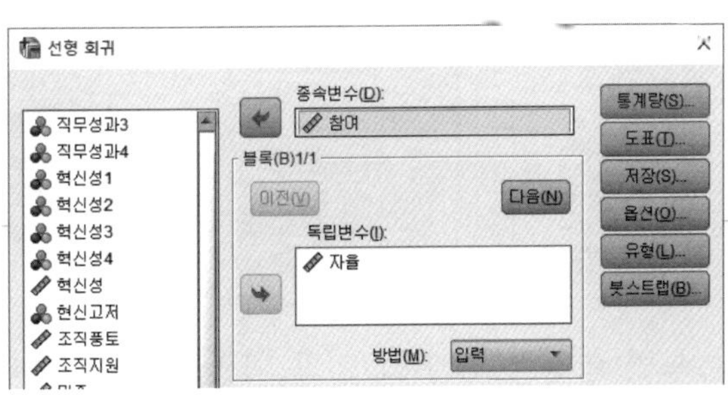

분석결과를 살펴보면 설명력은 13.7%이고 회귀모형은 $\alpha=0.01$수준에서 유의한 것으로 나타났다. 자율이 참여에 미치는 영향($B=0.313$, $t=6.625$, $p<0.01$)은 $\alpha=0.01$수준에서 유의한 것으로 파악되었다.

모형 요약

모형	R	R 제곱	수정된 R 제곱	추정값의 표준오차
1	.370[a]	.137	.134	1.19282

a. 예측자: (상수), 자율

ANOVA[a]

모형		제곱합	자유도	평균제곱	F	유의확률
1	회귀	62.443	1	62.443	43.887	.000[b]
	잔차	392.695	276	1.423		
	전체	455.138	277			

a. 종속변수: 참여

b. 예측자: (상수), 자율

계수[a]

모형		비표준화 계수		표준화 계수	t	유의확률
		B	표준오차	베타		
1	(상수)	3.444	.225		15.299	.000
	자율	.313	.047	.370	6.625	.000

a. 종속변수: 참여

다음으로 자율+참여→만족 간의 관계를 분석한다. 이를 위해 독립변수인 자율과 매개변수인 참여가 또 다른 매개변수인 만족에 미치는 영향을 파악한다. 자율과 참여를 [독립변수]에 만족을 [종속변수]로 투입한 후 [확인]을 클릭하여 회귀분석을 수행한다.

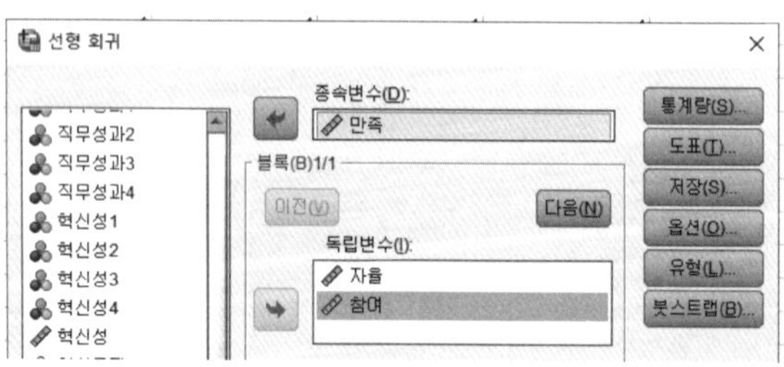

분석결과를 보면 설명력은 31.5%이고 회귀모형은 $\alpha=0.01$수준에서 유의하였다. 자율이 만족에 미치는 영향($B=0.251$, $t=5.376$, $p<0.01$)은 $\alpha=0.01$수준에서 유의한 것으로 파악되었다. 참여가 만족에 미치는 영향($B=0.396$, $t=7.179$, $p<0.01$) 역시 $\alpha=0.01$수준에서 유의한 것으로 파악되었다.

모형 요약

모형	R	R 제곱	수정된 R 제곱	추정값의 표준오차
1	.561[a]	.315	.310	1.09356

a. 예측자: (상수), 참여, 자율

ANOVA[a]

모형		제곱합	자유도	평균제곱	F	유의확률
1	회귀	151.121	2	75.560	63.184	.000[b]
	잔차	328.868	275	1.196		
	전체	479.989	277			

a. 종속변수: 만족

b. 예측자: (상수), 참여, 자율

계수[a]

모형		비표준화 계수		표준화 계수	t	유의확률
		B	표준오차	베타		
1	(상수)	1.847	.281		6.582	.000
	자율	.251	.047	.289	5.376	.000
	참여	.396	.055	.386	7.179	.000

a. 종속변수: 만족

단계 3: 독립변수+매개변수→종속변수

자율+참여+만족→성과 간의 관계를 분석한다. 독립변수인 자율과 매개변수인 참여와 만족이 종속변수인 성과에 미치는 영향을 파악하는 단계이다. 자율, 참여, 만족을 [독립변수]에 성과를 [종속변수]로 투입한 후 [확인]을 클릭하여 회귀분석을 수행한다.

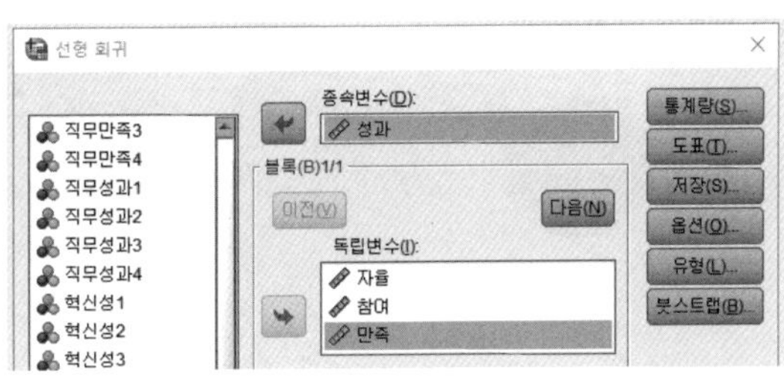

분석결과를 보면 설명력은 45.2%로 나타났다. 자율이 성과에 미치는 영향($B = 0.198$, $t = 4.395$, $p < 0.01$)과 참여가 성과에 미치는 영향($B = 0.165$, $t = 2.989$, $p < 0.01$) 그리고 만족이 성과에 미치는 영향($B = 0.457$, $t = 8.238$, $p < 0.01$) 모두 $\alpha = 0.01$수준에서 유의한 것으로 파악되었다.

모형 요약

모형	R	R 제곱	수정된 R 제곱	추정값의 표준오차
1	.672[a]	.452	.446	1.0055

a. 예측자: (상수), 만족, 자율, 참여

ANOVA[a]

모형		제곱합	자유도	평균제곱	F	유의확률
1	회귀	228.627	3	76.209	75.384	.000[b]
	잔차	276.998	274	1.011		
	전체	505.626	277			

a. 종속변수: 성과

b. 예측자: (상수), 만족, 자율, 참여

계수[a]

모형		비표준화 계수		표준화 계수	t	유의확률
		B	표준오차	베타		
1	(상수)	.966	.278		3.482	.001
	자율	.198	.045	.222	4.395	.000
	참여	.165	.055	.157	2.989	.003
	만족	.457	.055	.445	8.238	.000

a. 종속변수: 성과

결론적으로 [그림 6-5]와 같이 각 선행변수를 추가로 투입하였을 때 선행변수가 모두 유의하게 나타났다. 또한 독립변수인 자율은 매개변수들을 포함한 3단계 모형에서도 유의하게 나타났고 단계 1의 회귀계수보다 작아 부분매개라 할 수 있을 것이다.

[그림 6-5] 다중매개모형의 분석결과

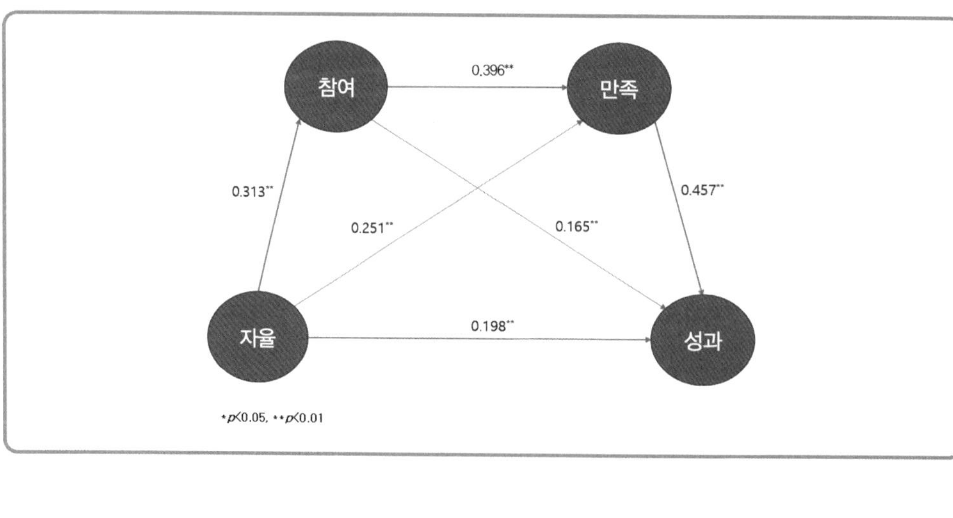

제3절 평행매개모형

1 분석모형

평행매개모형(parallel multiple mediator model)은 독립변수와 종속변수 간의 관계에 두 개 이상의 매개변수가 동시에 작용하는 경우로 [그림 6-6]과 같이 매개변수가 두 개이고 이들이 병렬적인 관계이다. 예를 들어, [그림 6-6]과 같이 독립변수는 자율이고 두 개의 매개변수는 참여와 만족이고 종속변수는 성과인 경우를 생각해볼 수 있다. 여기서는 자율이 성과에 미치는 영향에서 참여와 만족의 매개효과를 검정한다.

2 Baron & Kenny 접근법

Baron & Kenny 접근법을 위한 3단계 회귀분석은 다음과 같이 수행한다.

단계 1: 독립변수→종속변수

자율→성과 간의 관계를 분석한다. 이를 위해 [독립변수]에 자율을 [종속변수]에 성과를 이동시켜 회귀분석을 실시한다.

[그림 6-6] 평행매개모형

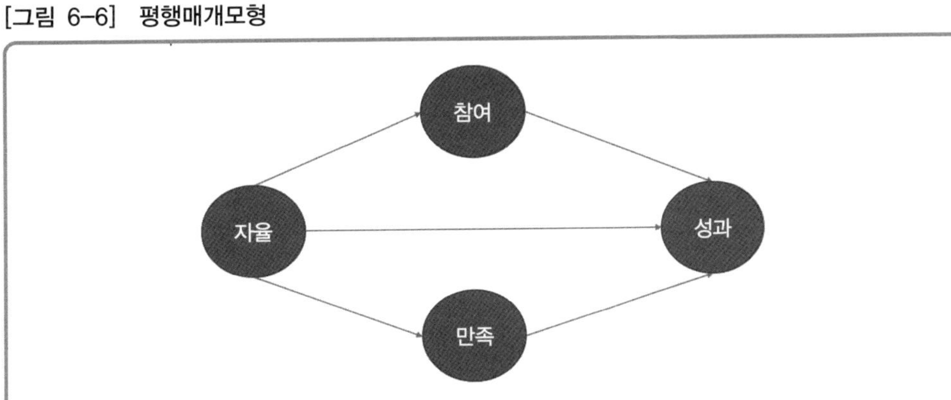

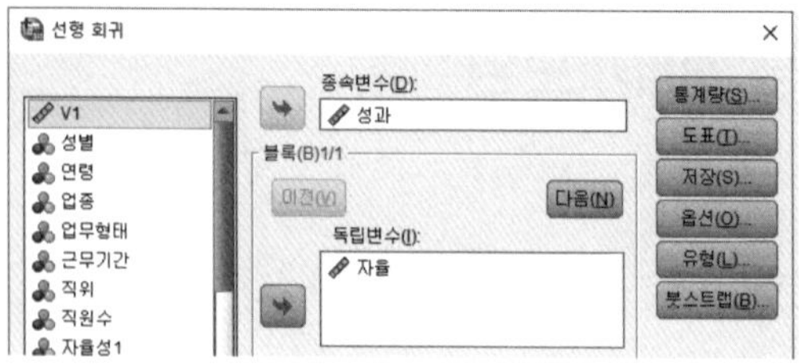

분석결과를 보면 자율이 성과에 미치는 영향($B = 0.421$, $t = 8.910$, $p < 0.01$)은 $\alpha = 0.01$수준에서 유의한 것으로 파악되었다.

계수[a]

모형		비표준화 계수		표준화 계수	t	유의확률
		B	표준오차	베타		
1	(상수)	3.002	.225		13.337	.000
	자율	.421	.047	.473	8.910	.000

a. 종속변수: 성과

단계 2: 독립변수→매개변수

자율→참여 간의 관계와 자율→만족 간의 관계를 분석한다. 이를 위해 매개변수가 두 개이므로 두 번의 회귀분석을 실시한다.

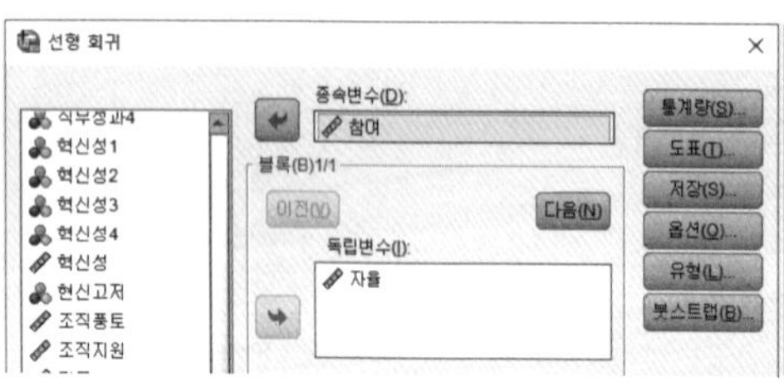

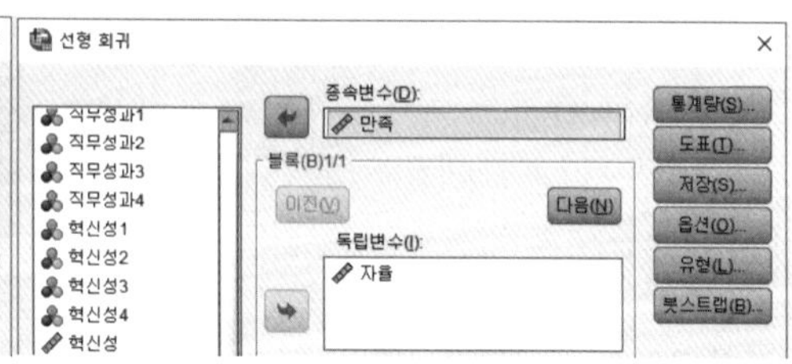

먼저 참여를 [종속변수]로 자율을 [독립변수]로 투입하여 회귀분석을 실시한 결과를 보면 자율이 참여에 미치는 영향($B = 0.313$, $t = 6.625$, $p < 0.01$)은 $\alpha = 0.01$수준에서 유의한 것으로 파악되었다.

계수[a]

모형		비표준화 계수		표준화 계수	t	유의확률
		B	표준오차	베타		
1	(상수)	3.444	.225		15.299	.000
	자율	.313	.047	.370	6.625	.000

a. 종속변수: 참여

만족을 [종속변수]로 자율을 [독립변수]로 투입하여 회귀분석을 실시한 결과를 보면 자율이 만족에 미치는 영향($B = 0.375$, $t = 7.953$, $p < 0.01$)은 $\alpha = 0.01$ 수준에서 유의한 것으로 파악되었다.

계수[a]

모형		비표준화 계수		표준화 계수	t	유의확률
		B	표준오차	베타		
1	(상수)	3.211	.224		14.305	.000
	자율	.375	.047	.432	7.953	.000

a. 종속변수: 만족

단계 3: 독립변수+매개변수→종속변수

자율+참여+만족→성과 간의 관계를 분석한다. 이를 위해 1개의 독립변수와 2개의 매개변수를 동시에 투입한다. 성과를 [종속변수]로 자율, 참여, 만족을 [독립변수]로 투입하여 회귀분석을 실시한다.

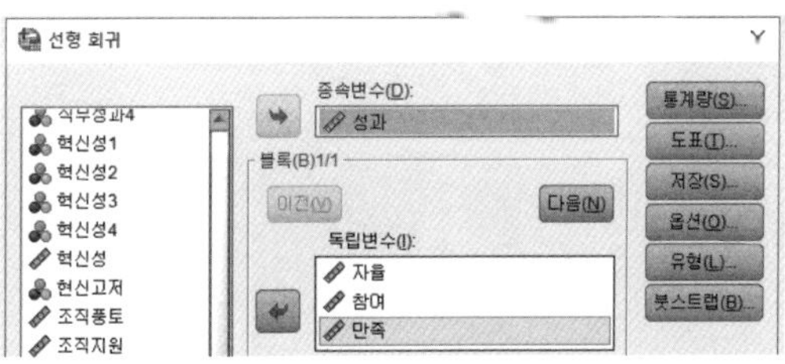

분석결과를 보면 자율이 성과에 미치는 영향($B = 0.198$, $t = 4.395$, $p < 0.01$)과 참여가 성과에 미치는 영향($B = 0.165$, $t = 2.989$, $p < 0.01$) 그리고 만족이 성과에 미치는 영향($B = 0.457$, $t = 8.238$, $p < 0.01$) 모두 $\alpha = 0.01$수준에서 유의한 것으로 파악되었다. 따라서 자율이 성과에 미치는 영향에서 참여와 만족은 부분매개를 한다고 할 수 있다.

계수[a]

모형		비표준화 계수		표준화 계수	t	유의확률
		B	표준오차	베타		
1	(상수)	.966	.278		3.482	.001
	자율	.198	.045	.222	4.395	.000
	참여	.165	.055	.157	2.989	.003
	만족	.457	.055	.445	8.238	.000

a. 종속변수: 성과

이상의 결과를 요약하면 [그림 6-7]과 같은 부분매개모형이 된다.

[그림 6-7] 평행매개모형의 분석결과

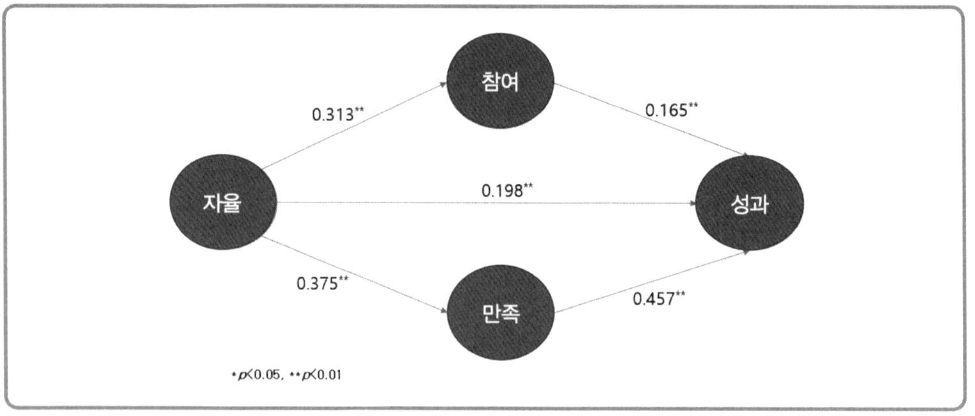

제 7 장

PROCESS 매개효과분석

제 1 절 매개효과

1 Baron & Kenny 접근법

Baron & Kenny의 매개효과검정은 다음과 같은 몇 가지 문제점을 가지고 있다고 여러 학자가 지적하였다. 먼저 매개효과검정을 한 번에 하는 것이 아니라 3단계로 나누어 분석해야 한다는 것이다. 또 다른 문제점은 Baron & Kenny가 제시한 3단계 과정 중 단계 1의 독립변수와 종속변수의 관계가 유의하여야 한다는 가정이 필수 과정인지에 관한 것이다. 즉, 매개효과가 있기 위한 전제조건으로 독립변수와 종속변수 간($X \rightarrow Y$)에 c가 유의하여야 한다는 주장도 있고 그렇지 않아도 된다는 주장도 있다.

[그림 7-1]에서 독립변수가 종속변수에 미치는 직접효과(c')와 매개변수를 거쳐 독립변수가 종속변수에 미치는 간접효과($a \times b$)가 있다. 일반적으로 직접효과와 간접효과의 방향은 같다. 직접효과가 음의 방향이면 간접효과 역시 음의 방향이고 또한 직접효과가 양의 방향이면 간접효과 역시 양의 방향이 일반적이므로 두 효과의 합인 총효과는 커지게 된다. 하지만 직접효과와 간접효과의 방향성에 대해서는 학자 간에 의견이 합의되지 않고 있다. 직접효과는 음의 방향이고 간접효과는 반대로 양의 방향인 경우와 직접효과는 양의 방향이고 간접효과는 반대로 음의 방향인 경우도 존재한다. 이러면 오히려 총효과는 감소할 수도 있는데 Baron & Kenny의 접근법은 이러한 문제를 다루지 못한다는 것이다. 일반적으로 독립변수와 종속변수 간에는 유의적인 관계가 없어도 매개효과는

[그림 7-1] 총효과, 직접 및 간접효과

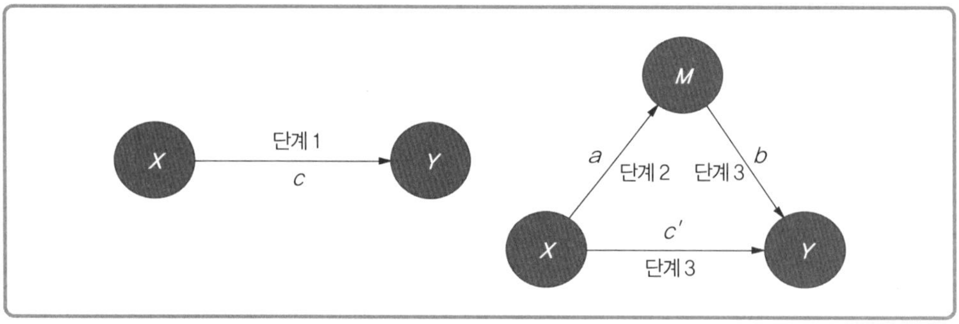

있을 수 있다는 주장이 더 설득력을 얻고 있다. 이에 대한 대안으로 Sobel 검정이나 Hayes 접근법이 사용된다.

2 Hayes 접근법

매개효과의 검정은 Baron & Kenny의 방법 이외에 Hayes 교수가 제안한 분석 절차를 사용할 수 있다. Hayes 교수는 매개변수에 의한 간접효과를 검정하는 데 필요한 여러 가지 검정통계량과 부트스트랩핑(bootstrapping)과 같은 반복 계산을 SPSS에서 쉽게 할 수 있는 PROCESS를 개발하였다. PROCESS는 모형(template)을 미리 설정해 두고 이 중에서 연구에 적합한 모형을 선택하여 변수를 투입하면 쉽게 매개효과를 판단할 수 있도록 하였다.

PROCESS는 http://www.processmacro.org/에서 구할 수 있는 무료 프로그램이며 기존의 SPSS 프로그램에서 사용할 수 있는 일종의 매크로 프로그램이다. 해당 홈페이지에 접속하여 다음과 같이 상단의 [DOWNLOAD]를 클릭한다.

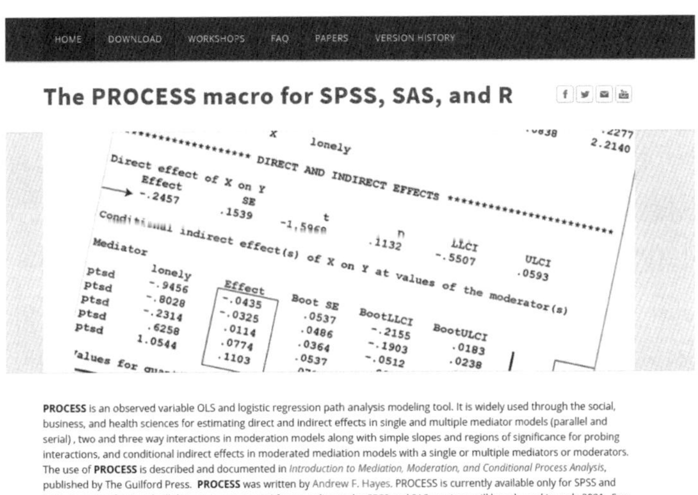

다음의 [Download PROCESS v3.5]를 선택하면 된다.

내려받으면 바탕화면에 압축파일인 [processv35]이 만들어진다. 이 파일에 대해 압축풀기를 하면 processv35라는 폴더가 생성된다. processv35 폴더에서 PROCESS v3.5 for SPSS 하위 폴더를 열고 process.spd 파일을 더블 클릭하여 실행시킨다. SPSS가 실행되면 [확장]→[사용자 정의 대화상자]에서 사용자 정의 대화상자 설치를 누른다. 설치가 완료된 SPSS의 [분석]→[회귀분석]에는 다음과 같은 [process] 메뉴가 만들어져 있다.

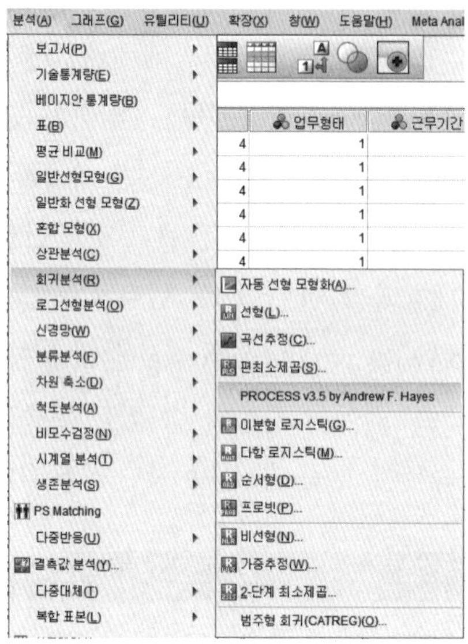

Sobel 검정은 표본분포를 정규분포로 가정한다. 그러나 간접효과의 표본분포가 정규분포라는 가정과 달리 실제로는 비정규분포를 보이는 문제를 가지고 있다. 이러면 양측검정에서 $\alpha = 0.05$수준의 임계치 ± 1.96을 사용해서는 올바른 검정결과를 얻기 어렵다. 그러므로 Sobel 검정을 한다면 가설의 검정력(power)을 높이기 위해 많은 수의 표본이 필요하게 된다. 이와 달리 부트스트랩핑 방식은 표본분포에 대한 가정 없이 비모수적 반복표본(resampling) 기법에 따라 간접효과의 표본분포를 구성한다. 따라서 부트스트랩핑 방식을 통한 간접효과의 검정절차는 표본 크기가 상대적으로 작은 경우에도 합리적인 방법이다.

부트스트랩핑 방법은 표본 수와 동일한 크기의 표본을 반복 추출하여 매개효과의 회귀계수($a \times b$)와 표준오차(S_{ab})를 추출횟수만큼 얻어낸 후 신뢰구간을 구한다. 만약 5,000번 반복하여 표본을 추출하고 $\alpha = 0.05$이라면 신뢰구간은 상위 125번째와 하위 4,875번째의 회귀계수 사이가 매개효과의 신뢰구간이 되는 것이다. 보통 95% 신뢰구간을 구하고 이때 0이 그 신뢰구간 사이에 포함되지 않으면 매개효과는 통계적으로 유의하고 0을 포함하면 유의하지 않다고 판단한다. 더불어 Hayes는 Baron & Kenny의 단계 1의 분석이 필요하지 않다고 주장하므로 다음과 같은 두 개의 식을 추정한다.

단계 1: 독립변수와 매개변수의 관계($M = i_2 + aX + e_2$)를 분석한다.

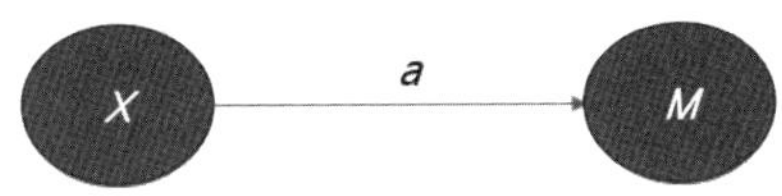

단계 2: 매개변수와 종속변수의 관계($Y = i_3 + c'X + bM + e_3$)를 분석한다.

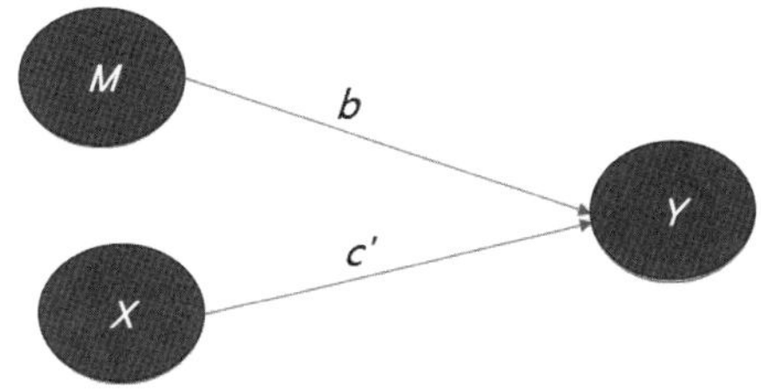

위의 식에서 $a \times b$의 통계적 유의성을 Sobel 검정이 아닌 부트스트랩핑 방법을 통해 검정한다. 따라서 매개효과를 판별하기 위한 Hayes 접근법의 특징은 Baron & Kenny 접근법과는 달리 $a \times b$만 유의하면 되고 $a \times b$의 유의성은 Sobel 검정이 아닌 부트스트랩핑을 이용한다는 점이다. 이상의 내용을 요약하면 <표 7-1>과 같다.

〈표 7-1〉 Hayes의 분석절차

단계	분석	모형	조건
1	$X \rightarrow M$	$M = i_2 + aX + e_2$	ab가 유의
2	$X, M \rightarrow Y$	$Y = i_3 + c'X + bM + e_3$	

제 2 절 단순매개모형

1 분석모형

다중독립변수의 단순매개효과분석을 PROCESS로 수행하기 위한 개념적 모형은 [그림 7-2]와 같다. 이 모형은 자율성, 개방성, 학습지원, 참여지원은 직무성과에 직접적인 영향을 주지 않고 직무만족을 통해 간접적으로 영향을 미치는 것으로 가정한다.

다중독립변수면 PROCESS에서는 특정 독립변수를 독립변수로 지정하고 나머지 독립변수는 통제변수로 지정한다. 독립변수로 지정한 변수에 대해 매개효과를 검정하는 과정을 반복한다.

2 Hayes 접근법

1) 자율성의 매개효과

먼저 독립변수 중 자율성의 입력절차와 분석결과에 대해 살펴보기로 한다. 분석창에서 [Model Number]는 4를 지정한다. [Y variable:]에 (직무)성과, [X variable:]에 자율(성), [Mediator(s) M:]에 (직무)만족, [Covariate(s):]에 개방(성), 학습(지원), 참여(지원)을 각각 이동한 후 [확인]을 누른다. Hayes의 PROCESS에서는

[그림 7-2] 다중독립변수의 단순매개모형

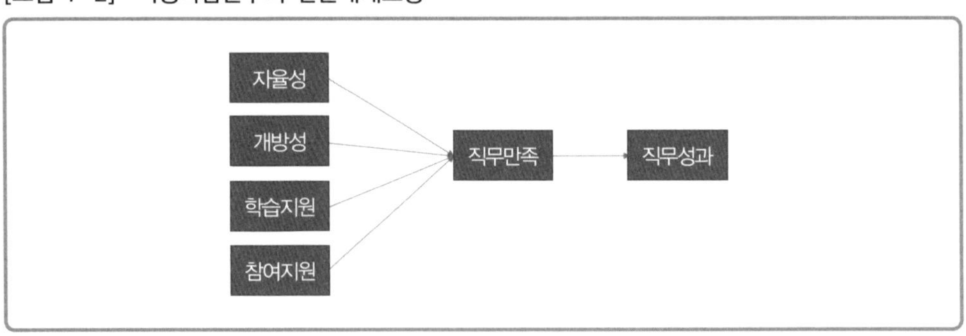

한글 변수명의 경우 첫 두 글자만 인식하므로 여기서는 직무성과를 성과로 직무만족을 만족 등으로 변수명을 조정한 후 분석한다.

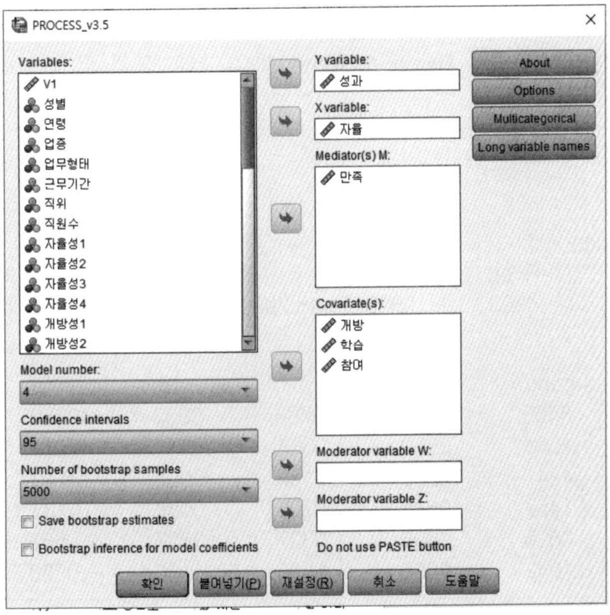

① $X \rightarrow M$ 의 결과

먼저 독립변수가 매개변수에 미치는 영향에 관한 결과를 보여준다. 독립변수인 자율의 비표준화 회귀계수 0.1298은 $\alpha = 0.05$ 수준에서 유의하게 나타났다. 이는 Baron & Kenny의 2단계 결과와 같다.

OUTCOME VARIABLE:
만족

Model Summary

R	R-sq	MSE	F	df1	df2	p
.5839	.3409	1.1589	35.2975	4.0000	273.0000	.0000

Model

	coeff	se	t	p	LLCI	ULCI
constant	1.6874	.2915	5.7884	.0000	1.1135	2.2613
자율	.1298	.0592	2.1919	.0292	.0132	.2464
개방	.1806	.0582	3.1032	.0021	.0660	.2952
학습	.0487	.0657	.7418	.4588	-.0806	.1780
참여	.3223	.0696	4.6321	.0000	.1853	.4592

② $X, M \rightarrow Y$ 의 결과

다음은 독립변수와 매개변수가 종속변수에 미치는 영향에 대한 회귀분석의 결과이다. 매개변수인 직무만족의 회귀계수는 0.4247로 $\alpha = 0.01$수준에서 유의하게 나타났다. 이는 Baron & Kenny의 3단계 결과와 동일하다.

```
OUTCOME VARIABLE:
 성과

Model Summary
          R       R-sq        MSE          F        df1        df2          p
      .6858      .4703      .9838    48.2989     5.0000   272.0000      .0000

Model
              coeff         se          t          p       LLCI       ULCI
constant      .8455      .2846     2.9708      .0032      .2852     1.4058
자율          .1063      .0550     1.9314      .0545     -.0021      .2147
만족          .4247      .0558     7.6162      .0000      .3149      .5345
개방          .1457      .0546     2.6705      .0080      .0383      .2532
학습          .0625      .0606     1.0327      .3027     -.0567      .1818
참여          .1042      .0666     1.5656      .1186     -.0268      .2353
```

③ 직접 및 간접효과의 결과

마지막으로 본 결과의 주 관심사인 간접효과의 유의성을 살펴본다. 매개변수인 만족의 간접효과 0.0551은 자율이 만족에 미치는 비표준화 회귀계수 0.1298과 만족이 성과에 미치는 비표준화 회귀계수 0.4247을 곱하면 얻는다. 간접효과의 신뢰구간은 $0.0061 \sim 0.1157$이다. 하한값과 상한값 사이에 0을 포함하지 않기 때문에 $\alpha = 0.05$수준에서 유의한 것으로 나타났다. 이는 Sobel 검정과 같은 결과에 도달한다.

```
Direct effect of X on Y
     Effect         se          t          p       LLCI       ULCI
      .1063      .0550     1.9314      .0545     -.0021      .2147

Indirect effect(s) of X on Y:
         Effect     BootSE   BootLLCI   BootULCI
만족      .0551      .0282      .0061      .1157
```

2) 개방성의 매개효과

분석창에서 [Model Number]는 4를 지정한다. [Y variable:]에 성과, [X variable:]에 개방, [Mediator(s) M:]에 만족, [Covariate(s):]에 자율, 학습, 참여를 각각 이동한 후 [확인]을 누른다.

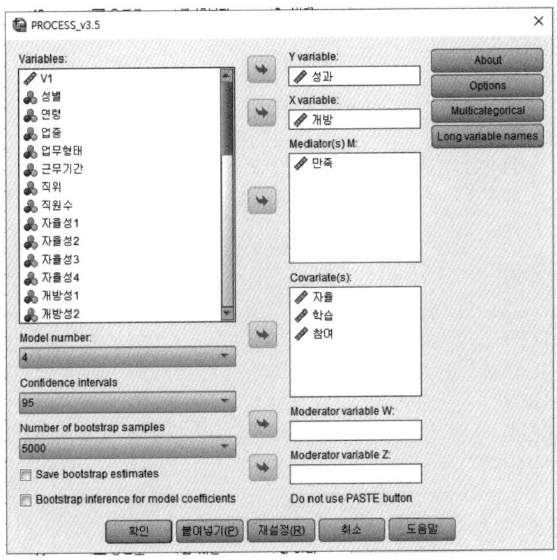

① $X \rightarrow M$ 의 결과

먼저 독립변수가 매개변수에 미치는 영향에 관한 결과를 보여준다. 독립변수인 개방의 비표준화 회귀계수 0.1806은 $\alpha = 0.01$ 수준에서 유의하게 나타났다. 이는 Baron & Kenny의 2단계 결과와 같다.

OUTCOME VARIABLE:
만족

Model Summary

R	R-sq	MSE	F	df1	df2	p
.5839	.3409	1.1589	35.2975	4.0000	273.0000	.0000

Model

	coeff	se	t	p	LLCI	ULCI
constant	1.6874	.2915	5.7884	.0000	1.1135	2.2613
개방	.1806	.0582	3.1032	.0021	.0660	.2952
자율	.1298	.0592	2.1919	.0292	.0132	.2464
학습	.0487	.0657	.7418	.4588	−.0806	.1780
참여	.3223	.0696	4.6321	.0000	.1853	.4592

② $X, M \rightarrow Y$의 결과

다음은 독립변수와 매개변수가 종속변수에 미치는 영향에 대한 회귀분석의 결과이다. 매개변수인 만족의 회귀계수는 0.4247로 $\alpha = 0.01$수준에서 유의하게 나타났다. 이는 Baron & Kenny의 3단계 결과와 같다.

```
OUTCOME VARIABLE:
 성과

Model Summary
          R       R-sq        MSE          F        df1        df2          p
      .6858      .4703      .9838    48.2989     5.0000   272.0000      .0000

Model
              coeff         se          t          p       LLCI       ULCI
constant      .8455      .2846     2.9708      .0032      .2852     1.4058
개방          .1457      .0546     2.6705      .0080      .0383      .2532
만족          .4247      .0558     7.6162      .0000      .3149      .5345
자율          .1063      .0550     1.9314      .0545     -.0021      .2147
학습          .0625      .0606     1.0327      .3027     -.0567      .1818
참여          .1042      .0666     1.5656      .1186     -.0268      .2353
```

③ 직접 및 간접효과의 결과

본 결과의 주 관심사인 간접효과의 유의성을 살펴본다. 매개변수인 만족의 간접효과 0.0767은 개방이 만족에 미치는 비표준화 회귀계수 0.1806과 만족이 성과에 미치는 비표준화 회귀계수 0.4247을 곱하면 얻는다. 간접효과의 신뢰구간은 0.0246 ~ 0.1353이다. 하한값과 상한값 사이에 0을 포함하지 않기 때문에 0.05수준에서 유의한 것으로 나타났다. 이는 Sobel 검정과 같은 결과에 도달한다.

```
Direct effect of X on Y
     Effect         se          t          p       LLCI       ULCI
      .1457      .0546     2.6705      .0080      .0383      .2532

Indirect effect(s) of X on Y:
           Effect     BootSE   BootLLCI   BootULCI
만족        .0767      .0275      .0246      .1353
```

3) 학습지원의 매개효과

분석창에서 [Model Number]는 4를 지정한다. [Y variable:]에 성과, [X variable:]에 학습, [Mediator(s) M:]에 만족, [Covariate(s):]에 자율, 개방, 참여를 각각 이동한 후 [확인]을 누른다.

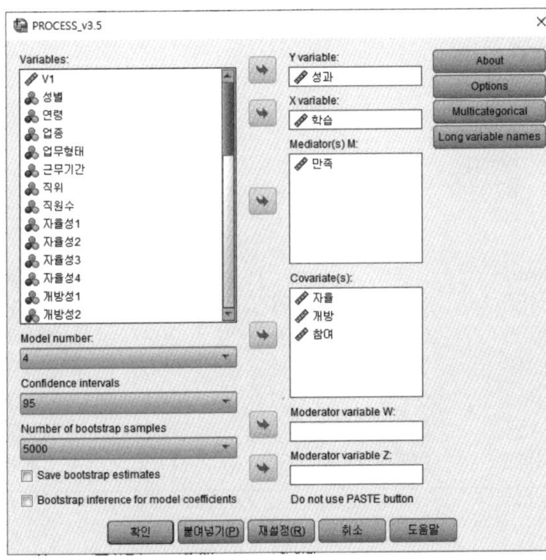

① $X \rightarrow M$ 의 결과

먼저 독립변수가 매개변수에 미치는 영향에 관한 결과를 보여준다. 독립변수인 학습의 비표준화 회귀계수 0.0487은 $\alpha = 0.05$수준에서 유의하게 나타나지 않았다. 이는 Baron & Kenny의 2단계 결과와 같다

OUTCOME VARIABLE:
만족

Model Summary

R	R-sq	MSE	F	df1	df2	p
.5839	.3409	1.1589	35.2975	4.0000	273.0000	.0000

Model

	coeff	se	t	p	LLCI	ULCI
constant	1.6874	.2915	5.7884	.0000	1.1135	2.2613
학습	.0487	.0657	.7418	.4588	-.0806	.1780
자율	.1298	.0592	2.1919	.0292	.0132	.2464
개방	.1806	.0582	3.1032	.0021	.0660	.2952
참여	.3223	.0696	4.6321	.0000	.1853	.4592

② $X, M \rightarrow Y$의 결과

다음은 독립변수와 매개변수가 종속변수에 미치는 영향에 관한 회귀분석의 결과이다. 매개변수인 만족의 회귀계수는 0.4247로 $\alpha = 0.01$수준에서 유의하게 나타났다. 이는 Baron & Kenny의 3단계 결과와 같다.

```
OUTCOME VARIABLE:
 성과

Model Summary
          R       R-sq        MSE          F        df1        df2          p
      .6858      .4703      .9838    48.2989     5.0000   272.0000      .0000

Model
              coeff         se          t          p       LLCI       ULCI
constant      .8455      .2846     2.9708      .0032      .2852     1.4058
학습          .0625      .0606     1.0327      .3027     -.0567      .1818
만족          .4247      .0558     7.6162      .0000      .3149      .5345
자율          .1063      .0550     1.9314      .0545     -.0021      .2147
개방          .1457      .0546     2.6705      .0080      .0383      .2532
참여          .1042      .0666     1.5656      .1186     -.0268      .2353
```

③ 직접 및 간접효과의 결과

본 결과의 주 관심사인 간접효과의 유의성을 살펴본다. 매개변수인 만족의 간접효과 0.0207은 학습이 만족에 미치는 비표준화 회귀계수 0.0487과 만족이 성과에 미치는 비표준화 회귀계수 0.4247을 곱하면 얻는다. 간접효과의 신뢰구간은 -0.0450 ~ 0.0839이다. 하한값과 상한값 사이에 0을 포함하기 때문에 0.05 수준에서 유의하지 않은 것으로 나타났다. 이는 Sobel 검정과 같은 결과에 도달한다.

```
Direct effect of X on Y
     Effect         se          t          p       LLCI       ULCI
      .0625      .0606     1.0327      .3027     -.0567      .1818

Indirect effect(s) of X on Y:
         Effect    BootSE  BootLLCI  BootULCI
만족      .0207     .0321    -.0450     .0839
```

4) 참여지원의 매개효과

분석창에서 [Model Number]는 4를 지정한다. [Y variable:]에 성과, [X variable:]에 참여, [Mediator(s) M:]에 만족, [Covariate(s):]에 자율, 개방, 학습을 각각 이동한 후 [확인]을 누른다.

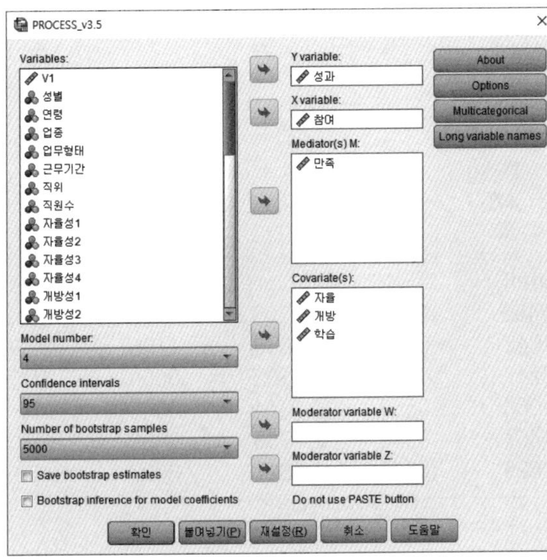

① $X \rightarrow M$ 의 결과

먼저 독립변수가 매개변수에 미치는 영향에 관한 결과를 보여준다. 독립변수인 참여의 비표준화 회귀계수 0.3223은 $\alpha = 0.01$ 수준에서 유의하게 나타났다. 이는 Baron & Kenny의 2단계 결과와 같다.

```
OUTCOME VARIABLE:
 만족

Model Summary
          R       R-sq        MSE          F        df1        df2          p
      .5839      .3409     1.1589    35.2975     4.0000   273.0000      .0000

Model
              coeff         se          t          p       LLCI       ULCI
constant     1.6874      .2915     5.7884      .0000     1.1135     2.2613
참여          .3223      .0696     4.6321      .0000      .1853      .4592
자율          .1298      .0592     2.1919      .0292      .0132      .2464
개방          .1806      .0582     3.1032      .0021      .0660      .2952
학습          .0487      .0657      .7418      .4588     -.0806      .1780
```

② $X, M \rightarrow Y$ 의 결과

다음은 독립변수와 매개변수가 종속변수에 미치는 영향에 대한 회귀분석의 결과이다. 매개변수인 직무만족의 회귀계수는 0.4247로 $\alpha = 0.01$ 수준에서 유의하게 나타났다. 이는 Baron & Kenny의 3단계 결과와 같다.

```
OUTCOME VARIABLE:
 성과

Model Summary
          R       R-sq        MSE          F        df1        df2          p
      .6858      .4703      .9838    48.2989     5.0000   272.0000      .0000

Model
              coeff         se          t          p       LLCI       ULCI
constant      .8455      .2846     2.9708      .0032      .2852     1.4058
참여          .1042      .0666     1.5656      .1186     -.0268      .2353
만족          .4247      .0558     7.6162      .0000      .3149      .5345
자율          .1063      .0550     1.9314      .0545     -.0021      .2147
개방          .1457      .0546     2.6705      .0080      .0383      .2532
학습          .0625      .0606     1.0327      .3027     -.0567      .1818
```

③ 직접 및 간접효과의 결과

마지막으로 본 결과의 주 관심사인 간접효과의 유의성을 살펴본다. 간접효과 0.1369는 참여가 만족에 미치는 비표준화 회귀계수 0.3223과 만족이 성과에 미치는 비표준화 회귀계수 0.4247을 곱하면 얻는다. 간접효과의 신뢰구간은 0.0662 ~ 0.2248이다. 하한값과 상한값 사이에 0을 포함하지 않기 때문에 $\alpha = 0.05$ 수준에서 유의한 것으로 나타났다. 이는 Sobel 검정과 같은 결과에 도달한다.

```
Direct effect of X on Y
     Effect         se          t          p       LLCI       ULCI
      .1042      .0666     1.5656      .1186     -.0268      .2353

Indirect effect(s) of X on Y:
          Effect     BootSE   BootLLCI   BootULCI
만족       .1369      .0402      .0662      .2248
```

5) 결과 요약

자율성, 개방성, 학습지원, 참여지원이 직무성과에 미치는 영향에서 직무만족의 매개효과를 파악하기 위해 Hayes의 2단계 process 분석을 시행한 결과는 <표 7-2>와 같다. 단계 1에서는 학습지원을 제외하고 자율성, 개방성, 참여지원이 직무만족에 영향을 미치는 것으로 나타났다. 단계 2에서는 학습지원을 제외한 자율성, 개방성, 참여지원 모두 간접효과가 유의한 것으로 파악되었다.

〈표 7-2〉 단순매개모형 분석결과

	1단계 (독립 → 매개)			2단계 (독립 + 매개 → 종속)		
	B	SE	t	간접효과	하한값	상한값
(상수)	1.6874	0.2915	5.7884**			
자율성	0.1298	0.0592	2.1919*	0.0551	0.0061	0.1157
개방성	0.1806	0.0582	3.1032**	0.0767	0.0246	0.1353
학습지원	0.0487	0.0657	0.7418	0.0207	−0.0450	0.0839
참여지원	0.3223	0.0696	4.6321**	0.1369	0.0662	0.2248

요약하면 자율성, 개방성, 참여지원은 매개변수인 직무만족에 영향을 미치고 매개변수인 직무만족은 종속변수인 직무성과에 영향을 미치는 것으로 나타났다. 따라서 자율성, 개방성, 참여지원이 직무성과에 미치는 영향에서 직무만족은 매개한다고 할 수 있다.

이러한 결과는 Sobel의 검정과 Hayes 검정에서도 같게 나타났다. Sobel 검정은 자율성, 개방성, 참여지원이 직무성과에 미치는 영향에서 직무만족의 매개효과는 각각 0.0551, 0.0767, 0.1369로 $\alpha = 0.05$수준에서 유의한 것으로 나타났다.

Hayes의 부트스트랩핑의 검정결과도 자율성, 개방성, 참여지원이 직무성과에 미치는 영향에서 직무만족의 매개효과는 신뢰구간에 0을 포함하지 않아 $\alpha = 0.05$수준에서 유의한 것으로 나타났다. Baron & Kenny 접근법, Sobel 검정 그리고 Hayes 접근법 모두 같은 결과를 제시하였다. 이상의 결과를 요약하면 <표 7-3>과 같다.

〈표 7-3〉 단순매개모형 검정결과 비교

	1단계 (독립→종속)			2단계 (독립→매개)			3단계 (독립+매개→종속)		
	B	표준오차	t	B	표준오차	t	B	표준오차	t
(상수)	1.562	.295	5.290**	1.687	.292	5.788**	.845	.285	2.971**
자율성	.161	.060	2.691*	.130	.059	2.192*	.106	.055	1.931*
개방성	.222	.059	3.772**	.181	.058	3.103**	.146	.055	2.671**
학습지원	.083	.067	1.251	.049	.066	.742	.063	.061	1.033
참여지원	.241	.070	3.421**	.322	.070	4.632**	.104	.067	1.566
직무만족							.425	.056	7.616**
F	37.948**			35.298**			48.299**		
R^2	0.357			0.341			.470		

매개효과경로	간접효과	Sobel 검정	Hayes 검정	
		Z	하한값	상한값
자율성→직무성과	.0551	2.117*	.0061	.1157
개방성→직무성과	.0767	2.886**	.0246	.1353
학습지원→직무성과	.0207	0.739	−.0450	.0839
참여지원→직무성과	.1369	3.934**	.0662	.2248

*$p<.05$, **$p<.01$

제 3 절 다중매개모형

1 분석모형

[그림 7-2]와 같이 조직이 자율적이면 구성원이 조직에 적극적으로 참여하게 되고, 참여를 많이 하면 만족이 높아지고 만족이 높아지면 성과가 높을 것이라는 모형을 가지고 다중매개효과를 분석하고자 한다.

[그림 7-2] 다중매개모형

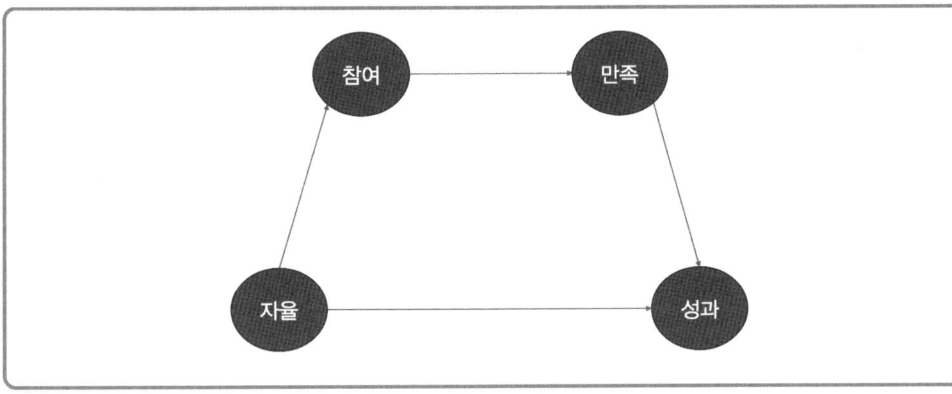

2 Hayes 분석절차

1) 입력방법

다중매개모형을 분석하기 위해서는 분석창에서 [Model number]를 6으로 지정하여야 한다. [Y variable:]에 성과, [X variable:]에 자율, [Mediator(s) M:]에 참여와 만족을 각각 이동한 후 [확인]을 누른다. 여기서 매개변수를 투입하는 순서에 따라 선행변수가 결정되므로 매개변수의 관계가 참여→만족이 되도록 참여를 먼저 만족을 나중에 투입한다.

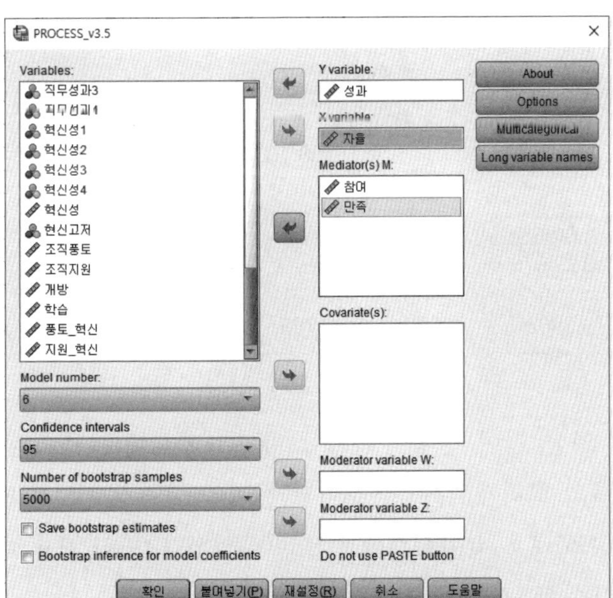

2) 분석결과

분석결과를 보면 1) 자율→참여, 2) 자율+참여→만족, 3) 자율+참여+만족→성과에 관한 3개의 회귀분석 결과가 나타나 있다. 먼저 독립변수인 자율이 참여에 미치는 영향에 관한 회귀분석 결과를 보여준다. 회귀계수는 0.3130이고 모형의 설명력은 13.72%로 $\alpha=0.01$수준에서 유의하다.

OUTCOME VARIABLE:
참여

Model Summary

R	R-sq	MSE	F	df1	df2	p
.3704	.1372	1.4228	43.8869	1.0000	276.0000	.0000

Model

	coeff	se	t	p	LLCI	ULCI
constant	3.4440	.2251	15.2993	.0000	3.0008	3.8871
자율	.3130	.0472	6.6247	.0000	.2200	.4060

다음은 자율과 참여가 만족에 미치는 영향에 관한 회귀분석 결과를 보여준다. 자율의 회귀계수는 0.2507이고 참여의 회귀계수는 0.3962로 모두 α=0.01수준에서 유의하다. 또한 모형의 설명력은 31.48%로 α=0.01수준에서 유의하다.

OUTCOME VARIABLE:
만족

Model Summary

R	R-sq	MSE	F	df1	df2	p
.5611	.3148	1.1959	63.1838	2.0000	275.0000	.0000

Model

	coeff	se	t	p	LLCI	ULCI
constant	1.8467	.2806	6.5824	.0000	1.2944	2.3990
자율	.2507	.0466	5.3761	.0000	.1589	.3425
참여	.3962	.0552	7.1789	.0000	.2875	.5048

다음은 자율, 참여, 만족이 성과에 미치는 영향에 관한 회귀분석 결과를 보여준다. 자율의 회귀계수는 0.1978이고 참여의 회귀계수는 0.1663이고 만족의 회귀계수 0.4567로 α=0.01수준에서 모두 유의하다. 또한 모형의 설명력은 45.32%로 α=0.01수준에서 유의하다.

```
OUTCOME VARIABLE:
 성과

Model Summary
          R       R-sq        MSE          F        df1        df2          p
      .6732      .4532     1.0082    75.6843     3.0000   274.0000      .0000

Model
              coeff         se          t          p       LLCI       ULCI
constant      .9474      .2772     3.4182      .0007      .4017     1.4930
자율          .1978      .0450     4.3948      .0000      .1092      .2864
참여          .1663      .0552     3.0118      .0028      .0576      .2750
만족          .4567      .0554     8.2487      .0000      .3477      .5657
```

이상의 분석결과를 토대로 각 경로에 대한 회귀계수를 도식화하면 [그림 7-3]과 같다. 다음은 분석의 핵심인 간접효과에 관한 결과를 보여준다. 먼저 Ind1은 자율→참여→성과에 미치는 간접효과의 크기는 0.0520(0.3130×0.1663)이고 신뢰구간에 0을 포함하지 않으므로 참여의 간접효과는 α=0.05수준에서 유의하다고 볼 수 있다. Ind2는 자율→만족→성과에 미치는 간접효과의 크기는 0.1145(0.2507×0.4567)이고 신뢰구간에 0을 포함하지 않으므로 만족의 간접효과는 α=0.05수준에서 유의하다고 볼 수 있다. Ind3은 자율→참여→만족→성과에 미치는 간접효과의 크기는 0.0566(0.3130×0.3962×0.4567)이고 신뢰구간에 0을 포함하지 않으므로 참여와 만족의 간접효과는 α=0.05수준에서 역시 유의하다고 할 수 있다.

[그림 7-3] 다중매개모형의 분석결과

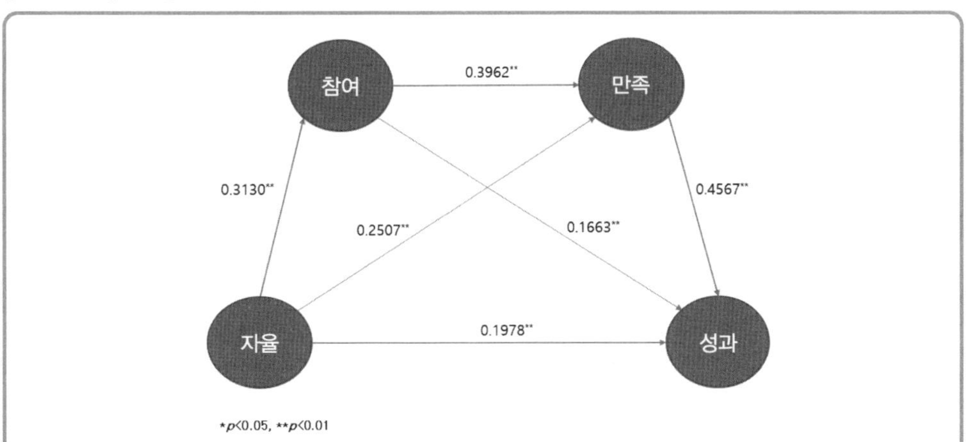

```
Direct effect of X on Y
     Effect         se          t          p       LLCI       ULCI
      .1978      .0450     4.3948      .0000      .1092      .2864

Indirect effect(s) of X on Y:
           Effect     BootSE   BootLLCI   BootULCI
TOTAL       .2232      .0360      .1562      .2984
Ind1        .0520      .0215      .0134      .0986
Ind2        .1145      .0291      .0619      .1764
Ind3        .0566      .0137      .0329      .0858

Indirect effect key:
Ind1 자율     →   참여    →   성과
Ind2 자율     →   만족    →   성과
Ind3 자율     →   참여    →   만족    →   성과
```

결론적으로 3개의 간접효과 모두 유의하게 나타났고 이 간접효과를 모두 합한 총효과는 0.2232(0.0520 + 0.1145 + 0.0566)이다. 총효과 역시 신뢰구간에 0을 포함하지 않으므로 유의하다고 볼 수 있다.

제 4 절 평행매개모형

1 분석모형

독립변수와 종속변수 간의 관계에 [그림 7-4]와 같이 매개변수가 두 개이고 이들이 병렬적인 관계이면 평행매개모형이라 한다. [그림 7-4]의 평행매개모형에서 독립변수는 자율이고 두 개의 매개변수는 참여와 만족이고 종속변수는 성과이다. 여기서는 자율이 성과에 미치는 영향에서 참여와 만족의 매개효과를 검정하고자 한다.

[그림 7-4] 평행매개모형

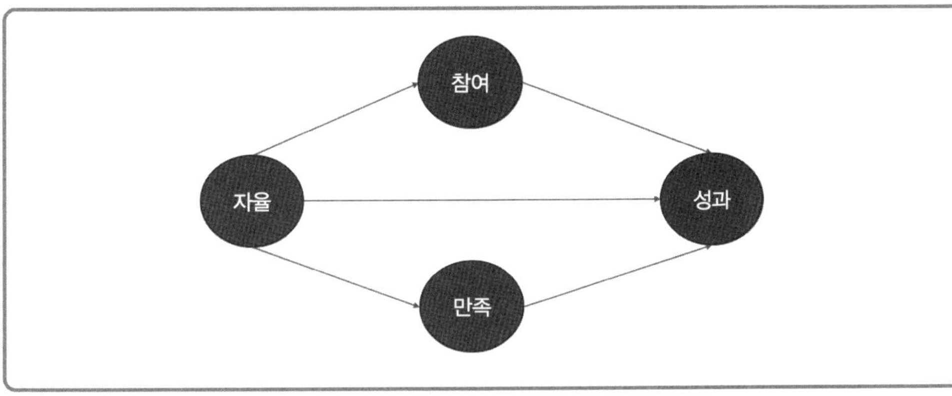

2 Hayes 분석절차

1) 입력방법

분석창에서 [Model Number]는 4를 지정한다. [Y variable:]에 성과, [X variable:]에 자율, [Mediator(s) M:]에 참여와 만족을 각각 이동한 후 [확인]을 누른다.

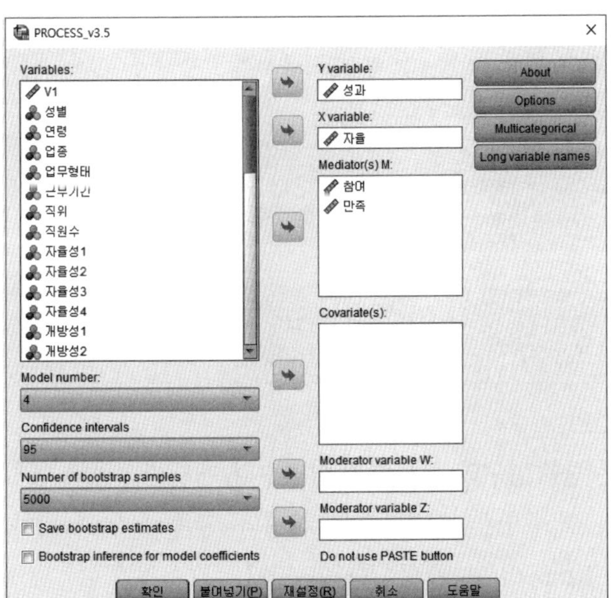

2) 분석결과

먼저 독립변수 자율이 첫 번째 매개변수인 참여에 미치는 영향에 관한 결과를 보여준다. 독립변수인 자율의 비표준화 회귀계수는 0.3130으로 α = 0.01수준에서 유의하게 나타났다.

```
OUTCOME VARIABLE:
 참여

Model Summary
          R       R-sq        MSE          F        df1        df2          p
      .3704      .1372     1.4228    43.8869     1.0000   276.0000      .0000

Model
              coeff         se          t          p       LLCI       ULCI
constant     3.4440      .2251    15.2993      .0000     3.0008     3.8871
자율          .3130      .0472     6.6247      .0000      .2200      .4060
```

다음은 독립변수가 두 번째 매개변수인 만족에 미치는 영향에 관한 회귀분석의 결과이다. 독립변수인 자율의 비표준화 회귀계수는 0.3747로 α = 0.01수준에서 유의하게 나타났다.

```
OUTCOME VARIABLE:
 만족

Model Summary
          R       R-sq        MSE          F        df1        df2          p
      .4318      .1864     1.4149    63.2495     1.0000   276.0000      .0000

Model
              coeff         se          t          p       LLCI       ULCI
constant     3.2111      .2245    14.3048      .0000     2.7692     3.6530
자율          .3747      .0471     7.9530      .0000      .2819      .4674
```

다음은 종속변수인 성과에 독립변수와 매개변수들이 미치는 영향에 관한 회귀분석의 결과이다. 매개변수인 참여와 만족 모두 유의하게 나타났다. 이는 Baron & Kenny의 3단계의 결과와 같다.

```
OUTCOME VARIABLE:
 성과

Model Summary
          R       R-sq       MSE          F        df1        df2          p
      .6732      .4532    1.0082    75.6843     3.0000   274.0000      .0000

Model
              coeff         se          t          p       LLCI       ULCI
constant      .9474      .2772     3.4182      .0007      .4017     1.4930
자율          .1978      .0450     4.3948      .0000      .1092      .2864
참여          .1663      .0552     3.0118      .0028      .0576      .2750
만족          .4567      .0554     8.2487      .0000      .3477      .5657
```

본 결과의 주 관심사인 간접효과의 유의성을 살펴보면 참여의 간접효과는 0.0520으로 하한값 0.0135와 상한값 0.0994 사이에 0을 포함하지 않기 때문에 $\alpha = 0.05$수준에서 유의한 것으로 나타났다. 만족의 간접효과는 0.1711로 하한값 0.1113과 상한값 0.2381 사이에 역시 0을 포함하지 않아 $\alpha = 0.05$수준에서 유의한 것으로 나타났다. 두 간접효과를 합한 총간접효과는 0.2232로 신뢰구간에 0을 포함하지 않아 역시 유의한 것으로 나타났다.

```
Direct effect of X on Y
     Effect         se          t          p       LLCI       ULCI
      .1978      .0450     4.3948      .0000      .1092      .2864

Indirect effect(s) of X on Y:
         Effect     BootSE   BootLLCI   BootULCI
TOTAL     .2232      .0358      .1577      .2970
참여      .0520      .0219      .0135      .0994
만족      .1711      .0321      .1113      .2381
```

제 8 장

SmartPLS 매개효과분석

제 1 절 PLS의 매개효과 분석방법

구조방정식모형에서 매개효과검정은 Baron과 Kenny가 제안한 방법과는 다소 차이가 있다. Baron과 Kenny의 3단계 매개효과검정 과정은 단계 1에서 독립변수→결과변수, 단계 2에서 독립변수→매개변수, 단계 3에서 독립변수+매개변수→결과변수의 3단계로 이루어진다. 그러나 구조방정식모형에서는 모형에 포함된 모든 변수를 동시에 고려하므로 부분매개모형의 경우 독립변수→매개변수와 독립변수+매개변수→결과변수의 관계를 동시에 고려하고 완전매개모형의 경우 독립변수→매개변수와 매개변수→결과변수의 관계를 고려한다.

또한 구조방정식모형에서 매개효과의 유형을 검정하기 위해 완전매개모형과 부분매개모형의 적합도를 활용할 것을 제안하고 있다. 그러나 SmartPLS는 모형의 적합도를 비교하는 데 어려움이 있어 모든 변수를 고려한 전체 모형에서 경로 유의성을 고려하여 매개효과의 유형을 검정한다.

Hair 등과 Hoyle & Smith은 Baron & Kenny의 3단계 매개효과검정에 기반한 구조방정식모형의 매개효과검정을 다음과 같이 제시하고 있다.

단계 1: PLS 경로모형에서 매개변수를 제외하고 직접효과의 유의성을 분석한 후 직접효과가 유의하면 단계 2로 진행하고 유의하지 않다면 매개효과가 없다고 본다. 따라서 매개효과가 존재하기 위해서는 매개변수를 배제한 상태에서 총효과가 유의하여야 한다.

단계 2: PLS 경로모형에서 부트스트랩핑으로 간접효과의 유의성을 검정한다. 부트스트랩핑 기법은 모수의 분포를 알 수 없는 상태에서 원자료에 대한 무작위 표본 재추출을 통해 분포를 추정하는 방법으로 Baron & Kenny 그리고 Sobel 검정의 문제점에 대한 대안으로 활용되는 검정방법이다. 매개변수를 포함하여 간접효과의 유의성을 평가한 후 간접효과가 유의하면 단계 3으로 진행하고 유의하지 않으면 매개효과가 없다고 판단한다.

단계 3: 매개효과의 유형은 다양한 방법으로 결정할 수 있다. 첫째, PLS 경로모형에서 매개변수를 고려한 전체 경로모형에서 독립변수가 매개변수에 미치는 효과가 유의하여야 하고 또한 매개변수가 결과변수에 미치는 경로계수가 유의하여야 한다. 이때 매개변수를 고려한 전체 경로모형에서 독립변수가 결과변수에 유의한 영향을 미치면 부분매개효과가 존재하고 반면 유의한 영향을 미치지 않으면 완전매개효과가 존재한다고 할 수 있다. 즉 매개변수를 배제한 모형에서는 직접효과가 유의하였으나 매개변수를 고려한 모형에서 비유의한 경로로 나타나면 완전매개이고 모든 경로가 유의하면 부분매개모형으로 판단한다. 둘째, VAF(variance accounted for) 값을 계산하여 80% 이상이면 완전매개(full mediation)이고, 20%에서 80% 사이면 부분매개(partial mediation), 20% 미만이면 매개효과가 없는 것으로 판정한다. VAF는 총효과에 대한 간접효과의 크기를 의미한다. [그림 8-1]에서 간접효과는 ab이고 총효과는 $c+ab$이다. VAF는 총효과에서 간접효과가 차지하는 비율로서 다음과 같이 계산한다.

$$VAF = \frac{\text{간접효과}}{\text{총효과}} = \frac{ab}{c+ab}$$

이상의 내용을 요약하면 PLS로 매개효과를 검정하는 2단계 분석방법은 다음과 같다. 단계 1은 PLS 경로모형에서 매개변수를 제외하고 직접효과의 유의성을 분석한다. 유의성을 분석한 후 직접효과가 유의하면 단계 2로 진행하고 유의하지 않다면 매개효과가 없는 것으로 간주한다. 단계 2는 PLS 경로모형에서 매개변수를 포함하여 간접효과의 유의성을 평가한다. 유의성을 평가한 간접효과가 유의하면 매개효과가 있고 유의하지 않으면 매개효과가 없는 것으로 판단한다. 이때 간접효과가 유의적이고 독립변수가 종속변수에 미치는 직접효과가 유의적이면 부분매개이고 유의적이지 못하면 완전매개라고 할 수 있다.

[그림 8-1] VAF

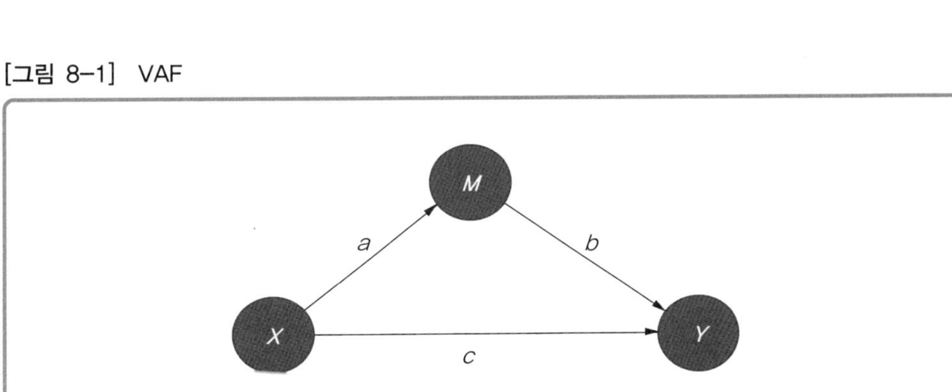

제 2 절 단순매개모형

1 분석모형

[그림 8-2]와 같이 자율성, 개방성, 학습지원, 참여지원은 직무성과에 직접적인 영향을 주지 않고 직무만족을 통해 간접적으로 영향을 미치는 것으로 가정하는 PLS 모형을 대상으로 단순매개모형을 분석하는 방법에 대해 살펴보기로 한다. 따라서 [그림 8-2]의 PLS 모형은 독립변수들과 종속변수 간의 관계에서 매개변수인 직무만족이 매개역할을 한다고 보고 있다.

[그림 8-2] 단순매개모형

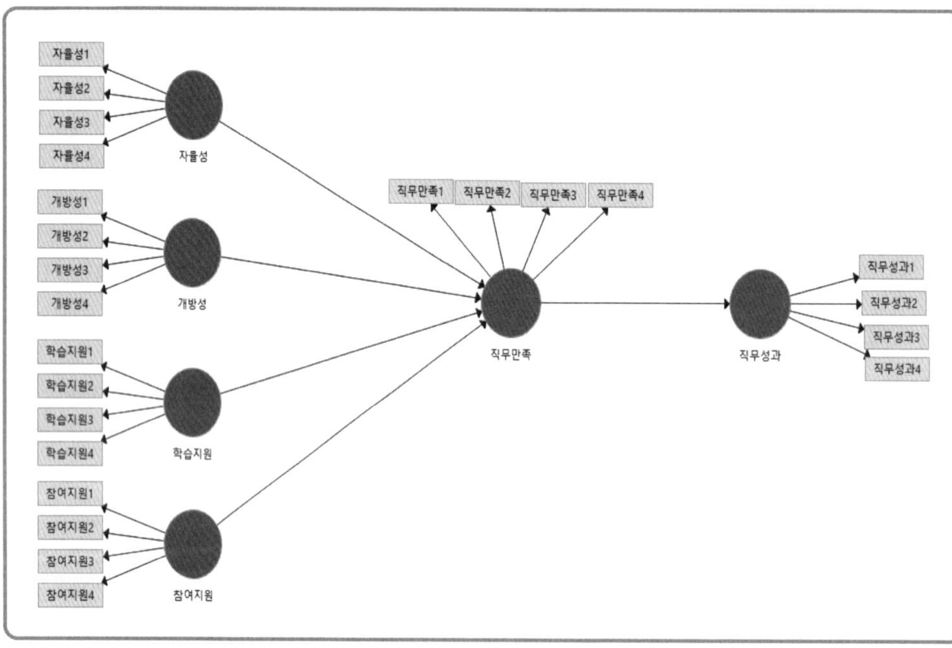

2 분석절차

1) 매개변수가 포함되지 않은 모형

매개효과분석을 위한 단계 1의 절차에 따라 [그림 8-3]과 같이 PLS 경로모형에서 매개변수를 제외한 직접효과의 유의성을 분석한다. 직접효과의 유의성을 검정하기 위해 [계산]→[Bootstrapping]을 수행한 결과는 <표 8-1>과 같다.

〈표 8-1〉 직접효과(단순매개모형)

	경로계수	t값	p값
개방성→직무성과	0.262	3.912	0.000
자율성→직무성과	0.181	2.768	0.006
참여지원→직무성과	0.232	3.175	0.002
학습지원→직무성과	0.082	1.201	0.230

[그림 8-3] 매개변수가 포함되지 않은 모형

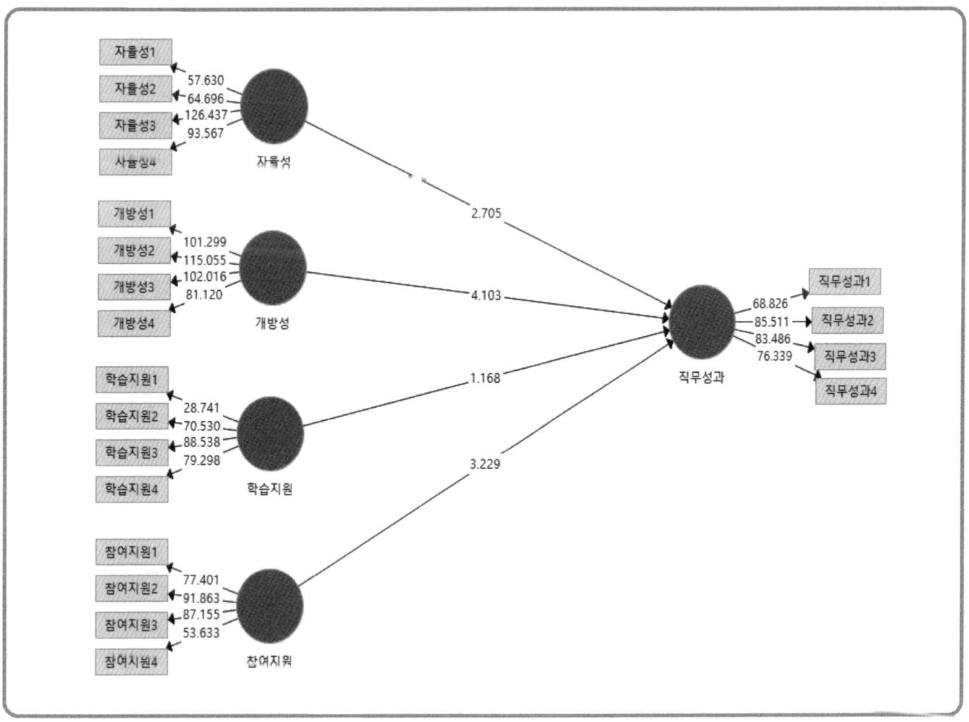

학습지원이 직무만족에 미치는 영향($\beta = 0.082$, $t = 1.201$, $p > 0.05$)은 유의적이지 않지만 개방성이 직무성과에 미치는 영향($\beta = 0.262$, $t = 3.912$, $p < 0.01$), 자율성이 직무성과에 미치는 영향($\beta = 0.181$, $t = 2.768$, $p < 0.01$), 참여지원이 직무성과에 미치는 영향($\beta = 0.232$, $t = 3.175$, $p < 0.01$)은 모두 $\alpha = 0.01$수준에서 유의적인 것으로 나타났다. 따라서 학습지원→직무성과의 매개효과는 없지만 나머지 개방성→직무성과, 자율성→직무성과, 참여지원→직무성과는 단계 1의 조건을 충족한다. 그러므로 개방성, 자율성, 참여지원이 직무성과에 미치는 효과를 대상으로 단계 2의 매개효과를 검정한다.

2) 매개변수가 포함된 모형

매개효과분석을 위한 단계 2의 절차에 따라 [그림 8-4]와 같이 매개변수가 포함된 PLS 경로모형에서 간접효과의 유의성을 검정한다. 이를 위해 [계산]→[Bootstrapping]을 사용한다. <표 8-2>와 [그림 8-5]는 각 경로에 따른 직접효과, 간접효과, 그리고 총효과의 유의성을 분석한 결과이다.

[그림 8-4] 매개변수가 포함된 모형

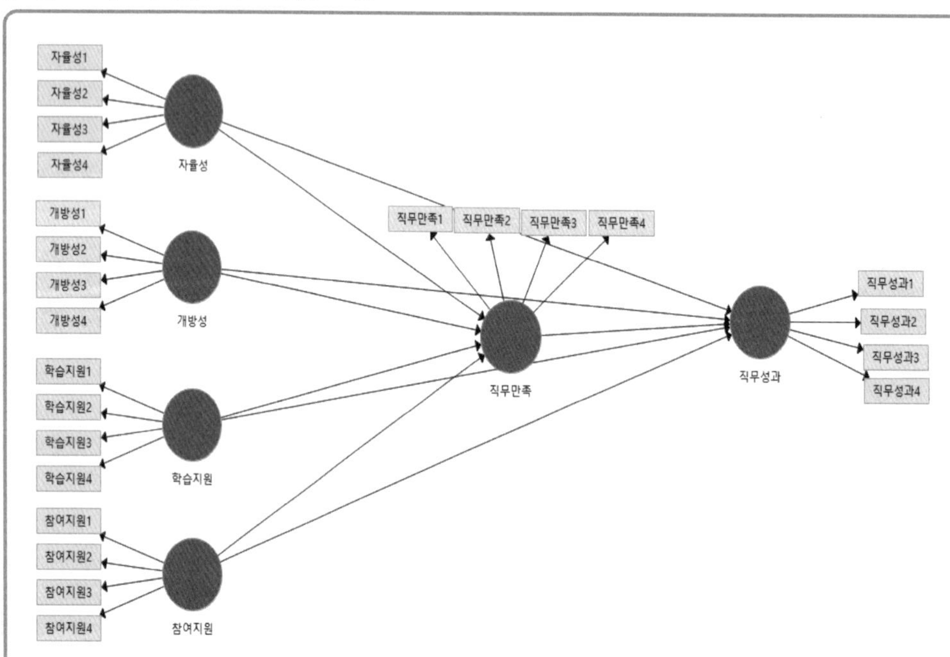

〈표 8-2〉 직접효과, 간접효과 및 총효과(단순매개모형)

경로	직접효과			간접효과			총 효과		
	경로계수	t값	p값	경로계수	t값	p값	경로계수	t값	p값
개방성 → 직무만족	0.219	3.133	0.002				0.219	3.133	0.002
개방성 → 직무성과	0.170	2.621	0.009	0.091	2.977	0.003	0.261	3.834	0.000
자율성 → 직무만족	0.151	2.172	0.030				0.151	2.172	0.030
자율성 → 직무성과	0.120	1.872	0.062	0.062	2.023	0.044	0.182	2.691	0.007
직무만족 → 직무성과	0.414	7.465	0.000				0.414	7.465	0.000
참여지원 → 직무만족	0.317	4.347	0.000				0.317	4.347	0.000
참여지원 → 직무성과	0.100	1.463	0.144	0.131	3.655	0.000	0.231	3.144	0.002
학습지원 → 직무만족	0.045	0.631	0.529				0.045	0.631	0.529
학습지원 → 직무성과	0.063	1.043	0.297	0.019	0.635	0.526	0.082	1.185	0.237

개방성이 직무성과에 미치는 직접효과는 0.170으로 $\alpha=0.01$수준에서 유의하다. 개방성이 직무성과에 미치는 간접효과는 개방성이 직무만족에 미치는 직접효과인 0.219에다 직무만족이 직무성과에 미치는 직접효과인 0.414를 곱한 0.091로 $\alpha=0.01$수준에서 유의하다. 그리고 개방성이 직무성과에 미치는 총효과는 개방성이 직무성과에 미치는 직접효과인 0.170에다 개방성이 직무성과에 미치는 간접효과인 0.091을 합한 0.261로 $\alpha=0.01$수준에서 역시 유의하다.

자율성이 직무성과에 미치는 직접효과는 0.120이고 $p=0.062$로 나타나 $\alpha=0.05$수준에서 유의하지 않지만, 이는 양측검정을 가정하였을 경우이다. 단측검

[그림 8-5] 매개변수가 포함된 모형의 결과

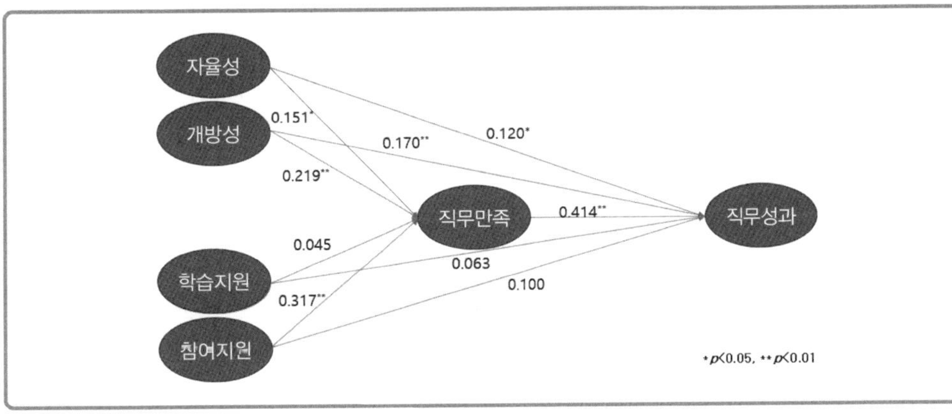

정이라면 $p = 0.062/2 = 0.031$로 $\alpha = 0.05$수준에서 유의하다. 자율성이 직무성과에 미치는 간접효과는 자율성이 직무만족에 미치는 직접효과인 0.151에다 직무만족이 직무성과에 미치는 직접효과인 0.414를 곱한 0.062로 $\alpha = 0.05$수준에서 유의하다. 그리고 자율성이 직무성과에 미치는 총효과는 자율성이 직무성과에 미치는 직접효과인 0.120에다 자율성이 직무성과에 미치는 간접효과인 0.062을 합한 0.182로 $\alpha = 0.01$수준에서 역시 유의하다. 나머지 학습지원과 참여지원도 같은 방법으로 계산할 수 있다.

매개효과를 검정한 결과를 살펴보면 다음과 같다. 개방성이 직무만족에 미치는 영향($\beta = 0.219$, $t = 3.133$, $p < 0.01$)과 직무만족이 직무성과에 미치는 영향($\beta = 0414$, $t = 7.465$, $p < 0.01$)을 곱하면 개방성이 직무성과에 미치는 간접효과, 즉 개방성→직무만족→직무성과의 영향은 $0.091(0.219 \times 0.414)$이고 $t = 2.977$로 나타나 $\alpha = 0.01$수준에서 유의한 것으로 나타났다. 따라서 매개효과는 존재하는 것을 알 수 있다. 이때 개방성이 직무성과에 미치는 영향($\beta = 0.170$, $t = 2.621$, $p < 0.01$)은 유의적이므로 개방성이 직무성과에 미치는 매개효과는 부분매개라 할 수 있다.

자율성이 직무만족에 미치는 영향($\beta = 0.151$, $t = 2.172$, $p < 0.05$)과 직무만족이 직무성과에 미치는 영향($\beta = 0414$, $t = 7.465$, $p < 0.01$)을 곱하면 자율성이 직무성과에 미치는 간접효과, 즉 자율성→직무만족→직무성과의 영향은 $0.062(0.151 \times 0.414)$이고 $t = 2.023$로 나타나 $\alpha = 0.05$수준에서 유의한 것으로 나타났다. 따라서 매개효과는 존재한다고 할 수 있다. 이때 자율성이 직무성과에 미치는 영향을 단측검정에서 실시한다면 $\beta = 0.120$, $t = 1.872$, $p < 0.05$로 유의하게 나타나 자율성이 직무성과에 미치는 매개효과는 부분매개라 할 수 있다. 나머지 학습지원과 참여지원도 같은 방법으로 해석하면, 학습지원은 매개효과가 없고 참여지원은 완전매개를 한다고 판단한다.

3) VAF에 의한 검정

Hair 등이 제안한 매개효과의 유형을 결정하기 위해 총효과에 대한 간접효과의 크기를 나타내는 VAF값을 산출하여 매개효과의 크기를 <표 8-3>과 같이 검정하였다. VAF 값을 계산하여 VAF > 80%이면 완전매개(full mediation)이고, 20% ≤ VAF ≤ 80%이면 부분매개(partial mediation), VAF < 20%이면 매개효과

〈표 8-3〉 VAF(단순매개모형)

경로	직접효과			간접효과			총 효과			VAF
	경로계수	t값	p값	경로계수	t값	p값	경로계수	t값	p값	
개방성 → 직무성과	0.170	2.621	0.009	0.091	2.977	0.003	0.261	3.834	0.000	0.349
자율성 → 직무성과	0.120	1.872	0.062	0.062	2.023	0.044	0.182	2.691	0.007	0.341
참여지원 → 직무성과	0.100	1.463	0.144	0.131	3.655	0.000	0.231	3.144	0.002	0.567
학습지원 → 직무성과	0.063	1.043	0.297	0.019	0.635	0.526	0.082	1.185	0.237	-

가 없는 것으로 판정한다. VAF에 의한 매개효과의 유형은 개방성→직무성과, 자율성→직무성과, 참여지원→직무성과 모두 20% ≤ VAF ≤ 80%에 속해 부분매개효과가 있는 것으로 나타났다.

제 3 절 다중매개모형

1 분석모형

[그림 8-6]과 같은 조직이 자율적이면 구성원이 조직에 적극적으로 참여하게 되고 참여를 많이 하면 직무만족이 높아지게 된다. 나아가 직무만족이 높아지면 직무성과가 높을 것이라는 모형을 가지고 다중매개효과를 분석하고자 한다.

2 분석절차

1) 매개변수가 포함되지 않은 모형

단계 1의 매개변수가 없는 모형을 추정하기 위한 [계산]→[Bootstrapping]의 결과는 <표 8-4>와 같다.

[그림 8-6] 다중매개모형

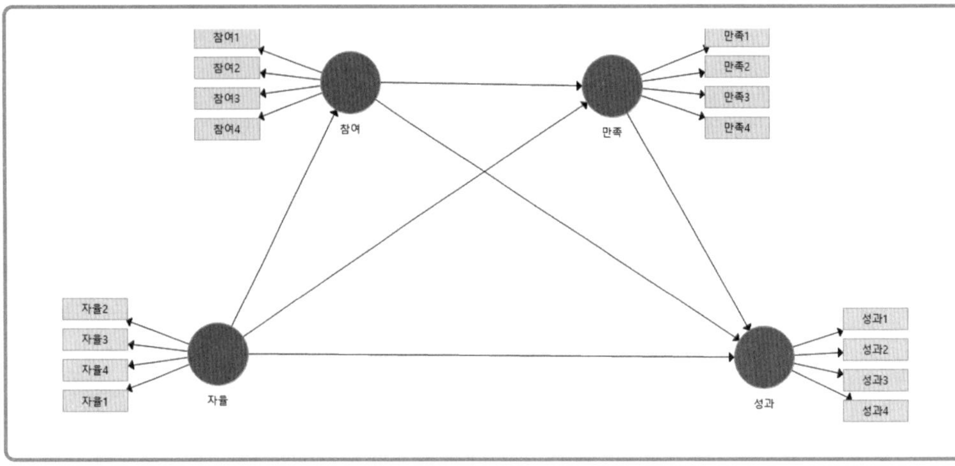

〈표 8-4〉 직접효과(다중매개)

	경로 계수	t값	p값
자율 → 성과	0.475	10.188	0.000

자율이 성과에 미치는 영향은 $\beta = 0.475$, $t = 10.188$, $p < 0.01$로 유의적인 것으로 나타났다. 따라서 매개변수가 포함된 모형에서 참여와 만족이 자율과 성과에 미치는 매개효과를 검정한다.

2) 매개변수가 포함된 모형

[그림 8-7]과 같은 매개변수가 포함된 모형을 추정한다. [계산]→[Boothstrapping]의 결과는 <표 8-5>와 같다. <표 8-5>와 [그림 8-7]에서처럼 만족이 성과에 미치는 영향($\beta = 0.446$, $t = 8.057$, $p < 0.01$), 자율이 만족에 미치는 영향($\beta = 0.290$, $t = 4.927$, $p < 0.01$), 자율이 성과에 미치는 영향($\beta = 0.222$, $t = 4.166$, $p < 0.01$), 자율이 참여에 미치는 영향($\beta = 0.372$, $t = 7.245$, $p < 0.01$), 참여가 만족에 미치는 영향($\beta = 0.386$, $t = 7.316$, $p < 0.01$), 참여가 성과에 미치는 영향($\beta = 0.159$, $t = 2.636$, $p < 0.01$) 모두 유의한 것으로 나타났다.

[그림 8-7] 다중매개모형의 분석결과

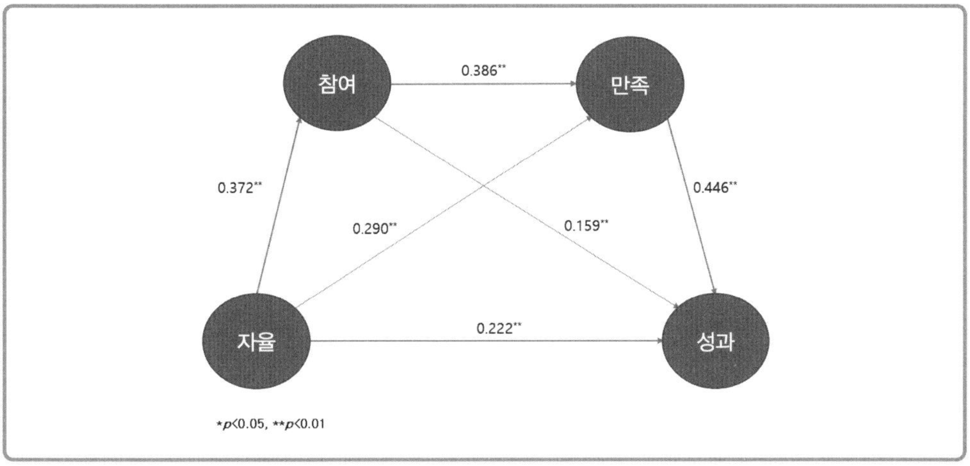

〈표 8-5〉 직접효과, 간접효과 및 총효과(다중매개모형)

경로	직접효과			간접효과			총 효과		
	경로계수	t값	p값	경로계수	t값	p값	경로계수	t값	p값
만족→성과	0.446	8.057	0.000				0.446	8.057	0.000
자율→만족	0.290	4.927	0.000	0.143	5.117	0.000	0.434	8.026	0.000
자율→성과	0.222	4.166	0.000	0.252	6.592	0.000	0.474	10.094	0.000
자율→참여	0.372	7.245	0.000				0.372	7.245	0.000
참여→만족	0.386	7.316	0.000				0.386	7.316	0.000
참여→성과	0.159	2.636	0.009	0.172	5.419	0.000	0.331	5.876	0.000

<표 8-6>에서와 같이 자율이 만족을 거쳐 성과에 미치는 간접효과 0.129는 자율→만족(0.290)×만족→성과(0.446)로 얻어진다. 자율이 참여를 거쳐 성과에 미치는 간접효과 0.059는 자율→참여(0.372)×참여→성과(0.159)로 얻어진다. 마지막으로 자율이 참여와 만족을 거쳐 성과에 미치는 간접효과 0.064는 자율→참여(0.372)×참여→만족(0.386)×만족→성과(0.446)로 얻어진다. 이 3가지 간접효과 모두 $\alpha=0.01$수준에서 유의하게 나타났다. 또한 이 3가지 간접효과를 모두 합한 자율→성과의 총간접효과는 0.252로 $\alpha=0.01$수준에서 유의하게 나타났다. 따라서 자율→만족→성과, 자율→참여→만족→성과, 그리고 자율→참여→성과의 간접효과는 $\alpha=0.01$수준에서 유의한 것으로 나타나 부분매

개효과는 존재한다고 할 수 있다.

〈표 8-6〉 간접효과(다중매개모형)

경로	경로계수	t값	p값
자율 → 참여 → 만족	0.143	5.117	0.000
자율 → 만족 → 성과	0.129	4.015	0.000
참여 → 만족 → 성과	0.172	5.419	0.000
자율 → 참여 → 만족 → 성과	0.064	4.214	0.000
자율 → 참여 → 성과	0.059	2.357	0.019
자율 → 성과	0.475	10.188	0.000

3) VAF에 의한 검정

다중매개모형의 3단계에서 매개효과의 유형을 결정하기 위해 총효과에 대한 간접효과의 크기를 나타내는 VAF값을 <표 8-7>과 같이 산출하여 매개효과의 크기를 검정한다.

〈표 8-7〉 VAF(다중매개모형)

경로	직접효과			간접효과			총 효과			VAF
	경로계수	t값	p값	경로계수	t값	p값	경로계수	t값	p값	
자율 → 성과	0.222	4.166	0.000	0.252	6.592	0.000	0.474	10.094	0.000	0.532

VAF값을 계산하여 VAF > 80%이면 완전매개이고, 20% ≤ VAF ≤ 80%이면 부분매개, VAF < 20%이면 매개효과가 없는 것으로 판정한다. VAF에 의한 매개효과의 유형은 20% ≤ VAF ≤ 80%에 속해 부분매개효과가 있는 것으로 나타났다.

제 4 절 평행매개모형

1 분석모형

독립변수와 종속변수 간의 관계에 두 개 이상의 매개변수가 동시에 작용하면 평행매개모형이라 한다. [그림 8-9]에서 독립변수는 자율이고 두 개의 매개변수는 참여와 만족이고 종속변수는 성과인 경우에 자율이 성과에 미치는 영향에서 참여와 만족의 매개효과를 검정하고자 한다.

2 분석절차

1) 매개변수가 포함되지 않은 모형

분석절차 단계 1로 매개변수가 없는 모형의 직접효과를 추정하기 위한 [계산]→[Bootstrapping]의 결과는 <표 8-8>과 같다.

[그림 8-8] 평행매개모형

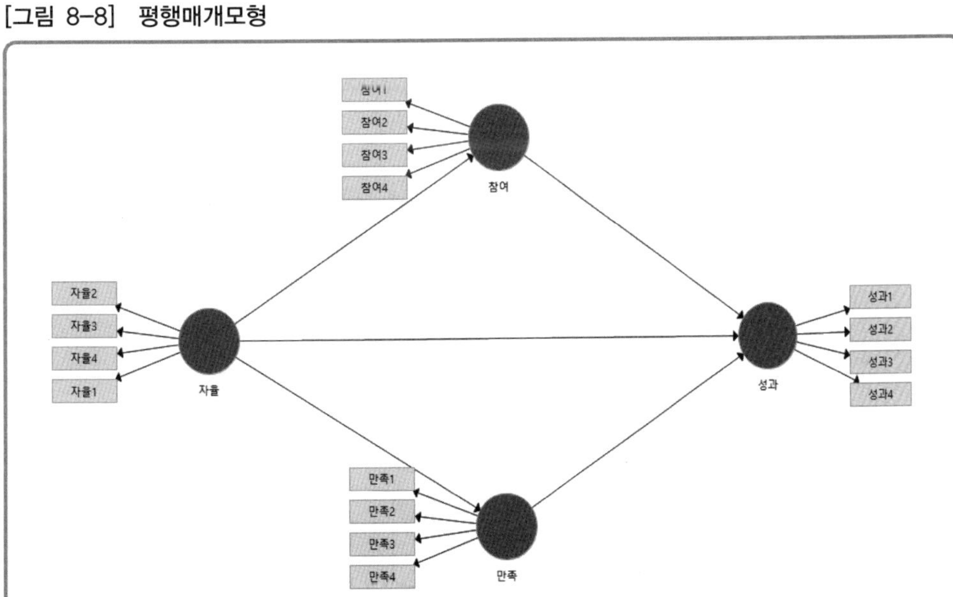

〈표 8-8〉 직접효과(평행매개모형)

	경로 계수	t값	p값
자율 → 성과	0.475	10.188	0.000

자율이 성과에 미치는 영향은 $\beta = 0.475$, $t = 10.188$, $p < 0.01$로 유의적인 것으로 나타났다. 따라서 매개변수가 포함된 모형에서 참여와 만족이 자율과 성과에 미치는 매개효과를 검정한다.

2) 매개변수가 포함된 모형

[그림 8-9]와 같은 매개변수가 포함된 모형을 추정한다. [계산]→[Bootstrapping]의 결과는 <표 8-9>과 같다.

〈표 8-9〉 직접효과, 간접효과 및 총효과(평행매개모형)

경로	직접효과			간접효과			총 효과		
	경로 계수	t값	p값	경로 계수	t값	p값	경로 계수	t값	p값
만족 → 성과	0.446	8.089	0.000				0.446	8.089	0.000
자율 → 만족	0.434	8.708	0.000				0.434	8.708	0.000
자율 → 성과	0.221	4.190	0.000	0.253	7.092	0.000	0.474	9.878	0.000
자율 → 참여	0.372	7.357	0.000				0.372	7.357	0.000
참여 → 성과	0.159	2.738	0.006				0.159	2.738	0.006

[그림 8-9] 평행매개모형의 분석결과

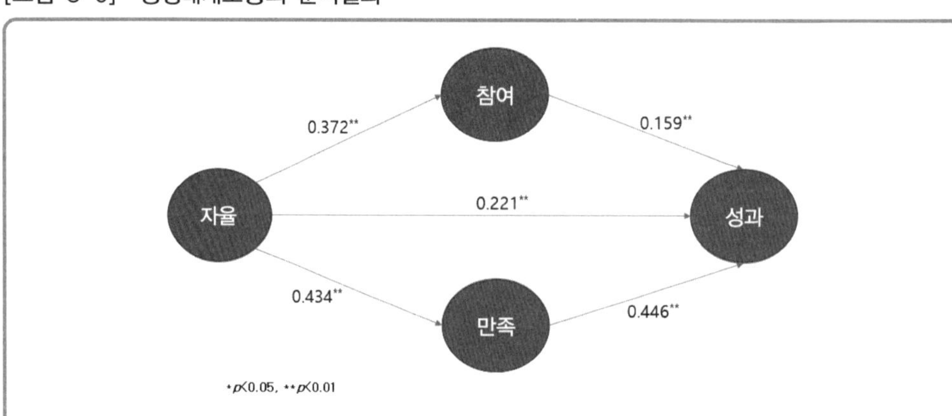

<표 8-9>에 의하면 만족이 성과에 미치는 영향($\beta = 0.446$, $t = 8.089$, $p < 0.01$), 자율이 만족에 미치는 영향($\beta = 0.434$, $t = 8.708$, $p < 0.01$), 자율이 성과에 미치는 영향($\beta = 0.221$, $t = 4.190$, $p < 0.01$), 자율이 참여에 미치는 영향($\beta = 0.372$, $t = 7.357$, $p < 0.01$), 참여가 성과에 미치는 영향($\beta = 0.159$, $t = 2.738$, $p < 0.01$) 모두 $\alpha = 0.01$수준에서 유의한 것으로 나타났다.

<표 8-10>에서처럼 자율이 만족을 거쳐 성과에 미치는 간접효과 0.194는 자율→만족(0.434)×만족→성과(0.446)로 얻어진다. 자율이 참여를 거쳐 성과에 미치는 간접효과 0.059는 자율→참여(0.372)×참여→성과(0.159)로 얻어진다. 마지막으로 자율이 참여와 만족을 거쳐 성과에 미치는 총간접효과 0.253은 자율→만족→성과의 간접효과(0.194)와 자율→참여→성과의 간접효과(0.059)의 합으로 얻어진다. 이 3가지 간접효과 모두 $\alpha = 0.01$수준에서 유의하게 나타났다. 따라서 자율→만족→성과와 자율→참여→성과의 간접효과는 $\alpha = 0.01$수준에서 유의한 것으로 나타나 부분매개효과는 유의하다고 할 수 있다.

〈표 8-10〉 간접효과(평행매개모형)

	경로 계수	t값	p값
자율 → 만족 → 성과	0.194	5.780	0.000
자율 → 참여 → 성과	0.059	2.497	0.013

3) VAF에 의한 검정

평행매개효과의 유형을 결정하기 위해 총효과에 대한 간접효과의 크기를 나타내는 VAF값은 <표 8-11>과 같이 나타났다.

〈표 8-11〉 VAF(평행매개모형)

경로	직접효과			간접효과			총 효과			VAF
	경로 계수	t값	p값	경로 계수	t값	p값	경로 계수	t값	p값	
자율 → 성과	0.221	4.190	0.000	0.253	7.092	0.000	0.474	9.878	0.000	0.534

VAF에 의한 매개효과의 유형은 20% ≤ VAF ≤ 80%에 속해 부분매개효과가 있는 것으로 나타났다.

제 9 장

Amos 매개효과분석

제 1 절 단순매개효과

1 분석모형

본 장에서는 Amos에서 사용되고 있는 매개효과 분석 중 Holmbeck 접근법과 Hoyle & Smith 접근법 두 가지를 소개하고자 한다. 먼저 Holmbeck 접근법은 [그림 9-1]의 모형을, Hoyle & Smith 접근법은 [그림 9-2]의 모형을 이용하여 매개효과를 설명한다.

[그림 9-1] Holmbeck 접근법

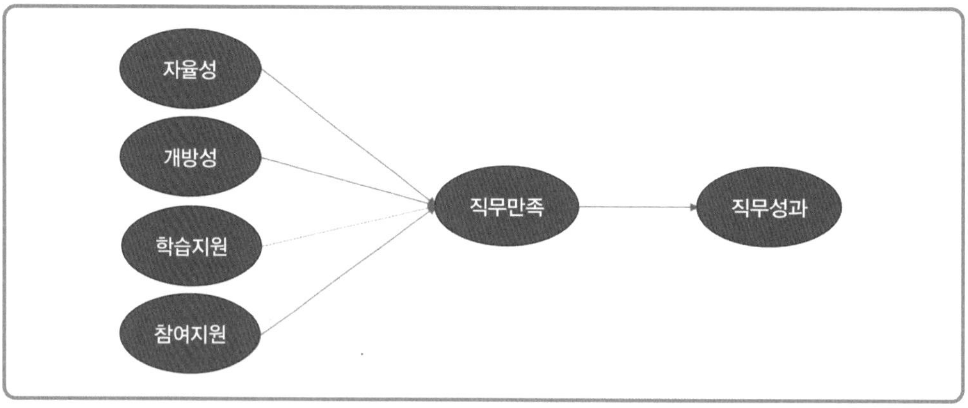

[그림 9-2] Hoyle & Smith 접근법

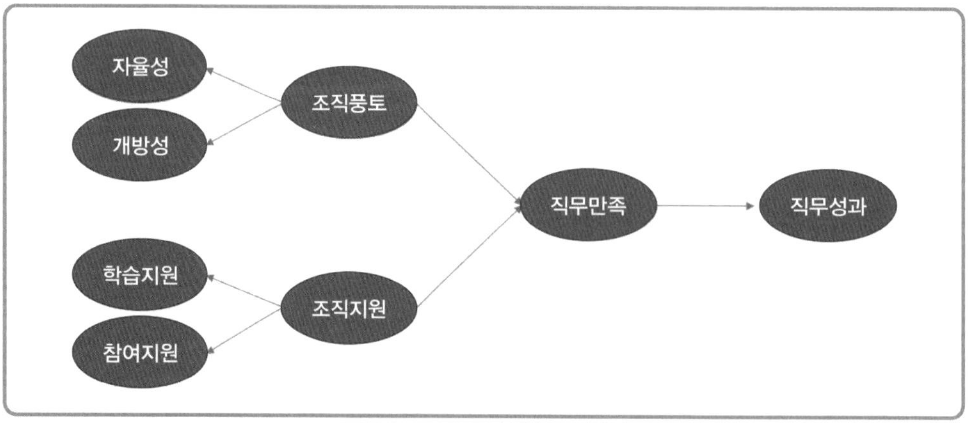

2 Holmbeck 접근법

Holmbeck 접근법의 수행방법은 다음과 같다.

단계 1: 독립변수→종속변수로 연결된 모형을 분석한다.

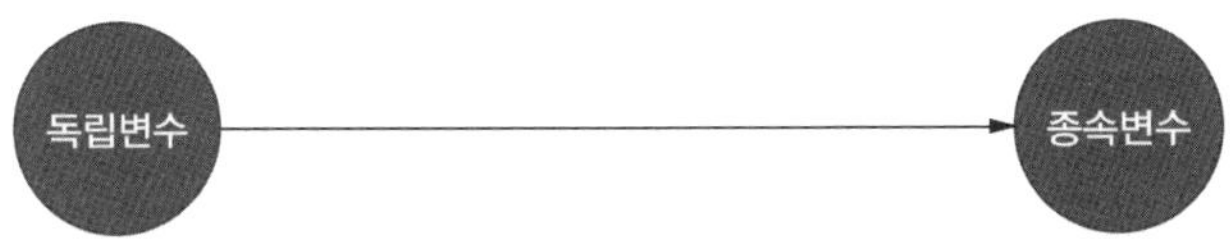

단계 2: 독립변수→매개변수→종속변수로 연결된 모형을 분석한다.

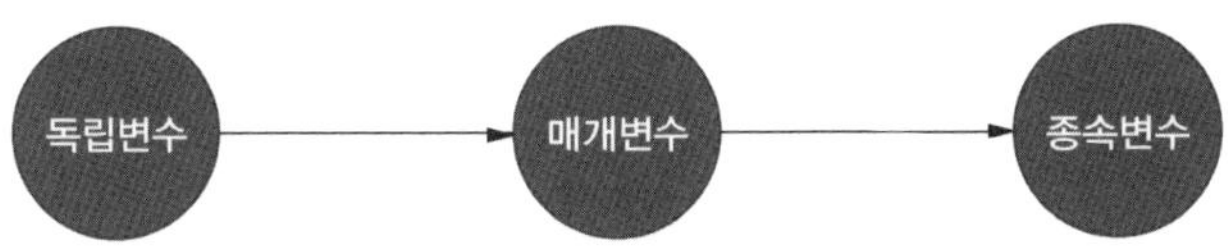

단계 3: 독립변수→매개변수→종속변수에 더해 독립변수→종속변수로 연결된 모형을 분석한다.

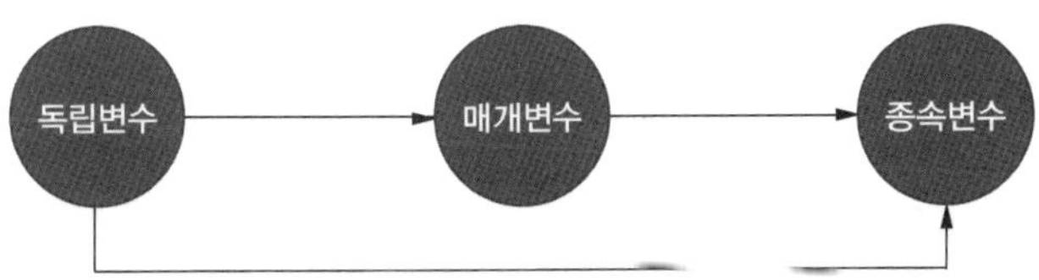

Holmbeck 접근법은 우선 단계 1의 적합도를 평가한다. 적합도가 적절하게 나타났다면 독립변수와 종속변수의 경로계수를 파악한다. 다음으로 단계 2를 실행하고 적합도를 평가한다. 적합도가 적절하다면 독립변수와 매개변수, 매개변수와 종속변수의 경로계수를 파악한다. 이제까지의 적합도와 경로계수가 모두 유의적이라면 마지막으로 단계 3를 실행하여 단계 2의 결과와 비교분석을 한다.

매개효과의 유형을 확인하기 위해서는 단계 3의 적합도가 단계 2의 적합도보다 개선되었는지 검토한다. 검토방법은 두 모형 간의 χ^2 차이검정을 통해 확인할 수 있다. 단계 3에서 자유도의 차이가 1증가할 때 χ^2값의 차이가 3.84보다 작고 독립변수와 종속변수의 관계가 유의하지 않게 나타난다면 완전매개(full mediation)라 할 수 있고 반면 모든 경로의 값이 유의하게 나타나거나 χ^2차이가 3.84 이상이라면 부분매개(partial mediation)라 할 수 있다. Amos에서 매개효과분석은 다음과 같이 실행한다.

1) 단계 1

단계 1에서는 독립변수와 종속변수 간의 관계를 살펴보기 위해 자율성, 개방성, 학습지원, 참여지원을 독립변수로 직무성과를 종속변수로 한 모형을 다음과 같이 만들어준다.

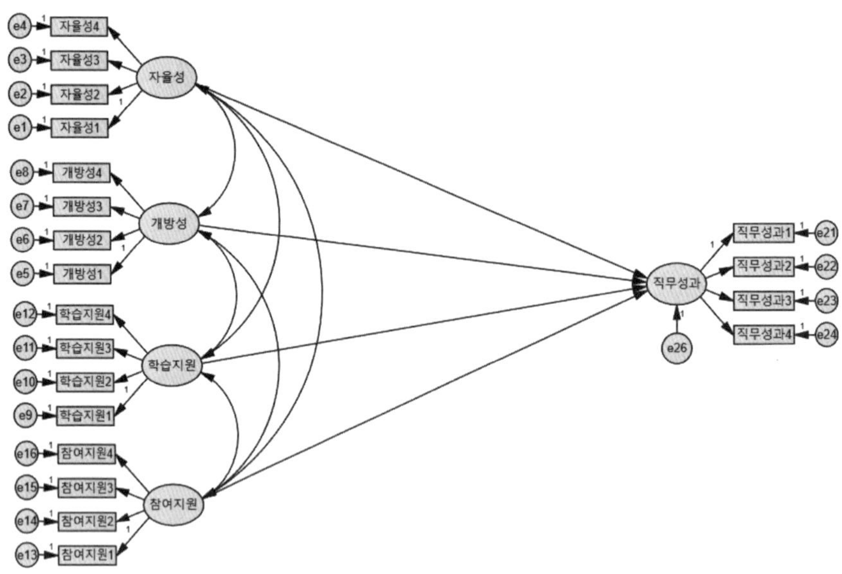

[Analyze]→[Calculate Estimates] 또는 그림 메뉴 [ ]를 클릭하여 분석한다. [View]→[Text Output]을 클릭하거나 그림 메뉴 [ ]를 선택해 결과값을 확인한다. [Model Fit]에서 주요 적합도를 점검한다. 결과를 보면 $\chi^2 = 232.279(df = 160)$, $\chi^2/df = 1.452$로 나타난 것을 확인할 수 있다.

CMIN

Model	NPAR	CMIN	DF	P	CMIN/DF
Default model	50	232.279	160	.000	1.452
Saturated model	210	.000	0		
Independence model	20	6198.148	190	.000	32.622

[Estimates]에서 독립변수와 종속변수의 관계를 살펴본다. 결과를 보면 개방성, 참여지원, 자율성은 모두 채택되어 단계 2의 매개효과검정을 할 수 있지만 학습지원은 기각되어 매개효과를 검정할 수 없게 되었다.

Regression Weights: (Group number 1 - Default model)

			Estimate	S.E.	C.R.	P	Label
직무성과	<---	개방성	.231	.067	3.457	***	
직무성과	<---	학습지원	.084	.079	1.066	.287	
직무성과	<---	참여지원	.248	.079	3.143	.002	
직무성과	<---	자율성	.170	.073	2.312	.021	

2) 단계 2

단계 2에서는 독립변수, 매개변수, 종속변수 간의 관계를 살펴보기 위해 다음의 모형을 그린다.

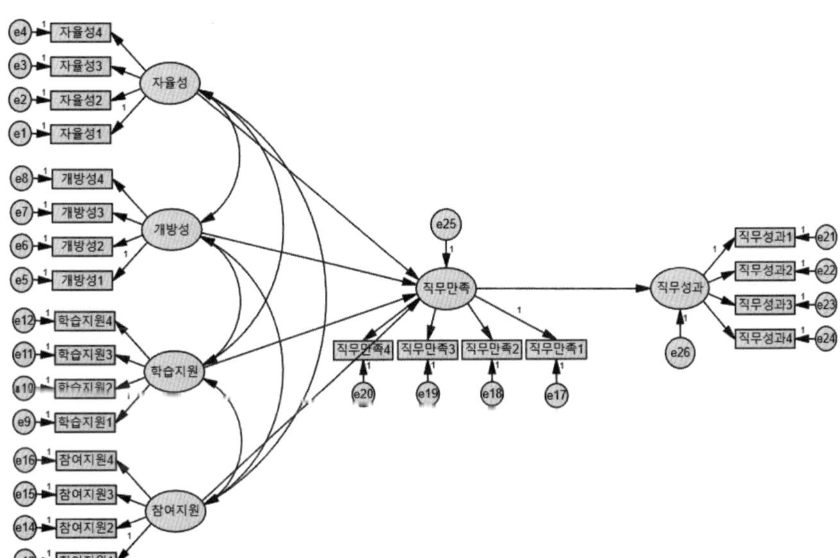

[Analyze]→[Calculate Estimates] 또는 그림 메뉴 [ ]를 클릭하여 분석한다. [View]→[Text Output]을 클릭하거나 그림 메뉴 [ ]를 선택해 결과값을 확인한다. [Model Fit]에서 주요 결과를 보면 $\chi^2 = 431.387(df = 241)$, $\chi^2/df = 1.790$으로 나타난 것을 확인할 수 있다.

CMIN

Model	NPAR	CMIN	DF	P	CMIN/DF
Default model	59	431.387	241	.000	1.790
Saturated model	300	.000	0		
Independence model	24	7590.598	276	.000	27.502

[Estimates]에서 독립변수와 매개변수 그리고 매개변수와 종속변수의 관계를 살펴본다. 단계 2 역시 학습지원을 제외한 모든 변수가 유의하게 나타난 것을 확인할 수 있다.

Regression Weights: (Group number 1 - Default model)

			Estimate	S.E.	C.R.	P	Label
직무만족	<---	자율성	.139	.070	1.985	.047	
직무만족	<---	개방성	.191	.064	2.992	.003	
직무만족	<---	학습지원	.034	.076	.443	.658	
직무만족	<---	참여지원	.345	.076	4.521	***	
직무성과	<---	직무만족	.697	.059	11.814	***	

3) 단계 3

마지막 단계 3 실행을 위해 단계 2에 더해 독립변수가 종속변수로의 영향을 그려준다.

(1) 자율성

먼저 자율성에 대한 매개효과를 확인하기 위해서는 아래와 같이 모형을 그려준다.

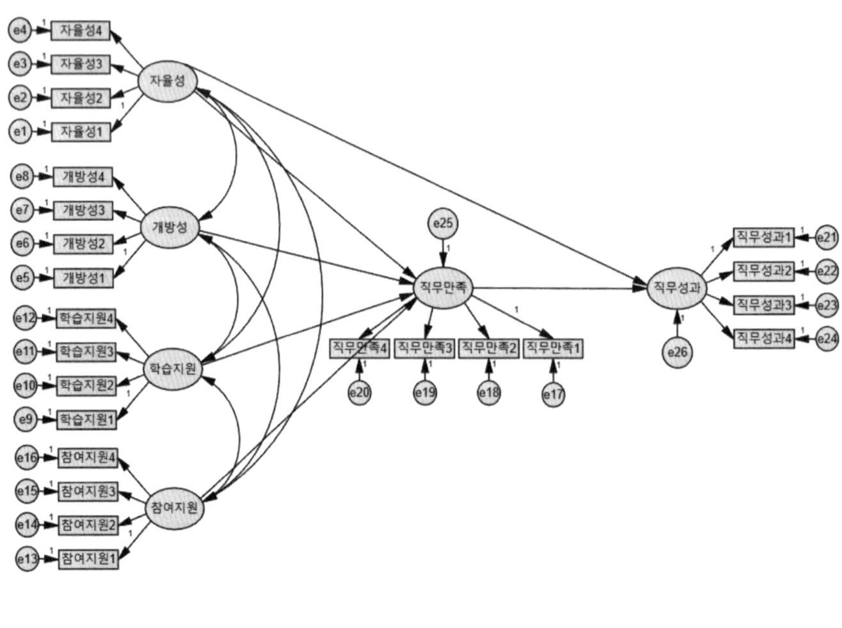

[Analyze]→[Cauculate Estimates] 또는 그림 메뉴 [ ]를 클릭하여 분석한다. [View]→[Text Output]을 클릭하거나 그림 메뉴 [ ]를 선택해 결과값을 분석한다. [Model Fit]에서 결과를 보면 $\chi^2 = 410.010(df = 240)$, $\chi^2/df = 1.708$로 나타난 것을 확인할 수 있다. 단계 2의 값과 비교를 해보면 $\Delta\chi^2 = 21.377$로 $\alpha = 0.01$수준에서 유의하게 나타났다.

CMIN

Model	NPAR	CMIN	DF	P	CMIN/DF
Default model	60	410.010	240	.000	1.708
Saturated model	300	.000	0		
Independence model	24	7590.598	276	.000	27.502

[Estimates]에서 먼저 자율성과 직무만족의 관계를 보면 $B = 0.125$, $t = 1.754$, $p = 0.079$로 나타나 양측검정에서는 유의하지 않지만 단측검정에서는 $p = 0.079/2 = 0.0395$가 되어 유의하게 되어 연구가설이 채택된다. 직무만족과 직무성과의 관계는 $B = 0.567$, $t = 9.339$, $p < 0.01$로 나타나 채택되었고 마지막으로 자율성과 직무성과의 관계는 $B = 0.244$, $t = 4.629$, $p < 0.01$로 나타나 역시 채택되었다.

분석결과를 살펴보면 단계 2와 단계 3의 $\Delta\chi^2 = 21.377$로 $\alpha = 0.01$수준에서 유의하고 단계 3에서 독립변수와 종속변수의 결과가 유의하게 나타나 자율성과 직무성과의 관계에서 직무만족은 부분매개 역할을 하는 것으로 확인되었다.

Regression Weights: (Group number 1 - Default model)

			Estimate	S.E.	C.R.	P	Label
직무만족	<---	자율성	.125	.071	1.754	.079	
직무만족	<---	개방성	.192	.065	2.977	.003	
직무만족	<---	학습지원	.035	.077	.452	.652	
직무만족	<---	참여지원	.347	.077	4.502	***	
직무성과	<---	직무만족	.567	.061	9.339	***	
직무성과	<---	자율성	.244	.053	4.629	***	

(2) 개방성

다음으로 개방성에 대한 매개효과를 확인하기 위해 아래와 같은 모형을 그려주게 된다.

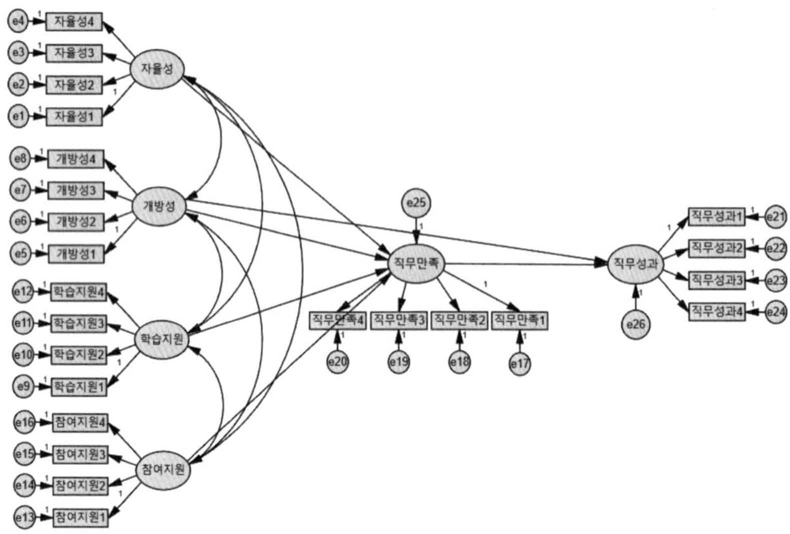

[Analyze]→[Caluculate Estimates] 또는 그림 메뉴 [ ]를 클릭하여 분석한다. [View]→[Text Output]을 클릭하거나 그림 메뉴 [ ]를 선택해 결과값을 확인한다. [Model Fit]에서 주요 적합도를 점검한다. 결과를 보면 $\chi^2 = 405.031(df = 240)$, $\chi^2/df = 1.688$로 나타난 것을 확인할 수 있다. 단계 2의 값과 비교를 해보면 $\Delta\chi^2 = 26.356$로 3.84보다 큰 것을 확인할 수 있다.

CMIN

Model	NPAR	CMIN	DF	P	CMIN/DF
Default model	60	405.031	240	.000	1.688
Saturated model	300	.000	0		
Independence model	24	7590.598	276	.000	27.502

[Estimates]에서 먼저 개방성과 직무만족의 관계를 보면 $B = 0.179$, $t = 2.756$, $p < 0.01$로 채택되었으며, 직무만족과 직무성과의 관계 역시 $B = 0.535$, $t = 8.722$, $p < 0.01$이고 마지막으로 개방성과 직무성과의 관계는 $B = 0.245$, $t = 5.188$, $p < 0.01$로 나타나 모두 채택되었다.

Regression Weights: (Group number 1 - Default model)

			Estimate	S.E.	C.R.	P	Label
직무만족	<---	자율성	.140	.071	1.962	.050	
직무만족	<---	개방성	.179	.065	2.756	.006	
직무만족	<---	학습지원	.035	.077	.449	.653	
직무만족	<---	참여지원	.348	.077	4.501	***	
직무성과	<---	직무만족	.535	.061	8.722	***	
직무성과	<---	개방성	.245	.047	5.188	***	

결과를 살펴보면 단계 2와 단계 3의 $\triangle\chi^2 = 26.356$으로 나타났으며 단계 3에서 독립변수와 종속변수의 결과가 유의하게 나타나 개방성과 직무성과의 관계에서 직무만족은 부분매개 역할을 하는 것으로 확인되었다.

(3) 참여지원

학습지원은 독립변수와 종속변수의 관계가 기각이었기 때문에 매개효과를 검정할 수 없어 마지막으로 참여지원에 대한 매개효과검정을 위해 다음과 같은 모형을 만들어준다.

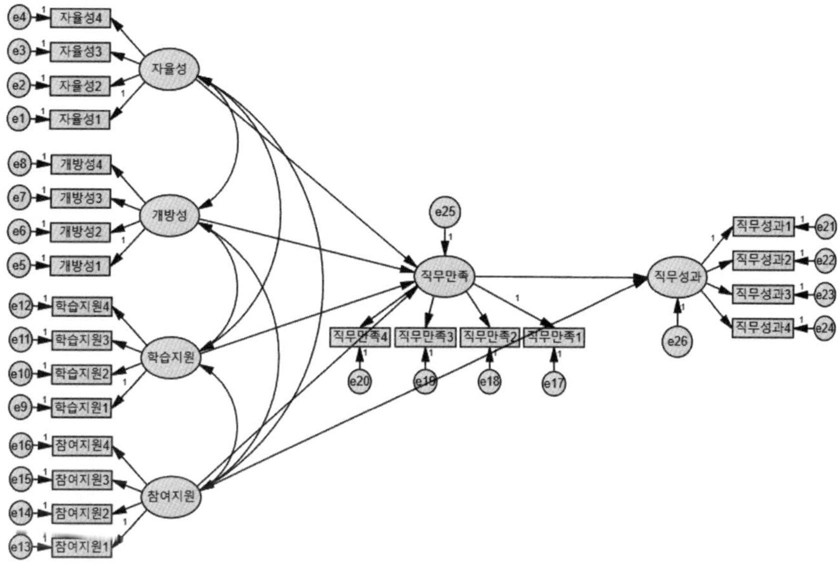

[Analyze]→[Calculate Estimates] 또는 그림 메뉴 [▦]를 클릭하여 분석한다. [View]→[Text Output]을 클릭하거나 그림 메뉴 [▦]를 선택해 결과값을 분석한다. [Model Fit]에서 주요 적합도를 점검한다. 결과를 보면 $\chi^2 = 420.294(df = 240)$, $\chi^2/df = 1.751$로 나타난 것을 확인할 수 있다. 단계 2의 값과 비교를 해보면 $\triangle\chi^2 = 11.093$으로 3.84보다 큰 것으로 나타났다.

CMIN

Model	NPAR	CMIN	DF	P	CMIN/DF
Default model	60	420.294	240	.000	1.751
Saturated model	300	.000	0		
Independence model	24	7590.598	276	.000	27.502

[Estimates]에서 먼저 참여지원과 직무만족의 관계를 보면 $B = 0.335$, $t = 4.348$, $p < 0.01$로 채택되었으며, 직무만족과 직무성과의 관계 역시 $B = 0.583$, $t = 8.993$, $p < 0.01$이고 마지막으로 참여지원과 직무성과의 관계는 $B = 0.203$, $t = 3.354$, $p < 0.01$로 나타나 모두 채택되었다.

Regression Weights: (Group number 1 - Default model)

			Estimate	S.E.	C.R.	P	Label
직무만족	<---	자율성	.138	.071	1.958	.050	
직무만족	<---	개방성	.191	.064	2.964	.003	
직무만족	<---	학습지원	.035	.077	.456	.649	
직무만족	<---	참여지원	.335	.077	4.348	***	
직무성과	<---	직무만족	.583	.065	8.993	***	
직무성과	<---	참여지원	.203	.061	3.354	***	

결과를 살펴보면 단계 2와 단계 3의 $\Delta\chi^2 = 11.093$으로 나타났으며 단계 3에서 독립변수와 종속변수의 결과가 유의하게 나타나 참여지원과 직무성과의 관계에서 직무만족은 부분매개 역할을 하는 것으로 확인되었다. 이상의 내용을 요약하면 다음의 <표 9-1>과 같다.

〈표 9-1〉 매개효과 검정결과 요약(Holmbeck 의 접근법)

단계		경로	비표준화 계수	t-값	$\chi^2(df)$	$\Delta\chi^2$
단계1		자율성 → 직무성과	0.170*	2.312	232.279(160)	
		개방성 → 직무성과	0.231**	3.457		
		학습지원 → 직무성과	0.084	1.066		
		참여지원 → 직무성과	0.248**	3.143		
단계2		자율성 → 직무만족	0.139*	1.985	431.387(241)	
		개방성 → 직무만족	0.191**	2.992		
		학습지원 → 직무만족	0.034	0.443		
		참여지원 → 직무만족	0.345**	4.521		
		직무만족 → 직무성과	0.697**	11.814		
단계3	자율성	자율성 → 직무만족	0.125*	1.754	410.010(240)	21.377**
		개방성 → 직무만족	0.192**	2.977		
		학습지원 → 직무만족	0.035	0.452		
		참여지원 → 직무만족	0.347**	4.502		
		직무만족 → 직무성과	0.567**	9.339		
		자율성 → 직무성과	0.244**	4.629		

단계3	개방성	자율성 → 직무만족	0.140*	1.962	405.031(240)	26.356**
		개방성 → 직무만족	0.179**	2.756		
		학습지원 → 직무만족	0.035	0.449		
		참여지원 → 직무만족	0.348**	4.501		
		직무만족 → 직무성과	0.535**	8.722		
		개방성 → 직무성과	0.245**	5.188		
단계3	참여 지원	자율성 → 직무만족	0.138*	1.958	420.294(240)	11.093**
		개방성 → 직무만족	0.191**	2.964		
		학습지원 → 직무만족	0.035	0.456		
		참여지원 → 직무만족	0.335**	4.348		
		직무만족 → 직무성과	0.583**	8.993		
		참여지원 → 직무성과	0.203**	3.354		

*$p < .05$, **$p < .01$

3 Hoyle & Smith 접근법

Hoyle & Smith 접근법은 Amos의 부트스트랩핑을 활용하여 수행하는 것으로 두 단계에 걸쳐 확인이 가능하다. 앞에서 설명한 Holmbeck 접근법과 비슷하지만 단계 2가 생략되고 단계 1과 단계 3만을 실행하는 방법이다.

단계 1: 독립변수와 종속변수의 관계를 분석한다.

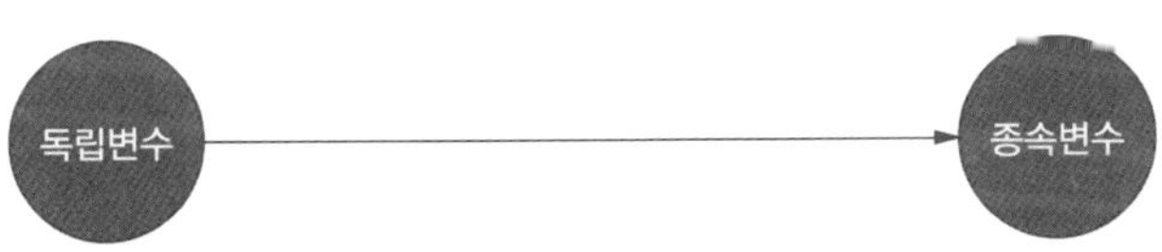

단계 2: 독립변수→매개변수→종속변수에 더해 독립변수→종속변수의 관계를 분석한다.

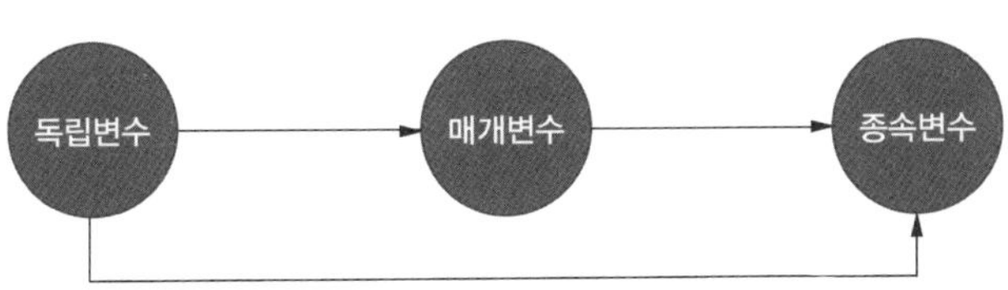

Hoyle & Smith 접근법은 매개변수가 없는 모형과 매개변수가 있는 모형을 비교하여 매개효과를 검정하는 것이다. 먼저 매개변수가 없는 모형을 통해 독립변수가 종속변수에 영향을 미치는지 확인해야 한다. 만약 독립변수가 종속변수에 영향을 미치지 않는다면 매개검정을 더 진행할 수 없다. 다음으로 매개효과가 있는 모형에서 독립변수와 매개변수 그리고 매개변수와 종속변수의 관계가 존재할 때, 독립변수와 종속변수의 효과가 사라진다면 완전매개가 되고 독립변수와 종속변수의 의미가 줄어든다면 부분매개가 된다. 그 후 독립변수가 매개변수를 거쳐 종속변수에 미치는 영향력은 부트스트랩핑을 통해 확인할 수 있다. 부트스트랩핑의 Lower Bounds와 Upper Bounds가 0을 수렴하지 않으면서 Two Tailed Significance가 0.05보다 작다면 매개효과가 있다고 할 수 있다.

1) 단계 1

매개효과분석을 위해서는 구조모형분석과 동일한 방법으로 단계 1인 독립변수와 종속변수 간의 관계를 먼저 분석하기 위해 다음과 같은 모형을 그려준다.

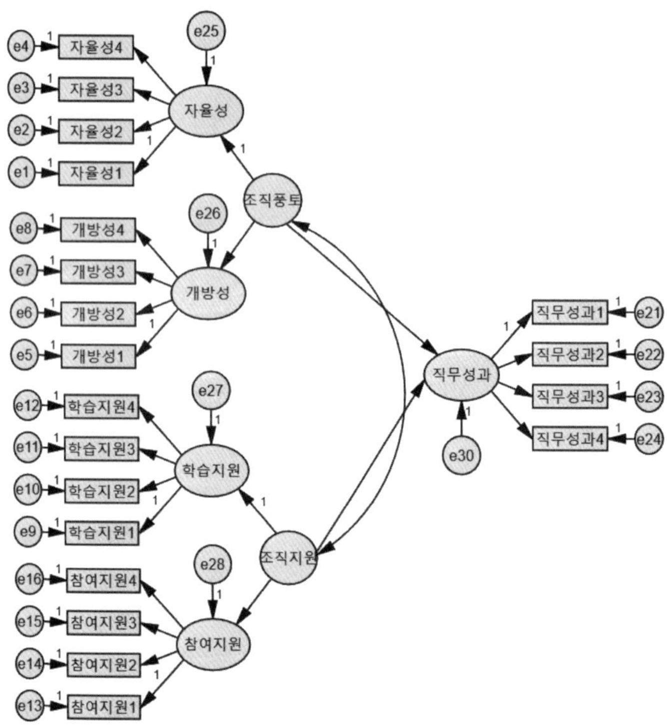

[Analyze]→[Calculate Estimates] 또는 그림 메뉴 [ ]를 클릭하여 분석을 실시한다. 분석이 끝나고 나면 메뉴의 [View]→[Text Output]을 클릭하거나 그림 메뉴 [ ]를 선택해 결과값을 분석한다. [Output] 창에서 [Estimates]→[Regression Weights]를 확인하여 가설의 채택 여부를 확인한다. 조직풍토와 조직지원은 직무성과에 유의한 영향을 미치는 것으로 나타났다.

Regression Weights: (Group number 1 - Default model)

			Estimate	S.E.	C.R.	P	Label
자율성	<---	조직풍토	1.000				
개방성	<---	조직풍토	1.269	.126	10.061	***	
학습지원	<---	조직지원	1.000				
참여지원	<---	조직지원	1.101	.128	8.626	***	
직무성과	<---	조직풍토	.524	.093	5.623	***	
직무성과	<---	조직지원	.395	.102	3.884	***	

2) 단계 2

(1) 조직풍토

단계 2에서 조직풍토의 매개효과를 보고 싶다면 조직지원이 직무성과에 미치는 영향을 삭제한 모형을 그려준다.

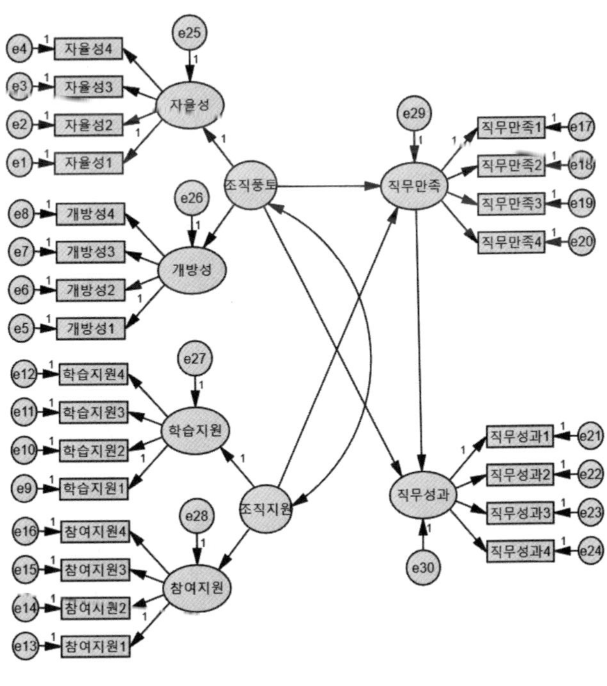

그림 메뉴 []를 실행시켜 준다. [Analysis Properties] 창이 뜨면 [Output] 메뉴에서 [Indirect, direct & total effects] 메뉴를 클릭한다.

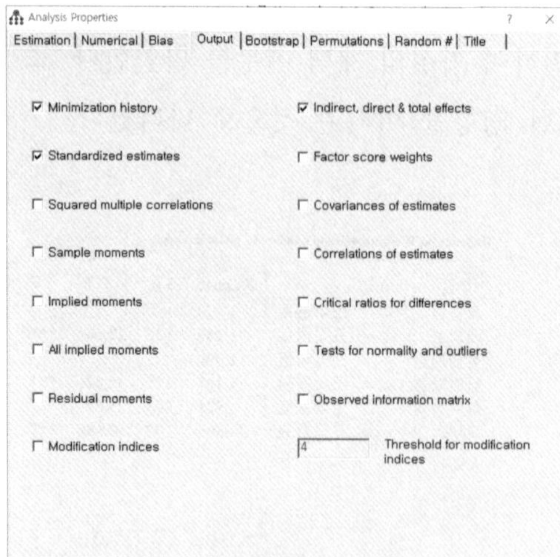

[Bootstrap] 메뉴로 넘어가 [Perform Bootstrap]과 [Bias-corrected confidence intervals] 메뉴를 클릭한다. 일반적으로 [Number of bootstrap samples]는 500 이상을, [BC confidence level]은 90, 95, 99 중 95를 많이 사용한다.

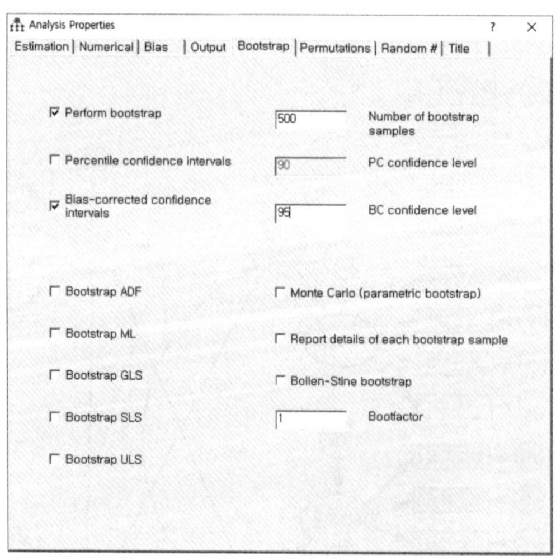

매개효과에 대한 결과를 보기 위해 []을 실행하여 먼저 [Output] 창의 [Estimates]에서 독립변수와 매개변수 그리고 매개변수와 종속변수의 관계를 확인한다.

Regression Weights: (Group number 1 - Default model)

			Estimate	S.E.	C.R.	P	Label
직무만족	<---	조직풍토	.393	.089	4.435	***	
직무만족	<---	조직지원	.494	.103	4.784	***	
자율성	<---	조직풍토	1.000				
개방성	<---	조직풍토	1.256	.120	10.488	***	
학습지원	<---	조직지원	1.000				
참여지원	<---	조직지원	1.163	.131	8.894	***	
직무성과	<---	직무만족	.469	.065	7.173	***	
직무성과	<---	조직풍토	.437	.081	5.359	***	

다음으로 매개효과의 유의성을 확인하기 위해서 [Estimates]→[Matrices]→[Indirect Effects]에 들어가게 되면 밑에 메뉴인 [Estimates/Bootstrap]가 활성된다. [Estimates/Bootstrap]→[Bootstrap Confidence]→[Bias-corrected percentile method] 메뉴를 보게 되면 매개효과의 [Lower Bounds]와 [Upper Bounds]을 보여주게 된다. [Lower Bounds]와 [Upper Bounds]의 값이 0을 수렴하는지 확인한 후 마지막으로 [Two Tailed Significance]를 통하여 유의확률을 확인한다.

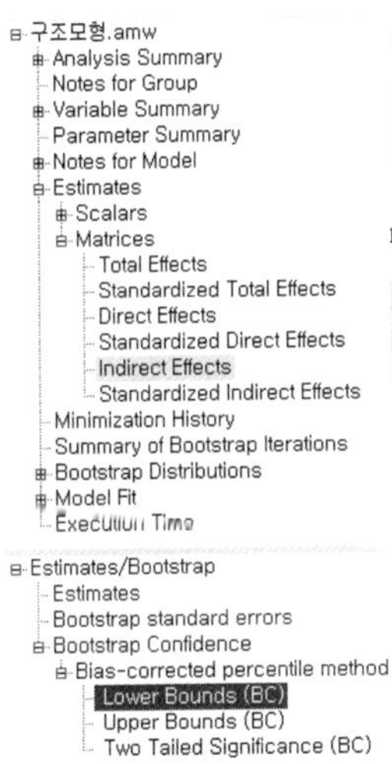

Indirect Effects - Lower Bounds (BC) (Group number 1 - Default model)

	조직지원	조직풍토	직무만족	직무성과	참여지원	학습지원	개방성	자율성
직무만족	.000	.000	.000	.000	.000	.000	.000	.000
직무성과	.105	.098	.000	.000	.000	.000	.000	.000

Indirect Effects - Upper Bounds (BC) (Group number 1 - Default model)

	조직지원	조직풍토	직무만족	직무성과	참여지원	학습지원	개방성	자율성
직무만족	.000	.000	.000	.000	.000	.000	.000	.000
직무성과	.360	.297	.000	.000	.000	.000	.000	.000

Indirect Effects - Two Tailed Significance (BC) (Group number 1 - Default model)

	조직지원	조직풍토	직무만족	직무성과	참여지원	학습지원	개방성	자율성
직무만족	...	...	...	...	...	...	...	...
직무성과	.008	.005	...	...	...	...	...	...

결과를 살펴보면 단계 1에서 조직풍토와 직무성과의 관계는 $B=0.524$, $t=5.623$, $p<0.01$로 나타나 독립변수와 종속변수의 관계는 영향이 있음이 확인되었다. 단계 2에서 조직풍토와 직무만족은 $B=0.393$, $t=4.435$, $p<0.01$로 나타났고 직무만족과 직무성과의 관계는 $B=0.469$, $t=7.173$, $p<0.01$로 나타났다. 마지막으로 조직풍토와 직무성과의 관계는 $B=0.437$, $t=5.359$, $p<0.01$로 나타났다. 조직풍토와 직무성과의 [Lower Bounds]= 0.098이고 [Upper Bounds]= 0.297으로 나타난 것을 확인할 수 있다. 0.098과 0.297 사이에 0이

수렴하지 않았고 [Two Tailed Significance]$=0.005$로 나타나 $\alpha=0.01$수준에서 조직풍토와 직무성과의 관계에서 직무만족은 부분매개효과를 가지는 것으로 나타났다.

(2) 조직지원

다음으로 조직지원과 직무성과의 관계에서 직무만족의 매개효과를 확인하기 위해 다음과 같은 단계 2의 모형을 만들어준다.

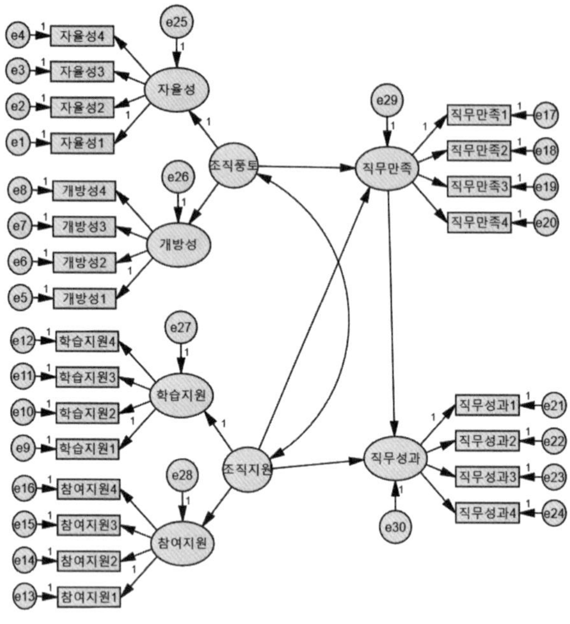

[ ]을 실행한다. 매개효과에 대한 결과를 보기 위해 먼저 [Output] 창의 [Estimates]에서 독립변수와 매개효과 그리고 매개효과와 종속변수의 관계를 확인한다. 옵션은 위의 방법과 동일하기 때문에 생략하도록 한다.

Regression Weights: (Group number 1 - Default model)

			Estimate	S.E.	C.R.	P	Label
직무만족	<---	조직풍토	.402	.090	4.441	***	
직무만족	<---	조직지원	.475	.105	4.536	***	
자율성	<---	조직풍토	1.000				
개방성	<---	조직풍토	1.279	.131	9.753	***	
학습지원	<---	조직지원	1.000				
참여지원	<---	조직지원	1.122	.120	9.339	***	
직무성과	<---	직무만족	.516	.069	7.482	***	
직무성과	<---	조직지원	.382	.095	4.016	***	

매개효과의 유의성을 확인하기 위해서 [Estimates]→[Matrices]→[Indirect Effects]에 들어가게 되면 밑에 메뉴인 [Estimates/Bootstrap]가 활성화된다. [Estimates/Bootstrap]→[Bootstrap Confidence]→[Bias-corrected percentile method] 메뉴를 보게 되면 매개효과의 [Lower Bounds]와 [Upper Bounds]을 보여주게 된다. [Lower Bounds]와 [Upper Bounds]의 값이 0을 수렴하는지 확인한 후 마지막으로 [Two Tailed Significance]를 통하여 유의확률을 확인한다.

결과를 살펴보면 단계 1에서 조직지원과 직무성과의 관계는 $B = 0.395$, $t = 3.884$, $p < 0.01$로 나타나 독립변수와 종속변수의 관계는 영향이 있음이 확인되었다. 단계 2에서 조직지원과 직무만족은 $B = 0.475$, $t = 4.536$, $p < 0.01$로 나타났고 직무만족과 직무성과의 관계는 $B = 0.516$, $t = 7.482$, $p < 0.01$로 나타났다. 마지막으로 조직지원과 직무성과의 관계는 $B = 0.382$, $t = 4.016$, $p < 0.01$로 나타났다. 조직지원과 직무성과의 [Lower Bounds]= 0.127이고 [Upper Bounds]= 0.397로 나타난 것을 확인할 수 있다. 0.127과 0.397 사이에 0이 수렴하지 않았고 [Two Tailed Significance]= 0.005로 나타나 $\alpha = 0.01$수준에서 조직지원과 직무성의 관계에서 직무만족은 부분매개효과를 가지는 것으로 나타났다.

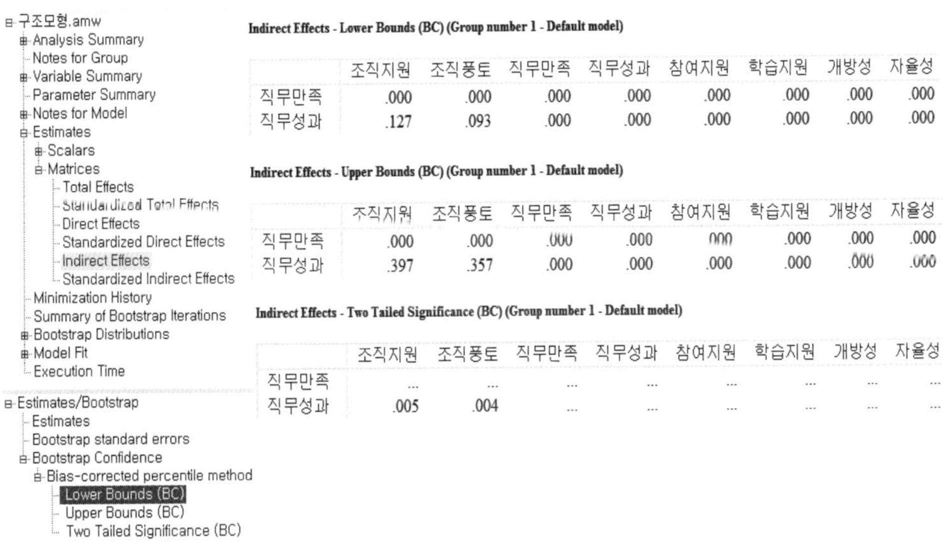

Indirect Effects - Lower Bounds (BC) (Group number 1 - Default model)

	조직지원	조직풍토	직무만족	직무성과	참여지원	학습지원	개방성	자율성
직무만족	.000	.000	.000	.000	.000	.000	.000	.000
직무성과	.127	.093	.000	.000	.000	.000	.000	.000

Indirect Effects - Upper Bounds (BC) (Group number 1 - Default model)

	조직지원	조직풍토	직무만족	직무성과	참여지원	학습지원	개방성	자율성
직무만족	.000	.000	.000	.000	.000	.000	.000	.000
직무성과	.397	.357	.000	.000	.000	.000	.000	.000

Indirect Effects - Two Tailed Significance (BC) (Group number 1 - Default model)

	조직지원	조직풍토	직무만족	직무성과	참여지원	학습지원	개방성	자율성
직무만족	...	...	...	...	...	...	...	...
직무성과	.005	.004	...	...	...	...	...	...

이상의 내용을 요약해보면 다음의 <표 9-2>와 같다.

〈표 9-2〉 매개효과 검정결과 요약(Hoyle & Smith 접근법)

단계		경로	비표준화 계수	표준화 계수	t-값	간접효과	상한 ~ 하한
단계1		조직풍토 → 직무성과	0.524**	0.440	5.623		
		조직지원 → 직무성과	0.395**	0.301	3.884		
단계2	조직풍토	조직풍토 → 직무만족	0.393**	0.342	4.435	0.184**	0.297 ~ 0.098
		조직지원 → 직무만족	0.494**	0.348	4.784		
		조직풍토 → 직무성과	0.437**	0.367	5.359		
		직무만족 → 직무성과	0.469**	0.452	7.173		
단계2	조직지원	조직풍토 → 직무만족	0.402**	0.348	4.441	0.245**	0.397 ~ 0.127
		조직지원 → 직무만족	0.475**	0.369	4.536		
		조직지원 → 직무성과	0.382**	0.285	4.016		
		직무만족 → 직무성과	0.516**	0.496	7.482		

* $p < .05$, ** $p < .01$

제 2 절 팬텀변수

1 분석모형

두 개 이상의 매개변수가 동시에 작동하는 매개분석은 팬텀분석을 통해 두 매개효과의 차이검정이 가능하다. 또한 팬텀분석은 경로가 다소 복잡한 매개분석을 실시할 때 연구자가 해석하기 쉽게 해주는 역할을 한다. 이에 다음의 [그림 9-3]과 [그림 9-4]를 통해 팬텀변수를 활용한 매개분석을 실시하고자 한다.

[그림 9-3] 다중매개모형

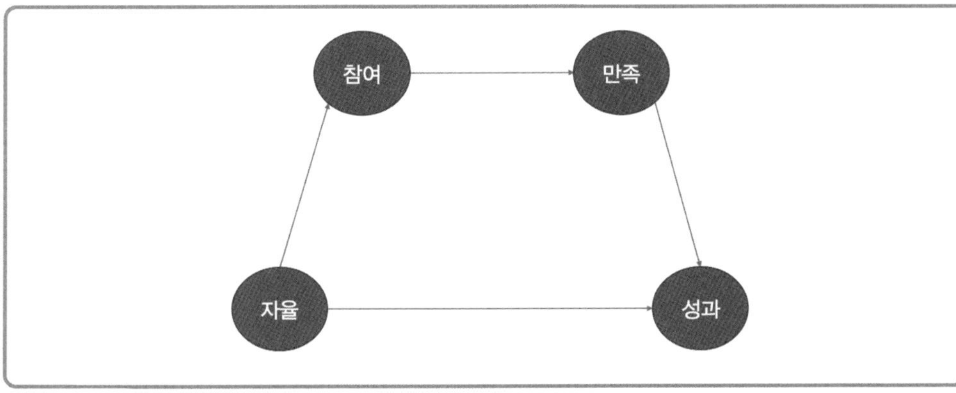

[그림 9-4] 평행매개모형

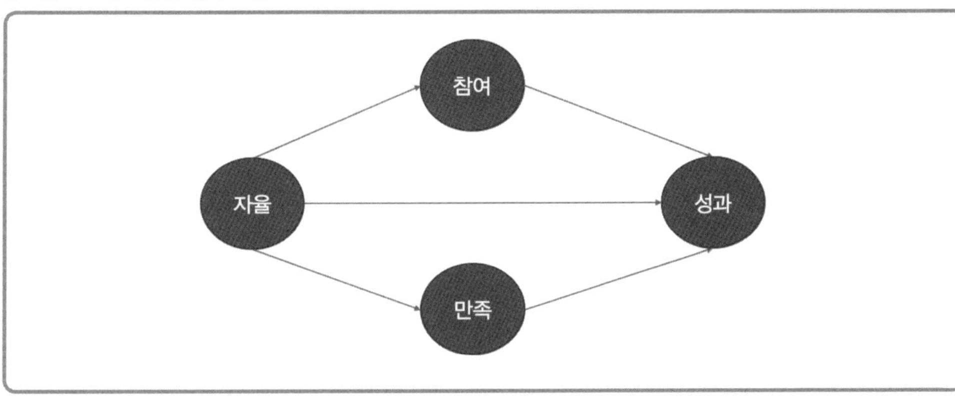

2 팬텀변수: 다중매개모형

팬텀변수는 가상의 변수로서 모형적합도 및 모수치에 영향을 주지 않으면서 매개효과를 검정하는 방법이다. [그림 9-3]에 대한 예제를 통해 팬텀변수를 적용해 본다면 먼저 Hoyle & Smith 접근법처럼 독립변수와 종속변수의 관계를 다음과 같이 분석해 준다.

[View]→[Text Output]→[Estimates]에서 결과를 확인한다. 자율과 성과의 관계는 $B=0.470$, $t=8.142$, $p<0.01$을 확인할 수 있다.

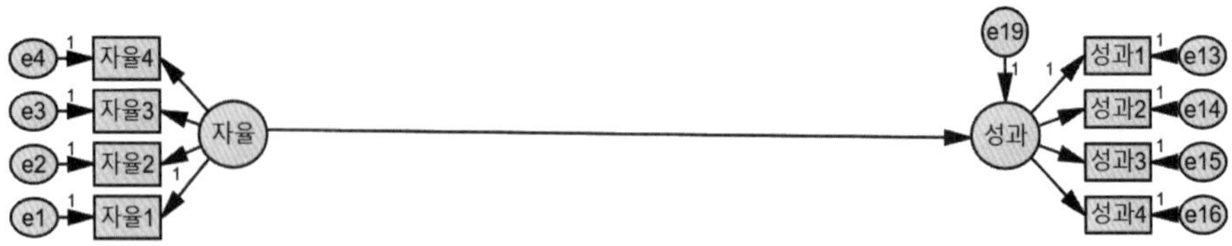

Regression Weights: (Group number 1 - Default model)

			Estimate	S.E.	C.R.	P	Label
성과	<---	자율	.470	.058	8.142	***	

독립변수와 종속변수의 관계가 유의하게 나타난다면 다음의 모형을 만든다.

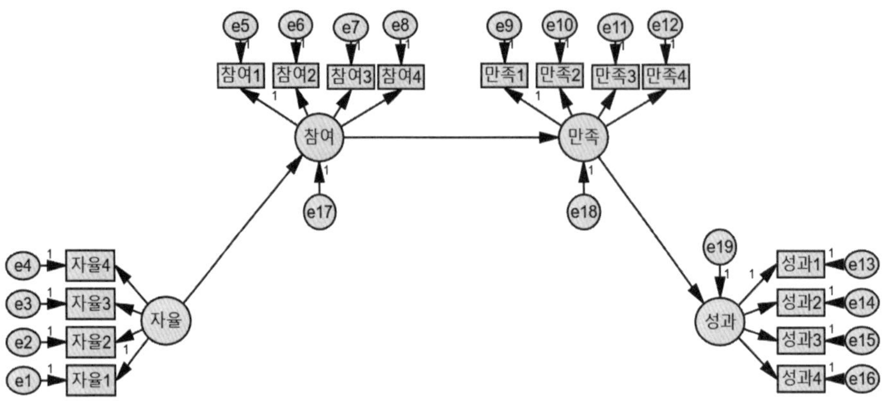

독립변수에 그림 메뉴 [●]와 [←]을 이용하여 참여, 만족, 성과로 이어지는 팬텀변수를 표현해 준다.

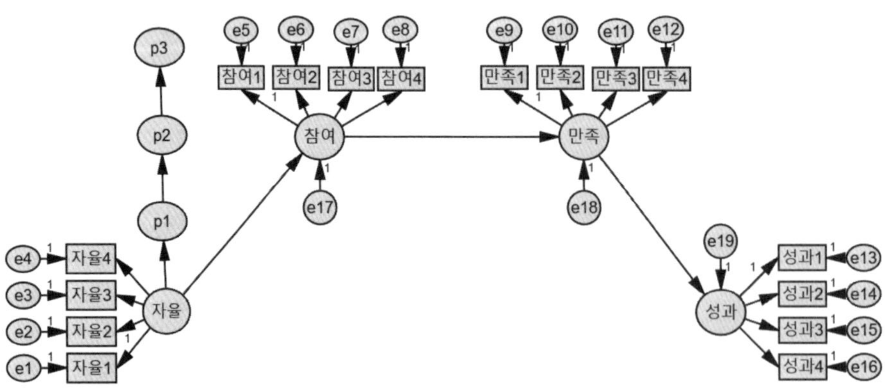

자율에서 p1으로 향하는 경로에 마우스를 더블클릭한다.

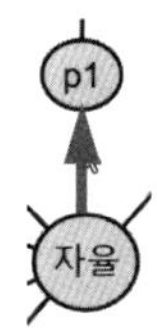

[Object Properties]→[Parameters]→[Regression weight]에 원하는 문자를 넣어준다.

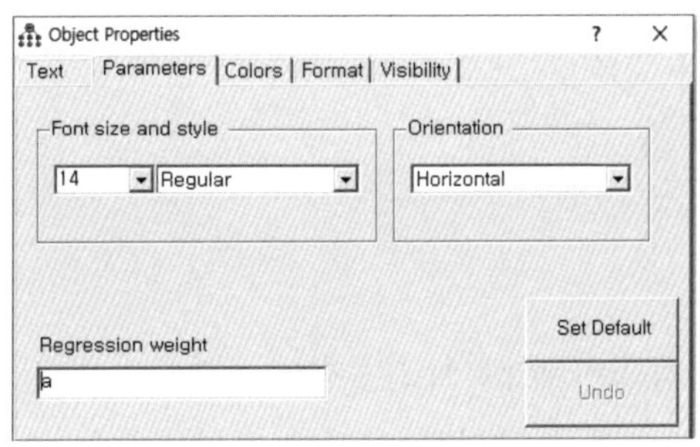

다음으로 자율에서 참여로 이동하는 경로에 마우스를 더블클릭한다.

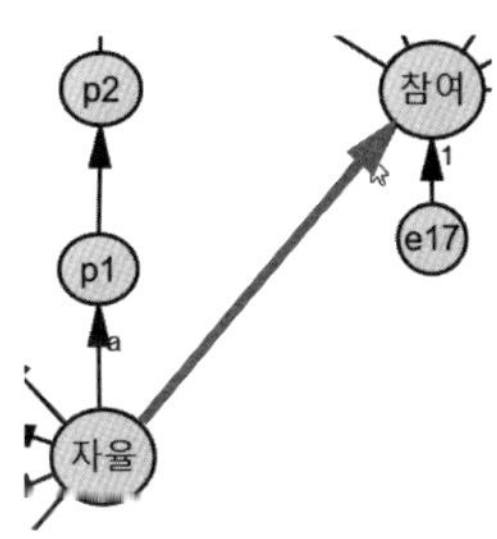

[Object Properties]→[Parameters]→[Regression weight]에 자율에서 p1으로 이동하는 문자와 동일한 문자를 넣어준다.

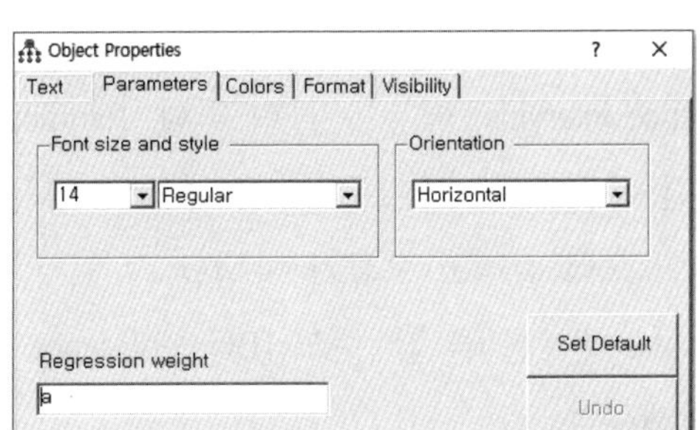

이상의 내용을 수행하면 아래와 같이 자율→p1과 자율→참여의 경로에 [a]가 같이 적혀있는 것을 확인할 수 있다.

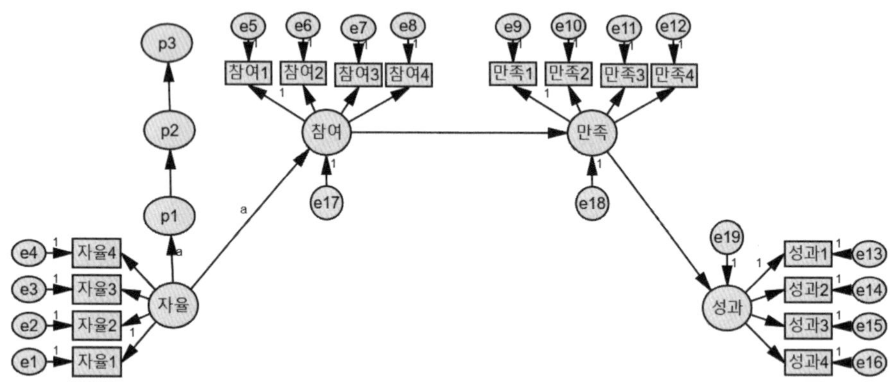

위의 방법과 동일하게 p1→p2는 참여→만족과 동일하게 입력하고 p2→p3는 만족→성과와 동일하게 문자를 입력해 준다. 마지막으로 자율과 성과 간의 경로를 그려 주면 다음과 같은 결과를 볼 수 있다.

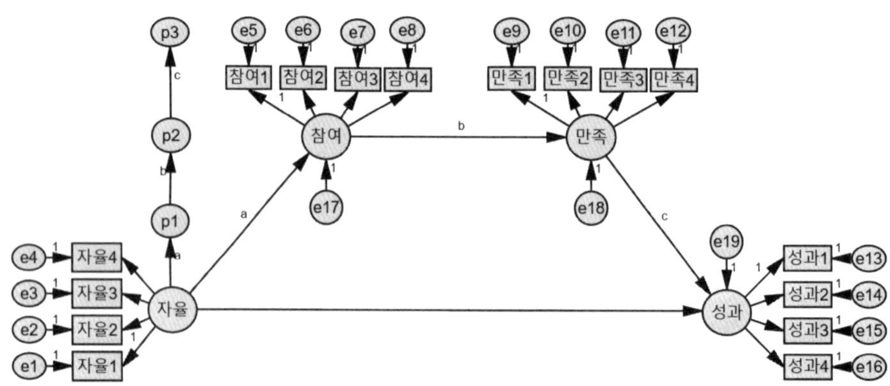

[View]→[Analysis Properties]→[Bootstrap]메뉴에서 [Perform Bootstrap]와 [Bias-corrected confidence intervals] 메뉴를 클릭 한다. [Number of bootstrap samples]의 숫자는 가능하면 큰 숫자를 넣어준다. 큰 수치를 넣을수록 정확한 값을 얻을 수 있지만 시간이 오래 걸리고 오류가 발생할 수 있다. 다음으로 [Biascor- rected confidence intervals] 메뉴를 클릭해주고 [BC confidence level]은 90, 95, 99 중에서 하나를 지정해준다.

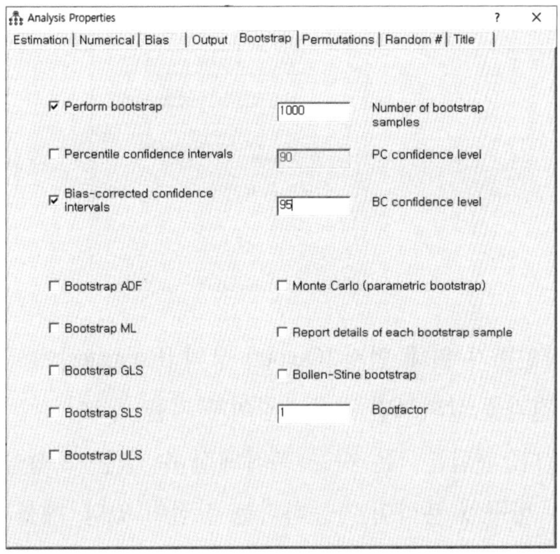

다음으로 [Analysis Properties]→[Output] 메뉴로 넘어가 [Indirect, direct & total effects] 메뉴를 클릭해준다. [Indirect, direct & total effects]는 매개효과를 관찰하기 위함이다.

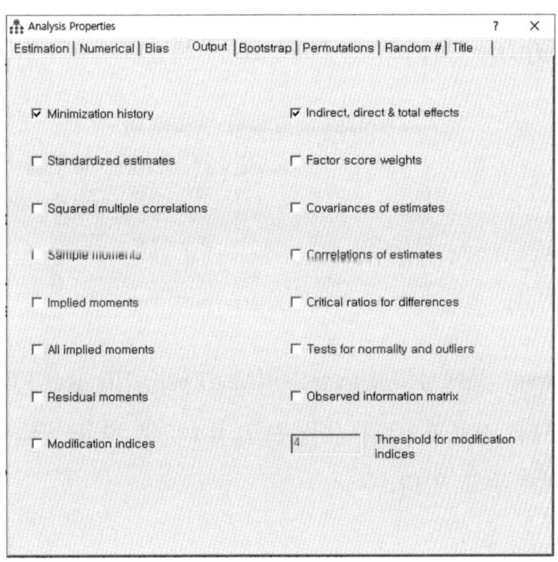

다음으로 [ ]을 실행한다. 실행시 아래와 같은 오류메시지가 나타나지만 [Proceed with the analysis]를 클릭하여 프로그램을 실행한다.

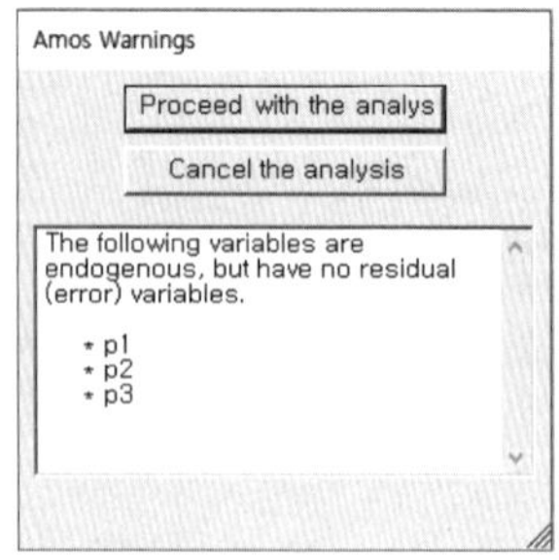

결과를 확인하기 위해 먼저 [Output] 창의 [Estimates]에서 경로의 유의성을 확인해 준다. 결과를 살펴보면 자율→참여와 자율→p1이 같은 결과를 보여주는 것을 알 수 있다. 팬텀분석은 사뭇 복잡해질 수 있는 모형을 자신이 알 수 있는 언어로 쉽게 바꾸어 분석이 가능하다는 장점이 있다. 예를 들어, 본래의 모형에서는 자율→참여→만족→성과의 결과를 찾기 위해서는 모든 변수명을 순서대로 기억하고 있어야 하지만 팬텀분석에서는 참여를 p1으로 동치시키고 만족을 p2, 성과를 p3로 각각 동치시켜 자신이 기억하는 기호의 순서대로 쉽게 찾아갈 수 있도록 도와주는 장점을 가진다. 결과를 살펴보면 자율→참여→만족→성과로 이어지는 간접효과 0.105는 자율→참여(p1)= 0.352×참여(p1)→만족(p2)= 0.529×만족(p2)→성과(p3)= 0.563으로 구해진다.

Regression Weights: (Group number 1 - Default model)

			Estimate	S.E.	C.R.	P	Label
참여	<---	자율	.352	.056	6.297	***	a
만족	<---	참여	.529	.058	9.106	***	b
p1	<---	자율	.352	.056	6.297	***	a
성과	<---	만족	.563	.056	10.095	***	c
p2	<---	p1	.529	.058	9.106	***	b
성과	<---	자율	.251	.048	5.217	***	

이는 [Output] 창에서 [Estimates]→[Matrices]→[Indirect Effects]를 통해 직접 확인이 가능하다. 자율과 p3의 값을 보면 0.105로 자율→참여→만족→성과의 간접효과를 보여주고 있다.

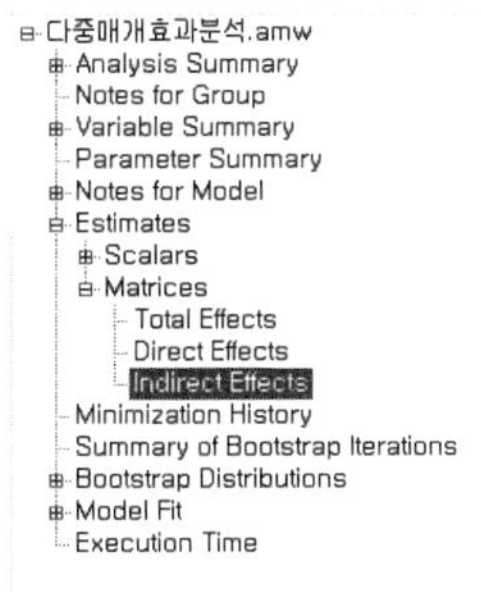

Indirect Effects (Group number 1 - Default model)

	자율	참여	만족	성과
참여	.000	.000	.000	.000
p1	.000	.000	.000	.000
만족	.186	.000	.000	.000
p2	.186	.000	.000	.000
성과	.105	.298	.000	.000
p3	.105	.000	.000	.000

또한 [Indirect Effects] 메뉴를 실행하였다면 [Estimates/Bootstrap]가 활성된다. [Estimates/Bootstrap]→[Bootstrap Confidence]→[Bias-corrected percentile method] 메뉴를 보게 되면 매개효과의 [Lower Bounds]와 [Upper Bounds]을 보여주게 된다. [Lower Bounds]와 [Upper Bounds]의 값이 0을 수렴하는지 확인한 후 마지막으로 [Two Tailed Significance]를 통하여 유의확률을 확인한다. 결과를 보면 자율과 p3의 [Lower Bounds]= 0.062 [Upper Bounds]= 0.163로 0을 수렴하지 않으면서 [Two Tailed Significance]= 0.001로 나타나 매개효과가 유의한 것을 확인할 수 있다.

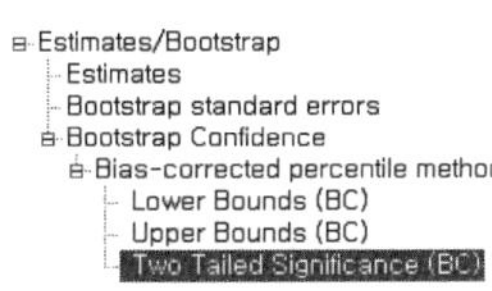

Indirect Effects - Lower Bounds (BC) (Group number 1 - Default model)

	자율	참여	만족	성과
참여	.000	.000	.000	.000
p1	.000	.000	.000	.000
만족	.119	.000	.000	.000
p2	.119	.000	.000	.000
성과	.062	.204	.000	.000
p3	.062	.000	.000	.000

Indirect Effects - Upper Bounds (BC) (Group number 1 - Default model)

	자율	참여	만족	성과
참여	.000	.000	.000	.000
p1	.000	.000	.000	.000
만족	.273	.000	.000	.000
p2	.273	.000	.000	.000
성과	.163	.397	.000	.000
p3	.163	.000	.000	.000

Indirect Effects - Two Tailed Significance (BC) (Group number 1 - Default model)

	자율	참여	만족	성과
참여	...	...	...	...
p1	...	...	...	...
만족	.001	...	...	...
p2	.001	...	...	...
성과	.001	.002	...	...
p3	.001	...	...	...

이상의 내용을 요약하면 <표 9-3>과 같다.

〈표 9-3〉 다중매개효과 검정결과 요약

단계	경로	비표준화 계수	표준화 계수	t-값	p-값	간접효과	상한 ~ 하한
단계1	자율 → 성과	0.470**	0.493	8.142	0.000		
단계2	자율 → 참여	0.352**	0.383	6.297	0.000	0.105**	0.163 ~ 0.062
	참여 → 만족	0.529**	0.528	9.106	0.000		
	만족 → 성과	0.563**	0.560	10.095	0.000		
	자율 → 성과	0.251**	0.271	5.217	0.000		

* $p < .05$, ** $p < .01$

3 팬텀변수: 평행매개모형

평행매개모형은 [그림 9-4]와 같이 독립변수와 종속변수 간의 관계에 두 개 이상의 매개변수가 동시에 작용하는 경우를 말한다. 먼저 독립변수와 종속변수의 관계를 분석해 준다.

[View]→[Text Output]→[Estimates]에서 결과를 확인한다. 자율과 성과와의 관계는 $B = 0.470$, $t = 8.142$, $p < 0.01$ 이라는 것을 확인할 수 있다.

Regression Weights: (Group number 1 - Default model)

			Estimate	S.E.	C.R.	P	Label
성과	<---	자율	.470	.058	8.142	***	

독립변수와 종속변수의 관계가 유의하게 나타난다면 다음의 모형을 만들어 준다.

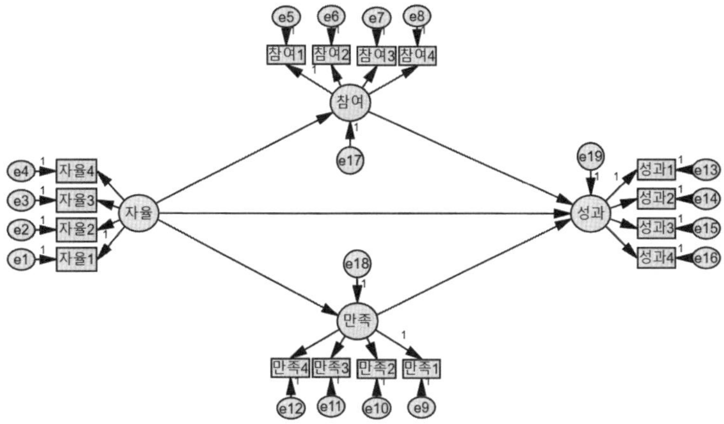

독립변수에 그림 메뉴 [ ]와 [ ]을 이용하여 자율→참여→성과는 p1→p2로 자율→만족→성과의 방향은 p3→p4의 팬텀변수를 그려준다.

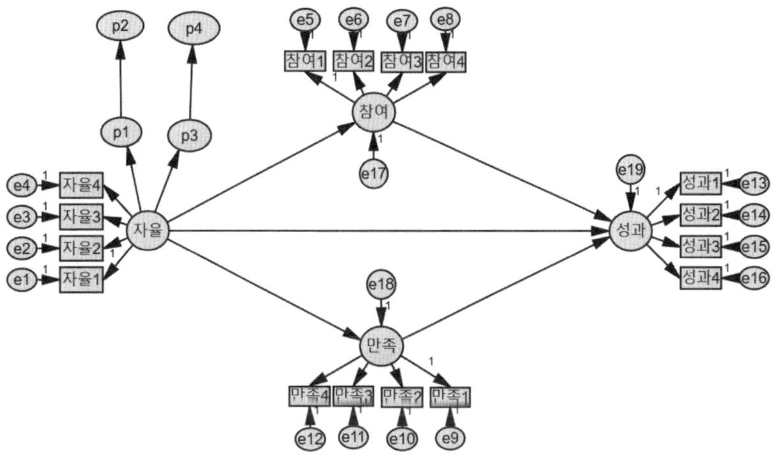

자율에서 p1으로 향하는 경로에 마우스를 더블클릭한다.

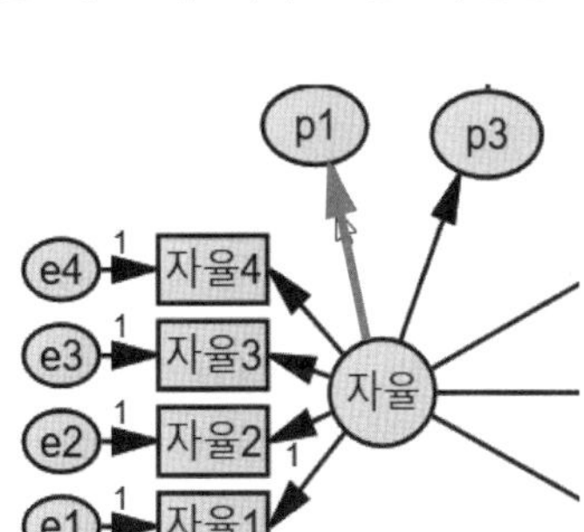

[Object Properties]→[Parameters]→[Regression weight]에 원하는 문자를 넣어준다.

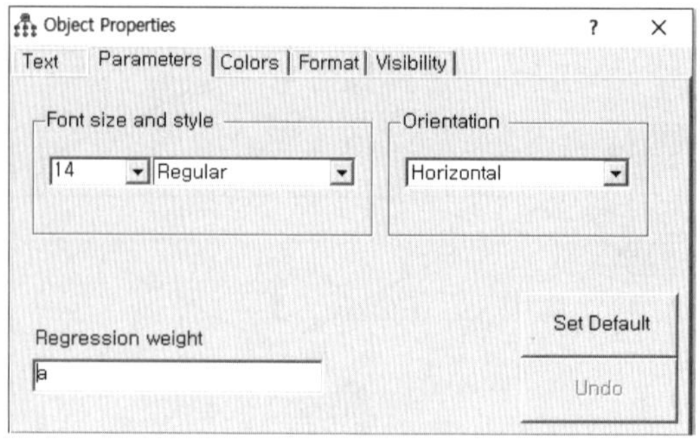

다음으로 자율에서 참여로 이동하는 경로에 마우스를 더블클릭한다.

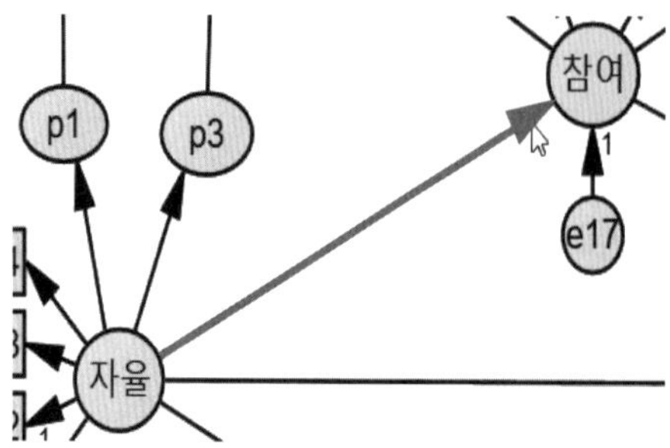

[Object Properties] 창의 [Parameters]→[Regression weight]에 자율에서 p1으로 이동하는 문자와 동일한 문자를 넣어준다.

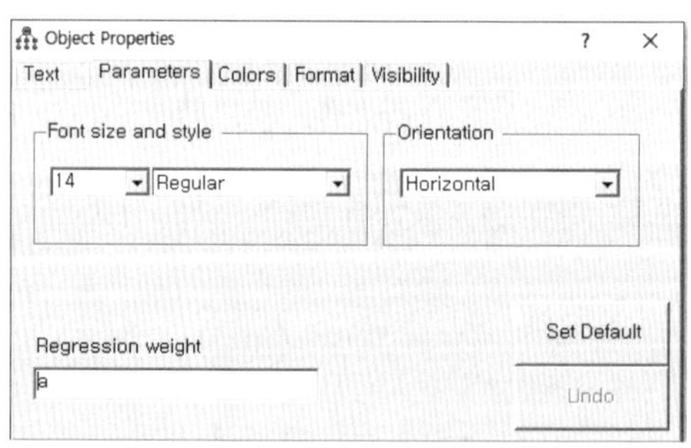

이상의 과정을 참여→성과는 p1→p2, 자율→만족은 자율→p3, 만족→성과는 p3→p4에 동일하게 시행한다면 다음과 같은 모형이 만들어진다.

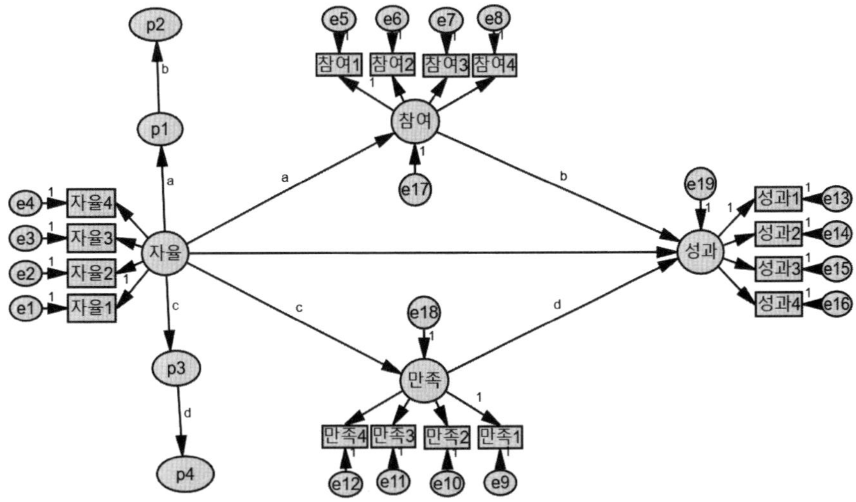

[ ]을 실행시켜 [Analysis Properties]→[Bootstrap] 메뉴로 이동한 후 [Perform Bootstrap]와 [Bias-corrected confidence intervals] 메뉴를 클릭한다. [Number of bootstrap samples]는 1,000으로, [BC confidence level]은 95로 변경하였다. 다음으로 [Analysis Properties]→[Output] 메뉴로 넘어가 [Indirect, direct & total effects] 메뉴를 클릭해준다. [Indirect, direct & total effects]는 매개효과를 관찰하기 위함이다. 다음으로 [ ]을 실행한다. 실행할 때 오류메시지가 나타나지만 [Proceed with the analysis]를 클릭하여 프로그램을 실행한다. [ ]을 클릭한 다음 [Output]→[Estimates]에서 경로의 유의성을 확인해 준다.

Regression Weights: (Group number 1 - Default model)

			Estimate	S.E.	C.R.	P	Label
참여	<---	자율	.351	.056	6.262	***	a
만족	<---	자율	.417	.055	7.549	***	c
성과	<---	자율	.211	.056	3.800	***	
성과	<---	만족	.491	.059	8.271	***	d
성과	<---	참여	.168	.054	3.122	.002	b
p1	<---	자율	.351	.056	6.262	***	a
p3	<---	자율	.417	.055	7.549	***	c
p2	<---	p1	.168	.054	3.122	.002	b
p4	<---	p3	.491	.059	8.271	***	d

자율→성과의 직접효과는 $B=0.211$, $t=3.800$, $p<0.01$로 나타났다. 자율→참여→성과의 간접효과 0.059는 0.351(자율→참여)×0.168(참여→성과)로 구해지고, 자율→만족→성과의 간접효과 0.205는 0.417(자율→만족)×0.491(만족→성과)로 얻는다. 자율에서 성과로 이어지는 총효과는 $0.475=0.211+$

0.059 + 0.205로 나타났다.

위와 같이 [Estimates] 결과를 토대로 직접 계산이 가능하지만 [Output] 창에서 [Estimates]→[Matrices]→[Indirect Effects]를 통해 간접효과를 파악할 수도 있다. 결과를 보면 자율→참여→성과의 간접효과는 p2= 0.059로 나타났으며 자율→만족→성과의 간접효과는 p4= 0.205를 보여주었다.

Indirect Effects (Group number 1 - Default model)

	자율	만족	참여	성과
만족	.000	.000	.000	.000
참여	.000	.000	.000	.000
p3	.000	.000	.000	.000
p1	.000	.000	.000	.000
성과	.264	.000	.000	.000
p4	.205	.000	.000	.000
p2	.059	.000	.000	.000

간접효과의 유의성 확인을 위해 [Estimates/Bootstrap]→[Bootstrap Confidence]→[Bias-corrected percentile method] 메뉴를 보게 되면 간접효과의 [Lower Bounds]와 [Upper Bounds]을 보여주게 된다. [Lower Bounds]와 [Upper Bounds]의 값이 0을 수렴하는지 확인한 후 마지막으로 [Two Tailed Significance]를 통하여 유의확률을 확인한다. 결과를 보면 자율→참여→성과는 [Lower Bounds]= 0.017, [Upper Bounds]= 0.123, $p = 0.005$로 나타났다. 다음으로 자율→만족→성과는 [Lower Bounds]= 0.126, [Upper Bounds]= 0.304, $p = 0.002$로 나타났다.

Indirect Effects - Lower Bounds (BC) (Group number 1 - Default model)

	자율	만족	참여	성과
만족	.000	.000	.000	.000
참여	.000	.000	.000	.000
p3	.000	.000	.000	.000
p1	.000	.000	.000	.000
성과	.173	.000	.000	.000
p4	.126	.000	.000	.000
p2	.017	.000	.000	.000

Indirect Effects - Upper Bounds (BC) (Group number 1 - Default model)

	자율	만족	참여	성과
만족	.000	.000	.000	.000
참여	.000	.000	.000	.000
p3	.000	.000	.000	.000
p1	.000	.000	.000	.000
성과	.359	.000	.000	.000
p4	.304	.000	.000	.000
p2	.123	.000	.000	.000

Indirect Effects - Two Tailed Significance (BC) (Group number 1 - Default model)

	자율	만족	참여	성과
만족	...	...	...	...
참여	...	...	...	...
p3	...	...	...	...
p1	...	...	...	...
성과	.003	...	...	...
p4	.002	...	...	...
p2	.005	...	...	...

두 간접효과의 차이가 의미 있는지 확인하기 위해 팬텀변수를 이용하여 두 간접효과의 차이검정을 실시하고자 한다. 차이를 확인하기 위해서는 Amos에서 다음과 같은 경로도를 하나 더 작성해 주어야 한다. p4에서 p2로 경로를 그려주고 [Object Properties]→[Regression weight]에 -1을 넣어준다. 반대로 p2에서 p4로 경로를 그려도 상관없다.

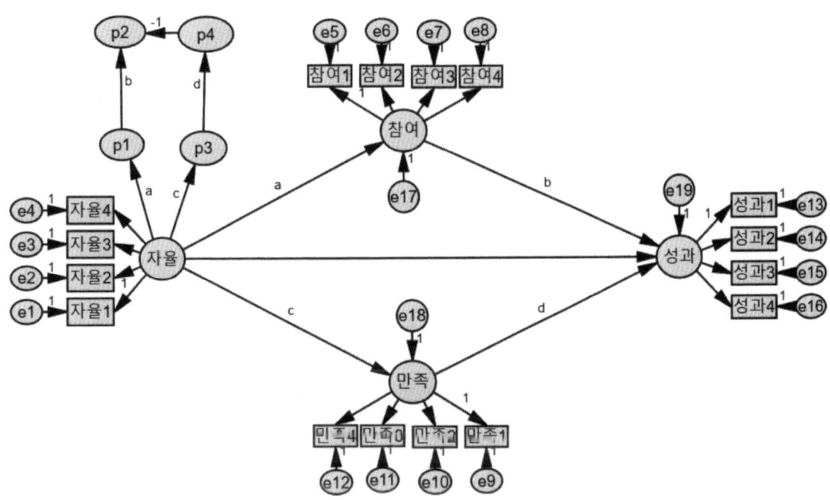

[]를 눌러 프로그램을 실행해 준다. []를 클릭하여 [Output] 창에서 [Estimates]→[Matrices]→[Indirect Effects]에서 p2의 값을 확인해 준다. −0.146의 차이가 유의한지 확인하기 위해 [Estimates/Bootstrap]→[Bootstrap Confidence]→[Bias-corrected percentile method]→[Two Tailed Significance]를 확인한다. 결과를 살펴보면 두 간접효과의 차이가 −0.146으로 나타난 것을 확인할 수 있으며 p2의 p값이 0.004로 나타나 두 간접효과 간의 차이는 1% 유의수준에서 유의한 것으로 나타났다.

Indirect Effects (Group number 1 - Default model)

	자율	만족	참여	성과
p3	.000	.000	.000	.000
만족	.000	.000	.000	.000
참여	.000	.000	.000	.000
p4	.205	.000	.000	.000
p1	.000	.000	.000	.000
성과	.264	.000	.000	.000
p2	-.146	.000	.000	.000

Indirect Effects - Two Tailed Significance (BC) (Group number 1 - Default model)

	자율	만족	참여	성과
p3	...	...	...	...
만족	...	...	...	...
참여	...	...	...	...
p4	.002	...	...	...
p1	...	...	...	...
성과	.003	...	...	...
p2	.004	...	...	...

이상의 내용을 요약하면 다음의 <표 9-4>와 같다.

〈표 9-4〉 평행매개효과 검정결과 요약

<table>
<tr><th>단계</th><th>매개
효과</th><th>경로</th><th>비표준화
계수</th><th>표준화
계수</th><th>t－값</th><th>p－값</th><th>간접
효과</th><th>총효과</th></tr>
<tr><td>단계1</td><td></td><td>자율→성과</td><td>0.470**</td><td>0.493</td><td>8.142</td><td>0.000</td><td></td><td></td></tr>
<tr><td rowspan="5">단계2</td><td rowspan="5">참여</td><td>자율→참여</td><td>0.351**</td><td>0.381</td><td>6.262</td><td>0.000</td><td rowspan="2">0.059**</td><td rowspan="5">0.475**</td></tr>
<tr><td>참여→성과</td><td>0.168**</td><td>0.166</td><td>3.122</td><td>0.002</td></tr>
<tr><td>자율→성과</td><td>0.211**</td><td>0.227</td><td>3.800</td><td>0.000</td><td></td></tr>
<tr><td>자율→만족</td><td>0.417**</td><td>0.454</td><td>7.549</td><td>0.000</td><td rowspan="2">0.205**</td></tr>
<tr><td>만족→성과</td><td>0.491**</td><td>0.484</td><td>8.271</td><td>0.000</td></tr>
</table>

* $p < .05$, ** $p < .01$

제 10 장

SPSS 조절효과분석

제1절 조절효과분석

제2절 연속형 조절효과

제3절 범주형 조절효과

제 1 절 조절효과분석

조직풍토와 직무만족 간의 관계 또는 근무연수와 생산량 간의 관계, 즉 두 변수 간의 관계를 좀 더 세밀히 파악하고자 한다면 이들 두 변수 간의 직접효과뿐만 아니라 제3의 변수를 추가하였을 때 원래의 직접효과가 어떻게 변하는지를 살펴볼 필요가 있다. 예를 들어, 근무연수가 생산량에 미치는 영향을 보면 보통 근무연수가 증가하면 생산량도 증가할 것이다. 그러나 이러한 관계는 아마도 각 구성원이 가지고 있는 혁신성에 따라 차이가 있을 것으로 예상할 수 있다. 또한 입학성적이 높으면 보통 평점도 높을 것이다. 그러나 입학동기에 따라 입학성적이 평점에 미치는 영향력은 다를 수 있을 것으로 예상할 수 있다. 이처럼 독립변수와 종속변수 간의 관계에 영향을 주는 제3의 변수를 조절변수(moderate variable)라 한다. 따라서 조절변수는 독립변수가 종속변수에 미치는 영향을 중간에서 조절하는 변수 즉, 종속변수에 미치는 영향력을 변화시키는 변수를 말한다.

조절변수에 의한 조절효과(moderating effect)란 조절변수에 의해 독립변수가 종속변수에 미치는 영향력 즉, 크기(strength)와 방향(direction)이 달라지는 것을 의미한다. 이처럼 조절효과는 조절변수가 있을 때와 없을 때 종속변수와 독립변수 간 관계의 방향과 강도가 달라지는 것을 말한다. 독립변수를 X, 종속변수를 Y, 조절변수를 W로 표시하면 조절효과의 개념적 모형과 통계적 모형은 [그림 10-1]과 같다.

[그림 10-1] 조절효과의 개념적 및 통계적 모형

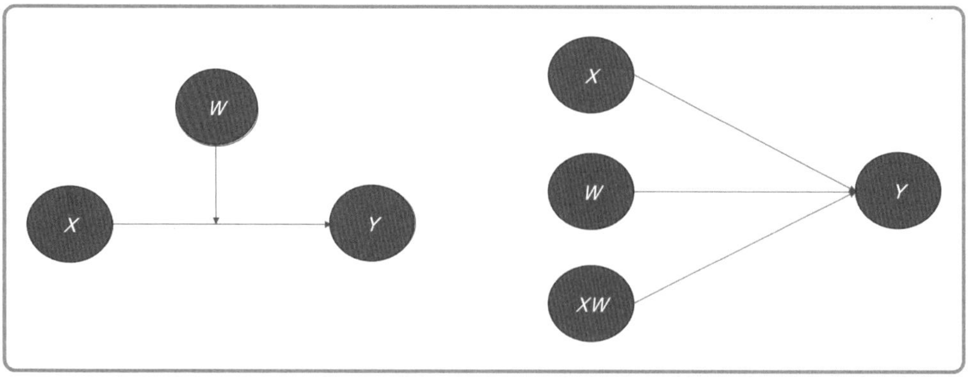

[그림 10-2] 혁신성의 조절효과 모형

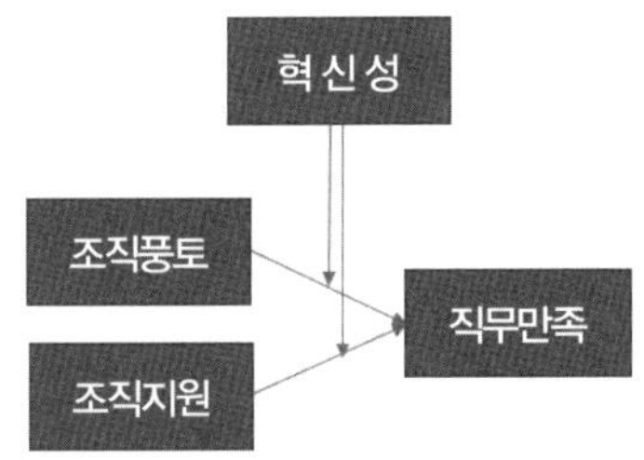

조절효과분석은 독립변수(X)와 조절변수(W)를 곱하여 상호작용변수(XW)를 만든 다음 이 상호작용변수(interaction variable)가 종속변수(Y)에 어떠한 영향을 미치는가를 검정하는 것이다. 이를 수식으로 표현하면 다음과 같다.

$$\hat{Y} = b_0 + b_1 X + b_2 W + b_3 XW$$

제2절 연속형 조절효과

1 분석모형

[그림 10-2]와 같이 조직풍토와 조직지원이 직무만족에 미치는 영향력에서 구성원의 혁신성이 조절역할을 하는지를 분석하고자 한다. 일반적으로 구성원의 혁신성이 높고 조직풍토가 창의적이고 조직지원이 많을수록 직무만족은 높을 것이다. 여기서 조직풍토와 조직지원에 따른 직무만족은 혁신성에 따라 다르다고 가정한다.

예를 들어, 혁신성이 높은 구성원과 낮은 구성원을 구분하지 않고 조직풍토(X_1)와 조직지원(X_2)이 직무만족(Y)에 미치는 회귀계수를 추정하여 다음과 같은 결과를 얻었다고 가정하자.

$$Y = 1.5 + 0.3X_1 + 0.5X_2$$

이는 조직풍토와 조직지원이 높을수록 직무만족이 높다는 것을 알 수 있다. 이러한 관계를 혁신성이 높은 집단과 낮은 집단으로 구분하여 회귀계수를 추정하면 다음과 같은 결과를 얻는다고 가정하자.

높은 집단: $Y = 1 + 0.6X_1 + 0.9X_2$

낮은 집단: $Y = 2 - 0.2X_1 - 0.4X_2$

결과를 보면 혁신성이 높은 집단은 조직풍토와 조직지원이 높을수록 직무만족에 미치는 영향은 긍정적이고 반대로 낮은 집단은 직무만족에 미치는 영향이 부정적이라 할 수 있다. 이러한 집단 간의 차이가 통계적으로 유의하다면 조직풍토와 조직지원이 직무만족에 미치는 영향은 혁신성에 따라 조절효과가 있다고 본다.

2 조절회귀분석

1) 분석절차

Baron & Kenny가 제시한 3단계 조절회귀분석은 독립변수가 종속변수에 미치는 영향력을 조절변수가 어떻게 변화시키는지를 검정하는 분석방법이다. 조절회귀분석은 조절효과의 검정을 위해 [그림 10-3]과 같이 위계회귀분석을 이용한다.

[그림 10-3] 조절회귀분석의 절차

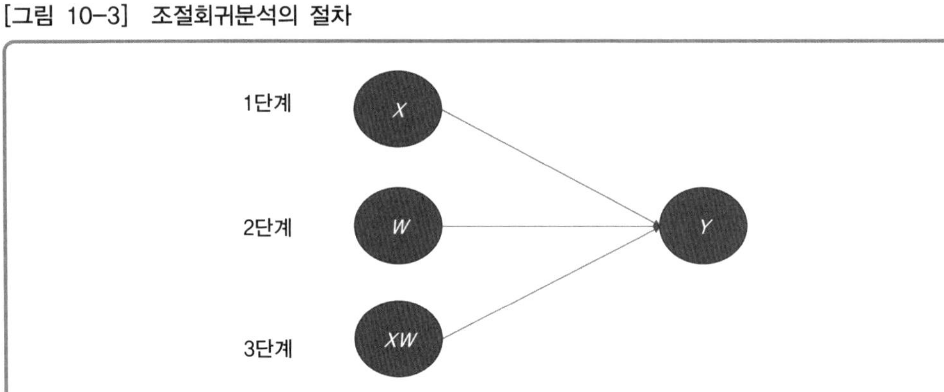

단계 1: 독립변수가 종속변수에 미치는 영향을 분석한다. 이때 회귀식 $Y=\beta_{10}+\beta_{11}X$에서 독립변수가 종속변수에 미치는 영향력인 β_{11}의 유의성은 중요하지 않다.

단계 2: 독립변수와 조절변수가 종속변수에 미치는 영향을 분석한다. 이때 회귀식 $Y=\beta_{20}+\beta_{21}X+\beta_{22}W$에서 독립변수와 조절변수가 종속변수에 미치는 영향력을 나타내는 β_{21}과 β_{22}의 유의성은 중요하지 않다.

단계 3: 독립변수와 조절변수의 상호작용효과, 즉 조절효과를 살펴보기 위해서는 독립변수와 조절변수를 곱한 상호작용변수를 추가하여 독립변수, 조절변수 그리고 상호작용변수가 종속변수에 미치는 영향을 분석한다. 이때 회귀식 $Y=\beta_{30}+\beta_{31}X+\beta_{32}W+\beta_{33}XW$에서 상호작용변수가 종속변수에 미치는 영향력인 β_{33}이 유의하면 조절효과는 있다고 본다. 독립변수가 하나인 모형에서는 단계 2의 R^2과 단계 3의 R^2 차이를 나타내는 $\triangle R^2$가 유의하면 β_{33}도 유의하므로 $\triangle R^2$가 유의하거나 β_{33}이 유의하면 조절효과는 있다고 본다.

2) 예제 분석

여기서는 직무만족을 종속변수로, 조직풍토와 조직지원을 독립변수로 그리고 혁신성을 조절변수로 하여 조직풍토와 직무만족 그리고 조직지원과 직무만족의 관계에서 혁신성의 조절효과를 분석하고자 할 때 양방향 조절효과에 대한 귀무가설과 연구가설은 다음과 같다.

H_0: 조직풍토와 직무만족 간의 관계에 혁신성의 조절효과가 없을 것이다.
조직지원과 직무만족 간의 관계에 혁신성의 조절효과가 없을 것이다.
H_1: 조직풍토와 직무만족 간의 관계에 혁신성의 조절효과가 있을 것이다.
조직지원과 직무만족 간의 관계에 있어 혁신성의 조절효과가 있을 것이다.

(1) 입력절차

[그림 10-2]의 조절효과를 분석하기 위해 독립변수와 종속변수의 곱으로 상호작용변수를 만들어 3단계 조절회귀분석을 수행한다. 먼저 단계 3에 필요한 상호작용변수를 만들기 위해서는 [변환]→[변수계산]을 클릭한다. [목표변수]에

상호작용변수의 이름인 풍토_혁신을 입력하고 [숫자표현식]에 조직풍토*혁신성을 입력하고 [확인] 버튼을 클릭한다.

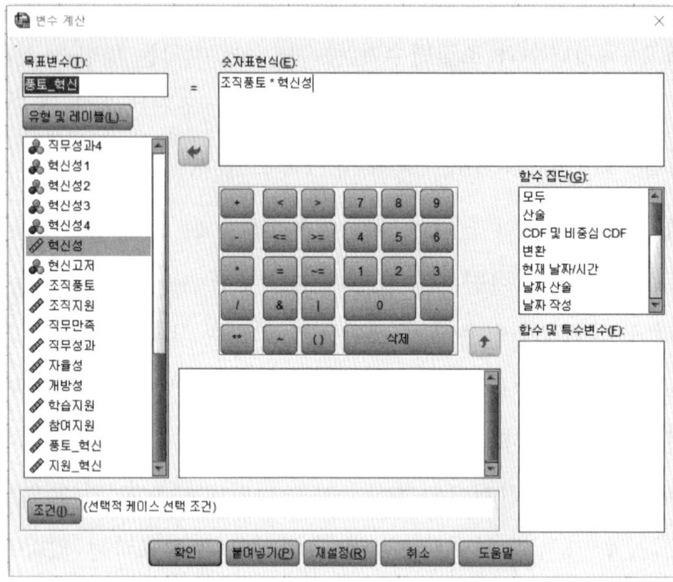

같은 방법으로 [목표변수]에 상호작용변수의 이름인 지원_혁신을 입력하고 [숫자표현식]에 조직지원*혁신성을 입력하고 [확인] 버튼을 클릭한다. 완성된 입력 화면을 보면 풍토_혁신과 지원_혁신 변수가 자동으로 생성된 것을 다음과 같이 확인할 수 있다.

	혁신성	혁신고저	조직풍토	조직지원	직무만족	직무성과	자율성	개방성	학습지원	참여지원	풍토_혁신	지원_혁신
1	3.75	1	4.625	3.750	5.00	2.00	4.75	4.50	3.75	3.75	17.34375	14.06250
2	4.50	1	4.000	4.375	4.50	3.75	3.00	5.00	4.00	4.75	18.00000	19.68750
3	4.75	1	4.750	6.000	4.00	7.00	4.00	5.50	6.00	6.00	22.56250	28.50000
4	3.75	1	3.000	3.625	4.00	3.50	4.00	2.00	5.25	2.00	11.25000	13.59375
5	5.00	1	6.000	4.625	7.00	4.50	5.00	7.00	5.00	4.25	30.00000	23.12500
6	6.00	1	5.750	5.125	7.00	5.00	5.50	6.00	5.00	5.25	34.50000	30.75000
7	5.00	1	3.500	4.750	5.00	3.00	4.00	3.00	4.75	4.75	17.50000	23.75000
8	5.00	2	4.250	5.000	5.25	5.50	4.00	4.50	5.00	5.00	21.25000	25.00000
9	4.75	1	4.625	4.750	4.75	5.50	5.00	4.25	4.50	5.00	21.96875	22.56250
10	2.00	1	6.875	6.500	6.25	6.00	6.75	7.00	6.00	7.00	13.75000	13.00000
11	5.50	2	4.875	3.250	4.25	5.50	4.75	5.00	3.00	3.50	26.81250	17.87500
12	4.25	1	3.000	4.250	4.00	4.50	2.00	4.00	4.00	4.50	12.75000	18.06250
13	4.25	1	6.000	6.000	6.00	6.00	6.00	6.00	5.00	7.00	25.50000	25.50000
14	4.00	1	6.500	6.750	6.75	7.00	7.00	6.00	6.75	6.75	26.00000	27.00000
15	5.50	2	4.000	3.750	3.50	3.50	4.00	4.00	4.00	3.50	22.00000	20.62500
16	5.50	2	3.250	3.750	3.50	3.00	3.50	3.00	5.00	2.50	17.87500	20.62500
17	5.25	2	3.875	4.625	4.50	4.75	5.00	2.75	4.50	4.75	20.34375	24.28125
18	4.25	1	4.000	4.000	4.00	4.00	4.00	4.00	4.00	4.00	17.00000	17.00000
19	4.25	1	5.250	5.125	4.00	4.50	4.50	6.00	6.00	4.25	22.31250	21.78125
20	7.00	2	5.125	6.000	4.00	5.00	4.25	6.00	6.00	6.00	35.87500	42.00000
21	5.00	2	4.000	4.000	4.25	4.50	4.25	3.75	3.25	4.75	20.00000	20.00000
22	6.00	2	5.125	5.375	5.00	5.25	4.25	6.00	6.00	4.75	30.75000	32.25000
23	3.75	1	5.500	5.000	5.00	4.00	5.00	6.00	6.00	4.00	20.62500	18.75000
24	4.00	1	4.000	4.000	5.00	4.00	4.00	4.00	3.00	5.00	16.00000	16.00000

조절회귀분석을 실시하기 위하여 [분석]→[회귀분석]→[선형]을 선택하면 [선형 회귀분석] 창이 나타난다. 3단계 조절회귀분석을 실시하는 순서는 첫째, 독립변수를 투입하고 둘째, 조절변수를 투입하고 셋째, 상호작용변수를 위계적 방법으로 투입한다.

단계 1: 독립변수 → 종속변수

[선형 회귀분석] 창에서 다음과 같이 직무만족을 [종속변수]로 조직풍토와 조직지원을 [독립변수]로 투입한 후 [다음]을 누른다.

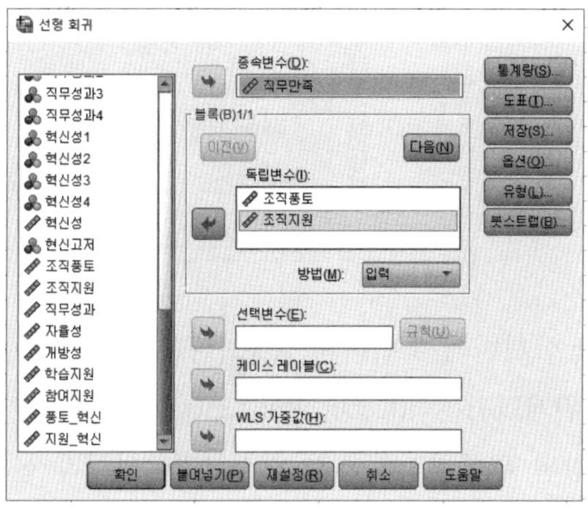

단계 2: 독립변수 + 조절변수 → 종속변수

[블록(B)2/2]에서 조절변수인 혁신성을 [독립변수]로 이동시킨 후 [다음]을 누른다.

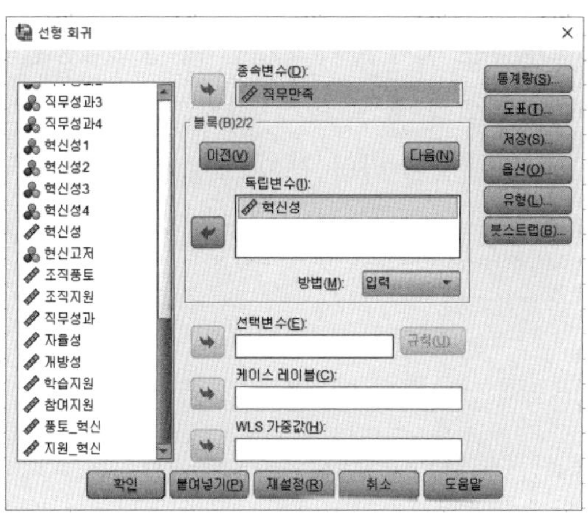

단계 3: 독립변수 + 조절변수 + 상호작용변수 → 종속변수

[블록(B)3/3]에서 상호작용변수인 풍토_혁신과 지원_혁신을 [독립변수]로 이동시킨다. 독립변수들의 투입을 마친 후 [확인]을 누르면 회귀분석이 수행된다.

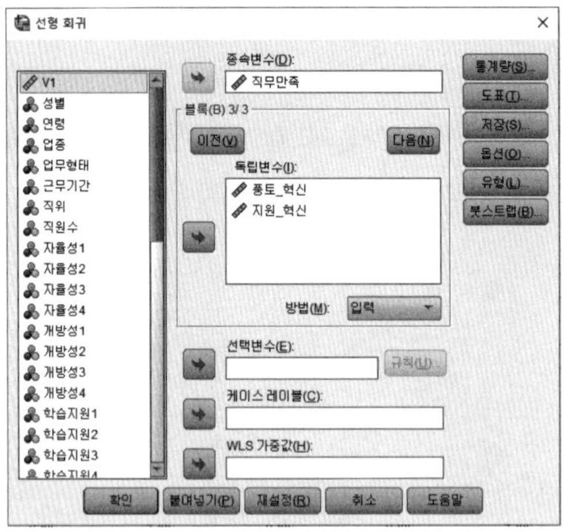

독립변수를 한꺼번에 투입하지 않고 [다음] 버튼을 이용하여 단계별로 입력하는 방법을 위계회귀분석(hierarchical regression analysis)이라 한다. 또한 상호작용변수가 포함된 위계회귀분석을 조절회귀분석이라 한다.

(2) 분석결과

[모형 요약]표에서 알 수 있듯이 조절회귀분석을 수행하면 도출한 회귀모형은 총 3개이다. 모형 1은 독립변수가 투입된 경우(조직풍토+조직지원→직무만족), 모형 2는 독립변수와 조절변수가 투입된 경우(조직풍토+조직지원+혁신성→직무만족), 모형 3은 독립변수, 조절변수, 상호작용변수 모두 투입된 경우(조직풍토+조직지원+혁신성+풍토_혁신+지원_혁신→직무만족)이다.

[모형 요약] 표에 제시된 바와 같이 모형 2와 3의 R^2은 각각 0.329와 0.353이므로 R^2 변화량은 0.024(0.353 − 0.329)이다.

모형 요약

모형	R	R 제곱	수정된 R 제곱	추정값의 표준오차
1	.573[a]	.328	.323	1.08303
2	.573[b]	.328	.321	1.08461
3	.594[c]	.353	.341	1.06852

a. 예측자: (상수), 조직지원, 조직풍토
b. 예측자: (상수), 조직지원, 조직풍토, 혁신성
c. 예측자: (상수), 조직지원, 조직풍토, 혁신성, 풍토_혁신, 지원_혁신

다음으로 [분산분석]표에는 추정된 회귀식의 통계적 유의성을 판단할 수 있는 F값과 이에 대한 유의확률이 제시되어 있다. 모형 1, 2, 3 모두에서 유의확률이 0.000이므로 $\alpha = 0.01$수준에서 추정된 회귀모형이 통계적으로 모두 유의한 것으로 나타났다.

ANOVA[a]

모형		제곱합	자유도	평균제곱	F	유의확률
1	회귀	157.426	2	78.713	67.107	.000[b]
	잔차	322.563	275	1.173		
	전체	479.989	277			
2	회귀	157.709	3	52.570	44.694	.000[c]
	잔차	322.279	274	1.176		
	전체	479.989	277			
3	회귀	169.304	5	33.861	29.645	.000[d]
	잔차	310.685	272	1.142		
	전체	479.989	277			

a. 종속변수: 직무만족
b. 예측자: (상수), 조직지원, 조직풍토
c. 예측자: (상수), 조직지원, 조직풍토, 혁신성
d. 예측자: (상수), 조직지원, 조직풍토, 혁신성, 풍토_혁신, 지원_혁신

조절회귀분석에서 조절효과가 통계적으로 유의하기 위해서는 상호작용변수의 회귀계수가 유의하여야 한다. [계수]표에 있는 모형 3의 경우 상호작용변수인 풍토_혁신의 비표준화 회귀계수는 −0.093이고 t값은 −2.143이며 p값은 0.033으로 나타나 α=0.05수준에서 조절효과가 통계적으로 유의한 것으로 파악되었다. 또 다른 상호작용변수인 지원_혁신의 비표준화 회귀계수는 0.147이고 t값은 3.136이며 p값은 0.002로 나타나 α=0.01수준에서 조절효과가 통계적으로 유의

한 것으로 파악되었다. 따라서 독립변수인 조직풍토와 종속변수인 직무만족의 관계에서 조절변수인 혁신성의 조절효과가 있다는 가설은 채택할 수 있다. 조직지원과 직무만족의 관계에서 혁신성의 조절효과가 있다는 가설 역시 채택된다.

계수[a]

모형		비표준화 계수		표준화 계수	t	유의확률
		B	표준오차	베타		
1	(상수)	1.681	0.292		5.754	0.000
	조직풍토	0.318	0.051	0.344	6.222	0.000
	조직지원	0.363	0.061	0.329	5.944	0.000
2	(상수)	1.586	0.351		4.514	0.000
	조직풍토	0.316	0.051	0.342	6.160	0.000
	조직지원	0.354	0.064	0.321	5.555	0.000
	혁신성	0.030	0.062	0.026	.491	0.624
3	(상수)	2.943	1.022		2.881	0.004
	조직풍토	0.740	0.208	0.801	3.553	0.000
	조직지원	−0.309	0.221	−0.279	−1.395	0.164
	혁신성	−0.282	0.216	−0.240	−1.303	0.194
	풍토_혁신	−0.093	0.043	−0.664	−2.143	0.033
	지원_혁신	0.147	0.047	1.027	3.136	0.002

a. 종속변수: 직무만족

(3) 결과 요약

이상의 결과를 요약하면 다음의 <표 10-1>과 같이 정리된다. 독립변수가 종속변수에 미치는 영향에 관한 모형 1을 통해 조직특성과 직무만족 간의 관계를 보면 다음과 같다. 조직풍토가 직무만족에 미치는 영향력이 0.318($t = 6.222$, $p < 0.01$)로 나타나 통계적으로 유의하였고 조직지원 역시 직무만족에 미치는 영향력이 0.363($t = 5.944$, $p < 0.01$)으로 나타나 통계적으로 유의하였다. 독립변수들이 종속변수를 설명하는 설명력은 32.8%로 나타났다.

반면 모형 2에서 조절변수인 혁신성이 직무만족에 미치는 영향은 0.062 ($t = 0.491$, $p > 0.05$)로 나타나 통계적으로 유의하지 않았다.

마지막으로, 상호작용변수를 검정하는 모형 3에서는 조직특성과 혁신성이 상호작용을 할 때 직무만족에 미치는 영향을 살펴보았다. 모형 3에서는 결정계수가 2.4%p 유의하게 증가하여 35.3%로 나타났다. 조직특성과 혁신성의 상호작용효과인 조직풍토*혁신성은 $-0.093(t=-2.143,\ p<0.05)$로 나타나 직무만족에 미치는 영향이 유의하고 또한 조직지원*혁신성은 $0.147(t=3.136,\ p<0.01)$로 나타나 직무만족에 미치는 영향 역시 유의한 것으로 확인되었다. 조직풍토*혁신성과 조직지원*혁신성의 회귀계수가 유의하므로 혁신성은 조직풍토와 조직지원이 직무만족에 미치는 효과를 조절한다고 할 수 있다.

〈표 10-1〉 혁신성의 조절효과 검정결과

경로	모형1		모형2		모형3	
	계수	t	계수	t	계수	t
조직풍토 → 직무만족	.318	6.222**	.316	6.160**	.740	3.553**
조직지원 → 직무만족	.363	5.944**	.354	5.555**	−.309	−1.395
조절변수						
혁신성 → 직무만족			.030	.491	−.282	−1.303
상호작용변수						
풍토_혁신 → 직무만족					−.093	−2.143*
지원_혁신 → 직무만족					.147	3.136**
F값	67.107**		44.694**		29.645**	
R^2	.328		.328		.353	

$*p<.05$, $**p<.01$

제3절 범주형 조절효과

1 분석모형

[그림 10-4]와 같이 공정성이 신뢰에 미치는 영향력에서 구성원의 성별이 조절역할을 하는지를 분석하고자 한다. 여기서 공정성에 따른 신뢰는 성별에 따라 다를 수 있다고 가정한다.

2 조절회귀분석

신뢰를 종속변수로, 분배공정성, 절차공정성, 상호작용공정성을 독립변수로 그리고 성별을 조절변수로 하여 공정성과 신뢰의 관계에서 성별의 조절효과를 분석하고자 할 때 양방향 조절효과에 대한 연구가설은 다음과 같다.

H_1: 공정성과 신뢰 간의 관계에 성별의 조절효과가 있을 것이다.
H_1_1: 분배공정성과 신뢰 간의 관계에 성별의 조절효과가 있을 것이다.
H_1_2: 절차공정성과 신뢰 간의 관계에 성별의 조절효과가 있을 것이다.
H_1_3: 상호작용공정성과 신뢰 간의 관계에 성별의 조절효과가 있을 것이다.

1) 입력절차

[그림 10-4]의 조절효과를 분석하기 위해 독립변수와 종속변수의 곱으로 상호작용변수를 만들어 3단계 조절회귀분석을 수행한다. 먼저 단계 3에 필요한 상호작용변수를 만들기 위해서는 [변환]→[변수계산]을 클릭한다. [목표변수]에 상호작용변수의 이름인 성별_분배를 입력하고 [숫자표현식]에 성별*분배를 입력하고 [확인] 버튼을 클릭한다. 같은 방법으로 [목표변수]에 상호작용변수의 이름인 성별_절차와 성별_상호를 입력하고 [숫자표현식]에 성별*절차와 성별*상호를 입력하고 [확인] 버튼을

[그림 10-4] 성별의 조절효과 분석모형

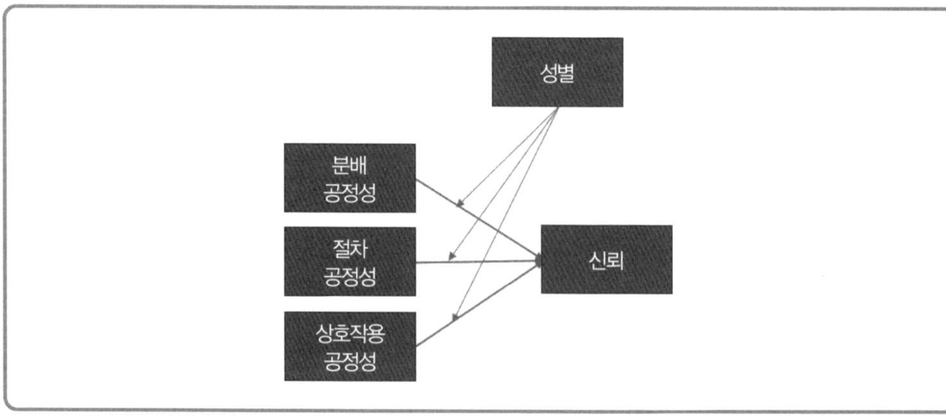

클릭한다. 완성된 입력 화면을 보면 성별_분배, 성별_절차, 성별_상호 변수가 자동으로 생성된 것을 확인할 수 있다.

조절회귀분석을 시행하기 위하여 [분석]→[회귀분석]→[선형]을 선택하면 [선형 회귀분석] 창이 나타난다. 3단계 조절회귀분석을 실시하는 순서는 첫째, 독립변수를 투입하고 둘째, 조절변수를 투입하고 셋째, 상호작용변수를 위계적 방법으로 투입한다.

단계 1: 독립변수 → 종속변수

[선형 회귀분석] 창에서 다음과 같이 신뢰를 [종속변수]로 분배, 절차, 상호를 [독립변수]로 투입한 후 [다음]을 누른다.

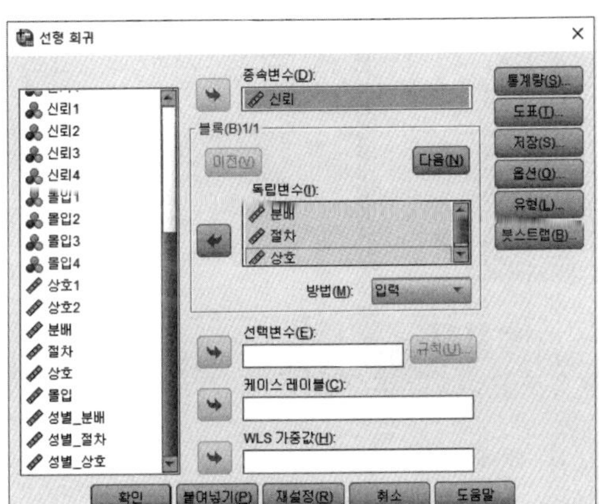

단계 2: 독립변수 + 조절변수 → 종속변수

[블록(B)2/ 2]에서 조절변수인 성별을 [독립변수]로 이동시킨 후 [다음]을 누른다.

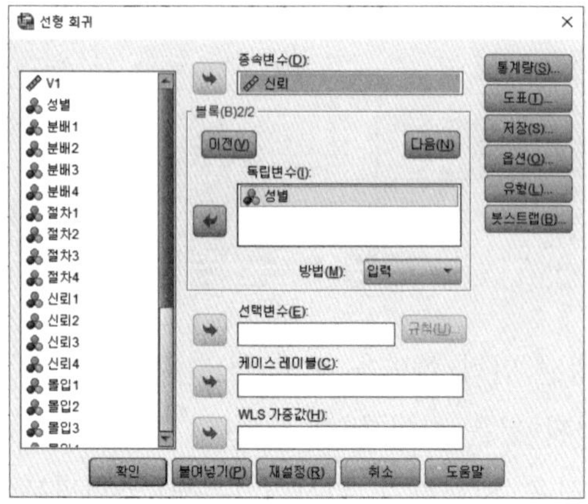

단계 3: 독립변수 + 조절변수 + 상호작용변수 → 종속변수

[블록(B)3/ 3]에서 상호작용변수인 성별_분배, 성별_절차, 성별_상호를 [독립변수]로 이동시킨다. 독립변수들의 투입을 마친 후 [확인]을 누르면 회귀분석이 수행된다.

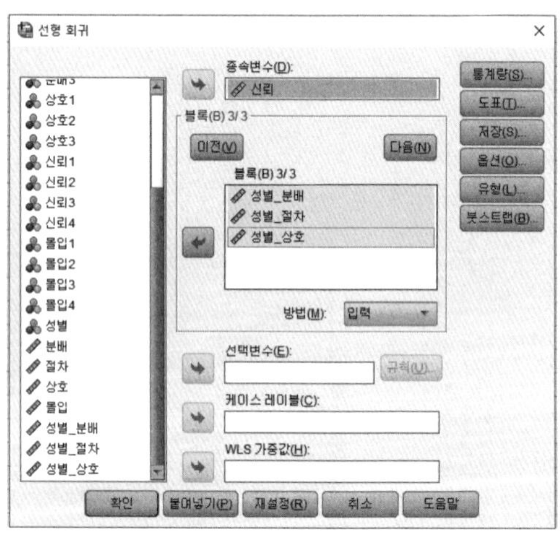

2) 분석결과

[모형 요약]표에서 알 수 있듯이 조절회귀분석을 수행하면 도출한 회귀모형은 총 3개이다. 모형 1은 독립변수인 공정성이 투입된 경우(분배+절차+상호→신뢰), 모형 2는 독립변수인 공정성과 조절변수인 성별이 투입된 경우(분배+절차+상호+성별→신뢰), 모형 3은 독립변수, 조절변수, 상호작용변수 모두 투입된 경우(분배+절차+상호+성별+성별_분배+성별_절차+성별_상호→신뢰)이다.

먼저 [모형 요약]표에 제시된 바와 같이 모형 2와 3의 R^2은 각각 0.256과 0.277이므로 R^2 변화량은 0.021(0.277 − 0.256)이다.

모형 요약

모형	R	R 제곱	수정된 R 제곱	추정값의 표준오차
1	.504[a]	.254	.246	.63636
2	.506[b]	.256	.245	.63680
3	.526[c]	.277	.258	.63111

a. 예측자: (상수), 상호, 절차, 분배
b. 예측자: (상수), 상호, 절차, 분배, 성별
c. 예측자: (상수), 상호, 절차, 분배, 성별, 성별_상호, 성별_분배, 성별_절차

다음으로 [분산분석]표에는 추정된 회귀식의 통계적 유의성을 판단할 수 있는 F값과 이에 대한 유의확률이 제시되어 있다. 모형 1, 2, 3 모두에서 유의확률이 0.000이므로 유의수준 $\alpha = 0.01$수준에서 추정된 회귀식이 통계적으로 유의한 것으로 나타났다.

ANOVA[a]

모형		제곱합	자유도	평균제곱	F	유의확률
1	회귀	37.807	3	12.602	31.121	.000[b]
	잔차	110.956	274	.405		
	전체	148.763	277			
2	회귀	38.059	4	9.515	23.463	.000[c]
	잔차	110.705	273	.406		
	전체	148.763	277			
3	회귀	41.223	7	5.889	14.786	.000[d]
	잔차	107.540	270	.398		
	전체	148.763	277			

a. 종속변수: 신뢰
b. 예측자: (상수), 상호, 절차, 분배
c. 예측자: (상수), 상호, 절차, 분배, 성별
d. 예측자: (상수), 상호, 절차, 분배, 성별, 성별_상호, 성별_분배, 성별_절차

[계수]표에 있는 모형 3의 경우 상호작용변수인 성별_분배($B = 0.142$, $t = 1.221$, $p > 0.05$), 성별_절차($B = -0.314$, $t = -2.692$, $p < 0.01$), 성별_상호($B = -0.023$, $t = -0.210$, $p > 0.05$)로 나타나 절차공정성의 조절효과만 통계적으로 유의한 것으로 파악되었다.

계수[a]

모형		비표준화 계수		표준화 계수	t	유의확률
		B	표준오차	베타		
1	(상수)	1.372	.244		5.631	.000
	분배	.384	.057	.387	6.720	.000
	절차	.137	.055	.142	2.491	.013
	상호	.104	.053	.108	1.969	.050
2	(상수)	1.300	.260		4.995	.000
	분배	.387	.057	.391	6.756	.000
	절차	.124	.057	.129	2.175	.031
	상호	.106	.053	.110	1.999	.047
	성별	.063	.080	.043	.787	.432
3	(상수)	.503	.756		.665	.507
	분배	.162	.176	.164	.921	.358
	절차	.583	.177	.607	3.300	.001
	상호	.161	.163	.167	.987	.324
	성별	.623	.496	.425	1.257	.210
	성별_분배	.142	.116	.421	1.221	.223
	성별_절차	−.314	.117	−.941	−2.692	.008
	성별_상호	−.023	.109	−.065	−.210	.834

a. 종속변수: 신뢰

3) 결과 요약

독립변수가 종속변수에 미치는 영향에 관한 모형 1을 통해 공정성과 신뢰 간의 관계를 보면 다음과 같다. 분배공정성이 직무만족에 미치는 영향력이 0.384 ($t = 6.720$, $p < 0.01$)로 나타나 통계적으로 유의하고, 절차공정성이 신뢰에 미치는 영향력은 0.137($t = 2.491$, $p < 0.05$)로 나타나 통계적으로 유의하고 또한 상호작용공정성이 신뢰에 미치는 영향력은 0.104($t = 1.969$, $p < 0.05$)로 나타나 통계적으로 유의하다. 독립변수들이 종속변수를 설명하는 설명력은 25.4%로 나타났다.

반면 모형 2에서 조절변수인 성별이 신뢰에 미치는 영향은 0.063($t = 0.787$, $p > 0.05$)으로 나타나 통계적으로 유의하지 않았다.

마지막으로, 상호작용변수를 검정하는 모형 3에서는 공정성과 성별이 상호작용을 할 때 신뢰에 미치는 영향을 살펴본다. 모형 3에서는 결정계수가 0.021 유의하게 증가하여 27.7%로 나타났다. 공정성과 성별의 상호작용효과를 살펴보는 모형 3의 경우 상호작용변수인 성별_분배($B=0.142$, $t=1.221$, $p>0.05$), 성별_절차($B=-0.314$, $t=-2.692$, $p<0.01$), 성별_상호($B=-0.023$, $t=-0.210$, $p>0.05$)로 나타나 절차공정성의 조절효과만 통계적으로 유의한 것으로 파악되었다. 따라서 절차공정성의 상호작용변수의 회귀계수가 유의하므로 성별은 절차공정성과 신뢰에 미치는 효과를 조절한다고 할 수 있다. 이상의 결과를 요약하면 <표 10-2>와 같다.

〈표 10-2〉 성별의 조절효과 검정결과

경로	모형1		모형2		모형3	
	계수	t	계수	t	계수	t
분배	.384	6.720**	.387	6.756**	.162	.921
절차	.137	2.491**	.124	2.175*	.583	3.300**
상호	.104	1.969*	.106	1.999*	.161	.987
조절변수						
성별			.063	.787	.623	1.257
상호작용변수						
성별_분배					.142	1.221
성별_절차					−.314	−2.692**
성별_상호					−.023	−.210
F값	31.121**		23.463**		14.786**	
R^2	.254		.256		.277	

$^*p<.05$, $^{**}p<.01$

제 **11** 장

PROCESS 조절효과분석

제1절 연속형 조절효과

제2절 범주형 조절효과

제 1 절 연속형 조절효과

1 분석모형

[그림 11-1]과 같이 조직풍토와 조직지원이 직무만족에 미치는 영향력에서 구성원의 혁신성이 조절역할을 하는지를 분석하고자 한다. 일반적으로 구성원의 혁신성이 높고 조직풍토가 창의적이면서 조직지원이 많을수록 직무만족은 높을 것이다. 따라서 조직풍토와 조직지원에 따른 직무만족은 혁신성에 따라 다를 수 있다고 가정한다.

PROCESS에서는 다중독립변수와 조절변수 간의 상호작용효과를 한꺼번에 분석하는 것이 아니라 하나의 독립변수와 조절변수 간의 상호작용효과를 분석하는 작업을 독립변수의 수만큼 반복하여야 한다.

2 분석절차

1) 조직풍토 검정

먼저 조직풍토의 조절효과를 검정한다. 여기서는 직무만족을 종속변수로, 조직풍토를 독립변수로, 조직지원을 통제변수로 그리고 혁신성을 조절변수로 한다. 조직풍토와 직무만족의 관계에서 혁신성의 조절효과를 분석하고자 할 때 양방향 조절효과에 대한 귀무가설과 연구가설은 다음과 같다.

[그림 11-1] 혁신성의 조절효과 분석모형

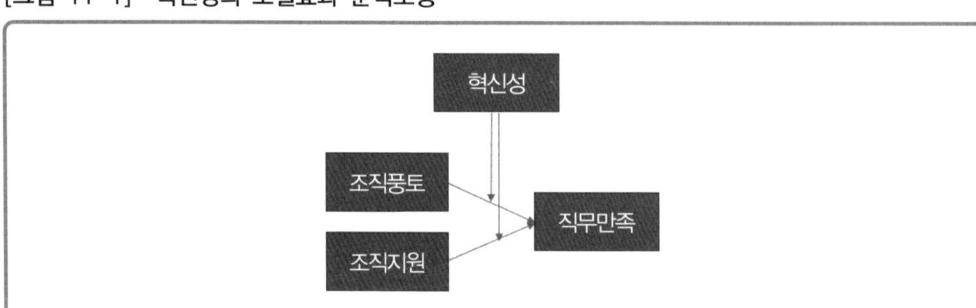

H_0: 조직풍토와 직무만족 간의 관계에 혁신성의 조절효과가 없을 것이다.

H_1: 조직풍토와 직무만족 간의 관계에 혁신성의 조절효과가 있을 것이다.

Hayes는 조절효과의 검정은 β_{33}의 유의성만 살펴보면 되기 때문에 Baron & Kenny의 단계 1과 2는 불필요하다고 주장한다. 하지만 Baron & Kenny의 3단계 조절회귀분석은 독립변수가 종속변수에 미치는 직접효과의 검정이나 조절변수의 유형을 파악할 수 있다는 장점이 있다. 그러므로 연구의 목적에 따라 Baron & Kenny 방법 또는 Hayes 방법을 선택한다.

(1) 입력절차

[PROCESS] 창에서 [Model Number]는 1을 지정한다. [Y variable:]에 만족, [X variable:]에 풍토, [Moderator variable W:]에 혁신을 [Covariate(s):]에 지원을 각각 이동한다. 여기서는 변수의 이름을 두 글자로 고쳐 입력한다. 그리고 원자료를 사용하여 종속변수, 독립변수, 조절변수를 지정해주면 자동으로 상호작용변수를 생성한다.

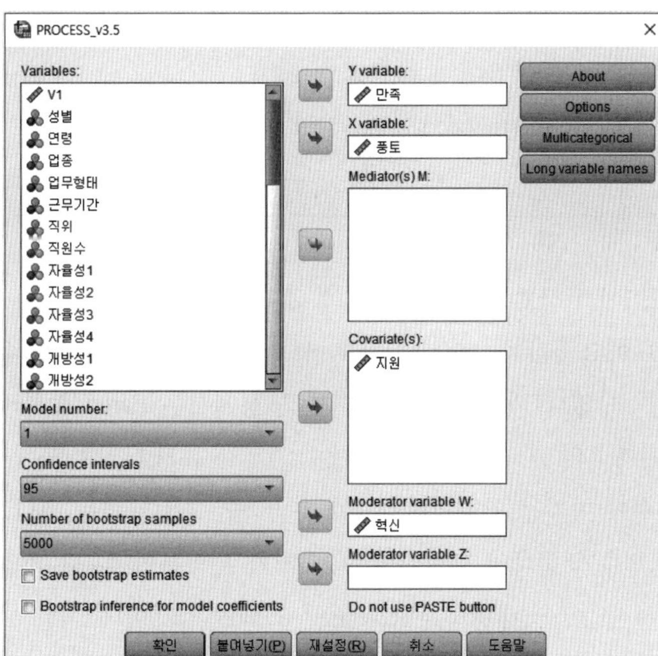

(2) 분석결과

독립변수, 조절변수, 상호작용변수 모두 투입된 분석결과를 제시한다. 즉, 조절회귀분석에서의 모형 3에 해당하는 결과이다. [Model Summary]를 보면 모형의 설명력 R^2이 32.93%로 나타났고 $F=33.5056$이고 $p=0.0000$이므로 유의한 모형이라 할 수 있다.

```
OUTCOME VARIABLE:
 만족

Model Summary
          R       R-sq        MSE          F        df1        df2          p
      .5738      .3293     1.1793    33.5056     4.0000   273.0000      .0000

Model
              coeff         se          t          p       LLCI       ULCI
constant     1.1460      .8583     1.3353      .1829     -.5436     2.8357
풍토          .4167      .1830     2.2776      .0235      .0565      .7769
혁신          .1221      .1761      .6937      .4885     -.2245      .4688
Int_1        -.0213      .0372     -.5731      .5671     -.0947      .0520
지원          .3574      .0640     5.5832      .0000      .2313      .4834

Product terms key:
 Int_1    :        풍토     x        혁신

Test(s) of highest order unconditional interaction(s):
       R2-chng          F        df1        df2          p
X*W      .0008      .3284     1.0000   273.0000      .5671
```

[Model]에서 상호작용변수 Int_1의 회귀계수가 -0.0213으로 나타났고 t값이 -0.5731이고 p값이 0.5671이므로 상호작용효과는 $\alpha=0.05$수준에서 유의하다고 할 수 없다. 독립변수가 하나인 모형에서는 Baron & Kenny의 단계 2의 R^2과 단계 3의 R^2 차이를 나타내는 $\triangle R^2$가 유의하거나 또는 상호작용변수가 종속변수에 미치는 영향력인 β_{33}이 유의하면 조절효과는 있다고 본다. 왜냐하면 독립변수가 하나인 모형에서는 $\triangle R^2$가 유의하면 β_{33}도 유의하기 때문이다. 여기서는 $\triangle R^2$에 해당하는 R2-chng= 0.0008이고 이에 대한 p는 0.5671로 나타났다. 그리고 β_{33}에 해당하는 Int_1의 회귀계수가 -0.0213이고 이에 대한 p 또한 0.5671로 나타나 독립변수가 하나인 모형에서는 $\triangle R^2$가 유의하지 않으면

β_{33}도 유의하지 않다는 것을 알 수 있다.

2) 조직지원 검정

여기서는 직무만족을 종속변수로, 조직지원을 독립변수로, 조직풍토를 통제변수로 그리고 혁신성을 조절변수로 하여 조직지원과 직무만족의 관계에서 혁신성의 조절효과를 분석하고자 할 때 양방향 조절효과에 대한 귀무가설과 연구가설은 다음과 같다.

H_0: 조직지원과 직무만족 간의 관계에 혁신성의 조절효과가 없을 것이다.
H_1: 조직지원과 직무만족 간의 관계에 혁신성의 조절효과가 있을 것이다.

(1) 입력절차

[PROCESS] 대화창에서 [Model Number]는 1을 지정한다. [Y variable:]에 만족, [X variable:]에 지원, [Moderator variable W:]에 혁신을 [Covariate(s):]에 풍토를 각각 이동한다. 여기서는 변수의 이름을 두 글자로 수정하여 입력한다. 그리고 원자료를 사용하여 종속변수, 독립변수, 조절변수를 지정해주면 자동으로 상호작용변수를 생성한다.

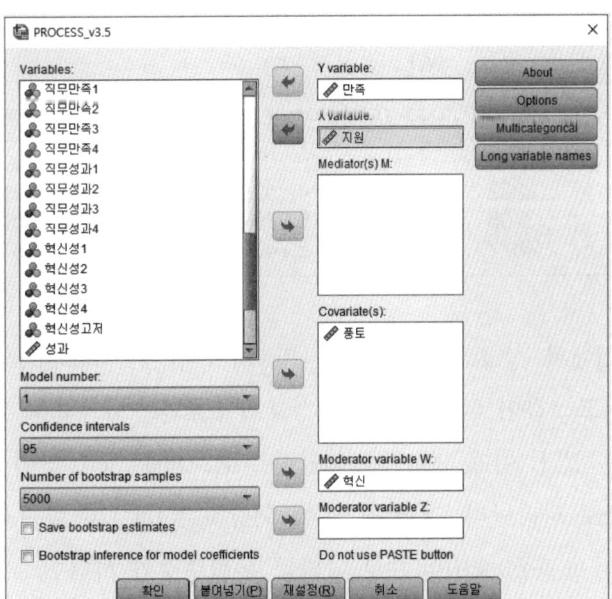

(2) 분석결과

독립변수, 조절변수, 상호작용변수 모두 투입된 분석결과를 제시한다. 즉, 조절회귀분석에서의 모형 3에 해당하는 결과이다. [Model Summary]를 보면 모형의 설명력 R^2이 34.18%로 나타났고 $F=35.4357$이고 $p=0.0000$이므로 $\alpha=0.01$수준에서 유의한 모형이라 할 수 있다.

```
OUTCOME VARIABLE:
 만족

Model Summary
          R       R-sq        MSE          F        df1        df2          p
      .5846      .3418     1.1573    35.4357     4.0000   273.0000      .0000

Model
              coeff         se          t          p       LLCI       ULCI
constant     3.7015      .9624     3.8463      .0001     1.8069     5.5961
지원         -.0735      .1932     -.3804      .7039     -.4538      .3068
혁신         -.4325      .2054    -2.1056      .0362     -.8369     -.0281
Int_1         .0935      .0398     2.3480      .0196      .0151      .1720
풍토          .3071      .0510     6.0189      .0000      .2067      .4076

Product terms key:
 Int_1    :        지원     x        혁신

Test(s) of highest order unconditional interaction(s):
       R2-chng          F        df1        df2          p
X*W      .0133     5.5130     1.0000   273.0000      .0196
----------
    Focal predict: 지원    (X)
          Mod var: 혁신    (W)

Conditional effects of the focal predictor at values of the moderator(s):

       혁신     Effect         se          t          p       LLCI       ULCI
     3.9100      .2922      .0687     4.2529      .0000      .1569      .4275
     4.7500      .3708      .0636     5.8267      .0000      .2455      .4961
     6.0000      .4877      .0848     5.7493      .0000      .3207      .6547
```

[Model]에서 상호작용변수 Int_1의 회귀계수가 0.0935로 나타났고 t값이 2.3480이고 p값이 0.0196이므로 상호작용효과는 $\alpha=0.05$수준에서 유의하다고 할 수 있다. 이때 ΔR^2에 해당하는 R2-chng$=0.0133$이고 이에 대한 p는 0.0196으로 나타났다. 그리고 β_{33}에 해당하는 Int_1의 회귀계수가 0.0935이고 이에 대한 p 또한 0.0196으로 나타나 독립변수가 하나인 모형에서는 ΔR^2가 유의하면 β_{33}도 유의하다는 것을 알 수 있다.

3) 결과 요약

<표 11-1>에서와 같이 상호작용변수인 풍토_혁신의 회귀계수는 5% 유의수준에서 유의하지 않아 상호작용효과는 유의하다고 할 수 없다. 반면 상호작용변수인 지원_혁신의 회귀계수는 5% 유의수준에서 유의하게 나타나 상호작용효과는 유의하다고 할 수 있다.

〈표 11-1〉 혁신성의 상호작용효과 검정결과

상호작용변수	계수	t	p
풍토*혁신	−0.0213	−0.5731	0.5671
지원*혁신	0.0935	2.3480	0.0196

제2절 범주형 조절효과

1 분석모형

[그림 11-2]와 같이 공정성이 신뢰에 미치는 영향력에서 구성원의 성별이 조절역할을 하는지를 분석하고자 한다. 여기서 공정성에 따른 신뢰는 성별에 따라 다르다고 가정한다.

[그림 11-2] 성별의 조절효과 분석모형

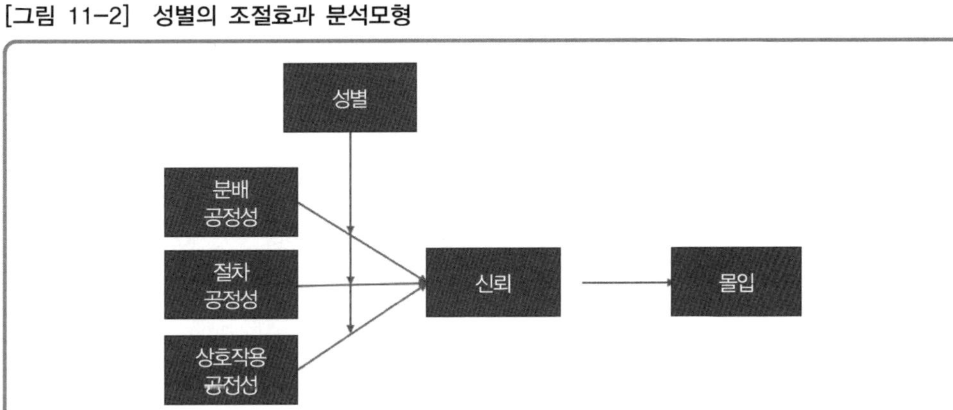

2 분석절차

1) 분배공정성 검정

먼저 분배공정성의 조절효과를 검정한다. 여기서는 신뢰를 종속변수로 분배를 독립변수로 그리고 성별을 조절변수로 하여 분배공정성과 신뢰의 관계에서 성별의 조절효과를 분석하고자 할 때 양방향 조절효과에 대한 연구가설은 다음과 같다.

H_1: 분배공정성과 신뢰 간의 관계에 성별의 조절효과가 있을 것이다.

(1) 입력절차

[PROCESS] 창에서 [Model Number]는 1을 지정한다. [Y variable:]에 신뢰, [X variable:]에 분배, [Moderator variable W:]에 성별, [Covariate(s)]에 절차와 상호를 각각 이동한다.

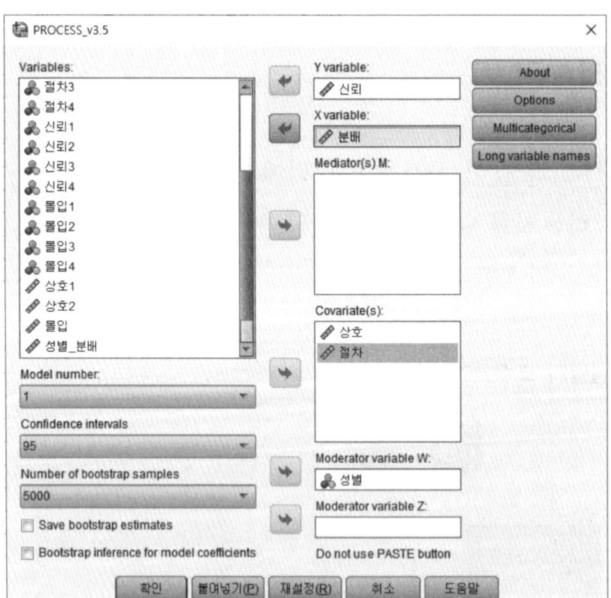

(2) 분석결과

독립변수, 조절변수, 상호작용변수 모두 투입된 분석결과를 제시한다. 즉, 조절회귀분석에서의 모형 3에 해당하는 결과이다. [Model Summary]를 보면 모형의 설명력 R^2이 25.60%로 나타났고 $F=18.7180$이고 $p=0.000$이므로 유의한 모형이라 할 수 있다. 하지만 [Model]에서 상호작용변수 Int_1의 회귀계수가 0.0261로 나타났고 t값이 0.2442이고 p값이 0.8073이므로 상호작용효과는 $\alpha=0.05$수준에서 유의하다고 할 수 없다.

여기서 $\triangle R^2$에 해당하는 R2-chng= 0.0002이고 이에 대한 p는 0.8073으로 나타났다. β_{33}에 해당하는 Int_1의 회귀계수가 0.0261이고 이에 대한 p 또한 0.8073으로 나타나 독립변수가 하나인 모형에서는 $\triangle R^2$가 유의하지 않으면 β_{33}도 유의하지 않다는 것을 알 수 있다.

```
OUTCOME VARIABLE:
 신뢰

Model Summary
          R       R-sq        MSE          F        df1          df2          p
      .5060      .2560      .4069    18.7180     5.0000     272.0000      .0000

Model
              coeff         se          t          p       LLCI       ULCI
constant     1.4382      .6228     2.3092      .0217      .2120     2.6643
분배          .3503      .1616     2.1670      .0311      .0321      .6685
성별         -.0347      .4067     -.0853      .9321     -.8355      .7660
Int_1         .0261      .1069      .2442      .8073     -.1843      .2365
절차          .1258      .0576     2.1846      .0298      .0124      .2391
상호          .1041      .0535     1.9472      .0525     -.0012      .2093

Product terms key:
 Int_1    :        분배     x        성별

Test(s) of highest order unconditional interaction(s):
       R2-chng          F        df1        df2          p
X*W      .0002      .0596     1.0000   272.0000      .8073
```

2) 절차공정성 검정

여기서는 신뢰를 종속변수로 절차공정성을 독립변수로 그리고 성별을 조절변수로 하여 절차공정성과 신뢰의 관계에서 성별의 조절효과를 분석하고자 할 때 양방향 조절효과에 대한 연구가설은 다음과 같다.

H_1: 절차공정성과 신뢰 간의 관계에 성별의 조절효과가 있을 것이다.

(1) 입력절차

[PROCESS] 창에서 [Model Number]는 1을 지정한다. [Y variable:]에 신뢰, [X variable:]에 절차, [Moderator variable W:]에 성별, [Covariate(s)]에 분배와 상호를 각각 이동한다.

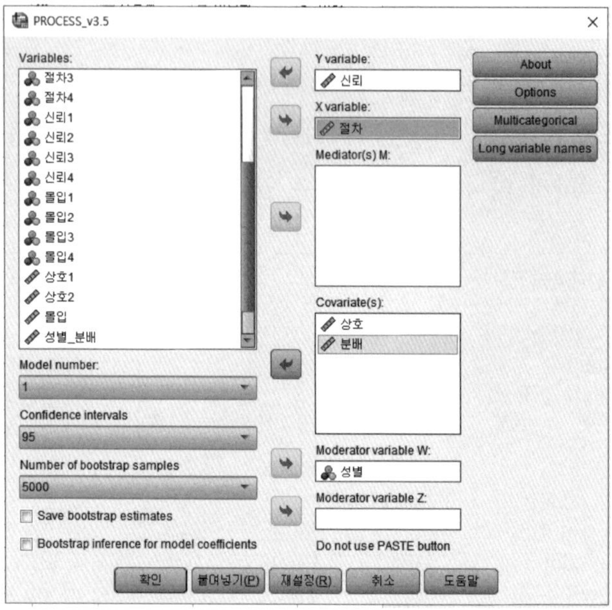

(2) 분석결과

독립변수, 조절변수, 상호작용변수 모두 투입된 분석결과를 제시한다. 즉, 조절회귀분석에서의 모형 3에 해당하는 결과이다. [Model Summary]를 보면 모형의 설명력 R^2이 27.31%로 나타났고 $F = 20.4383$이고 $p = 0.000$이므로 유의한 모형이라 할 수 있다. [Model]에서 상호작용변수 Int_1의 회귀계수가 -0.2717로 나타났고 t값이 -2.5418이고 p값이 0.0116이므로 상호작용효과는 $\alpha = 0.05$수준에서 유의하다고 할 수 있다.

여기서 β_{33}에 해당하는 Int_1의 회귀계수가 -0.2717이고 이에 대한 p가 0.0116으로 나타났다. 그리고 $\triangle R^2$에 해당하는 R2-chng= 0.0173이고 이에 대한 p는 0.0116으로 나타나 독립변수가 하나인 모형에서는 β_{33}가 유의하면 $\triangle R^2$도 유의하다는 것을 알 수 있다.

```
OUTCOME VARIABLE:
 신뢰

Model Summary
          R       R-sq        MSE          F        df1        df2          p
      .5226      .2731      .3976    20.4383     5.0000   272.0000      .0000

Model
              coeff         se          t          p       LLCI       ULCI
constant      .0657      .5498      .1195      .9050    -1.0166     1.1480
절차          .5116      .1626     3.1468      .0018      .1915      .8317
성별          .9373      .3530     2.6552      .0084      .2423     1.6323
Int_1        -.2717      .1069    -2.5418      .0116     -.4821     -.0613
상호          .1328      .0535     2.4837      .0136      .0275      .2380
분배          .3657      .0574     6.3749      .0000      .2528      .4787

Product terms key:
 Int_1    :        절차    x        성별

Test(s) of highest order unconditional interaction(s):
       R2-chng          F        df1        df2          p
X*W      .0173     6.4606     1.0000   272.0000      .0116
----------
    Focal predict: 절차    (X)
          Mod var: 성별    (W)

Conditional effects of the focal predictor at values of the moderator(s):

     성별      Effect         se          t          p       LLCI       ULCI
   1.0000      .2399      .0726     3.3051      .0011      .0970      .3828
   2.0000     -.0318      .0834     -.3809      .7036     -.1960      .1324
```

3) 상호작용공정성 검정

여기서는 상호작용공정성의 조절효과를 검정한다. 신뢰를 종속변수로 상호를 독립변수로 그리고 성별을 조절변수로 하여 상호작용공정성과 신뢰의 관계에서 성별의 조절효과를 분석하고자 할 때 양방향 조절효과에 대한 연구가설은 다음과 같다.

H_1: 상호작용공정성과 신뢰 간의 관계에 성별의 조절효과가 있을 것이다.

(1) 입력절차

[PROCESS] 창에서 [Model Number]는 1을 지정한다. [Y variable:]에 신뢰, [X variable:]에 상호, [Moderator variable W:]에 성별, [Covariate(s)]에 분배와 절차를

각각 이동한다.

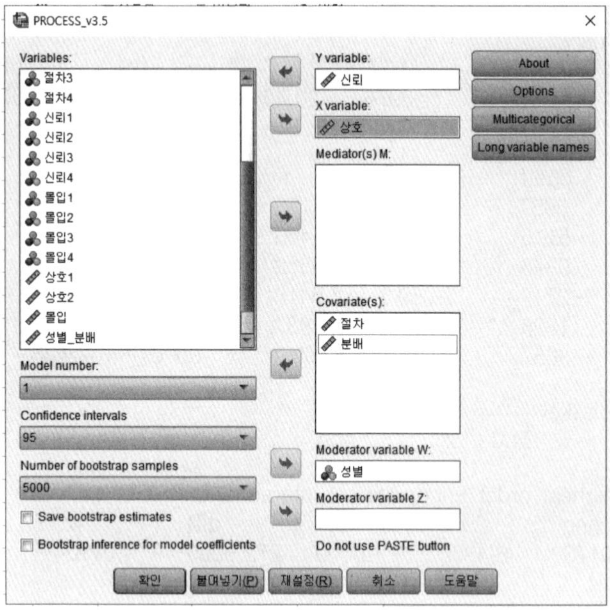

(2) 분석결과

독립변수, 조절변수, 상호작용변수 모두 투입된 분석결과를 제시한다. 즉, 조절회귀분석에서의 모형 3에 해당하는 결과이다. [Model Summary]를 보면 모형의 설명력 R^2이 25.71%로 나타났고 $F=18.8228$이고 $p=0.000$이므로 유의한 모형이라 할 수 있다. 하지만 [Model]에서 상호작용변수 Int_1의 회귀계수가 -0.0682로 나타났고 t값이 -0.6707이고 p값이 0.5030이므로 상호작용효과는 $\alpha=0.05$수준에서 유의하다고 할 수 없다.

여기서 β_{33}에 해당하는 Int_1의 회귀계수가 -0.0682이고 이에 대한 p가 0.5030으로 나타났다. 그리고 $\triangle R^2$에 해당하는 R2-chng= 0.0012이고 이에 대한 p 역시 0.5030으로 나타나 독립변수가 하나인 모형에서는 β_{33}가 유의하지 않으면 $\triangle R^2$도 유의하지 않다는 것을 알 수 있다.

```
OUTCOME VARIABLE:
 신뢰

Model Summary
          R       R-sq        MSE          F        df1        df2          p
      .5070      .2571      .4063    18.8228     5.0000   272.0000      .0000

Model
              coeff         se          t          p       LLCI       ULCI
constant      .9426      .5932     1.5892      .1132     -.2251     2.1104
상호          .2051      .1573     1.3038      .1934     -.1046      .5149
성별          .2954      .3561      .8297      .4074     -.4056      .9965
Int_1        -.0682      .1017     -.6707      .5030     -.2685      .1321
분배          .3881      .0574     6.7628      .0000      .2751      .5011
절차          .1290      .0576     2.2394      .0259      .0156      .2424

Product terms key:
 Int_1    :        상호     x         성별

Test(s) of highest order unconditional interaction(s):
       R2-chng          F        df1        df2          p
X*W      .0012      .4498     1.0000   272.0000      .5030
```

4) 결과 요약

<표 11-2>에서와 같이 상호작용변수인 성별_분배와 성별_상호의 회귀계수가 유의하지 않게 나타나 분배공정성과 상호작용공정성의 상호작용효과는 $\alpha=$ 0.05수준에서 유의하다고 할 수 없다. 반면 상호작용변수인 성별_절차의 회귀계수는 유의하게 나타나 절차공정성의 상호작용효과는 $\alpha=0.05$수준에서 유의하다고 할 수 있다.

〈표 11-2〉 성별의 상호작용효과 검정결과

상호작용변수	계수	t	p
성별_분배	0.0261	0.2442	0.8073
성별_절차	−0.2717	−2.5418	0.0116
성별_상호	−0.0682	−0.6707	0.5030

제 12 장

SmartPLS 조절효과분석

제1절 연속형 조절효과

제2절 범주형 조절효과

제 1 절 연속형 조절효과

1 분석모형

[그림 12-1]과 같이 조직풍토와 조직지원이 직무만족에 미치는 영향력에서 구성원의 혁신성이 조절역할을 하는지를 분석하고자 한다. 일반적으로 구성원의 혁신성이 높고 조직풍토가 창의적이면서 조직지원이 많으면 직무만족은 더 높을 것이다. 따라서 조직풍토와 조직지원에 따른 직무만족은 혁신성에 따라 다를 수 있다고 가정한다.

2 분석절차

1) 자료입력

SmartPLS에서 연속형 변수의 조절효과를 분석하기 위해 3단계 분석을 시행하는 순서는 1) 기본모형을 투입하고 2) 조절변수를 투입하고 3) 상호작용변수를 위계적 방법으로 투입한다.

[그림 12-1] 혁신성의 조절효과 분석모형

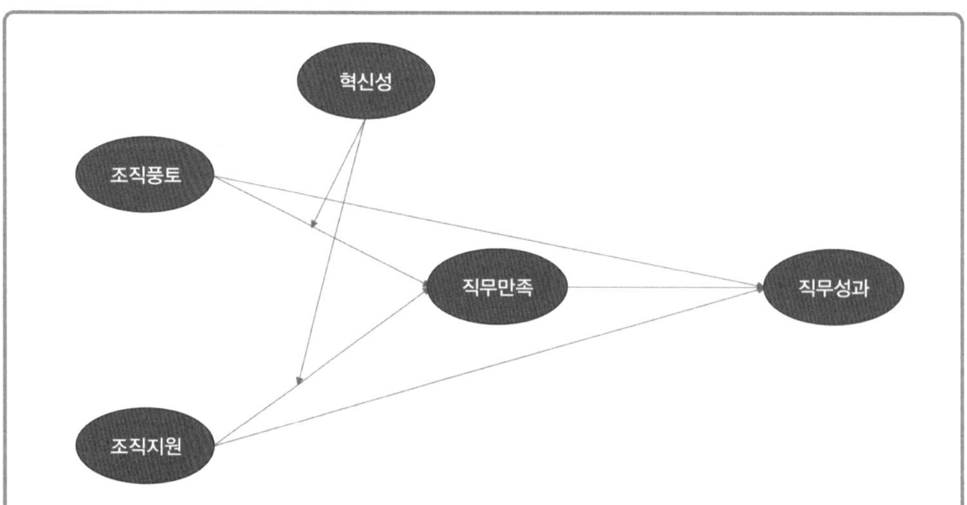

단계 1: 조절변수와 상호작용변수가 없는 [그림 12-2]와 같은 기본 모형을 그린 다음 [결과]→[Bootstrapping]을 실행한다.

[그림 12-2] 모형 1(조절변수와 상호작용변수가 없는 모형)

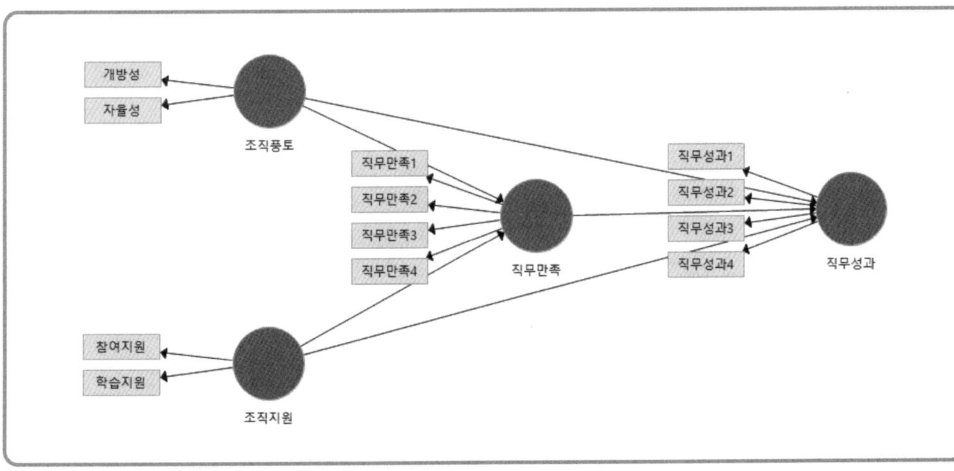

단계 2: [그림 12-3]과 같이 기본 모형에 조절변수를 추가하여 상호작용변수가 없는 모형을 그린 다음 [결과]→[Bootstrapping]을 실행한다.

[그림 12-3] 모형 2(상호작용변수가 없는 경우)

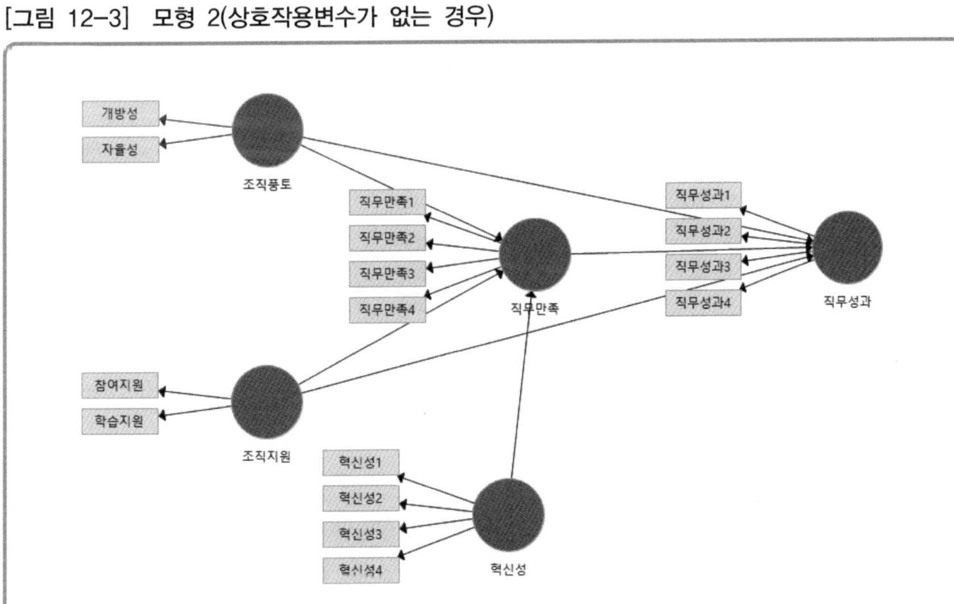

단계 3: [그림 12-4]와 같은 기본 모형에 조절변수와 상호작용변수를 추가하여 모형을 그린 다음 [결과]→[Bootstrapping]을 실행한다.

[그림 12-4] 모형 3(상호작용변수가 있는 경우)

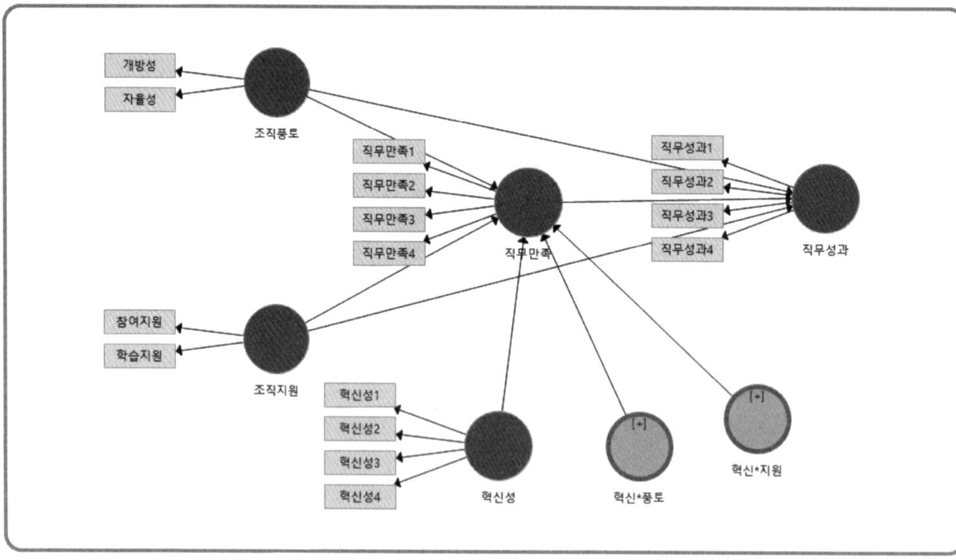

2) 상호작용변수 만들기

직무만족에 마우스를 올려놓고 오른쪽 마우스를 클릭하여 다음과 같이 [조절효과 추가하기] 메뉴를 선택한다.

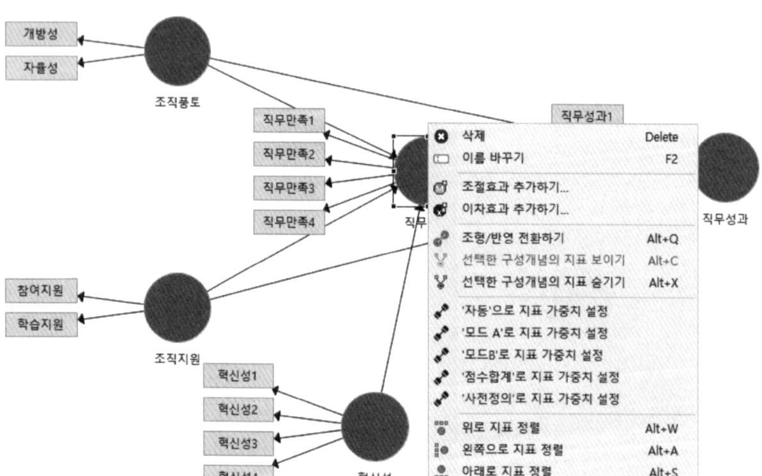

다음과 같은 [조절효과] 창이 나타나면 조절변수, 독립변수, 계산방법을 지정해 주어야 한다. 상호작용변수가 두 개이므로 두 번의 반복이 필요하다.

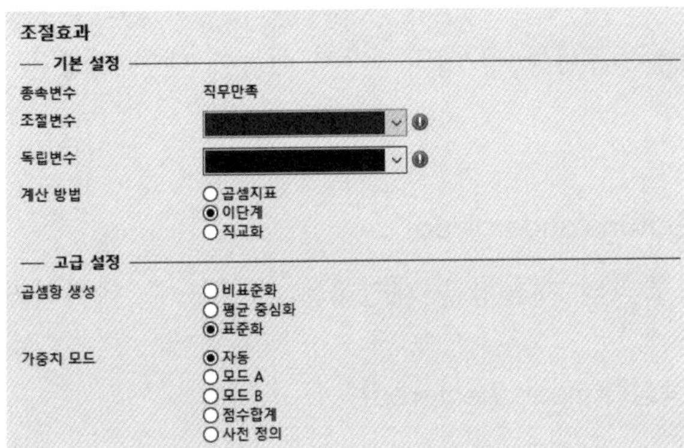

먼저 [조절변수]로 혁신성을 [독립변수]로 조직풍토를 지정하고 [계산 방법]으로 직교화를 선택한다. 다음으로 [조절변수]로 혁신성을 [독립변수]로 조직지원을 지정하고 [계산 방법]으로 직교화를 선택한다. SmartPLS에서 제공하는 3가지 계산방법에 대한 설명은 다음과 같다.

(1) 곱셈지표(product indicator)

이 접근법은 독립변수에 해당하는 지표와 조절변수에 해당하는 지표를 곱하여 상호작용항을 만들고 이 지표를 이용하여 분석한다. 즉, 구조모형에서 상호작용항 지표(곱셈 지표)에 해당한다.

(2) 2단계 접근법(two stage)

이 접근법은 상호작용항이 포함되지 않은 주효과 모형에서 독립변수 및 조절변수의 잠재변수값을 사용한다. 독립변수에 해당하는 잠재변수값과 조절변수에 해당하는 잠재변수값을 곱하여 상호작용항을 만들어 계산에 사용한다. 기본 옵션은 2단계 접근법이다.

(3) 직교화(orthogonalization)

이 접근법은 독립변수 및 조절변수의 모든 가능한 곱셈 지표를 독립변수 및 조절변수에 회귀하여 계산된 잔차를 사용한다. 이러한 잔차는 구조모형에서 상호작용항의 지표로서 역할을 하는데 잔차는 상호작용항의 지표들이 조절변수의 지표들과 분산을 공유하지 않도록 독립변수 및 조절변수의 모든 지표들과 직교가 되도록 한다.

SmartPLS는 [곱셈항 생성]의 3가지 메뉴에 대한 설명은 다음과 같이 제공한다.

(1) 비표준화(unstandardized)

상호작용효과의 제곱항을 계산하는 데 비표준 데이터가 사용된다.

(2) 평균 중심화(mean centered)

상호작용효과의 제곱항을 계산하는 데 평균중심화 데이터가 사용된다.

(3) 표준화(standardized)

상호작용효과의 제곱항을 계산하는 데 표준화 데이터가 사용된다. 곱셈 지표와 직교화 접근법의 기본 옵션은 표준화이다.

3 분석결과

1) 측정모형 평가

PLS를 활용하여 측정항목들에 대한 집중타당성과 판별타당성을 살펴보기 위해 확인적 요인분석을 수행한다. 그 결과 첫째, <표 12-1>과 같이 모든 측정항목의 요인적재값이 0.7로 나타나 각 측정항목은 집중타당성이 있는 것으로 본다. 또한 <표 12-1>에서와 같이 모든 변수의 Cronbach's α, 합성신뢰도, 평균분산추출(AVE)의 값이 기준치보다 높게 나타나고 있어 집중타당성이 확보되었음을 알 수 있다. 둘째, <표 12-2>를 통해 모든 잠재변수의 평균분산추출값 제곱근이 잠재변수 간 상관계수보다 높게 나타남으로써 판별타당성이 있음을 알 수 있다. 또한 <표 12-3>을 살펴보면 각 잠재변수와 관련된 측정변수들의 요인적재치는 교차요인적재치 보다 크므로 판별타당성이 존재한다고 할 수 있다. 따라서 연구의 잠재변수에 대한 판별타당성은 충족되고 있음을 알 수 있다.

〈표 12-1〉 집중타당성 분석결과

잠재변수	측정변수	표준요인 적재치	Cronbach's α	합성신뢰도	평균분산추출 (AVE)
조직지원	참여지원	0.929	0.798	0.907	0.831
	학습지원	0.893			
조직풍토	개방성	0.926	0.815	0.915	0.844
	자율성	0.912			
직무만족	직무만족1	0.927	0.946	0.961	0.860
	직무만족2	0.934			
	직무만족3	0.917			
	직무만족4	0.932			
직무성과	직무성과1	0.911	0.937	0.955	0.841
	직무성과2	0.918			
	직무성과3	0.921			
	직무성과4	0.918			
혁신성	혁신성1	0.877	0.904	0.931	0.772
	혁신성2	0.903			
	혁신성3	0.918			
	혁신성4	0.811			

〈표 12-2〉 판별타당성 분석결과

	조직지원	조직풍토	직무만족	직무성과	혁신성
조직지원	**0.911**				
조직풍토	0.453	**0.919**			
직무만족	0.490	0.494	**0.928**		
직무성과	0.473	0.539	0.620	**0.917**	
혁신성	0.353	0.228	0.224	0.220	**0.879**

대각선의 값은 평균추출분산의 제곱근 값을 나타내며, 그 외의 값은 상관계수임.

〈표 12-3〉 요인적재치와 교차요인적재치 분석결과

	조직지원	조직풍토	직무만족	직무성과	혁신성
개방성	0.443	**0.926**	0.473	0.514	0.223
자율성	0.387	**0.912**	0.434	0.474	0.193
직무만족1	0.473	0.425	**0.927**	0.530	0.234
직무만족2	0.454	0.431	**0.934**	0.571	0.186
직무만족3	0.417	0.445	**0.917**	0.582	0.192
직무만족4	0.475	0.525	**0.932**	0.614	0.220

직무성과1	0.404	0.474	0.591	**0.911**	0.163
직무성과2	0.487	0.529	0.580	**0.918**	0.221
직무성과3	0.413	0.464	0.557	**0.921**	0.203
직무성과4	0.429	0.505	0.547	**0.918**	0.220
참여지원	**0.929**	0.429	0.494	0.461	0.299
학습지원	**0.893**	0.394	0.391	0.397	0.351
혁신성1	0.334	0.228	0.233	0.191	**0.877**
혁신성2	0.300	0.186	0.200	0.214	**0.903**
혁신성3	0.353	0.224	0.204	0.208	**0.918**
혁신성4	0.220	0.134	0.113	0.145	**0.811**

2) 구조모형 평가

측정모형을 검정한 결과 구성개념 척도의 신뢰성과 타당성이 확인되어 다음 단계로 구조모형을 평가한다. 구조모형을 평가하기 위해 결정계수(R^2), 전체적 합도, 예측적합도(Q^2), 효과크기(f^2)를 이용하였다. 구조모형분석에 앞서 잠재변수 간의 다중공선성 여부를 확인하였다.

(1) 다중공선성 평가

잠재변수의 신뢰성을 검정하기 위해 조직풍토, 조직지원, 혁신성, 직무만족, 직무성과의 분산팽창지수(VIF)를 분석한 결과는 아래 표와 같이 1.150 ~ 1.500으로 나타났다. 결과값이 모두 5 미만으로 나타나 다중공선성이 없음을 확인할 수 있다.

	직무만족	직무성과
조직지원	1.372	1.427
조직풍토	1.266	1.433
직무만족		1.500
직무성과		
혁신성	1.150	

(2) 결정계수 평가

구조모형을 분석한 결과 아래 표와 같이 모든 선행변수에 의해 설명되는 최종 종속변수인 직무성과의 R^2값이 0.472로 나타났다. 이는 조직풍토, 조직지원, 직무만족은 직무성과 변동량의 47.2%를 설명한다는 의미이다. 이 결과는 분석모형의 설명력이 우수하여 구조모형의 적합성이 존재함을 뒷받침해준다.

	R Square	수정결정계수
직무만족	0.334	0.327
직무성과	0.472	0.466

(3) 전체 적합도 평가

내생변수의 R^2 평균값이 0.403이고 공통성 평균값이 0.8296이므로 두 값의 곱은 0.3343으로 나타났다. 0.3343의 제곱근이 0.5782로 나타나 전체 적합도가 매우 높은 것으로 나타났다. 또한 PLS에서 공통성은 평균추출분산과 같으므로 공통성에 대해서도 기준치 0.5를 적용할 수 있다. <표 12-2>에서 보듯이 공통성은 모두 0.5 이상으로 기준치를 초과하고 있다.

(4) 예측적합성 평가

예측적합성의 평가를 위해서는 Stone-Geisser의 Q^2값을 사용하였다. 아래와 같이 직무만족의 Q^2값은 0.312이고 직무성과의 Q^2값은 0.390으로 나타나 예측적합성을 갖는 것으로 나타났다.

구성개념 교차타당 중복성

총계 | 케이스1 | 케이스2 | 케이스3 | 케이스4

	SSO	SSE	Q² (=1-SSE/S...
조절효과 1	2224.000	2224.000	
조절효과 2	2224.000	2224.000	
조직지원	556.000	556.000	
조직풍토	556.000	556.000	
직무만족	1112.000	765.455	0.312
직무성과	1112.000	677.819	0.390
혁신성	1112.000	1112.000	

(5) 효과크기 평가

아래 표처럼 외생변수 중 직무만족에 대한 조직풍토의 효과크기($f^2 = 0.137$)가 가장 컸다. 직무성과에 대한 직무만족의 효과크기는 $f^2 = 0.218$이다.

	직무만족	직무성과
조직지원	0.116	0.030
조직풍토	0.137	0.093
직무만족		0.218
직무성과		
혁신성	0.001	

3) 가설검정

구조모형의 적합도가 유의한 것으로 판단되어 PLS를 이용하여 가설검정을 시행하였는데 그 결과는 <표 12-4>와 같다. <표 12-4>에서 t값은 표본자료로부터 복원추출에 의해 동일한 분포를 하는 측정치를 추정하는 방식인 부트스트랩핑(bootstrapping)을 통한 반복추출 서브샘플링(500개) 생성을 통해 계산되었다.

〈표 12-4〉 연속형 조절효과의 분석결과

경로	모형1		모형2		모형3	
	계수	t	계수	t	계수	t
조직지원 → 직무만족	0.336	6.228**	0.326	5.752**	0.335	5.774**
조직지원 → 직무성과	0.149	2.509**	0.149	2.617**	0.149	2.612**
조직풍토 → 직무만족	0.342	6.426**	0.339	5.971**	0.319	5.524**
조직풍토 → 직무성과	0.266	5.218**	0.266	4.830**	0.266	4.788**
직무만족 → 직무성과	0.416	7.477**	0.416	7.206**	0.416	7.337**
조절변수						
혁신성 → 직무만족			0.032	0.617	0.033	0.640
상호작용변수						
혁신*지원 → 직무만족					0.161	2.761**
혁신*풍토 → 직무만족					−0.171	1.222

* $p < .05$, ** $p < .01$

모형 1을 통해 조직특성과 직무만족 간의 관계를 보면 다음과 같다. 조직풍토는 직무만족에 미치는 영향력이 0.342($t = 6.426$, $p < 0.01$)로 나타나 통계적으로 유의하고 조직지원 역시 직무만족에 미치는 영향력이 0.336($t = 6.228$, $p < 0.01$)으로 나타나 통계적으로 유의하다. 또한 조직특성과 직무성과 간의 관계를 보면 조직풍토는 직무성과에 미치는 영향력이 0.266($t = 5.218$, $p < 0.01$)으로 나타나 통계적으로 유의하고 조직지원 역시 직무성과에 미치는 영향력이 0.149($t = 2.509$, $p < 0.01$)로 나타나 통계적으로 유의하다. 마지막으로 직무만족이 직무성과에 미치는 영향력이 0.416($t = 7.477$, $p < 0.01$)으로 나타나 통계적으로 유의하다.

반면에 모형 2에서 조절변수인 혁신성이 직무만족에 미치는 영향은 0.032로 $\alpha = 0.05$수준에서 통계적으로 유의하지 않게 나타났다.

마지막으로 모형 3에서 조직특성과 혁신성이 상호작용을 할 때 직무만족에 미치는 영향을 살펴보았다. <표 12-4>에서 알 수 있듯이, 상호작용효과인 조직지원*혁신성은 0.161($t = 2.761$, $p < 0.01$)로 나타나 직무만족에 미치는 영향이 유의하지만 조직풍토*혁신성은 -0.171($t = 1.222$, $p > 0.05$)로 나타나 직무만족에 미치는 영향이 유의하지 않은 것으로 나타났다. 결론적으로 <표 12-5>와 같은 결과를 얻을 수 있다.

〈표 12-5〉 연속형 조절효과 가설검정결과 요약

번호	가설	경로계수	검정결과
1	조직풍토는 직무만족에 유의한 영향을 미칠 것이다	0.342**	채택
2	조직지원은 직무만족에 유의한 영향을 미칠 것이다	0.336**	채택
3	직무만족은 직무성과에 유의한 영향을 미칠 것이다	0.416**	채택
4	조직풍토와 직무만족 간의 관계에서 혁신성이 조절효과를 할 것이다.	−0.171	기각
5	조직지원과 직무만족 간의 관계에서 혁신성이 조절효과를 할 것이다	0.161**	채택

* $p < .05$, ** $p < .01$

제2절 범주형 조절효과

1 분석모형

[그림 12-5]와 같이 공정성이 신뢰에 미치는 영향력에서 성별의 조절역할을 분석하고자 한다. 여기서 공정성에 따른 신뢰는 성별에 따라 다를 수 있다고 가정한다.

[그림 12-5] 성별의 조절효과 분석모형

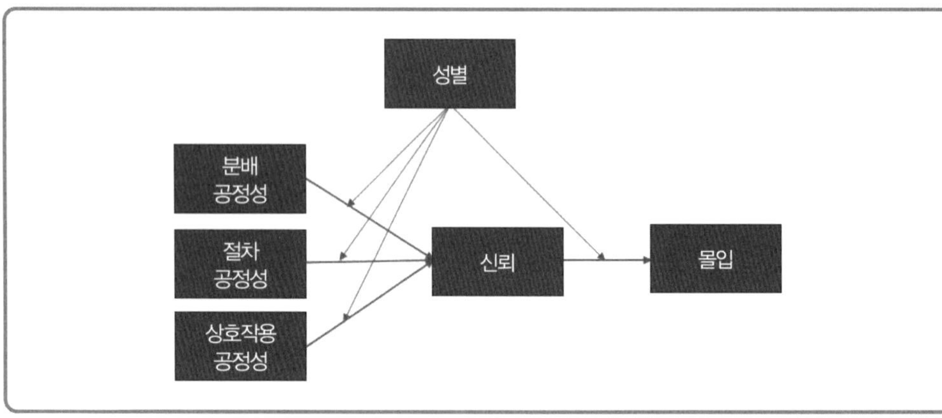

다중집단분석(multi group analysis)을 이용하여 범주형 변수의 조절효과를 검정하는 경우에는 특정 경로에 대한 조절효과를 살펴보지 못하고 전체 연구모형에 대하여 범주별로 차이가 있는지를 분석한다. 즉, 조절변수는 모든 경로에 조절효과를 미치는 것으로 표시한다. 따라서 [그림 12-5]의 경우에는 데이터를 남성과 여성으로 구분해서 분석하게 된다. 한편, 연속형 조절변수도 집단으로 나누어서 다중집단분석을 할 수 있다. 예를 들어, 조절변수가 리커트 5점 척도로 이루어진 만족도라면 만족도의 평균 또는 중앙치를 기준으로, 기준값보다 큰 집단과 낮은 집단으로 분류하여 분석할 수 있다.

2 분석절차

SmartPLS에서 다중집단분석을 수행하기 위해서는 먼저 분석하고자 하는 경로를 다음과 같이 그린다.

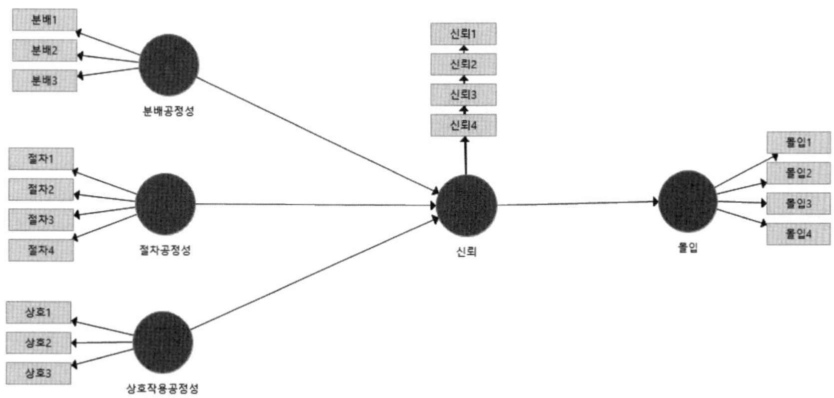

조절효과를 분석하기 전에 측정모형분석과 구조모형분석을 한다. 그 결과는 다음과 같다.

3 분석결과

1) 측정모형 평가

다음과 같이 PLS를 활용하여 측정항목들에 대한 집중타당성과 판별타당성을 살펴보기 위해 확인적 요인분석을 수행하였다. 그 결과 첫째, <표 12-6>과 같이 모든 측정항목의 요인적재값이 0.7로 나타나 각 측정항목의 집중타당성이 확보된 것으로 해석된다. 또한 <표 12-6>에서 보는 바와 같이 모든 변수의 Cronbach's α, 합성신뢰도, 평균분산추출(AVE)의 값이 기준치보다 높게 나타나고 있어 집중타당성이 있음을 알 수 있다. 둘째, <표 12-7>을 통해 모든 잠재변수의 평균분산추출값 제곱근이 잠재변수 간 상관계수보다 높게 나타남으로써 판별타당성이 확보되었음을 알 수 있다. 또한 <표 12-8>을 살펴보면 각 잠재변수와 관련된 측정변수들의 요인적재치는 교차요인적재치 보다 크므로 판별타당성이 존재한다고 할 수 있다. 따라서 잠재변수에 대한 판별타당성은 충족되고 있음을 알 수 있다.

〈표 12-6〉 집중타당성 분석결과

잠재변수	측정변수	표준요인 적재치	Cronbach's α	합성신뢰도	평균분산추출 (AVE)
몰입	몰입1	0.817	0.817	0.879	0.646
	몰입2	0.745			
	몰입3	0.762			
	몰입4	0.884			
분배공정성	분배1	0.798	0.808	0.886	0.722
	분배2	0.872			
	분배3	0.877			
상호작용공정성	상호1	0.802	0.826	0.891	0.732
	상호2	0.835			
	상호3	0.924			
신뢰	신뢰1	0.840	0.883	0.920	0.741
	신뢰2	0.823			
	신뢰3	0.889			
	신뢰4	0.888			
절차공정성	절차1	0.854	0.825	0.881	0.650
	절차2	0.820			
	절차3	0.723			
	절차4	0.822			

〈표 12-7〉 판별타당성 분석결과

	몰입	분배공정성	상호작용공정성	신뢰	절차공정성
몰입	**0.804**				
분배공정성	0.420	**0.850**			
상호작용공정성	0.220	0.279	**0.856**		
신뢰	0.548	0.474	0.273	**0.861**	
절차공정성	0.415	0.389	0.258	0.336	**0.806**

주1) 대각선의 값은 평균추출분산의 제곱근 값을 나타내며, 그 외의 값은 상관계수임.

〈표 12-8〉 요인적재치와 교차요인적재치 분석결과

	몰입	분배공정성	상호작용공정성	신뢰	절차공정성
몰입1	**0.817**	0.364	0.202	0.472	0.365
몰입2	**0.745**	0.233	0.157	0.353	0.227
몰입3	**0.762**	0.341	0.131	0.411	0.356
몰입4	**0.884**	0.391	0.209	0.506	0.368
분배1	0.271	**0.798**	0.218	0.347	0.236
분배2	0.341	**0.872**	0.204	0.408	0.352
분배3	0.441	**0.877**	0.283	0.446	0.387
상호1	0.185	0.262	**0.802**	0.149	0.194
상호2	0.139	0.193	**0.835**	0.185	0.150
상호3	0.226	0.263	**0.924**	0.312	0.285
신뢰1	0.421	0.387	0.179	**0.840**	0.262
신뢰2	0.448	0.370	0.264	**0.823**	0.304
신뢰3	0.517	0.433	0.240	**0.889**	0.297
신뢰4	0.493	0.439	0.254	**0.888**	0.294
절차1	0.400	0.302	0.197	0.337	**0.854**
절차2	0.286	0.285	0.198	0.217	**0.820**
절차3	0.295	0.290	0.204	0.176	**0.723**
절차4	0.333	0.372	0.238	0.302	**0.822**

2) 구조모형 평가

측정모형을 검정한 결과 구성개념 척도의 신뢰성과 타당성이 확인되어 다음 단계로 구조모형을 평가한다. 구조모형을 평가하기 위해 결정계수(R^2), 전체적 합도, 예측적합도(Q^2), 효과크기(f^2)를 이용하였다. 구조모형분석에 앞서 잠재변수들 간의 다중공선성 여부를 확인하였다.

(1) 다중공선성 평가

지표로 구성된 잠재변수의 신뢰도를 검정하기 위해 분배공정성, 절차공정성, 상호작용공정성, 신뢰, 몰입의 분산팽창지수(VIF)를 분석한 결과, 다음 표와 같이 1.00 ~ 1.227로 나타나 모두 5 미만이므로 다중공선성이 없음을 확인하였다.

	몰입	신뢰
몰입		
분배공정성		1.227
상호작용공정성		1.116
신뢰	1.000	
절차공정성		1.213

(2) 결정계수 평가

성별의 조절효과모형을 분석한 결과 아래 표와 같이 모든 선행변수에 의해 설명되는 최종 종속변수인 몰입의 R^2값이 0.300으로 나타났다. 이는 분배공정성, 절차공정성, 상호작용공정성, 신뢰는 몰입 변동량의 30.0%를 설명한다는 의미이다. 이 결과는 구조모형의 적합성이 존재함을 뒷받침해준다.

	R Square	수정결정계수
몰입	0.300	0.298
신뢰	0.267	0.259

(3) 전체 적합도 평가

분석에서 내생변수의 R^2 평균값이 0.2835, 공통성(평균분산추출) 평균값은 0.7364이므로 두 값의 곱은 0.2088으로 나타났다. 0.2088의 제곱근이 0.4569로 나타나 전체 적합도가 높은 것으로 나타났다. 또한 <표 12-7>에서 보듯이 PLS에서 공통성은 평균분산추출과 같으므로 공통성의 값이 기준치 0.5를 모두 초과하고 있다.

(4) 예측적합성 평가

다음과 같이 예측적합성의 평가를 위해서는 Stone-Geisser의 Q^2값을 사용하였다. 신뢰의 Q^2값이 0.192이고 몰입의 Q^2값은 0.189로 나타나 예측적합성을 갖는 것으로 나타났다.

	SSO	SSE	Q² (=1-SSE/S...
몰입	1112.000	901.633	0.189
분배공정성	834.000	834.000	
상호작용공정성	834.000	834.000	
신뢰	1112.000	899.040	0.192
절차공정성	1112.000	1112.000	

(5) 효과크기 평가

아래 표와 같이 외생변수 중 분배공정성의 신뢰에 대한 효과크기($f^2 = 0.159$)가 가장 컸다. 몰입에 대한 신뢰의 효과크기는 $f^2 = 0.429$이다.

	몰입	신뢰
몰입		
분배공정성		0.159
상호작용공정성		0.020
신뢰	0.429	
절차공정성		0.027

3) 가설검정

(1) 데이터그룹 추가

아래 화면에서 좌측에 있는 [EXAM 범주조절 [278 기록값]]을 더블클릭한다.

메뉴에 있는 [데이터 그룹 생성]을 클릭한다.

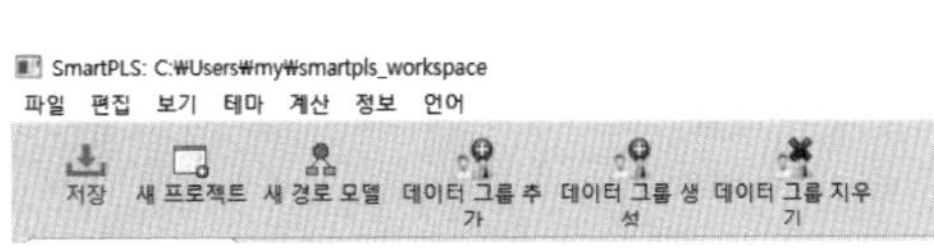

[데이터 그룹 만들기] 창에서 [이름 접두사]에 성별을 [그룹 열 0:]에 성별 변수를 지정해 주고 [OK] 버튼을 클릭한다.

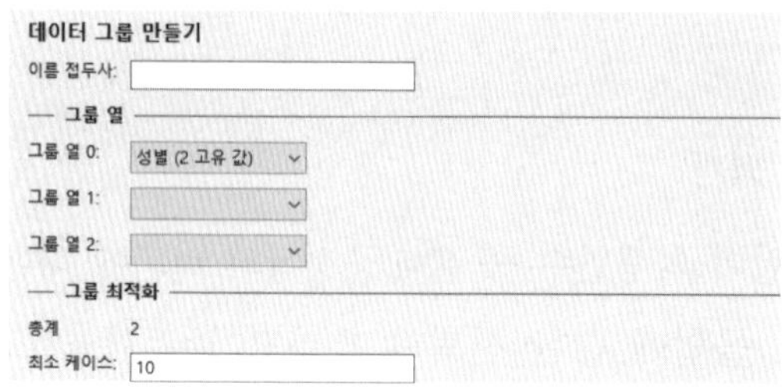

그러면 다음과 같이 1(남자)로 코딩한 자료가 147개이고 2(여자)로 코딩한 자료가 131개라는 결과를 얻는다.

또 다른 방법은 메뉴에 있는 [데이터 그룹 추가]를 클릭한다. [데이터 그룹 구성] 창에서 [그룹 이름]에 남을 [그룹 조건]에서 [변수]로 성별을 [관계]로 같다를 [코딩번호]로 1을 지정해 준다. 즉 성별변수에서 1로 코딩된 자료는 남자를 의미한다는 뜻이다. [OK] 버튼을 클릭한다. 같은 방법으로 [데이터 그룹 구성] 창에서 [그룹 이름]에 여를 [그룹 조건]에서 [변수]로 성별을 [관계]로 같다를 [코딩번호]로 2를 지정해 준다. 즉 성별변수에서 2로 코딩된 자료는 여자를 의미한다는 뜻이다. [OK] 버튼을 클릭한다.

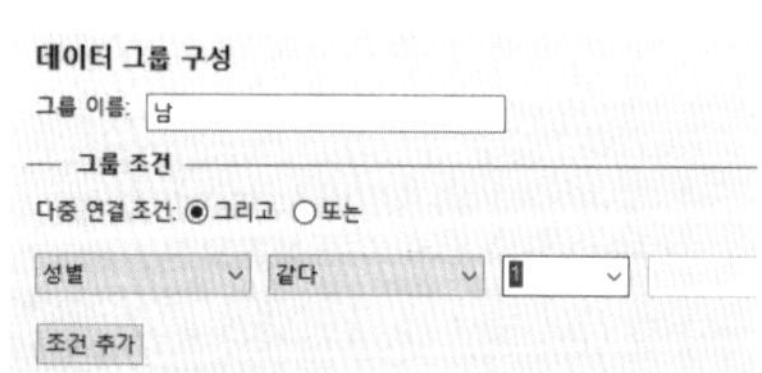

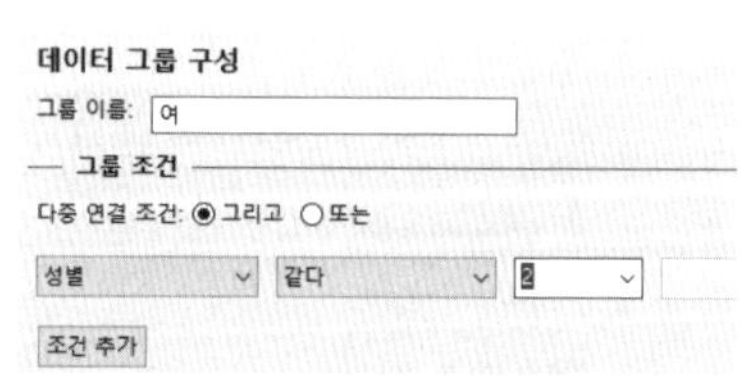

그러면 다음과 같이 1로 코딩한 남자가 147명이고 2로 코딩한 여자가 131명이라는 결과를 얻는다.

(2) 다중집단분석

가설을 검정하기 위해 [다중집단분석(MGA)]을 실행한다.

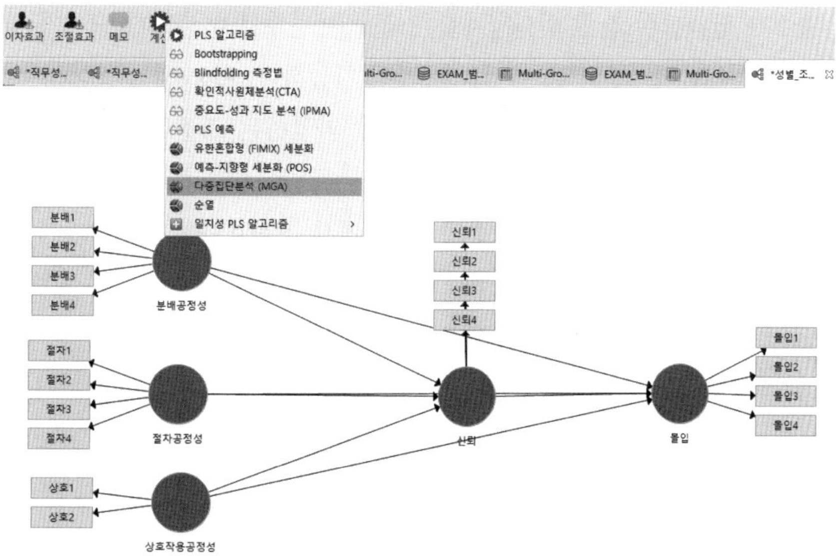

다음과 같은 [다중집단분석 (MGA)] 창이 나타나면 그룹 A에 남을 그룹 B에 여를 선택하고 [계산 시작] 버튼을 누른다.

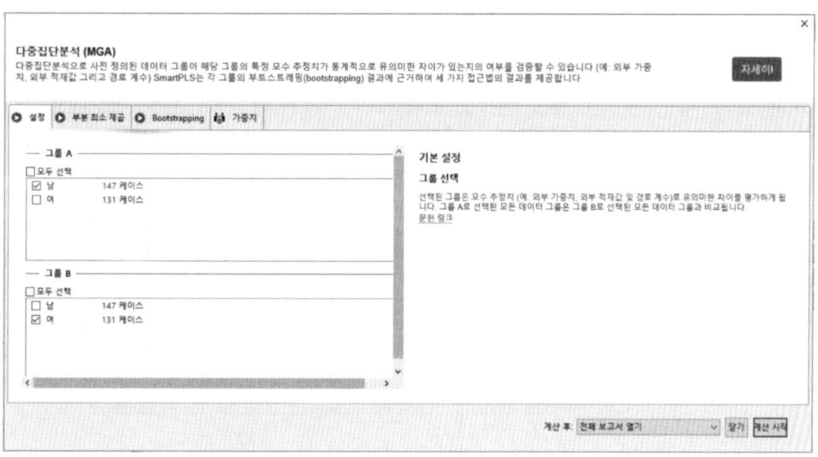

(3) 분석방법

다중집단분석은 구조방정식모형을 단일 모집단으로 가정하여 분석하기보다는 다른 집단들로 나누어 집단 간의 합치 여부를 비교하여 분석하는 방법이다. 특히, 구조방정식에서 다중집단분석의 목적 중의 하나는 잠재변수 간의 인과관계에 영향을 미칠 수 있는 다른 요인을 확인하는 것이다. 성별 등과 같은 범주형 변수가 잠재변수 간의 인과관계를 조절하는 변수로서 충분한 근거가 있으면 연속형 변수로 조절효과를 분석하는 것이 가능하다. Amos와 같은 공분산기반 구조방정식에서는 χ^2 검정으로 조절효과를 파악하는 표준화된 방법으로 많이 사용되었다.

그러나 분산기반 PLS 구조방정식모형에서 조절효과를 검정하기 위하여 가장 많이 사용되는 방법은 Keil 등과 Chin에 의해 소개된 모수적 접근 방법(parametric approach)이다. 모수적 접근 방법은 PLS 경로모형과 부트스트랩핑 절차를 통하여 집단의 경로계수와 표준오차를 구하고 이를 통해 집단 간 경로계수의 차이를 다음과 같은 비대응적 표본(unpaired samples)의 t-검정을 한다.

$$t = \frac{|p_{(1)} - p_{(2)}|}{\sqrt{\frac{(n_{(1)}-1)^2}{(n_{(1)}+n_{(2)}-2)} \cdot se(p_{(1)})^2 + \frac{(n_{(2)}-1)^2}{(n_{(1)}+n_{(2)}-2)} \cdot se(p_{(1)})^2 + \sqrt{\frac{1}{n_{(1)}} + \frac{1}{n_{(2)}}}}}$$

n_i: i 집단의 표본크기
p_i : i 집단의 경로계수
$se_{(p_i)}$: i 집단의 경로계수의 표준오차

PLS 구조방정식 모형에서 집단별 경로계수 차이를 분석하기 위해 각 집단의 표본수와 각 집단의 경로계수, 그리고 각 집단의 경로계수 표준오차를 활용하여 집단 간의 유의한 차이를 분석할 때 통계량은 $df = n_{(1)} + n_{(2)} - 2$의 t분포를 따른다.

집단별 경로계수의 차이 분석에서 집단 간의 경로계수 표준오차(standard error)가 같다면 다음과 같은 공식을 이용하여 집단 간의 차이 분석을 한다.

$$t = \frac{|p_{(1)} - p_{(2)}|}{\sqrt{\frac{(n_{(1)}-1)}{n_{(1)}} \cdot se(p_{(1)})^2 + \frac{(n_{(2)}-1)}{n_{(2)}} \cdot se(p_{(1)})^2}}$$

PLS 부트스트랩을 통한 분포가 정규성을 가지지 못하거나 집단 간 경로계수의 표준오차가 큰 경우에는 Smith-Satterthwaite 검정을 적용하는 것이 제안된다.

즉, 두 표본의 분산이 다를 경우 표본 t검정은 Welch의 근사적 방법을 사용한다. 이때 검정통계량은 다음과 같다.

$$t = \frac{(\overline{X_1} - \overline{X_2})}{\sqrt{\frac{S_1^2}{n_1} + \frac{S_2^2}{n_2}}}$$

이 통계량은 귀무가설하에서 자유도는 다음과 같은 t분포를 따른다. 이를 Welch-Satterthwaite의 자유도라 한다.

$$df = \frac{\left(\frac{S_1^2}{n_1} + \frac{S_2^2}{n_2}\right)^2}{\left(\frac{S_1^2}{n_1}\right)^2 / (n_1 - 1) + \left(\frac{S_2^2}{n_2}\right)^2 / (n_2 - 1)}$$

그러나 PLS-SEM을 사용한 집단 간 경로계수의 차이 비교를 모수적(parametric) 방법으로 수행하는 것은 자료 분포에 대한 자유로운 가정을 전제하고 있는 PLS-SEM의 사용 취지와는 상반된다. 이에 따라 분포의 정규성을 요구하지 않는 다양한 비모수적(non-parametric) 검정방법이 대두되었다. 대표적인 비모수 검정방법으로는 PLS 부트스트래핑 절차를 활용하여 비모수적 검정을 하는 Henseler's PLS-MGA의 활용도 많이 늘어나고 있다.

모형 간 경로계수 차이의 유의성을 검정하여 성별의 조절효과를 알아보기 위해 집단 각각의 PLS 부트스트랩을 통해 산출한 각 경로당 5,000개의 경로계수 표본을 활용하여 분석한다. 결론적으로 PLS 구조방정식모형에서 조절효과는 일반적으로 비대응표본 $t-$검정으로 유의성을 검정하지만 PLS-SEM은 비정규성 분포, 비모수적 접근방식에 바탕으로 두고 있어 비모수적 방법에 의한 유의성 검정도 필요하다. 따라서 PLS에서는 모수적인 접근방법과 더불어 Henseler 검정방법 등 비모수적 접근방법을 같이 사용하여 조절효과의 유의성을 검정한다.

(4) 분석결과

다중집단분석을 수행하면 다음과 같은 결과물을 제시한다.

경로계수

PLS-MGA | 모수 검정 | Welch-Satterthwait Test | 신뢰 구간 (편향 수정) | Bootstrapping 결과

	경로계수-diff (...	p-값 원본 단...	새로운 p-값 (...
분배공정성 -> ...	-0.122	0.784	0.433
상호작용공정...	0.090	0.196	0.392
신뢰 -> 몰입	-0.061	0.738	0.524
절차공정성 -> ...	0.224	0.061	0.122

이 결과물을 [엑셀로 내보내기] 메뉴를 이용하여 엑셀로 다운받아 <표 12-9>와 같이 정리할 수 있다. 분배공정성과 절차공정성 그리고 상호작용공정성이 신뢰에 미치는 영향력과 신뢰가 성과에 미치는 영향력은 남자와 여자 간에 차이가 없다고 할 수 있다. 이러한 결과는 <표 12-9>를 보면 PLS-MGA p값, 모수 검정 p값 그리고, Welch- Satterthwait Test p값에서 모두 유의하지 않은 결과에서 알 수 있다.

〈표 12-9〉 다중집단분석 결과

	PLS-MGA		Bootstrapping						모수 검정 p값	Welch-Satterthwait Test p값
	계수 차이 (남-여)	p-값 (남-여)	계수 (남)	계수 (여)	t-값 (남)	t-값 (여)	p-값 (남)	p-값 (여)		
분배공정성→ 신뢰	−0.122	0.433	0.305	0.427	2.791	3.815	0.005	0.000	0.435	0.435
상호작용공정성→ 신뢰	0.090	0.392	0.181	0.091	2.666	1.123	0.008	0.262	0.394	0.398
신뢰→ 몰입	−0.061	0.524	0.522	0.583	7.599	8.117	0.000	0.000	0.541	0.541
절차공정성→ 신뢰	0.224	0.122	0.286	0.062	3.005	0.472	0.003	0.637	0.161	0.168

* $p < .05$, ** $p < .01$

제 13 장

Amos 조절효과분석

제 1 절 연속형 조절효과

Amos에서 조절효과를 분석하는 방법은 조절변수가 범주형인지 아니면 연속형 변수인지에 따라 달라진다. 범주형 변수의 경우 대응별 모수비교 또는 χ^2 차이검정을 통해 확인할 수 있으며 연속형 변수의 경우 상호작용효과분석 통해 확인할 수 있다. 본 절에서는 연속형 변수를 다음 절에서는 범주형 변수에 대한 조절효과 분석에 대해 살펴보기로 한다.

1 분석모형

조절변수가 연속형 변수이면 상호작용모형을 통해 조절효과의 분석이 가능하다. 이를 위해 [그림 13-1]과 같은 모형을 통해 살펴보기로 한다.

2 Ping 접근법

Ping 접근법은 Amos에서 연속형 변수에 대한 조절효과를 분석하는데 사용되는 방법으로 측정모형을 추정하여 얻어진 모수치를 상호작용항에 고정한 후 결과를 추출한다. Ping 접근법은 두 가지 방법을 통해 실행할 수 있는데 첫 번째는

[그림 13-1] 연속형 조절효과 분석모형

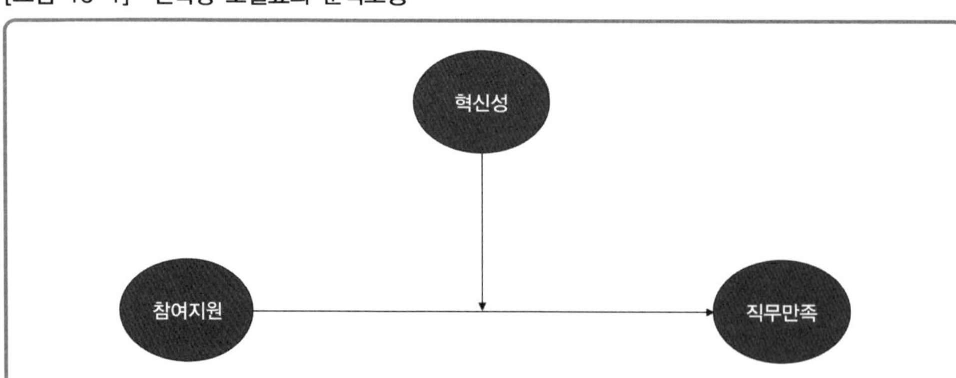

하나의 상호작용항 측정변수를 만드는 것이다. 두 번째 방법은 독립변수 문항과 조절변수 문항을 곱하여 상호작용항 측정변수를 만들어 사용하는 방법으로 예를 들어, 독립변수의 측정문항이 3개이고 조절변수의 측정문항이 3개라면 총 9개의 상호작용항 측정문항을 만들어주는 것이다.

Ping 접근법을 위해서는 먼저 원자료에 있는 독립변수와 조절변수에 대한 평균중심화가 이루어져야 한다. 만약 평균중심화를 실행하지 않고 조절효과를 실행한다면 주효과항과 상호작용항의 차이가 분명하게 나타나지 않는 문제가 발생할 수 있으며 아래와 같이 Amos 프로그램의 분석이 실행되지 않는 문제점을 가져온다.

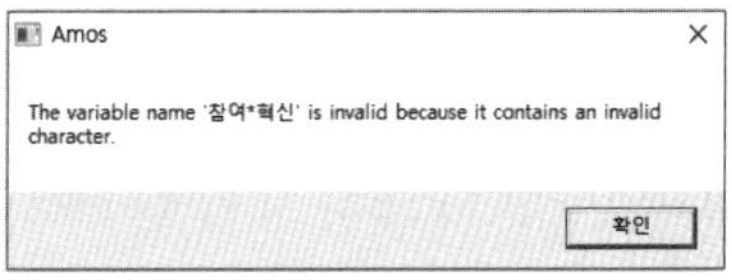

평균중심화를 위해서는 먼저 각 측정항목에 대한 평균을 구한 다음 평균값을 각 측정항목에서 빼기를 하면 된다. 참여지원1, 2, 3과 혁신성1, 2, 3의 평균을 각각 구하면, 참여지원1은 5.00, 참여지원2는 4.90, 참여지원3은 4.85, 혁신성1은 5.00, 혁신성2는 4.72, 혁신성3은 4.885이다. SPSS에서 [변환]→[변수 계산]을 실행한 다음 [목표변수]는 mc참여1을 지정하고 [숫자표현식]은 참여지원1−5.00을 입력한 뒤 [확인]을 클릭한다. 이러한 방법으로 참여지원2, 참여지원3, 혁신성1, 혁신성2, 혁신성3도 모두 평균중심화를 실시한다.

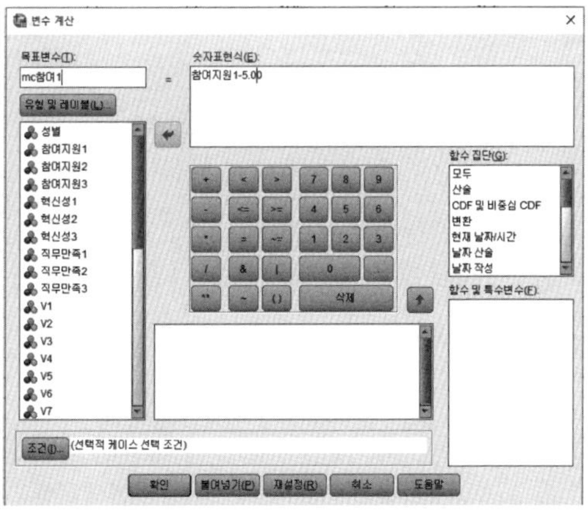

평균중심화값이 모두 만들어졌다면 Ping의 첫 번째 접근 방법을 사용하기 위해 참여×혁신의 상호작용항도 만들어준다. 참여×혁신은 (mc참여1+mc참여2+mc참여3)(mc혁신1+mc혁신2+mc혁신3)의 값을 이용한다.

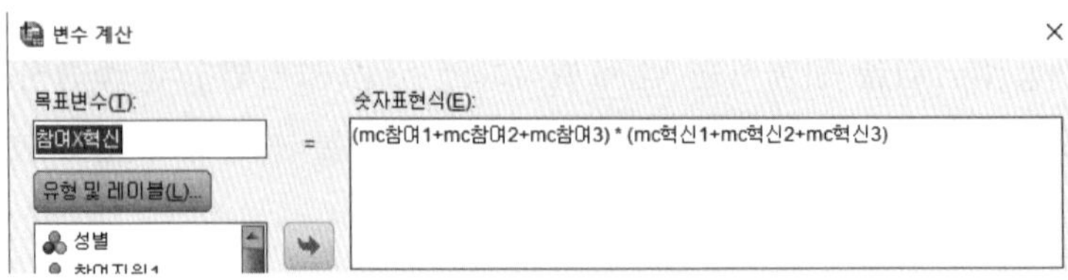

Ping의 두 번째 접근 방법은 참여1×혁신1, 참여1×혁신2, 참여1×혁신3, 참여2×혁신1, 참여2×혁신2, 참여2×혁신3, 참여3×혁신1, 참여3×혁신2, 참여3×혁신3 등 총 9개의 상호작용항을 만들어준다.

모든 작업이 완료되었다면 SPSS의 내용을 저장한 후 Amos 프로그램을 실행시킨다. 이어 아래와 같은 독립변수, 조절변수, 종속변수를 포함한 확인적 요인분석을 한다.

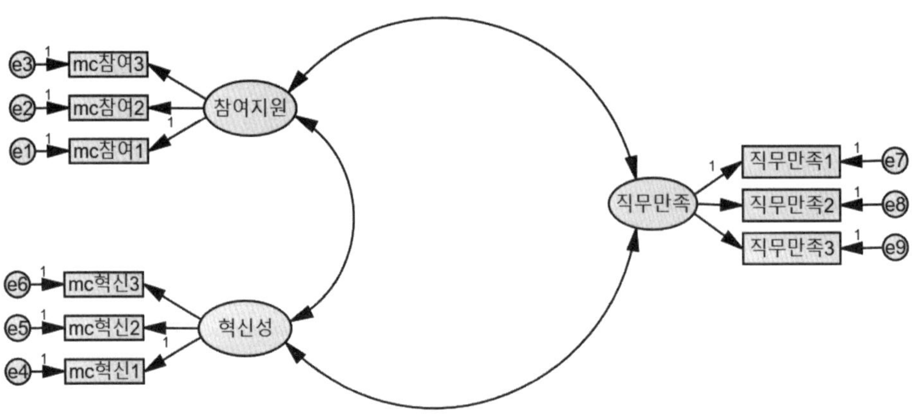

이후 [ ]를 눌러 프로그램을 실행한다. [ ]를 클릭하여 [Output] 창의 [Estimates]에서 [Regression Weights], [Covariances] 그리고 [Variances]를 확인한다.

Regression Weights: (Group number 1 - Default model)

			Estimate	S.E.	C.R.	P	Label
mc참여1	<---	참여지원	1.000				
mc참여2	<---	참여지원	1.020	.039	26.091	***	
mc참여3	<---	참여지원	1.008	.039	25.555	***	
mc혁신1	<---	혁신성	1.000				
mc혁신2	<---	혁신성	1.141	.074	15.451	***	
mc혁신3	<---	혁신성	1.157	.074	15.668	***	
직무만족1	<---	직무만족	1.000				
직무만족2	<---	직무만족	.989	.039	25.249	***	
직무만족3	<---	직무만족	.941	.043	21.667	***	

Covariances: (Group number 1 - Default model)

			Estimate	S.E.	C.R.	P	Label
참여지원	<-->	혁신성	.273	.080	3.431	***	
참여지원	<-->	직무만족	.816	.117	6.956	***	
혁신성	<-->	직무만족	.290	.082	3.511	***	

Variances: (Group number 1 - Default model)

	Estimate	S.E.	C.R.	P	Label
참여지원	1.582	.159	9.941	***	
혁신성	.867	.112	7.751	***	
직무만족	1.687	.164	10.293	***	
e1	.282	.037	7.565	***	
e2	.276	.038	7.299	***	
e3	.302	.039	7.794	***	
e4	.468	.053	8.829	***	
e5	.406	.057	7.133	***	
e6	.344	.055	6.267	***	
e7	.204	.041	5.008	***	
e8	.339	.046	7.320	***	
e9	.562	.058	9.617	***	

상호작용항 지표를 만들기 위해 상호작용항에 대한 요인적재치와 분산 그리고 오차에 대한 분산을 계산해 주어야 한다. 계산 공식은 다음과 같다.

요인적재치: $\lambda_{XZ} = \lambda_X \times \lambda_Z$

상호작용항(XZ)분산: $Var(X) \times Var(Z) + Cov(X, Z)^2$

오차분산: $\theta_{\epsilon XZ} = (\lambda_X^2 \times VAR(X) \times \theta_{\epsilon Z}) + (\lambda_Z^2 \times VAR(Z) \times \theta_{\epsilon X}) + (\theta_{\epsilon X} \times \theta_{\epsilon Z})$

위의 공식을 바탕으로 상호작용항에 대한 요인적재치를 구하면 [Regression Weights]의 요인적재치인 (mc참여1+mc참여2+mc참여3)*(mc혁신1+mc혁신2+mc혁신3)의 값이 상호작용항의 요인적재치가 된다.

요인적재치: $(1.000 + 1.020 + 1.008)(1.000 + 1.141 + 1.157) = 9.986$

상호작용항의 분산은 [Variances]의 참여지원과 혁신성의 값을 곱한 다음 [Covariances]에 참여지원과 혁신성에 대한 공분산값을 제곱한 뒤 더해주면 된다.

$$상호작용항(XZ)분산:\ (1.582)(0.867) + (0.273)^2 = 1.446$$

마지막으로 오차에 대한 분산을 구하기 위해서는 [Regression Weights]의 참여지원 요인적재치(mc참여1+mc참여2+mc참여3)를 제곱한 다음 혁신성 오차값($e4 + e5 + e6$)과 곱한 다음 [Variances]의 참여지원값과 곱해준다. [Regression Weights]의 혁신성 요인적재치(mc혁신1+mc혁신2+mc혁신3)를 제곱한 다음 참여지원 오차값($e1 + e2 + e3$)과 곱한 다음 [Variances]의 혁신성값과 곱해준다. 마지막으로 참여지원 오차값들의 합과 혁신성 오차값들의 합을 곱해준다. 이렇게 구한 3개의 곱을 다시 합해주면 오차분산을 구할 수 있다.

$$\begin{aligned}오차분산:\ & (1.000 + 1.020 + 1.008)^2(1.590)(0.468 + 0.406 + 0.344) \\ & + (1.000 + 1.141 + 1.157)^2(0.867)(0.282 + 0.276 + 0.302) \\ & + (0.282 + 0.276 + 0.302)(0.468 + 0.406 + 0.344) \\ & = 26.913\end{aligned}$$

요인적재치, 오차분산, 상호작용항분산이 구해졌다면 다음의 모형을 작성해준다.

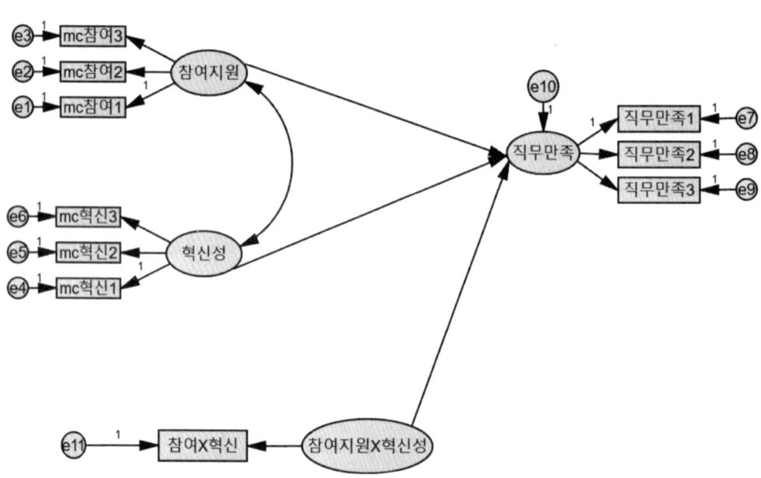

요인적재치와 오차분산 그리고 상호작용항의 분산값을 적재하기 위해 먼저 참여지원×혁신성 변수에 마우스를 더블클릭하여 [Object Properties]→[Parameters]→[Variance]에 1.446을 넣어준다.

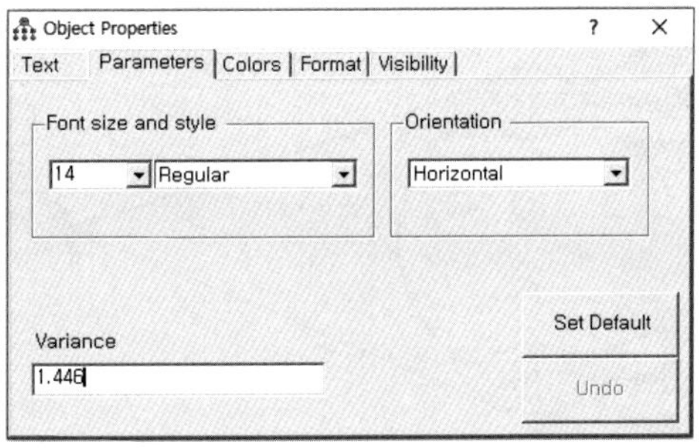

참여지원×혁신성의 잠재변수에서 참여x혁신의 측정변수로 가는 경로에 역시 마우스를 클릭하여 [Object Properties]→[Parameters]→[Regression weight]에 9.986을 입력한다.

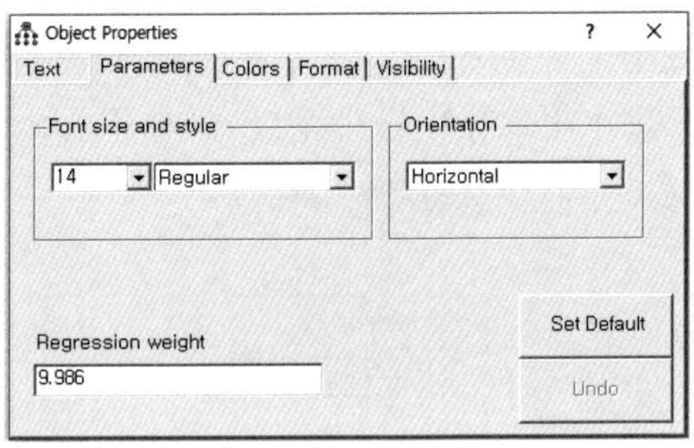

마지막으로 오차항 [e11]에 마우스를 클릭하여 [Object Properties]→[Parameters]→[Variance]에 26.913을 입력해준다.

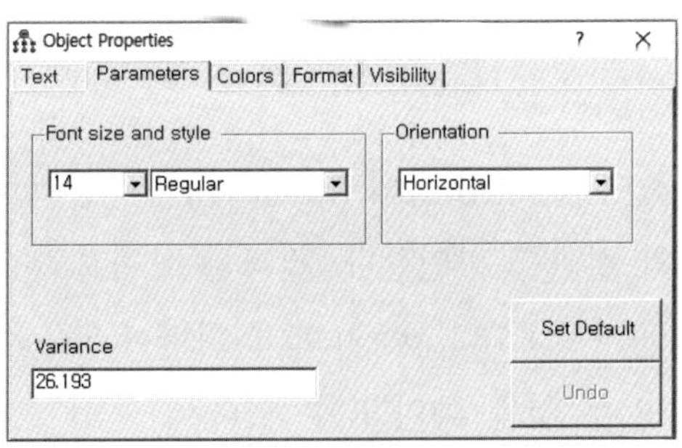

모든 작업이 완료되면 다음과 같이 표시된다.

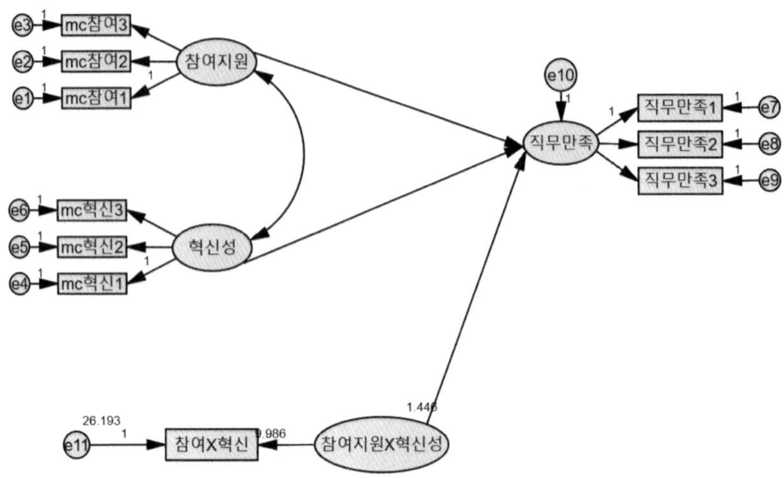

이후 [ ]를 눌러 프로그램을 실행한다. 참여×혁신에 상관관계를 지정해주지 않아 아래와 같이 경고창이 뜨게 된다. 이때 [Proceed with the analysis]를 클릭하여 프로그램을 그대로 실행시켜 준다.

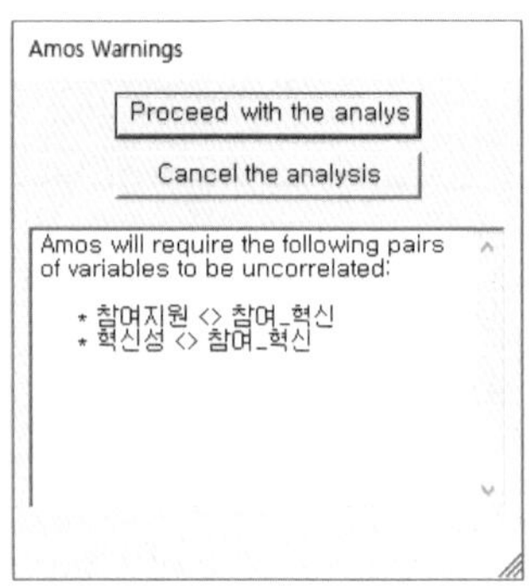

[ ]를 클릭하여 [Output] 창의 [Estimates]에서 [Regression Weights]을 확인하여 상호작용항의 결과를 확인한다. 결과를 살펴보면 참여×혁신과 직무만족의 관계는 $B = 0.109$, $t = 1.732$, $p > 0.05$로 나타나 5% 유의수준에서 채택되지 않아 상호작용이 없는 것을 확인할 수 있다.

CMIN

Model	NPAR	CMIN	DF	P	CMIN/DF
Default model	22	36.464	33	.311	1.105
Saturated model	55	.000	0		
Independence model	10	2042.896	45	.000	45.398

Regression Weights: (Group number 1 - Default model)

			Estimate	S.E.	C.R.	P	Label
직무만족	<---	참여지원	.488	.061	8.035	***	
직무만족	<---	혁신성	.167	.083	2.023	.043	
직무만족	<---	참여지원X혁신성	.109	.063	1.732	.083	

Ping의 접근법 중 상호작용항의 측정변수를 9개로 만드는 방법 역시 확인적 요인분석까지는 같은 방법으로 진행되며, 확인적 요인분석을 이용하여 상호작용항의 요인적재치와 분산 및 오차분산을 만들어준다. 요인적재량은 참여1×혁신1, 참여1×혁신2, 참여1×혁신3, 참여2×혁신1, 참여2×혁신2, 참여2×혁신3, 참여3×혁신1, 참여3×혁신2, 참여3×혁신3 등 총 9개의 요인적재량을 구해주어야 한다. 상호작용항의 분산은 위의 첫 번째 방법과 같은 결과값이 나오게 된다. 마지막으로 오차분산을 총 9개 구해주어야 한다. 위에 있는 공식에 대입하여 값을 구하면 아래와 같은 결과를 얻을 수 있다.

요인적재치: 참여1×혁신1 = $1.000 \times 1.000 = 1$

참여1×혁신2 = $1.000 \times 1.144 = 1.144$

참여1×혁신3 = $1.000 \times 1.167 = 1.167$

참여2×혁신1 = $1.018 \times 1.000 = 1.018$

참여2×혁신2 = $1.018 \times 1.144 = 1.165$

참여2×혁신3 = $1.018 \times 1.167 = 1.188$

참여3×혁신1 = $1.002 \times 1.000 = 1.002$

참여3×혁신2 = $1.002 \times 1.144 = 1.146$

참여3×혁신3 = $1.002 \times 1.167 = 1.169$

상호작용항(XZ)의 분산: $(1.582)(0.867) + (0.273)^2 = 1.446$

오차분산:

$e19 = 1 \times 1.590 \times 0.475 + 1 \times 0.860 \times 0.273 + 0.273 \times 0.475 = 1.120$

$e18 = 1 \times 1.590 \times 0.410 + 1.144^2 \times 0.860 \times 0.273 + 0.273 \times 0.410 = 1.071$

$e17 = 1 \times 1.590 \times 0.334 + 1.167^2 \times 0.860 \times 0.273 + 0.273 \times 0.334 = 0.942$

$e16 = 1.018^2 \times 1.590 \times 0.475 + 1 \times 0.860 \times 0.274 + 0.274 \times 0.475 = 1.148$

$e15 = 1.018^2 \times 1.590 \times 0.410 + 1.144^2 \times 0.860 \times 0.274 + 0.274 \times 0.410 = 1.096$

$e14 = 1.018^2 \times 1.590 \times 0.334 + 1.167^2 \times 0.860 \times 0.274 + 0.274 \times 0.334 = 0.963$

$$e13 = 1.002^2 \times 1.590 \times 0.475 + 1 \times 0.860 \times 0.313 + 0.313 \times 0.475 = 1.176$$
$$e12 = 1.002^2 \times 1.590 \times 0.410 + 1.144^2 \times 0.860 \times 0.313 + 0.313 \times 0.410 = 1.135$$
$$e11 = 1.002^2 \times 1.590 \times 0.334 + 1.167^2 \times 0.860 \times 0.313 + 0.313 \times 0.334 = 1.004$$

요인적재치와 오차분산 및 상호작용항의 분산이 구해졌다면 다음의 모형을 작성해준다.

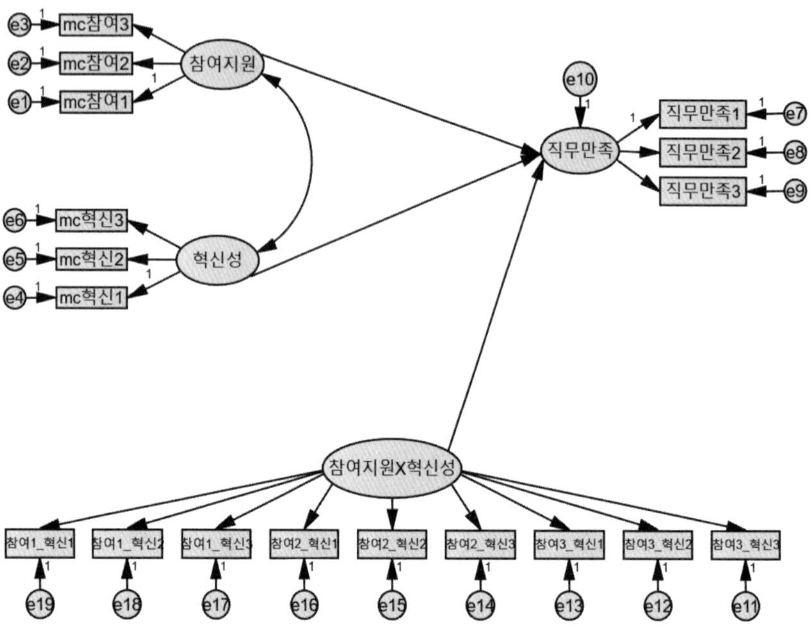

요인적재치와 오차분산 및 상호작용항의 분산값을 적재하기 위해 먼저 참여지원×혁신성 변수에 마우스를 더블클릭하여 [Object Properties]→[Parameters]→[Variance]에 1.442을 넣어준다. 다음으로 참여지원×혁신성의 잠재변수에서 참여1×혁신1, 참여1×혁신2 ... 참여3×혁신2, 참여3×혁신3의 경로에 마우스를 더블클릭한 뒤 [Object Properties]→[Parameters]→[Regression weight]에 각 요인적재치값을 입력해준다. 마지막으로 오차분산의 입력을 위해 $e11 \sim e19$의 값에 입력된 분산값을 [Object Properties]→[Parameters]→[Variance]에 입력해준다. 이상의 내용을 입력하면 다음과 같다.

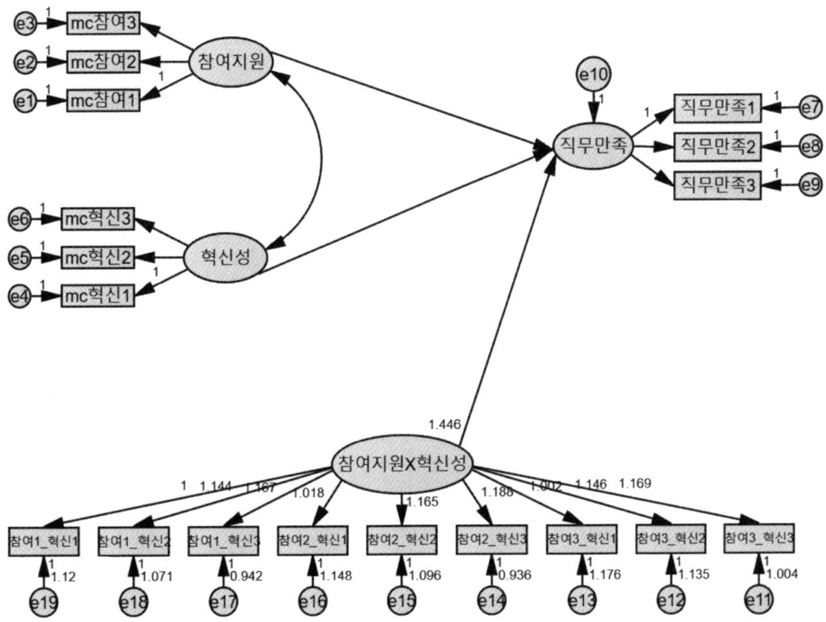

이후 [ ]를 눌러 프로그램을 실행한다. [ ]를 클릭하여 [Output] 창의 [Estimates]에서 [Regression Weights]를 확인하여 상호작용항의 결과를 확인한다. 결과를 살펴보면 참여지원×혁신성과 직무만족의 관계는 $B=0.100$, $t=1.669$, $p=0.095$로 나타나 상호작용이 없는 것을 확인할 수 있다. 측정문항을 하나로 만들어 사용할 때와 비슷한 결과를 가져오는 것을 확인할 수 있지만 적합도는 크게 상승하는 것을 알 수 있다.

CMIN

Model	NPAR	CMIN	DF	P	CMIN/DF
Default model	22	1422.851	149	.000	9.549
Saturated model	171	.000	0		
Independence model	18	5531.440	153	.000	36.153

Regression Weights: (Group number 1 - Default model)

			Estimate	S.E.	C.R.	P	Label
직무만족	<---	참여지원	.488	.061	8.037	***	
직무만족	<---	혁신성	.168	.083	2.025	.043	
직무만족	<---	참여지원X혁신성	.100	.060	1.669	.095	

3 Little 등의 접근법

Little 등의 접근법은 SPSS의 상호작용항과 비슷한 방식으로 독립변수 문항수와 조절효과 문항 수의 곱만큼 상호작용항이 만들어진다. 또한 Amos에서 Little 등의 접근법을 사용하기 위해서는 SPSS를 활용하여 변수를 만들어 줄 필요가 있다.

먼저, SPSS를 불러와 독립변수인 참여지원1, 참여지원2, 참여지원3과 조절변수인 혁신성1, 혁신성2, 혁신성3을 V1=참여지원1×혁신성1, V2=참여지원1×혁신성2, V3=참여지원1×혁신성3, V4=참여지원2×혁신성1, V5=참여지원2×혁신성2, V6=참여지원2×혁신성3, V7=참여지원3×혁신성1, V8=참여지원3×혁신성2, V9=참여지원3×혁신성3으로 총 9개의 새로운 변수를 만든다. 변수명은 연구자가 이해하기 쉬운 것으로 변경해주면 된다. 그 결과는 아래와 같다.

V1	V2	V3	V4	V5	V6	V7	V8	V9
28	28	35	28	28	35	28	28	35
24	24	24	28	28	28	28	28	28
21	18	15	21	18	15	28	24	20
18	18	15	18	18	15	12	12	10
30	36	30	20	24	20	25	30	25
24	12	16	24	12	16	24	12	16
20	16	20	20	16	20	25	20	25
42	42	42	42	42	42	42	42	42
25	25	25	25	25	25	25	25	25

다음으로 [분석]→[회귀분석]→[선형]을 클릭하여 참여지원1, 참여지원2, 참여지원3, 혁신성1, 혁신성2, 혁신성3을 독립변수로 하고 V1를 종속변수로 하는 회귀분석을 실행해 준다.

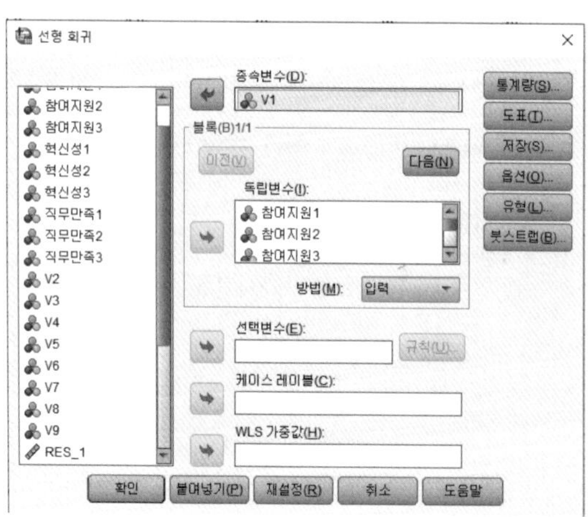

[선형 회귀] 창에서 [저장]을 클릭한 다음 [선형 회귀: 저장] 창에서 [잔차] 메뉴에 있는 [비표준화]를 선택한 후 [확인]을 눌러준다.

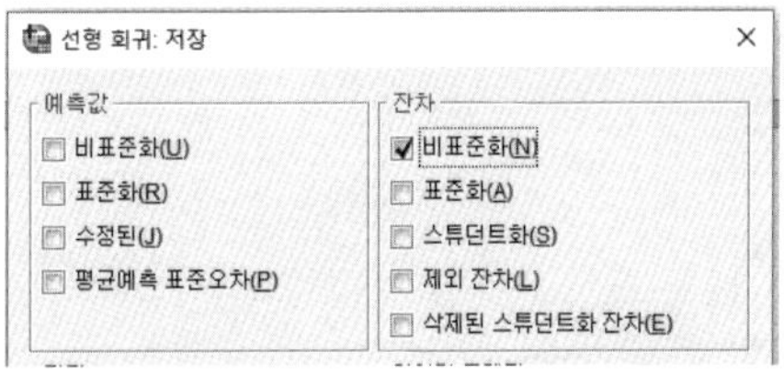

같은 방법으로 종속변수를 V9까지 총 9번의 회귀분석을 실행한다. 모든 작업이 완료되면 아래와 같은 RES_1에서 RES_9까지의 잔차값을 확인할 수 있을 것이다.

RES_1	RES_2	RES_3	RES_4	RES_5	RES_6	RES_7	RES_8	RES_9
-2.16345	-1.64440	.09822	-2.44994	-1.65306	.24371	-2.24746	-1.66000	.32004
-1.47139	-.96455	-1.16257	-2.12868	-1.71172	-1.85121	-2.08865	-1.45792	-1.87748
-4.70472	-3.12707	-1.08904	-4.03243	-2.95474	-1.15598	-2.04125	-1.54723	-1.12296
-2.28845	-2.78150	-.68172	-2.01390	-2.73142	-.87995	-3.48183	-4.08293	-1.18441
.22996	1.12725	-.15593	-.78490	-1.01824	-.62106	-.28576	.01800	-.69363
-1.34071	1.32390	.39271	-.69106	.79167	-.01190	-1.03130	.75481	.05690
-.56279	.22600	-.65878	-.43434	.24256	-.56109	-.09808	-.42140	-.24942
1.48061	1.81612	1.52201	1.73509	2.11660	1.77888	1.64128	2.09571	1.75688
-.31857	-.28138	-.36443	-.31018	-.19258	-.32439	-.27719	-.18051	-.34806
-1.84052	-1.78795	-1.77119	-.20581	-.28427	-.28925	-.28647	-.09687	-.23521
-.20647	.52622	1.49993	.16042	.32458	1.11415	-.05710	.40474	.91230

다음으로 SPSS 왼쪽 하단의 [변수보기]를 클릭한다. [변수보기]에 들어가면 RES_1~RES_9의 레이블에 [Unstandardized Residual]이 적혀있다.

	이름	유형	너비	소수점이...	레이블	값	결측값	열	맞춤	측도	역할
1	성별	숫자	12	1		없음	없음	12	오른쪽	명목형	입력
2	참여지원1	숫자	12	1		없음	없음	12	오른쪽	명목형	입력
3	참여지원2	숫자	12	1		없음	없음	12	오른쪽	명목형	입력
4	참여지원3	숫자	12	1		없음	없음	12	오른쪽	명목형	입력
5	혁신성1	숫자	12	1		없음	없음	12	오른쪽	명목형	입력
6	혁신성2	숫자	12	1		없음	없음	12	오른쪽	명목형	입력
7	혁신성3	숫자	12	1		없음	없음	12	오른쪽	명목형	입력
8	직무만족1	숫자	12	1		없음	없음	12	오른쪽	명목형	입력
9	직무만족2	숫자	12	1		없음	없음	12	오른쪽	명목형	입력
10	직무만족3	숫자	12	1		없음	없음	12	오른쪽	명목형	입력
11	V1	숫자	12	0		없음	없음	12	오른쪽	명목형	입력
12	V2	숫자	12	0		없음	없음	12	오른쪽	명목형	입력
13	V3	숫자	12	0		없음	없음	12	오른쪽	명목형	입력
14	V4	숫자	12	0		없음	없음	12	오른쪽	명목형	입력
15	V5	숫자	12	0		없음	없음	12	오른쪽	명목형	입력
16	V6	숫자	12	0		없음	없음	12	오른쪽	명목형	입력
17	V7	숫자	12	0		없음	없음	12	오른쪽	명목형	입력
18	V8	숫자	12	0		없음	없음	12	오른쪽	명목형	입력
19	V9	숫자	12	0		없음	없음	12	오른쪽	명목형	입력
20	RES_1	숫자	11	5	Unstandardized Residual	없음	없음	13	오른쪽	척도	입력
21	RES_2	숫자	11	5	Unstandardized Residual	없음	없음	13	오른쪽	척도	입력
22	RES_3	숫자	11	5	Unstandardized Residual	없음	없음	13	오른쪽	척도	입력
23	RES_4	숫자	11	5	Unstandardized Residual	없음	없음	13	오른쪽	척도	입력
24	RES_5	숫자	11	5	Unstandardized Residual	없음	없음	13	오른쪽	척도	입력
25	RES_6	숫자	11	5	Unstandardized Residual	없음	없음	13	오른쪽	척도	입력
26	RES_7	숫자	11	5	Unstandardized Residual	없음	없음	13	오른쪽	척도	입력
27	RES_8	숫자	11	5	Unstandardized Residual	없음	없음	13	오른쪽	척도	입력
28	RES_9	숫자	11	5	Unstandardized Residual	없음	없음	13	오른쪽	척도	입력

모든 [Unstandardized Residual]을 삭제해준다. 삭제하지 않을시 Amos의 분석이 실행되지 않는 문제가 발생할 수 있다. [Unstandardized Residual]을 삭제하였다면 저장하고 SPSS를 닫는다. Amos 프로그램을 실행시키고 다음의 모형을 그려준다.

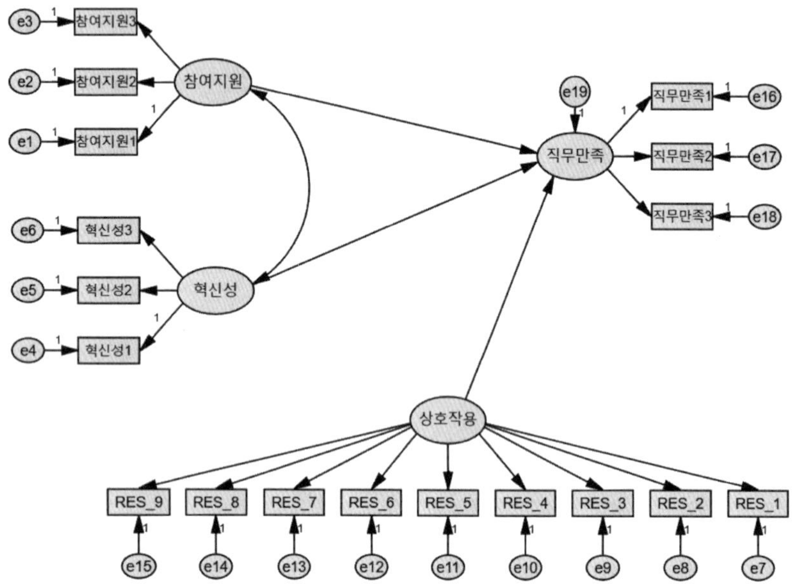

다음으로 RES_1에서 RES_9에 있는 오차분산 $e7 \sim e15$ 중 연관이 있는 것은 서로 연결해야 한다. RES_1의 경우 참여지원1과 혁신성1의 곱이다. 이에 따라 참여지원1이 들어있는 RES_2, RES_3과 연결해주고 혁신성1이 포함되어있는 RES_4, RES_7을 연결해준다. RES_2도 RES_1과 같이 참여지원1이 포함되어있거나 혁신성2가 포함되어있다면 그 오차항을 연결해준다. 이렇게 연결된 모형을 살펴보면 다음과 같다.

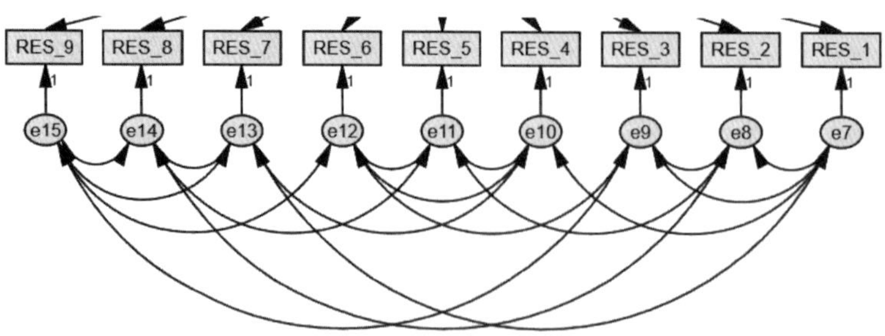

모형이 완성되었다면 [ ]를 클릭하여 프로그램을 실행한다. 경고메시지가 뜨면 [Proceed with the analysis]를 클릭하여 프로그램을 실행한다. 이후 [ ]를 클릭하여 [Output]창에서 [Model Fit]을 확인한 후 적합도에 이상이 없다면 [Output] 창의 [Estimates]에서 상호작용→종속변수의 관계를 살펴본다. 결과를 살펴보면 상호작용→직무만족에 미치는 영향은 $B=0.121$, $t=1.993$, $p<0.05$로 나타나 5% 유의수준에서 채택되어 참여지원과 혁신성의 상호작용은 직무만족에 영향을 미치는 것으로 확인하였다.

CMIN

Model	NPAR	CMIN	DF	P	CMIN/DF
Default model	58	106.374	113	.657	.941
Saturated model	171	.000	0		
Independence model	18	5480.790	153	.000	35.822

Regression Weights: (Group number 1 - Default model)

			Estimate	S.E.	C.R.	P	Label
직무만족	<---	참여지원	.485	.061	7.992	***	
직무만족	<---	혁신성	.181	.083	2.190	.029	
직무만족	<---	상호작용	.121	.061	1.993	.046	

제2절 범주형 조절효과

1 분석모형 1

Amos에서는 연속형 변수이지만 연속형 변수를 집단으로 분리하여 범주형 변수로 사용하는 경우가 많다. 앞서 설명했던 조직풍토와 조직지원은 직무만족에 긍정적 영향을 미치지만 이러한 영향은 구성원의 혁신성에 따라 차이가 날 것이다. 여기서 혁신성은 원래 연속형 변수로 사용되지만 Amos에서는 연속형 변수를 사용하는 경우 계산이 너무 복잡할 수 있어 혁신성이 높은 집단과 낮은 집단으로 나눈 범주형 조절효과분석을 많이 사용한다. 이에 [그림 13-2]와 같은 모형을 χ^2 차이검정을 통해 분석한다.

[그림 13-2] 혁신성의 조절효과 모형

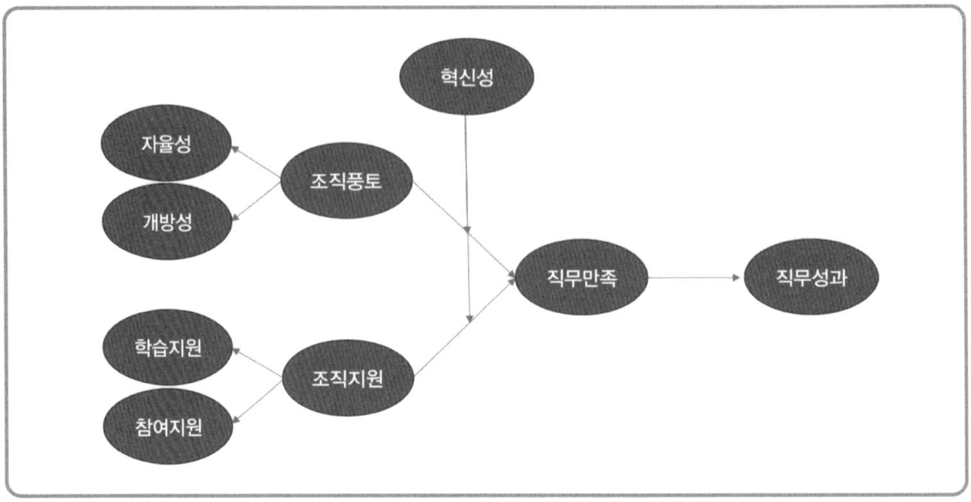

1) χ^2 차이검정: 방법1

범주형 변수의 조절효과를 분석하는 방법으로 가장 많이 사용되고 있는 χ^2 차이검정은 두 가지 조건으로 모형의 전반적 적합도를 평가한다. 먼저 독립변수와 종속변수 사이의 관계가 조절변수에 따라 달라진다는 것에 대해 제약을 가하지 않는 비제약모형 또는 자유모형을 추정한다. 다음으로 독립변수와 종속변수 사이의 관계가 조절효과에 의해 제약을 받는 제약모형 또는 등가제약모형을 추정한 다음 이들 두 모형의 χ^2 차이검정을 한다. 만약 조절효과가 없다면 자유모형과 제약모형의 χ^2값은 큰 차이가 없을 것이다. 반대로 조절효과가 있다면 두 모형의 χ^2값은 큰 차이를 보일 것이다. 보통 χ^2값의 차이가 3.84보다 크다면 5% 유의수준에서 차이가 난다고 할 수 있으며 χ^2값의 차이가 6.65보다 크다면 1% 유의수준에서 차이가 난다고 할 수 있다.

조절효과분석을 위해 먼저 SPSS에서 혁신성이 높은 집단과 낮은 집단으로 나누어 준다. 두 집단으로 나누는 방법은 변수의 평균값 또는 중앙값을 사용한다. 여기서는 평균값을 이용하기로 한다. 이를 위해 먼저 혁신성1, 혁신성2, 혁신성3을 평균하여 혁신성 변수를 만들어준다. 다음으로 혁신성 변수의 값을 평균한다. 본 예제에서는 혁신성의 평균값이 4.84가 나왔다. 이어서 혁신성고저라는 새로운 변수를 만들어 혁신성1, 2, 3 변수의 평균값이 전체평균인 4.84보다 크다면 1을 작다면 2를 입력한다. 반대로 크다면 2를 작다면 1을 지정하여도 상관없다.

[Analyze]→[Manage Groups]를 선택해 주거나 그림 메뉴 옆에 [Group number 1]을 더블클릭한다. 그러면 [Manage Groups] 대화상자가 나타나게 되고 현재 [Group number 1]이라고 지정되어있는 것을 지우고 [혁신성_고]로 지정한다. [New] 버튼을 클릭하여 [Group number 2]를 다음과 같이 [혁신성_저]로 지정한 후 [Close]를 클릭한다. 이때 사용되는 이름은 사용자가 알기 쉬운 이름을 지정하면 된다.

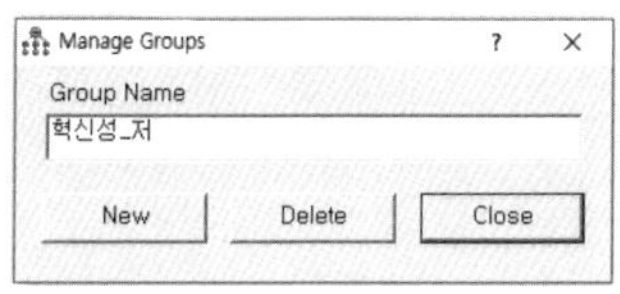

다음으로 자료를 연결하기 위해 [File]→[Data File]을 클릭하거나 그림 메뉴 [ ]를 클릭한다.

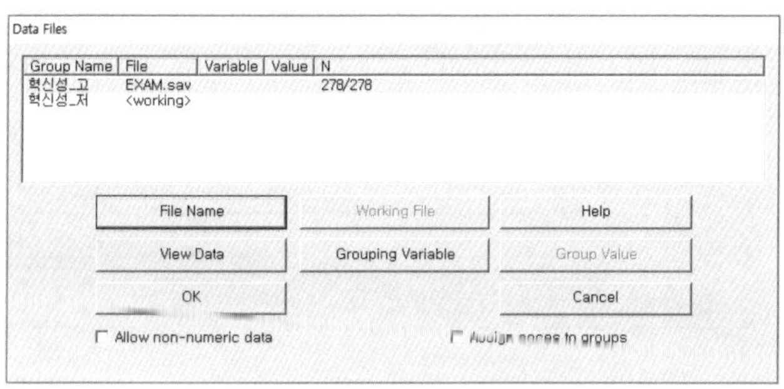

메뉴에서 [Group Name]의 [혁신성_저]에 아직 [File]이 지정되어있지 않은 곳을 클릭해주고 [File Name]을 클릭하여 사용할 데이터를 지정해 준다.

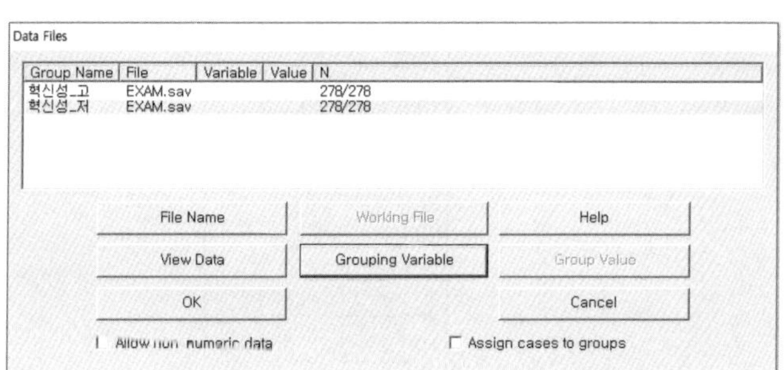

다음으로 [혁신성_고] 그룹과 [혁신성_저] 그룹에 각각 [Grouping Variable]을 클릭하여 [Choose a Grouping Variable] 창에서 [혁신성고저]를 찾아 클릭한 후 [OK]를 눌러준다.

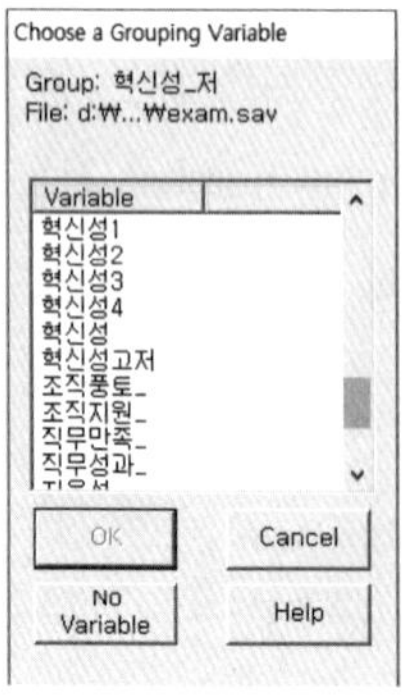

그러면 다음과 같이 [Variable]에 혁신성고저가 생성되고 [Group Value] 메뉴가 활성화된 것을 확인할 수 있다.

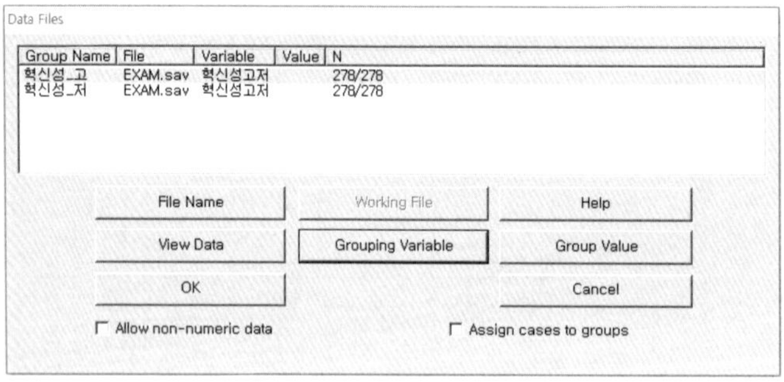

[Group Value]를 실행시켜 [Choose Value for Group] 창에서 필요한 데이터를 선택한다.

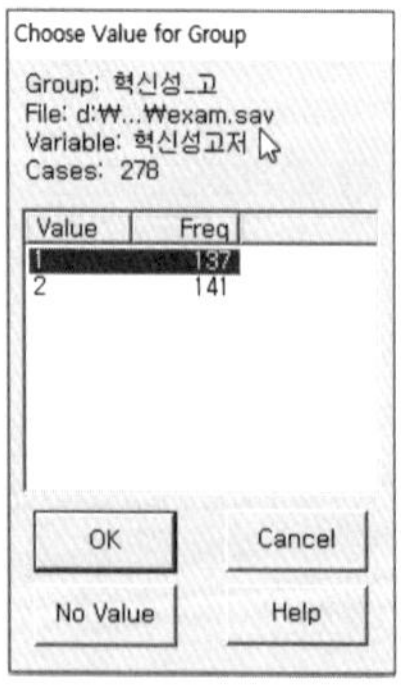

본 예제에서는 다음과 같이 혁신성이 높은 집단은 1로 낮은 집단은 2로 지정되어 있다.

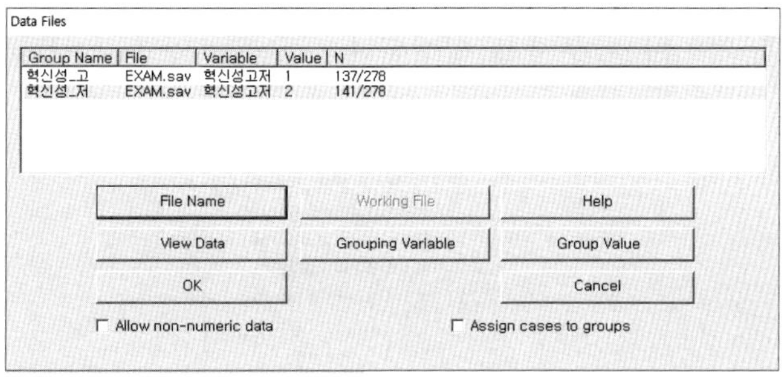

이상의 실행을 마쳤다면 다음 화면에서처럼 2개의 그룹이 지정된 것을 확인할 수 있다.

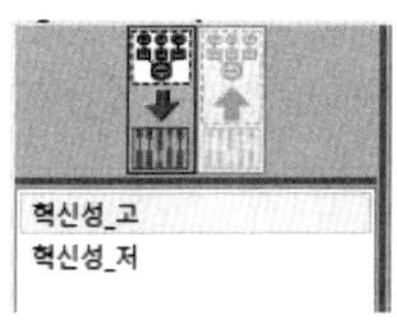

이제 제약모형을 만들기 위해 [Analyze]→[Multiple-Group Analysis] 또는 [ ] 메뉴를 클릭한다. 이때 모수제약을 수정할 수 있다는 메시지가 뜨면 [확인]을 눌러준다.

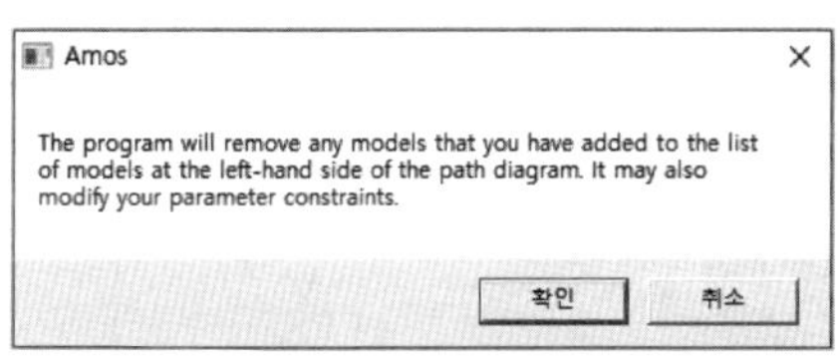

[Multiple-Group Analysis] 창이 뜨면 [OK]를 클릭해준다.

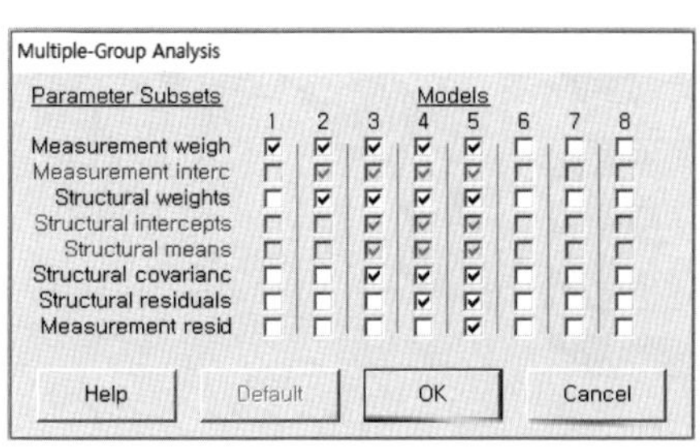

[OK]를 누르면 화면 왼쪽에 다음과 같은 [XX: Unconstrained], [XX: Measurement weights], [XX: Structural weights], [XX: Structural covariances], [XX: Structural residuals], [XX: Measurement residuals] 메뉴가 생성됨과 동시에 경로도에 두 집단의 모수를 의미하는 문자가 생성된다.

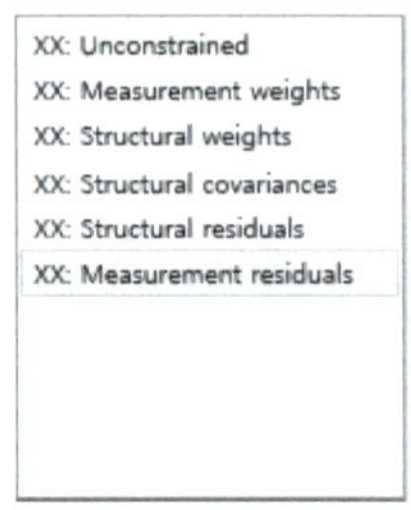

화면 왼쪽에 있는 [혁신성_고]를 클릭하여 문자의 의미를 살펴보면 조직풍토→직무만족으로 가는 경로계수에서 [b3_1]은 [혁신성_고] 집단을 의미한다. [혁신성_저] 집단을 클릭한다면 조직풍토→직무만족으로 가는 경로계수에 [b3_2]가 지정되어있는 것을 확인할 수 있다.

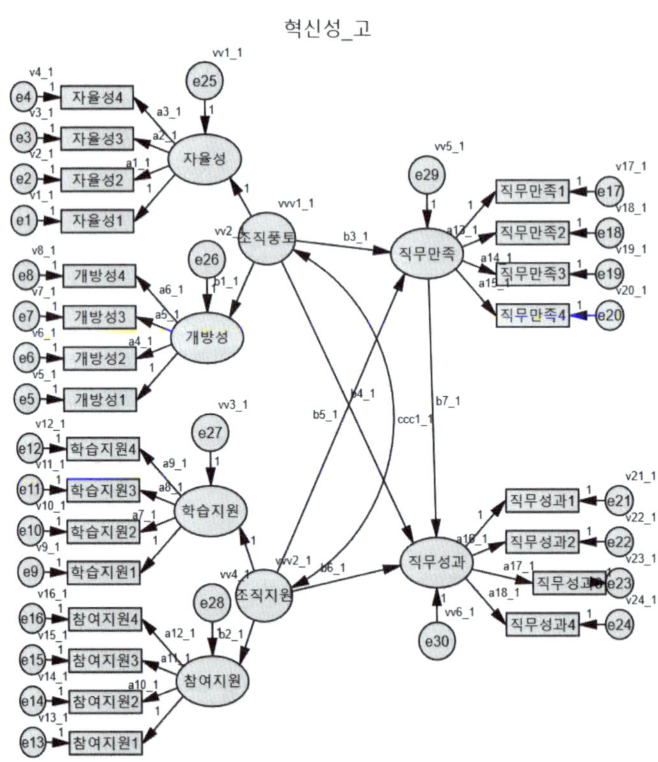

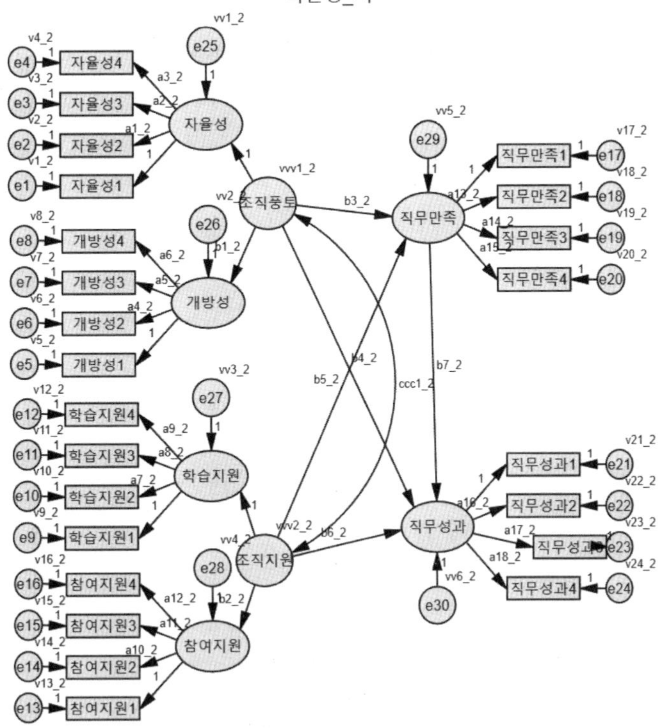

다음으로 화면 왼쪽에 있는 [Structural weights] 더블클릭하면 다음과 같이 [Manage Models] 창이 뜨게 된다. 여기서 [Parameter Constraints]에 있는 문자 중 조절효과를 확인하고 싶은 문자만을 남겨주고 모두 삭제한다. 예를 들어 조직풍토→직무만족에서 혁신성의 조절효과를 분석하고 싶다면 [b3_1=b3_2]만 제외하고 모두 삭제한 다음 [Close]를 클릭한다.

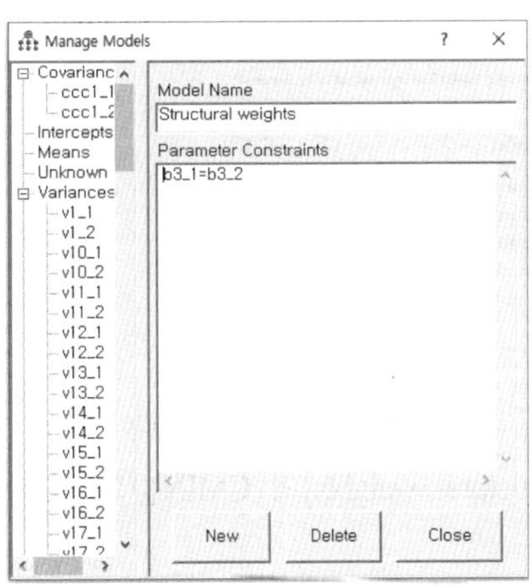

실행을 위해 [▦]를 클릭하여 프로그램을 실행한다. 분석결과를 확인하기 위해 [▦]를 클릭하여 [Output] 창에서 [Estimates] 메뉴를 선택하면 화면 아래에 [혁신성_고]와 [혁신성_저]라는 메뉴가 활성화된다. 이를 통해 [혁신성_고] 집단과 [혁신성_저] 집단에 대한 유의확률을 확인할 수 있다.

구조모형분석.amw
Analysis Summary
Notes for Group
Variable Summary
Parameter Summary
Notes for Model
Estimates
Minimization History
Notes for Group/Model
Model Fit
Model Comparison
Execution Time

혁신성_고
혁신성_저

Estimates (혁신성_고 - Unconstrained)

Scalar Estimates (혁신성_고 - Unconstrained)

Maximum Likelihood Estimates

Regression Weights: (혁신성_고 - Unconstrained)

			Estimate	S.E.	C.R.	P	Label
직무만족	<---	조직풍토	.219	.129	1.701	.089	b3_1
직무만족	<---	조직지원	.843	.186	4.519	***	b1
자율성	<---	조직풍토	1.000				
개방성	<---	조직풍토	1.278	.197	6.502	***	b1_1
학습지원	<---	조직지원	1.000				
참여지원	<---	조직지원	1.487	.236	6.308	***	b2_1
직무성과	<---	조직풍토	.394	.124	3.180	.001	b4_1
직무성과	<---	조직지원	-.023	.174	-.131	.896	b5_1
직무성과	<---	직무만족	.541	.104	5.186	***	b6_1

구조모형분석.amw
Analysis Summary
Notes for Group
Variable Summary
Parameter Summary
Notes for Model
Estimates
Minimization History
Notes for Group/Model
Model Fit
Model Comparison
Execution Time

혁신성_고
혁신성_저

Estimates (혁신성_저 - Unconstrained)

Scalar Estimates (혁신성_저 - Unconstrained)

Maximum Likelihood Estimates

Regression Weights: (혁신성_저 - Unconstrained)

			Estimate	S.E.	C.R.	P	Label
직무만족	<---	조직풍토	.545	.109	4.973	***	b3_2
직무만족	<---	조직지원	.230	.113	2.037	.042	b5_2
자율성	<---	조직풍토	1.000				
개방성	<---	조직풍토	1.153	.140	8.239	***	b1_2
학습지원	<---	조직지원	1.000				
참여지원	<---	조직지원	.940	.166	5.656	***	b2_2
직무성과	<---	조직풍토	.362	.116	3.119	.002	b4_2
직무성과	<---	조직지원	.334	.116	2.886	.004	b6_2
직무성과	<---	직무만족	.345	.097	3.540	***	b7_2

다음으로 [Output] 창에서 [Model Comparison]→[Assuming model Unconstrained to be correct]→[Structural weights]를 보게 되면 χ^2차이를 확인할 수 있다.

Assuming model Unconstrained to be correct:

Model	DF	CMIN	P	NFI Delta-1	IFI Delta-2	RFI rho-1	TLI rho2
Measurement weights	18	11.232	.884	.001	.002	-.003	-.003
Structural weights	1	3.669	.055	.000	.000	.000	.000
Structural covariances	28	33.768	.209	.004	.005	-.002	-.002
Structural residuals	34	46.299	.078	.006	.006	-.001	-.001
Measurement residuals	58	125.030	.000	.016	.017	.004	.004

또 다른 방법으로는 [Output] 창의 [Model Fit]→[CMIN]에서 [Unconstrained]의 CMIN값과 [Structural weights]의 CMIN값의 차이를 통해 알 수 있다.

CMIN

Model	NPAR	CMIN	DF	P	CMIN/DF
Unconstrained	116	803.503	484	.000	1.660
Measurement weights	98	814.735	502	.000	1.623
Structural weights	115	807.172	485	.000	1.664
Structural covariances	88	837.271	512	.000	1.635
Structural residuals	82	849.802	518	.000	1.641
Measurement residuals	58	928.533	542	.000	1.713
Saturated model	600	.000	0		
Independence model	48	7962.024	552	.000	14.424

결과를 살펴보면 자유모형과 제약모형의 차이가 $\chi^2 = 3.669$, $p > 0.05$로 나타나 혁신성이 조직풍토와 직무만족의 관계를 조절하지 못하는 것을 확인할 수 있다. [Model Fit]을 통해서도 자유모형의 $\chi^2 = 803.503$이고 제약모형의 $\chi^2 = 807.172$로 두 χ^2의 차이가 $\chi^2 = 3.669$로 나타나는 것을 알 수 있다.

같은 방법으로 왼쪽 메뉴의 [Structural weights]를 더블클릭하여 [b5_1=b5_2]를 작성하고 나머지를 삭제한다면 조직지원→직무만족의 관계에서 혁신성의 조절효과를 확인할 수 있다.

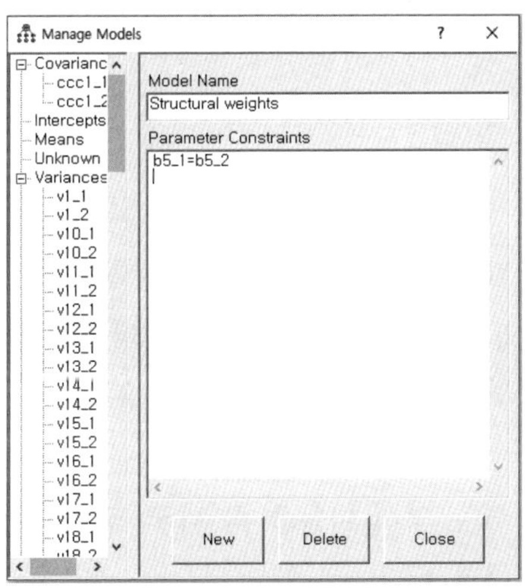

이후 [ ]를 클릭하여 프로그램을 실행한다. 분석결과를 확인하기 위해 그림 메뉴 [ ]를 클릭하여 [Output] 창에서 [Model Comparison]→[Assuming model Unconstrained to be correct]→[Structural weights] 또는 [Model Fit]→[CMIN]을 통해 χ^2값의 차이를 확인할 수 있다.

Assuming model Unconstrained to be correct:

Model	DF	CMIN	P	NFI Delta-1	IFI Delta-2	RFI rho-1	TLI rho2
Measurement weights	18	11.232	.884	.001	.002	-.003	-.003
Structural weights	1	8.855	.003	.001	.001	.001	.001
Structural covariances	28	33.768	.209	.004	.005	-.002	-.002
Structural residuals	34	46.299	.078	.006	.006	-.001	-.001
Measurement residuals	58	125.030	.000	.016	.017	.004	.004

CMIN

Model	NPAR	CMIN	DF	P	CMIN/DF
Unconstrained	116	803.503	484	.000	1.660
Measurement weights	98	814.735	502	.000	1.623
Structural weights	115	812.358	485	.000	1.675
Structural covariances	88	837.271	512	.000	1.635
Structural residuals	82	849.802	518	.000	1.641
Measurement residuals	58	928.533	542	.000	1.713
Saturated model	600	.000	0		
Independence model	48	7962.024	552	.000	14.424

조직지원과 직무만족에 혁신성의 조절효과를 살펴보면 자유모형과 제약모형의 차이가 $\chi^2 = 8.855$, $p < 0.01$로 나타나 차이가 존재하는 것을 확인할 수 있다. 또한 자유모형의 $\chi^2 = 803.503$이고 제약모형의 $\chi^2 = 812.358$로 두 χ^2의 차이가 $\chi^2 = 8.855$인 것을 알 수 있다.

2) χ^2 차이검정: 방법2

χ^2 차이검정을 위한 두 번째 방법은 일단 모형의 그룹지정 및 데이터 연결은 χ^2 차이검정 방법1과 같은 방법으로 실행한다. 다음으로 메뉴 [Analyze]→[Manage Models] 또는 [XX: Default model]을 더블클릭하면 [Manage Model] 창이 열린다. [Default model]이라는 모델이름을 자유모형이라 지정해주고 [New]를 눌러 [Model Number 2]라 지정되어있는 모델이름을 제약모형으로 변경 후 [Close]를 클릭한다. 이 메뉴 역시 이름을 꼭 바꿀 필요는 없다. 사용자가 알기 쉬운 이름으로 바꾸어주면 된다.

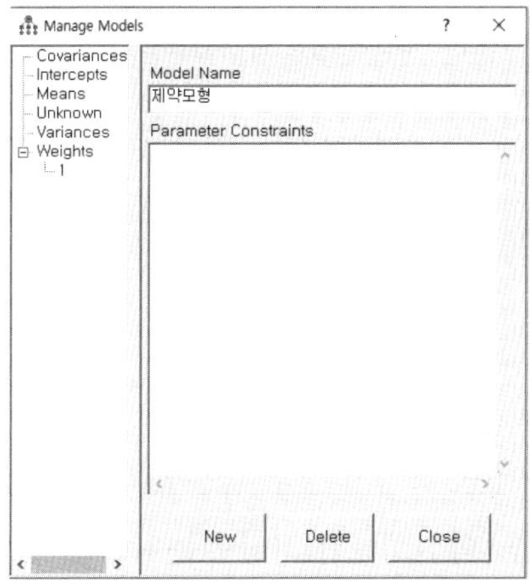

이 과정을 진행하고 나면 다음과 같이 화면이 변경된 것을 확인할 수 있을 것이다.

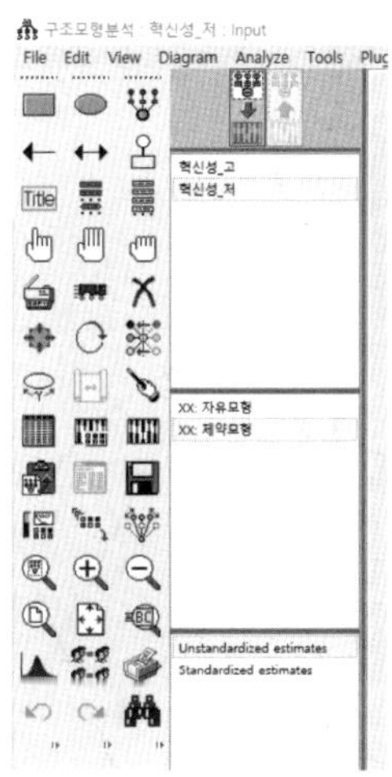

다음으로 [혁신성_고] 그룹을 선택한 후 조직풍토에서 직무만족으로 향하는 경로 위에 더블클릭을 통해 [Object Properties]를 실행시킨다. [Parameters]를 클릭하여 [All Groups]에 체크 메뉴를 클릭하여 체크를 삭제해주고 [Regression Weight]에 [a1]이라는 숫자를 넣어준다. 메뉴를 닫지 않은 상태에서 다시 [혁신성_저] 메뉴를 클릭하면 [Object Properties]→[Regression weight]가 지워져 보이는 것을 확인할 수 있다. 이번에는 [Regression weight]에 [a2]를 입력해준다. 여기서 a1과 a2는 혁신성 높은 집단과 낮은 집단을 비교하기 위한 기호이다. 따라서 사용자가 파악하기 쉬운 단어로 바꾸어줘도 상관없다.

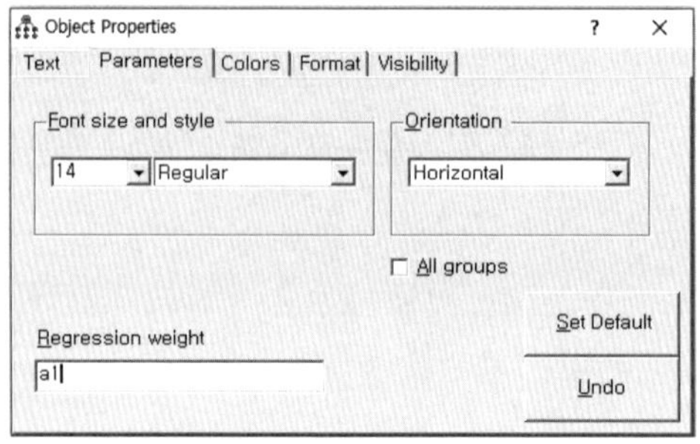

이와 같게 이번에는 조직지원과 직무만족의 경로를 더블클릭하여 [혁신성_고] 그룹에는 [b1]을 [혁신성_저] 그룹에는 [b2]를 입력한다. 이상 완성된 모형을 보면 다음과 같다.

혁신성_저

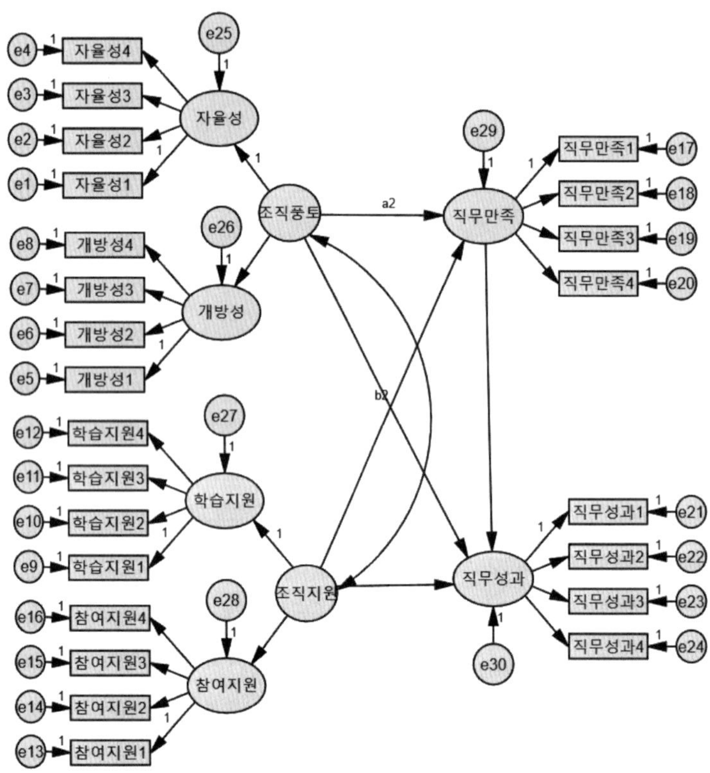

혁신성_고

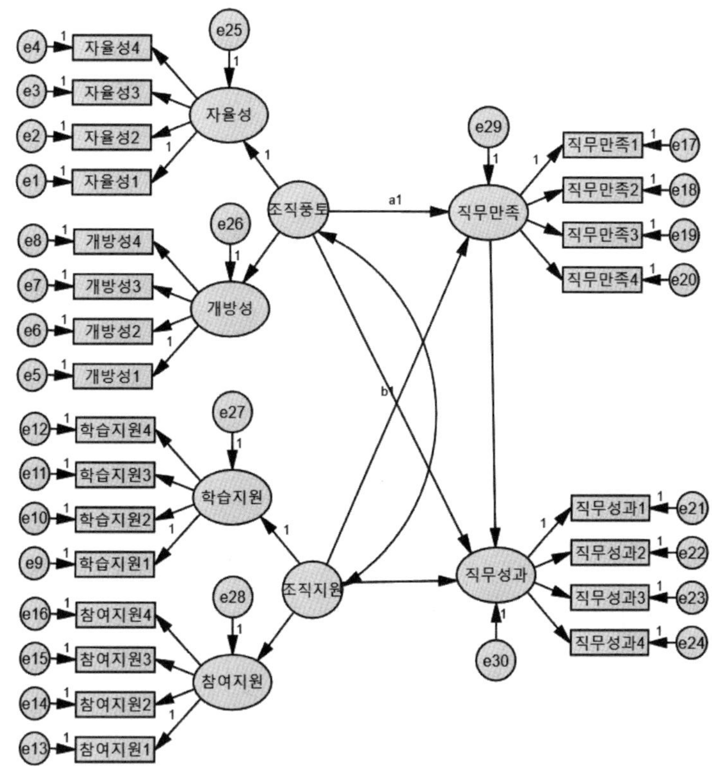

다음으로 [XX: 제약모형]을 더블클릭하여 [Manage Models]을 실행한다.

조직풍토와 직무만족에서 혁신성의 조절효과를 확인하고 싶다면 [Analyze]→[Manage Models]→[Parameter Constraints]에 [a1=a2]를 입력하고 조직지원과 직무만족의 관계에서 혁신성의 조절효과를 확인하고 싶다면 [Parameter Constraints]에 [b1=b2]를 입력해준다.

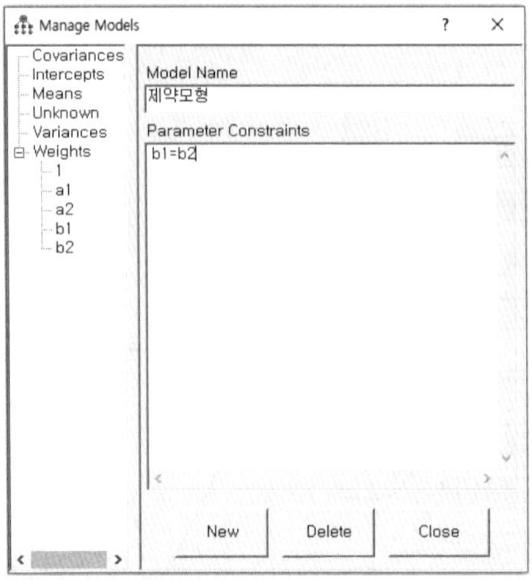

조절효과의 결과값을 확인하기 위해서는 [View]→[Text Output]을 클릭하여 [Output] 창에서 [Estimates] 메뉴를 선택하게 되면 화면 아래에 [혁신성_고]와 [혁신성_저]라는 메뉴가 활성화된다. 이를 통해 [혁신성_고] 집단과 [혁신성_저] 집단에 대한 유의확률을 확인할 수 있다.

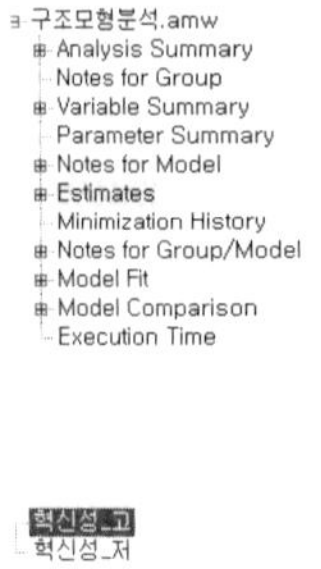

Estimates (혁신성_고 - 자유모형)

Scalar Estimates (혁신성_고 - 자유모형)

Maximum Likelihood Estimates

Regression Weights: (혁신성_고 - 자유모형)

			Estimate	S.E.	C.R.	P	Label
직무만족	<---	조직풍토	.219	.129	1.701	.089	a1
직무만족	<---	조직지원	.843	.186	4.519	***	b1
자율성	<---	조직풍토	1.000				
개방성	<---	조직풍토	1.278	.197	6.502	***	
학습지원	<---	조직지원	1.000				
참여지원	<---	조직지원	1.487	.236	6.308	***	
직무성과	<---	조직풍토	.394	.124	3.180	.001	
직무성과	<---	조직지원	-.023	.174	-.131	.896	
직무성과	<---	직무만족	.541	.104	5.186	***	

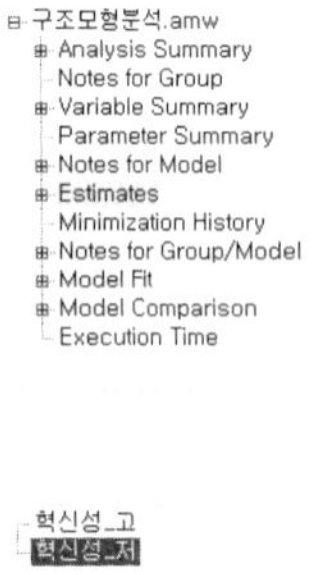

Estimates (혁신성_저 - 자유모형)

Scalar Estimates (혁신성_저 - 자유모형)

Maximum Likelihood Estimates

Regression Weights: (혁신성_저 - 자유모형)

			Estimate	S.E.	C.R.	P	Label
직무만족	<---	조직풍토	.545	.109	4.973	***	a2
직무만족	<---	조직지원	.230	.113	2.037	.042	b2
자율성	<---	조직풍토	1.000				
개방성	<---	조직풍토	1.153	.140	8.239	***	
학습지원	<---	조직지원	1.000				
참여지원	<---	조직지원	.940	.166	5.656	***	
직무성과	<---	조직풍토	.362	.116	3.119	.002	
직무성과	<---	조직지원	.334	.116	2.886	.004	
직무성과	<---	직무만족	.345	.097	3.540	***	

다음으로 두 집단의 차이가 통계적으로 유의한지를 확인하기 위해 [Output] 창에서 [Model Comparison]을 이용하거나 [Model Fit]에서 자유모형과 제약모형의 비교를 통해서 확인할 수 있다. 두 결과는 같은 값을 보여준다. 기준은 χ^2의 차이가 3.84보다 크다면 두 집단은 차이가 존재한다고 할 수 있다. 다음은 조직풍토와 직무만족 그리고 조직지원과 직무만족에 대한 혁신성의 조절효과 결과를 보여준 것이다.

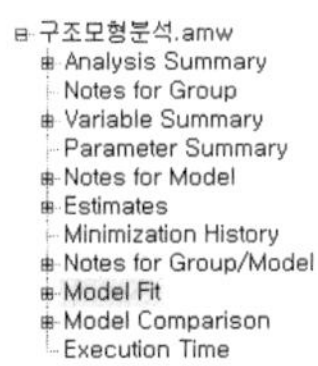

Model Fit Summary

CMIN

Model	NPAR	CMIN	DF	P	CMIN/DF
자유모형	116	803.503	484	.000	1.660
제약모형	115	807.172	485	.000	1.664
Saturated model	600	.000	0		
Independence model	48	7962.024	552	.000	14.424

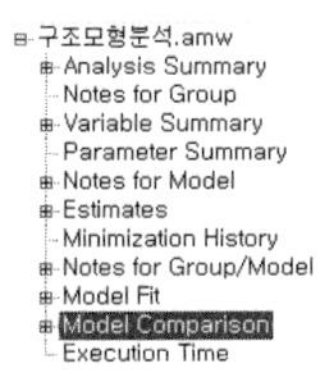

Nested Model Comparisons

Assuming model 자유모형 to be correct:

Model	DF	CMIN	P	NFI Delta-1	IFI Delta-2	RFI rho-1	TLI rho2
제약모형	1	3.669	.055	.000	.000	.000	.000

결과를 살펴보면 자유모형과 제약모형의 차이가 $\chi^2 = 3.669$, $p > 0.05$로 나타나 혁신성이 조직풍토와 직무만족의 관계를 조절하지 못하는 것을 확인할 수 있다. [Model Fit]을 통해서도 자유모형의 $\chi^2 = 803.503$이고 제약모형의 $\chi^2 = 807.172$로 두 χ^2의 차이가 $\chi^2 = 3.669$ 로 나타나는 것을 알 수 있다.

다음은 조직지원과 직무만족에 혁신성의 조절효과를 살펴본 결과값이다. 자유모형과 제약모형의 차이가 $\chi^2 = 8.855$, $p < 0.01$로 나타나 차이가 존재하는 것을 확인할 수 있다. 또한 자유모형의 $\chi^2 = 803.503$이고 제약모형의 $\chi^2 = 812.358$로 두 χ^2의 차이가 $\chi^2 = 8.855$인 것을 알 수 있다.

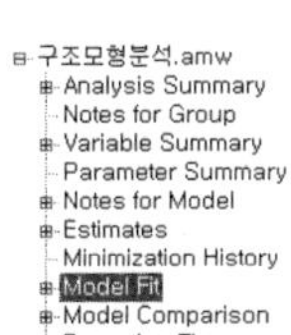

Model Fit Summary

CMIN

Model	NPAR	CMIN	DF	P	CMIN/DF
자유모형	116	803.503	484	.000	1.660
제약모형	115	812.358	485	.000	1.675
Saturated model	600	.000	0		
Independence model	48	7962.024	552	.000	14.424

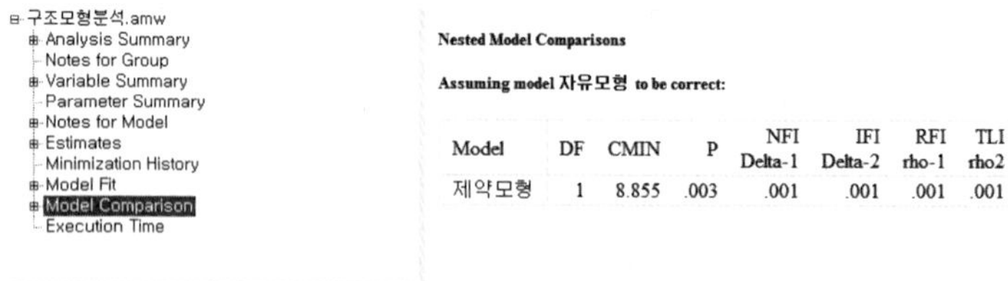

Nested Model Comparisons

Assuming model 자유모형 to be correct:

Model	DF	CMIN	P	NFI Delta-1	IFI Delta-2	RFI rho-1	TLI rho2
제약모형	1	8.855	.003	.001	.001	.001	.001

이상의 내용을 요약하면 <표 13-1>과 같다.

〈표 13-1〉 조절효과 분석결과 요약

조절변수	경로	자유모형	제약모형	χ^2 변화량	p값	등가제약 모형계수		조절효과
혁신성	조직풍토→직무만족	803.503	807.172	3.669	.055	고	0.219*	기각
						저	0.545**	
	조직지원→직무만족		812.358	8.855**	.003	고	0.843**	채택
						저	0.230*	

* $p<.05$, ** $p<.01$

2 분석모형 2

[그림 13-3]과 같이 공정성이 신뢰에 미치는 영향력에서 구성원의 성별이 조절역할을 하는지를 분석하고자 한다. 여기서 공정성에 따른 신뢰는 성별에 따라 다를 수 있을 것으로 가정한다.

1) 대응별 모수비교

대응별 모수비교는 비제약모델에서 개별모수의 차이를 검정하는 방법으로 Z 통계량을 통해 검정할 수 있다. 즉, χ^2 차이분석과 다르게 두 모수 차이의 Z값이 ±1.96 이상이면 5%에서 유의하다고 할 수 있으며, ±2.58이상이면 1%에서 유의하다고 할 수 있다. 대응별 모수비교는 비제약모델만을 추정하기 때문에 분석이 간단하다는 장점이 있지만 χ^2 차이분석에 비해 정확도가 떨어지는 단점을 가지고 있다.

[그림 13-3] 성별의 조절효과 모형

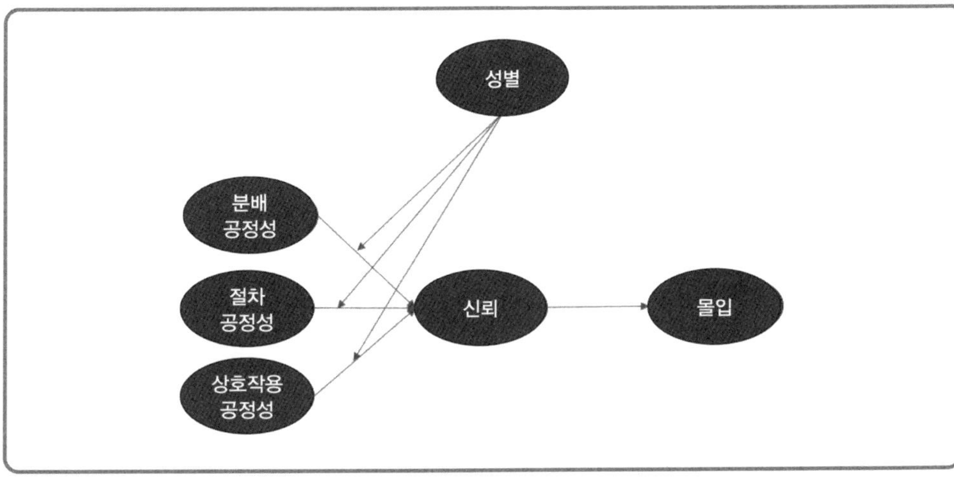

대응별 모수비교를 실행하기 위해서는 앞서 설명한 χ^2 차이검정에서 방법1의 [Multiple-Group Analysis] 창을 띄우는 것과 χ^2 차이검정에서 방법2의 [Object Properties]→[Regression weight]에 집단을 입력해주는 것은 동일하다. 아래의 그림은 χ^2 차이검정의 방법2를 사용하였다. 먼저 아래와 같이 경로를 그려준다.

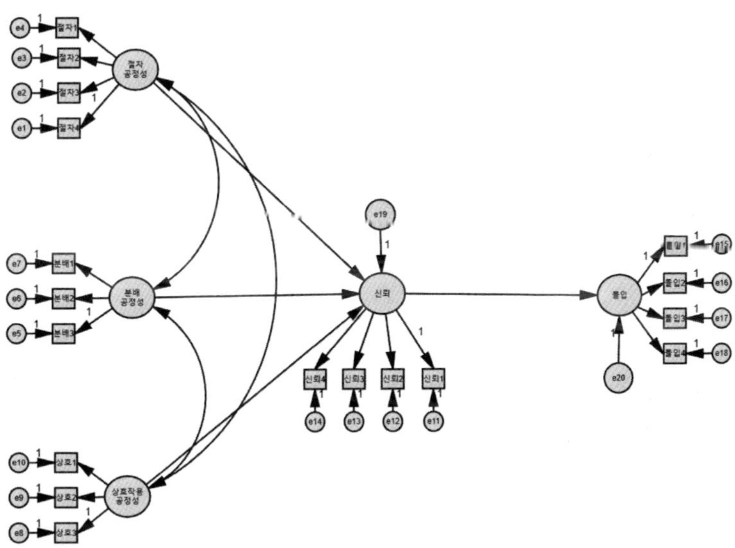

다음으로 왼쪽 그림 메뉴의 [Group number1]을 더블클릭하여 [Manage Groups]에 남성과 여성을 각각 추가하여 준다.

그림 메뉴 [▦]를 통해 다음과 같이 데이터를 연결해준다.

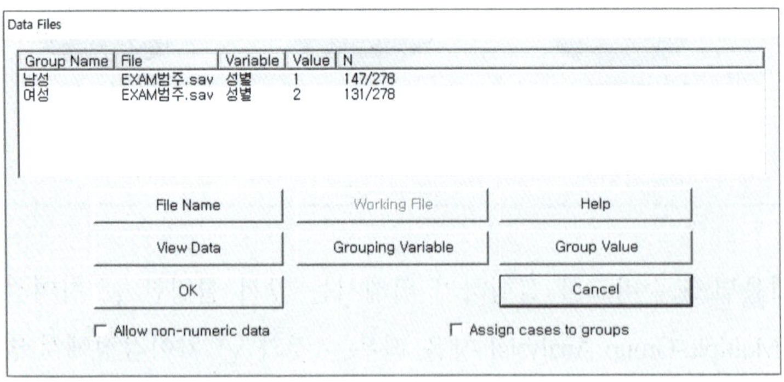

절차공정성과 신뢰의 관계는 남성 = a1, 여성 = a2이며 분배공정성과 신뢰의 관계는 남성 = b1, 여성 = b2, 상호적용공정성과 신뢰의 관계는 남성 = c1, 여성 = c2로 입력해준다.

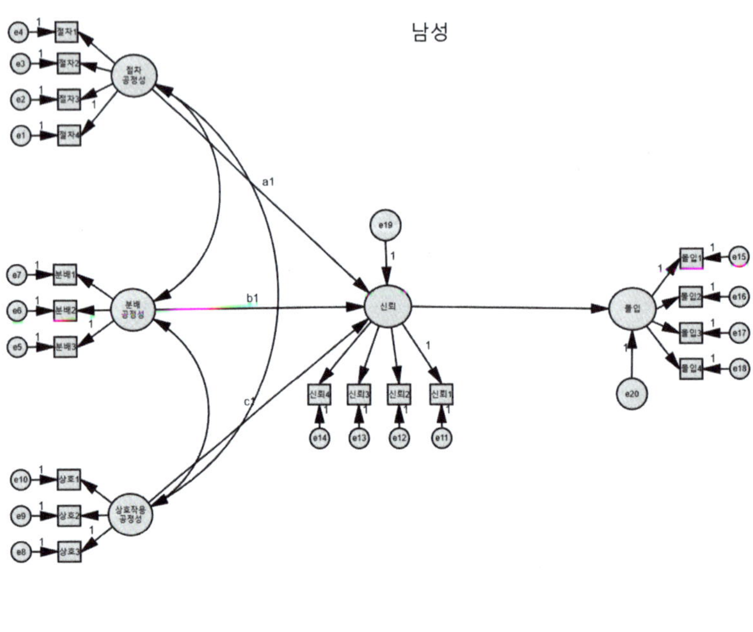

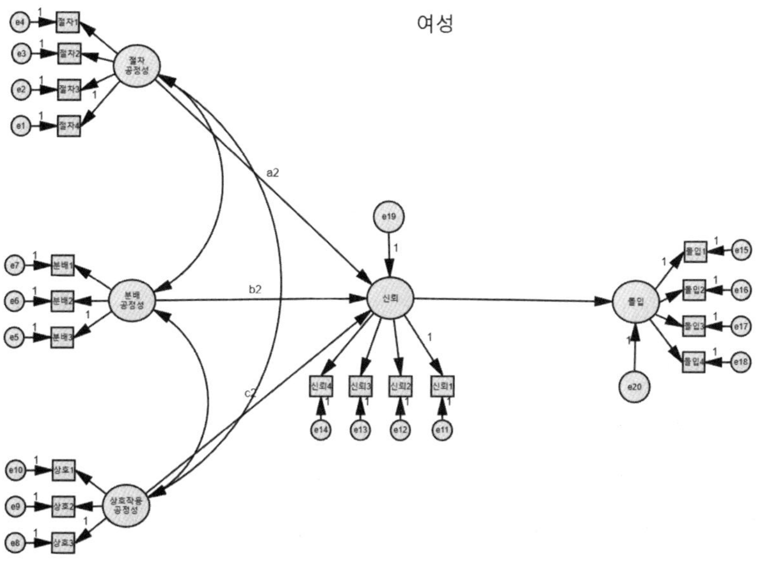

이후 그림 메뉴 [ ]를 클릭하여 [Output]→[Critical ratios for differences]를 체크한다. 그런 다음 [ ]를 클릭하여 프로그램을 실행한다.

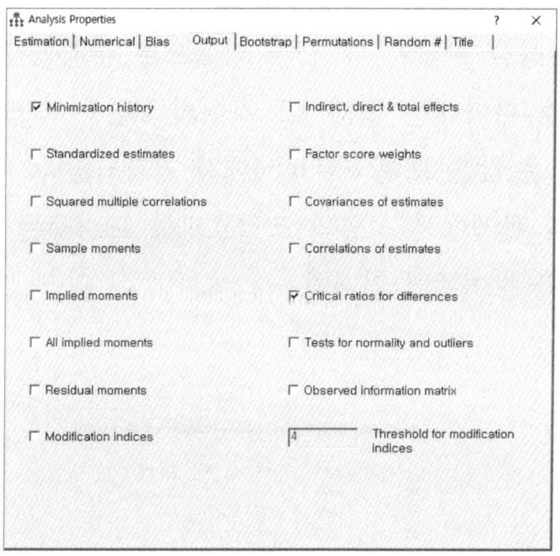

결과를 확인하기 위해 그림 메뉴 [ ]를 클릭한 후 먼저 [Output] 창에서 [Estimates]를 클릭하여 결과값을 확인해 볼 수 있다.

Regression Weights: (남성 - Unconstrained)

			Estimate	S.E.	C.R.	P	Label
신뢰	<---	분배_공정성	.269	.084	3.203	.001	b1_1
신뢰	<---	상호작용_공정성	.148	.089	1.657	.097	b2_1
신뢰	<---	절차_공정성	.305	.103	2.962	.003	b4_1
몰입	<---	신뢰	.534	.097	5.482	***	b3_1

Regression Weights: (여성 - Unconstrained)

			Estimate	S.E.	C.R.	P	Label
신뢰	<---	분배_공정성	.548	.118	4.624	***	b1_2
신뢰	<---	상호작용_공정성	.099	.083	1.197	.231	b2_2
신뢰	<---	절차_공정성	-.074	.091	-.809	.419	b4_2
몰입	<---	신뢰	.725	.110	6.619	***	b3_2

그런 다음 [Output] 창에서 [Pairwise Parameter Comparisons]를 선택하여 두 모수값에 대한 차이를 비교하여 두 집단 간 차이가 존재하는지 검정할 수 있다. a1과 a2의 비교는 절차공정성과 신뢰의 관계에서 성별의 조절효과를 나타내는 것이고 b1과 b2는 분배공정성과 신뢰의 관계에 성별의 조절효과를 나타낸 결과값이다. 마지막으로 c1과 c2는 상호작용공정성과 신뢰의 관계에서 성별의 조절효과 차이를 보여준다.

결과를 살펴보면 절차공정성과 신뢰의 관계에서 성별의 차이를 나타내는 a1과 a2 차이의 Z값은 -2.755로 나타나 임계치 -2.58보다 작게 나타나 $\alpha=0.01$에서 채택되었음을 확인할 수 있다. 다음으로 분배공정성과 신뢰의 관계에서 성별의 차이를 나타내는 b1과 b2 차이의 Z값은 1.920으로 나타나 임계치 $+1.96$보다 작은 값을 보여 $\alpha=0.05$에서 기각되었다. 마지막으로 상호작용공정성과 신뢰의 관계에서 성별의 조절효과를 보여주는 c1과 c2 차이의 Z값은 -0.399의 값을 보여주어 임계치 -1.96보다 큰 값을 보여 $\alpha=0.05$에서 기각되었다.

Critical Ratios for Differences between Parameters (Default model)

	b1	c1	a1	b2	c2	a2
b1	.000					
c1	-.898	.000				
a1	.220	1.194	.000			
b2	1.920	2.701	1.547	.000		
c2	-1.441	-.399	-1.558	-2.746	.000	
a2	-2.766	-1.737	-2.755	-3.844	-1.172	.000

이상의 내용을 요약하면 <표 13-2>와 같다.

〈표 13-2〉 조절효과 분석결과 요약(대응별 모수비교)

조절변수	경로	검정통계량	모형계수		조절효과
성별	절차공정성 → 신뢰	−2.755	남성	0.305**	채택
			여성	−0.074	
	분배공정성 → 신뢰	1.920	남성	0.269**	기각
			여성	0.548**	
	상호작용공정성 → 신뢰	−0.399	남성	0.148*	기각
			여성	0.099	

* $p<.05$, ** $p<.01$

2) χ^2 차이검정: 방법1

마지막으로 공정성과 신뢰의 관계에서 성별의 조절효과를 χ^2 차이검정을 통해 확인해보고자 한다. 데이터 연결까지는 위의 방법과 동일하게 실행한 후 그림 메뉴 [ ]를 통해 [Multiple-Group Analysis]를 실행한다.

절차공정성과 신뢰의 관계에서 남성은 b1_1 여성은 b1_2, 절차공정성과 신뢰의 관계에서 남성은 b2_1 여성은 b2_2, 상호작용공정성과 신뢰의 관계에서는 남성은 b3_1 여성은 b3_2인 것을 알 수 있다.

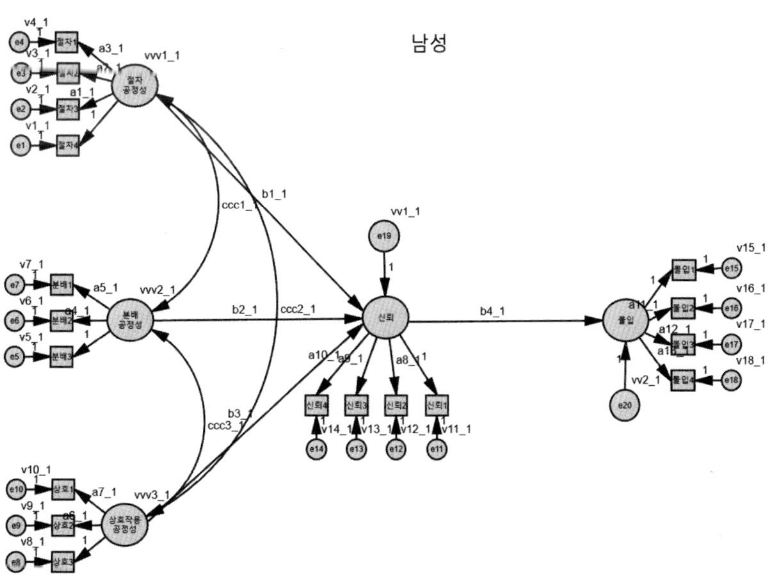

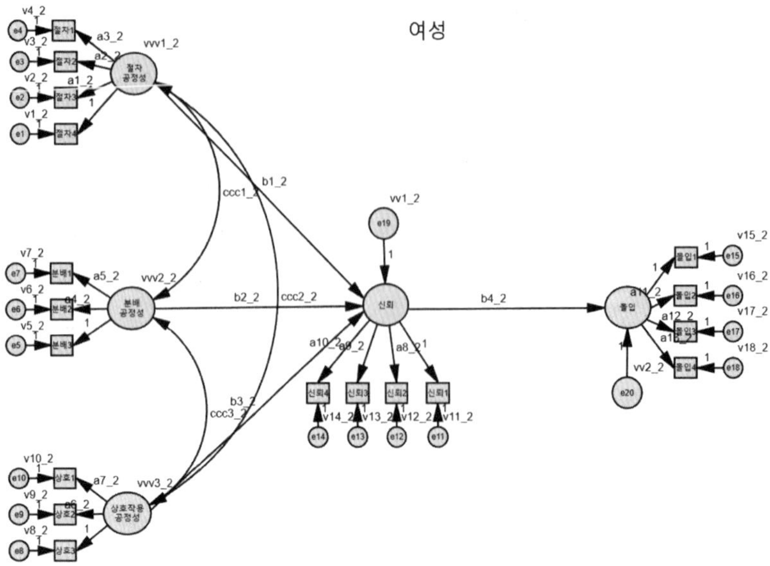

다음으로 화면 왼쪽에 있는 [Structural weights]를 더블클릭하면 다음과 같이 [Manage Models] 창이 뜨게 된다. 여기서 [Parameter Constraints]에 있는 문자 중 조절효과를 검정하고 싶은 문자만을 남겨주고 모두 삭제한다. 절차공정성과 신뢰의 관계를 확인하기 위해서는 [Manage Models]→[Parameter Constraints]에 b1_1=b1_2을 입력한 후 [Close]를 클릭한다.

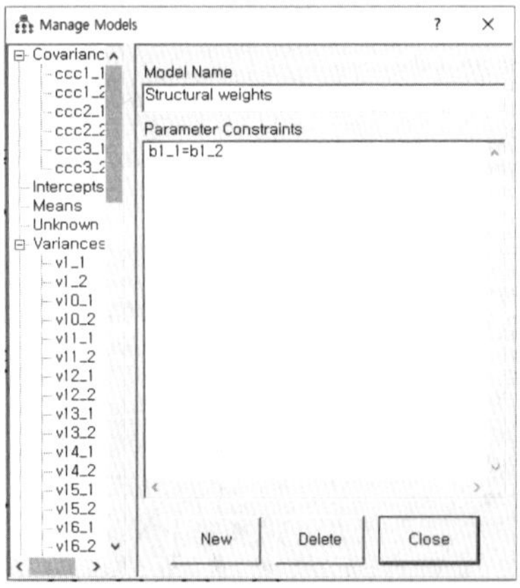

[ ]를 클릭하여 프로그램을 실행한다. 이후 [ ]를 클릭한 후 먼저 [Output] 창에서 [Estimates]를 클릭하여 결과값을 확인해 볼 수 있다. 결과는 앞서 설명한 대응별 모수비교와 같다는 것을 알 수 있다.

Regression Weights: (남성 - Unconstrained)

			Estimate	S.E.	C.R.	P	Label
신뢰	<---	절차_공정성	.305	.103	2.962	.003	b1_1
신뢰	<---	분배_공정성	.269	.084	3.203	.001	b2_1
신뢰	<---	상호작용_공정성	.148	.089	1.657	.097	b3_1
몰입	<---	신뢰	.534	.097	5.482	***	b4_1

Regression Weights: (여성 - Unconstrained)

			Estimate	S.E.	C.R.	P	Label
신뢰	<---	절차_공정성	-.074	.091	-.809	.419	b1_2
신뢰	<---	분배_공정성	.548	.118	4.624	***	b2_2
신뢰	<---	상호작용_공정성	.099	.083	1.197	.231	b3_2
몰입	<---	신뢰	.725	.110	6.619	***	b4_2

[Output] 창의 [Model Fit]→[CMIN]에서 기본모형의 적합도를 살펴보면 $\chi^2 = 390.052$, $p < 0.05$로 나타났다.

CMIN

Model	NPAR	CMIN	DF	P	CMIN/DF
Unconstrained	86	390.052	256	.000	1.524

다음으로 [Output] 창의 [Comparison]→[Assuming model Unconstrained to be correct]→[Structural weights]를 보게 되면 χ^2차이를 확인할 수 있다. 결과를 살펴보면 절차공정성과 신뢰의 관계에서 성별의 조절효과는 $\chi^2 = 7.671$, $p < 0.01$로 나타나 1% 유의수준에서 차이가 있는 것을 보여주었다.

Assuming model Unconstrained to be correct:

Model	DF	CMIN	P	NFI Delta-1	IFI Delta-2	RFI rho-1	TLI rho2
Measurement weights	13	28.909	.007	.011	.012	.004	.004
Structural weights	1	7.671	.006	.003	.003	.003	.003
Structural covariances	23	57.954	.000	.022	.024	.009	.011
Structural residuals	25	58.398	.000	.022	.024	.008	.009
Measurement residuals	43	138.106	.000	.051	.057	.028	.031

같은 방법으로 [Manage Models]→[Parameter Constraints]에 b2_1=b2_2를 입력하여 분배공정성과 신뢰의 관계에서 성별의 차이를 확인할 수 있다. 결과를 살펴보면 $\chi^2 = 3.955$, $p < 0.05$로 나타나 5% 유의수준에서 유의한 것을 파악할 수 있다. 앞서 설명한 모수별 대응비교분석에서는 분배공정성과 신뢰의 관계에서는 두 집단의 차이가 1.920으로 나타나 5%에서 기각되었지만 χ^2 차이분석에서는 5% 유의수준에서 채택되었음을 알 수 있다.

Assuming model Unconstrained to be correct:

Model	DF	CMIN	P	NFI Delta-1	IFI Delta-2	RFI rho-1	TLI rho2
Measurement weights	13	28.909	.007	.011	.012	.004	.004
Structural weights	1	3.955	.047	.001	.002	.001	.001
Structural covariances	23	57.954	.000	.022	.024	.009	.011
Structural residuals	25	58.398	.000	.022	.024	.008	.009
Measurement residuals	43	138.106	.000	.051	.057	.028	.031

마지막으로 상호작용공정성과 신뢰의 관계에서 성별의 조절효과를 살펴보기 위해 [Manage Models]→[Parameter Constraints]에 b3_1=b3_2을 입력한 후 결과를 살펴보면 $\chi^2 = 0.158,\ p > 0.05$로 나타나 5% 유의수준에서 기각되었다.

Assuming model Unconstrained to be correct:

Model	DF	CMIN	P	NFI Delta-1	IFI Delta-2	RFI rho-1	TLI rho2
Measurement weights	13	28.909	.007	.011	.012	.004	.004
Structural weights	1	.158	.691	.000	.000	-.001	-.001
Structural covariances	23	57.954	.000	.022	.024	.009	.011
Structural residuals	25	58.398	.000	.022	.024	.008	.009
Measurement residuals	43	138.106	.000	.051	.057	.028	.031

이상의 내용을 요약하면 다음의 <표 13-3>과 같다.

〈표 13-3〉 조절효과 분석결과 요약(χ^2 차이검정)

조절변수	경로	자유모형	제약모형	χ^2 변화량	p값	등가제약 모형계수		조절효과
성별	절차공정성 → 신뢰	390.052	397.723	7.671	0.006	남성	0.305**	채택
						여성	−0.074	
	분배공정성 → 신뢰		394.007	3.955	0.047	남성	0.269**	채택
						여성	0.548**	
	상호작용공정성 → 신뢰		390.210	0.158	0.691	남성	0.148*	기각
						여성	0.099	

* $p<.05$, ** $p<.01$

Reference

Aiken, L. S., West, S. G., & Reno, R. R. (1991). Multiple regression: Testing and interpreting interactions. Sage.

Babbie, E. R. (2015). The practice of social research. Nelson Education.

Bailey, K. (2008). Methods of social research. Simon and Schuster.

Barclay, D., Higgins, C., & Thompson, R. (1995). The partial least squares (PLS) approach to causal modeling: Personal computer adoption and use as an illustration. Technology Studies, 2(2), 285-309.

Baron, R. M., & Kenny, D. A. (1986). The moderator-mediator variable distinction in social psychological research: Conceptual, strategic, and statistical considerations. Journal of Personality and Social Psychology, 51(6), 1173-1182.

Bernard, H. R., & Bernard, H. R. (2013). Social research methods: Qualitative and quantitative approaches. Sage.

Blaikie, N., & Priest, J. (2019). Designing social research: The logic of anticipation. John Wiley & Sons.

Bryman, A. (2016). Social research methods. Oxford university press.

Chen, C. J., & Huang, J. W. (2009). Strategic human resource practices and innovation performance—The mediating role of knowledge management capacity. Journal of Business Research, 62(1), 104-114.

Chin, W. W. (1998). Commentary: Issues and opinion on structural equation modeling. MIS Quarterly, 22(1), 7-16.

Chin, W. W. (1998). The partial least squares approach to structural equation modeling. In. G. A. Marcoulides(Ed). Modern Methods for Business Reseach (pp.295-336). Londel: Lawrence Erlbaum.

Cohen, J. (1988). Statistical power analysis for the behavioral sciences. Hillsdale, NJ: Erlbaum.

Cohen, J., Cohen, P., West, S. G., & Aiken, L. S. (2013). Applied multiple regression/correlation analysis for the behavioral sciences. Routledge.

De Vaus, D., & de Vaus, D. (2013). Surveys in social research. Routledge.

Doane, D., & Seward, L. (2007) Applied statistics in business and economics. New York: McGraw-Hill Irwin Publishing.

Echambadi, R. & Hess, J. D. (2007). Mean-centering does not alleviate collinearity problems in moderated multiple regression models. Marketing Science, 26(3), 438-445.

Eriksson, P., & Kovalainen, A. (2015). Qualitative methods in business research: A practical guide to social research. Sage.

참고문헌

Fornell, C., & Bookstein, F. L. (1982). Two structural equation models: LISREL and PLS applied to consumer exit-voice theory. Journal of Marketing Research, 19(4), 440-452.

Fornell, C., & Larcker, D. F. (1981). Evaluating structural equation models with unobservable variables and measurement error. Journal of Marketing Research, 18(1), 39-50.

Gefen, D., & Straub, D. (2005). A practical guide to factorial validity using PLS-Graph: Tutorial and annotated example. Communications of the Association for Information Systems, 16(1), 91-109.

Gray, D. E. (2019). Doing research in the business world. Sage Publications Limited.

Greenwood, D. J., & Levin, M. (2006). Introduction to action research: Social research for social change. SAGE publications.

Hair Jr, J. F., Hult, G. T. M., Ringle, C., & Sarstedt, M. (2016). A primer on partial least squares structural equation modeling (PLS-SEM). Sage publications.

Hair Jr, J. F., Sarstedt, M., Hopkins, L., & Kuppelwieser, V. G. (2014). Partial least squares structural equation modeling (PLS-SEM). European Business Review, 26(2), 106-121.

Hair, J. F., Black, W. C., Babin, B. J., Anderson, R. E., & Tatham, R. L. (2006). Multivariate data analysis. Upper Saddle River, NJ: Pearson.

Hayes, A. F. (2017). Introduction to mediation, moderation, and conditional process analysis: A regression-based approach. Guilford publications.

Hayes, A. F., & Scharkow, M. (2013). The relative trustworthiness of inferential tests of the indirect effect in statistical mediation analysis: Does method really matter?. Psychological Science, 24(10), 1918-1927.

Hennink, M., Hutter, I., & Bailey, A. (2020). Qualitative research methods. SAGE Publications Limited.

Henseler, J. (2012). PLS-MGA: A non-parametric approach to partial least squares-based multi-group analysis. In Challenges at the interface of data analysis, computer science, and optimization (pp. 495-501). Springer, Berlin, Heidelberg.

Iacobucci, D. (2008). Mediation analysis. Sage Publication.

Jaccard, J., Turrisi, R., & Jaccard, J. (2003). Interaction effects in multiple regression. Sage.

Keller, G. (2005). Statistics for management and economic. Belmont, CA: Thomson Publishing.

Kromrey, J. D., & Foster-Johnson, L. (1998). Mean centering in moderated multiple regression: Much ado about nothing. Educational and Psychological Measurement, 58(1), 42-67.

Muller, D., Judd, C. M., & Yzerbyt, V. Y. (2005). When moderation is mediated and mediation is moderated. Journal of Personality and Social Psychology, 89(6), 852-863.

Neuman, W. L. (2014). Basics of social research. Pearson/Allyn and Bacon.

Newbold, P., Carlson, W., & Thorne, B. (2012). Statistics for business and economics. Upper Saddle River, NJ: Prentice Hall.

Preacher, K. J., & Hayes, A. F. (2004). SPSS and SAS procedures for estimating indirect effects in simple mediation models. Behavior Research Methods, Instruments, & Computers, 36, 717-731.

Preacher, K. J., & Hayes, A. F. (2008). Asymptotic and resampling strategies for assessing and comparing indirect effects in multiple mediator models. Behavior Research Methods, 40(3), 879-891.

Sarantakos, S. (2012). Social research. Macmillan International Higher Education.

Sarstedt, M., Henseler, J., & Ringle, C. M. (2011). Multigroup analysis in partial least squares (PLS) path modeling: Alternative methods and empirical results. In Measurement and research methods in international marketing. Emerald Group Publishing Limited.

Sobel, M. E. (1982). Asymptotic confidence intervals for indirect effects in structural equation models. Sociological Methodology, 13, 290-312.

Song, J., Kim, M., & Bhattacherjee, A. (2014). Social science research: Principles, methods, and practices [In Korean]. KOCW Open Access Textbooks.

Stone M. (1974). Cross-validatory choice and assessment of statistical predictions. Journal of the Royal Statistical Society: Series B(methodological), 36(2), 111-133.

Tenenhaus, M., Vinzi, V. E., Chatelin, Y. M., & Lauro, C. (2005). PLS path modeling. Computational Statistics & Data Analysis, 48(1), 159-205.

Wetzels, M., Odekerken-SchrSder, G., & van Oppen, C. (2009). Using PLS path modeling for assessing hierarchical construct models: Guidelines and empirical illustration. MIS Quarterly, 33(1), 177-195.

Wilson, B., & Henseler, J. (2007). Modeling reflective higher-order constructs using three approaches with PLS path modeling: A Monte Carlo comparison. Australian and New Zealand Marketing Academy (ANZMAC) Conference, University of Otago, Dunedin, New Zealand.

Zhao, X., Lynch Jr, J. G., & Chen, Q. (2010). Reconsidering Baron and Kenny: Myths and truths about mediation analysis.Journal of consumer research,37(2), 197-206.

참 고 문 헌

김원표(2017). 고급회귀분석. 와이즈인컴퍼니.

김태근(2006). u-can 회귀분석. 인간과 복지.

노성호, 구정화, 김상원(2020). 사회과학 연구방법론. 박영사.

목진휴, 안국찬, 박기묵(2015). 사회조사와 통계기법. 법문사.

배병렬(2015). 조절효과 및 매개효과분석. 청람.

성태제(2014). 연구방법론. 학지사.

이일현(2014). EasyFlow 회귀분석. 한나래.

이형권(2015). PROCESS macro를 이용한 매개분석, 조절분석 및 조절된 매개분석(역서). 신영사.

이훈영(2012). 이훈영교수의 연구조사방법론. 청람.

정선호, 서동기(2016). 회귀분석을 이용한 매개된 조절효과와 조절된 매개효과 검증 방법. 한국심리학회지: 일반, 35(1), 257-282.

지성호, 강영순(2014). 사회과학분야의 구조방정식모형에서 매개효과 검정 방법에 대한 논의. Journal of the Korean Data Analysis Society, 16(6), 3121-3131.

홍관수(2018). 회귀분석. 경문사.

홍관수(2020). 연구방법과 통계기법. 경문사.

Index

찾아보기

찾아보기

◆ 저자소개 ◆

홍관수

현, 계명대학교 경영대학 교수
University of Nebraska-Lincoln 경영학 박사
University of Nebraska-Lincoln 경영학 석사
영남대학교 상학사

저자와의
협의로
인지생략

논문작성을 위한 실전 통계

SPSS PROCESS SmartPLS Amos

저 자 홍관수
발행사 힌힌주
발행처 도서출판 **경문사**
서울특별시 서대문구 독립문로 21-9
전화 738-7035 FAX. 722-4678
E-mail : kmsp@korea.com
홈페이지 : http://www.kmsp.co.kr
등 록 1995년 11월 9일 제300-1995-138호

2021년 6월 18일 초 판 1쇄 인쇄
2021년 6월 25일 초 판 1쇄 발행

정가 26,000원

ISBN 978-89-420-0933-6 93320